日志管理与分析
（第2版）

日志易 编著

电子工业出版社
Publishing House of Electronics Industry
北京·BEIJING

内 容 简 介

本书基于主流日志管理与分析系统的设计理念，完善、透彻地对日志分析各流程模块的原理与实现进行了系统性讲解，综合介绍了日志分析技术在数据治理、智能运维、可观测性、SIEM、UEBA、SOAR 等 IT 运维及安全复杂场景中的应用，并汇总了各行业优秀的解决方案。

第 1~3 章介绍了日志分析的基本概念、日志管理相关的法律法规及规范要求、日志管理与分析系统的组成部分及技术选型建议。第 4~10 章分别针对日志采集、字段解析、日志存储、日志分析、日志数据搜索处理语言 SPL、日志告警、日志可视化等日志分析中最重要的实现步骤进行了具体阐述。第 11~14 章介绍了日志平台兼容性与扩展性、日志分析在运维数据治理、智能运维与可观测性等近年热门场景中的应用。第 15~17 章介绍了 SIEM、NTA、UEBA 及 SOAR 等安全相关内容。第 18 章总结列举了日志管理与分析技术方案在金融、能源、运营商等各关键行业的解决方案。

本书涵盖了日志管理与分析的原理与实现思路，全面阐述了日志分析在运维、安全、可观测性等领域的应用。通过本书，IT 运维、安全、研发、架构及管理人员可以更好地理解日志、实现日志的价值。

未经许可，不得以任何方式复制或抄袭本书之部分或全部内容。
版权所有，侵权必究。

图书在版编目（CIP）数据

日志管理与分析 / 日志易编著. —2 版. —北京：电子工业出版社，2023.2
ISBN 978-7-121-44821-8

Ⅰ. ①日⋯ Ⅱ. ①日⋯ Ⅲ. ①管理信息系统－研究 Ⅳ. ①C931.6

中国版本图书馆 CIP 数据核字（2022）第 253832 号

责任编辑：朱雨萌　　特约编辑：王 纲
印　　刷：天津画中画印刷有限公司
装　　订：天津画中画印刷有限公司
出版发行：电子工业出版社
　　　　　北京市海淀区万寿路 173 信箱　邮编：100036
开　　本：787×1 092　1/16　印张：22　字数：563.2 千字　彩插：4
版　　次：2021 年 3 月第 1 版
　　　　　2023 年 2 月第 2 版
印　　次：2024 年 3 月第 5 次印刷
定　　价：118.00 元

凡所购买电子工业出版社图书有缺损问题，请向购买书店调换。若书店售缺，请与本社发行部联系，联系及邮购电话：（010）88254888，88258888。
质量投诉请发邮件至 zlts@phei.com.cn，盗版侵权举报请发邮件至 dbqq@phei.com.cn。
本书咨询联系方式：zhuyumeng@phei.com.cn。

第 1 版序言

每位 IT 工程师，无论是从事开发、运维还是安全工作，都不可避免地要与 IT 日志打交道。IT 日志，无论是系统日志、网络日志，还是应用日志，都是 IT 系统最重要的数据之一。

我 20 多年前进入 IT 行业，在思科从事网络设备的软件开发，为了知道开发的软件是否正常运行，以及出错时及时定位问题，需要查看网络设备的日志。最早我是用编辑器，如 vi，手工查看日志的，靠肉眼搜寻日志里的信息或异常。为了提升效率，我也用 grep 等命令，或者写 shell 脚本程序，以及使用 awk、sed 等高级工具，对日志进行半自动化处理。

后来，我加入谷歌从事网页搜索工作。十多年前谷歌每天都要爬取 100 多亿个网页，在爬取各个网页时，可能遇到各种各样的错误，网页爬虫软件每天产生的日志就达数百 TB。那么大的日志文件，已经无法用 vi 这样的编辑器打开查看，使用 shell 脚本程序或 awk、sed 等工具来查看日志，效率也非常低。当时谷歌内部已经普遍开始使用 MapReduce 编程架构（类似 Hadoop 的软件），我们就写 MapReduce 程序来分析日志，每天生成分析报表。每当遇到需要新的分析项时，又得添加 MapReduce 程序，还得运行 MapReduce 程序几十分钟甚至几个小时，才能生成分析结果。这是程序化处理海量日志的开始。

再后来我加入腾讯和高德地图，都需要处理数据中心或后台系统产生的大量日志。面对每天产生的海量日志，shell 命令或脚本程序，以及 awk、sed 等工具，已经满足不了需求。我尝试过自己开发软件处理日志，以及使用 Hadoop 处理日志。当时，业界也有使用数据库存储、分析日志的解决方案，但日志是非结构化数据，数据库这种处理结构化数据的系统完全不适合处理日志。

大约 10 年前，IT 进入大数据时代。运用大数据技术分析海量日志，属于 IT 运维分析（IT Operation Analytics，ITOA）这个新领域。在 ITOA 产生之前，IT 运维主要还是 IT 运维管理（IT Operation Management，ITOM）。ITOA 是 ITOM 的升级，是用大数据技术分析 IT 运维产生的海量数据的方法。数据源除了日志，还可能是网络流量，以及应用性能管理（Application

Performance Management，APM）的探针数据。

Hadoop 是广泛使用的大数据分析框架，后来又出现了更实时的 Spark、Flink 等框架。使用 Hadoop/Spark/Flink 等框架分析日志需要研发投入，每次有新的分析需求或新的日志，都需要投入研发资源。也有使用各种 NoSQL 来存储、分析日志的，如 Clickhouse、MongoDB 等，但这些基于 Key-Value 的 NoSQL 系统，适合预先抽取了日志里需要分析的字段，或者程序已经做了改造，使用 JSON 等格式，输出的日志已经基本结构化。

对于大多数难以改造的应用系统，输出的日志是自由文本格式，实时搜索引擎是最好的解决方案。使用搜索引擎分析日志，可以搜索日志里的任何字段，如同网页搜索引擎可以搜索任何网页一样方便。对于需要分析的日志字段，可以在日志进入搜索引擎前抽取字段（Schema on Write）或在搜索分析日志时才抽取字段（Schema on Read，Schema on Fly，Schemaless）。与网页搜索引擎相比，日志搜索分析引擎更注重实时性，要求日志从产生到搜索分析出结果，只有几十秒的延时，而对于网页搜索的核心功能，如搜索相关性、搜索排序等，则基本用不上。

2003 年 Splunk 在美国硅谷横空出世，这是第一个使用实时搜索引擎分析日志的产品。2010 年 Elasticsearch 诞生，虽然 Elasticsearch 是个通用搜索引擎，但因为其开源免费，也被业界广泛应用于日志搜索分析。2014 年日志易在中国诞生，中国用户有了更多的选择。

日志分析主要用于业务运维的可用性分析及应用性能分析，也可用于安全分析，以及实时业务分析。随着信息安全的发展，基于大数据的安全分析已经成为行业趋势。各种安全攻击层出不穷，需要基于全量日志和网络流量，对 IT 系统进行全面监测、分析，及时发现安全攻击。由此，诞生了基于日志的安全信息事件管理（Security Information Event Management，SIEM）及用户端点行为分析（User & Entity Behavior Analytics，UEBA）解决方案，SIEM 与 UEBA 已经成为安全运营中心（Security Operation Center，SOC）不可或缺的核心组件。

基于日志做实时业务分析，相较于基于数据库的商业智能（Business Intelligence，BI），更加实时，而且不会对主要用于支撑交易的数据库造成压力，影响业务交易，这也是现在普遍应用的在线分析处理（On-Line Analytics Processing，OLAP）技术。

物联网（Internet of Things，IoT）的兴起，产生了海量物联网数据需要分析，这些物联网数据与日志类似，都是带时间戳的时间序列机器数据，同样可以用日志搜索分析引擎进行分析。

近年来，日志分析又有了进一步发展。人工智能的普及，也应用到日志分析上，诞生了智能运维（AI for IT Operations，AIOps）技术，把机器学习、人工智能算法应用到分析日志等IT运维产生的数据上。同时，结合IT系统指标数据（Metrics），系统调用链数据（Tracing），及日志（Log），共同分析，实现IT系统可观察性（Observability）。

现在，手机等广泛使用的系统每天在后台产生的新增日志量已经达到PB级。IT日志数据这座金矿亟待开发，日志分析大有可为。

越来越多的公司在采集、管理、分析日志，为了帮助IT运维、安全及研发人员及管理人员更好地理解日志、实现日志的价值，日志易团队结合过去多年在日志管理分析领域积累的经验，凝聚集体智慧，耗时近两年，写成了《日志管理与分析》一书。这本书涵盖了日志管理、分析的各个方面，全面介绍了日志分析在运维和安全方面应用，以及智能运维。

IT运维工程师通过本书，可以了解日志系统的选型，如何分析日志，实现系统可用性监控及应用性能监控、故障发现与根因分析，以及智能运维。安全工程师通过本书，可以了解如何基于大数据进行安全分析，以及SIEM和UEBA。研发工程师通过本书，可以了解开发日志管理分析系统的关键点。IT架构师和管理人员通过本书，可以了解日志分析系统在企业IT管理中的作用及如何建设高效的日志管理分析系统。

本书由多位作者合作完成，名单如下（姓氏首字母排序）：

陈熠琦、郝香山、胡明昊、江付、刘康、刘诗韵、孟猛、任海峰、万梦晨、王刚、王洪福、张梦梦、张梓聪、赵中山。

全书各章由郝香山、万梦晨完成统稿校对。

在本书写作过程中，得到清华大学孙雪老师、电子工业出版社朱雨萌老师及审稿专家的专业指导，得到饶琛琳、梁玫娟、丘木子、尹云飞、黄俊毅、黎吾平、詹凯、马阳光等日志易同事的支持与帮助，在此一并致谢。

经验所限，书中内容难免有错误不当之处，欢迎读者朋友批评指正。

陈军

日志易CEO

2021年春节于北京

第 2 版序言

2021 年年初，我们出版了《日志管理与分析》一书后，获得不少好评。过去两年时间，日志管理与分析领域又有了新的发展，本书也与时俱进，将出版第 2 版。第 2 版除了完善第 1 版的一些章节，还增加了 6 章，分别是第 8 章"搜索处理语言 SPL"、第 12 章"运维数据治理"、第 14 章"可观测性"、第 16 章"UEBA"、第 17 章"安全编排、自动化与响应"、第 18 章"行业解决方案"。

为了对日志这种复杂的数据进行分析，需要一个强大、灵活、专门针对日志的领域专用语言（Domain Specific Language，DSL）。一种路径是继续沿用数据库查询语言 SQL。SQL 已经在 IT 行业广泛应用，掌握 SQL 的 IT 工程师比较多，无须专门学习，就可以把熟悉的 SQL 语法用于日志分析。但 SQL 是专门针对数据库的结构化查询语言，把它迁移到日志这种非结构化数据上并不合适，特别是多层嵌套查询增加了脚本的难度与可读性。Splunk、日志易等产品采用新的路径，使用专门针对日志的领域专用语言——搜索处理语言（Search Processing Language，SPL）。SPL 与 SQL 有一定相似度，但增加了管道符，类似 Unix、Linux 命令，通过管道符把不同命令串联，每个命令解决一个简单问题，多个命令通过管道符串联，解决复杂的问题。由于日志字段的多样性，有时我们需要在分析日志的时候抽取日志字段，也称作"读时建模"（Schema on Read），通过 SPL 命令可以完成"读时建模"。另外，智能运维（AIOps）把各种机器学习、人工智能算法用于日志分析，除了在产品中内置算法，还可以通过 SPL 命令调用外部用 Python 程序实现的各种算法，使产品的可扩展性大大增强。实践证明，安全分析师掌握了 SPL 命令后，结合自己的安全分析领域知识，使用 SPL 命令，可以很方便地从日志里挖掘各种攻击、渗透信息。基于 SPL 的安全事件分析，比传统的内置安全分析规则可扩展性更强，可以让安全分析师根据安全攻击的发展变化，随时随地使用 SPL 进行分析，比内置规则更及时、更灵活，也使产品在应对新的安全攻击的时候，能够不断演进，对客户也是一种投资保护，不至于因为产品过时而需要定期购买新的安全事件分析产品。SPL 让日志分析产品更加强大、灵活，可扩展性更好，成为一个平台，能够支撑运维、安全、运营等不同场景。Splunk、日志易等产品都有数百个 SPL 命令，因此我们在第 8 章介绍了一些常用的 SPL 命令及使用场景和案例。

一些大企业在做基于日志的运维分析和安全分析时，发现首先需要做好日志数据治理。只有在做好数据治理的基础上，才能对日志进行有效分析，充分挖掘日志的价值。2021 年年初，吴恩达（Andrew Ng）等人工智能、机器学习的专家就力挺机器学习运营（MLOps），认为要发挥人工智能、机器学习的价值，80%在数据，20%在算法，只有在完善数据治理的基础上，才能通过数据验证算法、训练好算法模型，发挥人工智能、机器学习的价值。数据的价值也充分体现在人脸识别、智能驾驶等人工智能领域。数据正在成为企业越来越重要的资产，数据治理相当于企业资产的管理与优化配置，因此我们增加了第 12 章"运维数据治理"。

随着 IT 系统的发展，过去的系统可用性监控（发现故障、定位故障根因）已经无法满足不断提升的需求，更多的企业采用应用性能监控，在性能下降时就及时预警，而不是等到系统不可用了才告警。容器、微服务等云原生技术的普及，导致 IT 系统复杂度大幅度增加，对 IT 系统的观测、度量也提出了更高要求。容器、微服务等云原生技术对基础资源（CPU、内存、网络、存储）的管理、调度颗粒度更细，应用资源（API、消息队列、数据库）的更新迭代更频繁，更加依赖对这些资源的观测、度量来做调度决策及衡量调度的效果，从而做出优化。除了观测、度量应用和基础资源的指标数据，还需要结合日志、链路追踪等数据一起实时分析。2016 年硅谷诞生了第一家专注可观测性（Observability）的创业公司，把日志、指标、链路追踪结合在一起分析。云原生计算基金会（Cloud Native Computing Foundation，CNCF）也发布了 OpenTelemetry 这一可观测性开源项目和相关标准、框架。经过几年的市场培育，可观测性已经在美国等发达国家市场普及，在中国正被逐步接受。过去的可用性监控如同人生病了才去医院做检查、查找病因，而可观测性则 24 小时不间断地对 IT 系统进行全面体检，实时全面掌握 IT 系统的健康度。可观测性正在替代传统的运维监控，变得越来越重要。因此我们增加了第 14 章"可观测性"。

日志在安全领域的应用，除了做安全信息事件管理（Security Information and Event Management，SIEM），还可以用在用户实体行为分析（User and Entity Behavior Analysis，UEBA）。SIEM 主要用于发现来自外部的攻击，UEBA 主要用于发现内部违规行为及 IT 系统被渗透后来自内部的攻击。在通过 SIEM 或者 UEBA 发现了安全攻击之后，需要进行阻断，安全编排、自动化与响应（Security Orchestration Automation and Response，SOAR）可根据 SIEM、UEBA 的分析结果，执行事先编排好的安全响应剧本，阻断攻击。SIEM、UEBA、SOAR

是安全运营中心（Security Operation Center，SOC）的核心模块。因此，我们增加了第16章"UEBA"与第17章"安全编排、自动化与响应"。

日志管理与分析已经在各行各业获得广泛应用，我们增加了第18章"行业解决方案"，介绍了日志分析在银行、证券、保险、基金、电力、石油、运营商、广电、汽车等行业的应用案例与解决方案。这些行业解决方案来自日志易工程师、客户及合作伙伴的最佳实践，在此对他们表示感谢。其中，第18.8节特别收录了日志易重要客户中移动信息技术有限公司撰写的运营商行业解决方案，在此特别鸣谢中国移动"十百千"高级专家、信息技术中心架构师左金虎等专家对本书的认可与支持，向业界提供了宝贵的实践思路与经验，供读者品读。希望这些解决方案能够帮助读者解决工作中遇到的日志管理与分析的问题。

近年来，基于自主可控的IT信创开展得如火如荼。信创改变了IT系统的底层架构，大量核心组件逐步从原来国外大厂的成熟产品替换为新开发的信创产品，这些信创新产品的稳定性还有待提升，给IT系统的运维监控和排障都带来新的挑战。x86服务器替换为ARM服务器导致计算节点增加，也增加了运维的工作量。对这些信创系统进行监控，"信创运维"由此诞生。另外，运维监控产品本身也需要做信创替换，从Splunk或者基于Elasticsearch的二次开发替换为国产日志产品。越来越多客户要求全栈信创，要求所有组件都必须是信创产品。

随着技术的发展，日志将有更多价值被挖掘出来，近年兴起的业务流程挖掘，也是基于日志进行分析的。未来日志分析可能还会用在更多场景，带来更多价值。希望《日志管理与分析（第2版）》能够给读者带来价值。

本书由多位作者合作完成，名单如下（姓氏首字母排序）：

白婷婷、陈理华、陈熠祺、陈宇通、陈张鹏、丁泽伟、郝香山、胡明昊、胡婷、江付、梁志伟、刘淦、刘康、刘诗韵、孟猛、任海峰、施泽寰、万梦晨、王刚、王洪福、张大伟、张梦梦、张晓民、张梓聪、赵中山、朱艺玲、左金虎。

陈军

日志易CEO

2022年末于北京

目 录

第1章 走近日志 ·· 001
  1.1 什么是日志 ··· 002
    1.1.1 日志的概念 ·· 002
    1.1.2 日志生态系统 ·· 002
    1.1.3 日志的作用 ·· 003
  1.2 日志数据 ·· 004
    1.2.1 日志环境与日志类型 ·· 004
    1.2.2 日志语法 ··· 005
    1.2.3 日志管理规范 ·· 007
    1.2.4 日志使用误区 ·· 008
  1.3 云日志 ·· 008
  1.4 日志使用场景 ··· 009
    1.4.1 故障排查 ··· 009
    1.4.2 运维监控 ··· 010
    1.4.3 安全审计 ··· 010
    1.4.4 业务分析 ··· 011
    1.4.5 物联网 ·· 013
  1.5 日志未来展望 ··· 013

第2章 日志管理 ·· 015
  2.1 日志管理相关法律 ·· 016
  2.2 日志管理要求 ··· 016
  2.3 日志管理中存在的问题 ·· 017
  2.4 日志管理的好处 ·· 018

2.5 日志归档 021

第 3 章 日志管理与分析系统 022

3.1 日志管理与分析系统的基本功能 023
    3.1.1 日志采集 023
    3.1.2 数据清洗 023
    3.1.3 日志存储 024
    3.1.4 日志告警 024
    3.1.5 日志分析 024
    3.1.6 日志可视化 025
    3.1.7 日志智能分析 025
    3.1.8 用户与权限管理 025
    3.1.9 系统管理 025

3.2 日志管理与分析系统技术选型 026
    3.2.1 日志分析的基本工具 026
    3.2.2 开源+自研 028
    3.2.3 商业产品 028

3.3 小结 031

第 4 章 日志采集 032

4.1 日志采集方式 033
    4.1.1 Agent 采集 033
    4.1.2 Syslog 034
    4.1.3 抓包 035
    4.1.4 接口采集 035
    4.1.5 业务埋点采集 035
    4.1.6 Docker 日志采集 036

4.2 日志采集常见问题 037
    4.2.1 事件合并 037
    4.2.2 高并发日志采集 038

	4.2.3 深层次目录采集	038
	4.2.4 大量小文件日志采集	039
	4.2.5 其他日志采集问题	039
4.3	小结	040

第5章 字段解析 041

5.1	字段的概念	042
5.2	通用字段	042
	5.2.1 时间戳	043
	5.2.2 日志来源	043
	5.2.3 执行结果	043
	5.2.4 日志优先级	043
5.3	字段抽取	044
	5.3.1 日志语法	044
	5.3.2 字段抽取方法	045
	5.3.3 常用日志类型的字段抽取	047
5.4	schema on write 与 schema on read	048
5.5	字段解析常见问题	049
	5.5.1 字段存在别名	049
	5.5.2 多个时间戳	049
	5.5.3 特殊字符	049
	5.5.4 封装成标准日志	050
	5.5.5 类型转换	050
	5.5.6 敏感信息替换	050
	5.5.7 HEX 转换	050
5.6	小结	051

第6章 日志存储 052

6.1	日志存储形式	053
	6.1.1 普通文本	053
	6.1.2 二进制文本	054

	6.1.3	压缩文本	056
	6.1.4	加密文本	057
6.2	日志存储方式		057
	6.2.1	数据库存储	057
	6.2.2	分布式存储	060
	6.2.3	文件检索系统存储	061
	6.2.4	云存储	063
6.3	日志物理存储		064
6.4	日志留存策略		064
	6.4.1	空间策略维度	065
	6.4.2	时间策略维度	065
	6.4.3	起始位移策略维度	065
6.5	日志搜索引擎		065
	6.5.1	日志搜索概述	066
	6.5.2	实时搜索引擎	066
6.6	小结		067

第 7 章　日志分析　068

7.1	日志分析现状		069
	7.1.1	对日志的必要性认识不足	069
	7.1.2	缺乏日志分析专业人才	069
	7.1.3	日志体量大且分散，问题定位难	069
	7.1.4	数据外泄	069
	7.1.5	忽略日志本身的价值	070
7.2	日志分析解决方案		070
	7.2.1	数据集中管理	070
	7.2.2	日志分析维度	071
7.3	常用分析方法		072
	7.3.1	基线	072
	7.3.2	聚类	072

		7.3.3	阈值	073

      7.3.3　阈值 ··· 073

      7.3.4　异常检测 ··· 073

      7.3.5　机器学习 ··· 073

  7.4　日志分析案例 ·· 074

      7.4.1　Linux 系统日志分析案例 ·· 074

      7.4.2　运营分析案例 ·· 075

      7.4.3　交易监控案例 ·· 077

      7.4.4　VPN 异常用户行为监控案例 ··································· 077

      7.4.5　高效运维案例 ·· 078

  7.5　SPL 简介 ·· 079

  7.6　小结 ·· 081

第 8 章　SPL ·· 082

  8.1　SPL 简介 ·· 083

  8.2　SPL 学习经验 ·· 083

  8.3　小试牛刀 ·· 084

      8.3.1　基本查询与统计 ·· 088

      8.3.2　统计命令 ··· 089

      8.3.3　分时统计 ··· 091

      8.3.4　重命名 ·· 092

  8.4　图表的使用 ··· 093

      8.4.1　可视化：体现数据趋势的图表 ································· 093

      8.4.2　快速获取排名 ·· 094

  8.5　数据整理 ·· 095

      8.5.1　赋值与计算 ·· 095

      8.5.2　只留下需要的数据 ·· 101

      8.5.3　过滤项 ·· 101

      8.5.4　利用表格 ··· 102

      8.5.5　排序突出重点 ·· 104

      8.5.6　去冗余 ·· 105

		8.5.7 限量显示	106
		8.5.8 实现跨行计算	107
		8.5.9 只留下想要的字段	108
	8.6	关联分析	109
		8.6.1 数据关联与子查询	109
		8.6.2 关联	112
		8.6.3 数据对比	113
	8.7	小结	115
第9章	日志告警		116
	9.1	概述	117
	9.2	监控设置	117
	9.3	告警监控分类	120
		9.3.1 命中数统计类型的告警监控	121
		9.3.2 字段统计类型的告警监控	121
		9.3.3 连续统计类型的告警监控	122
		9.3.4 基线对比类型的告警监控	122
		9.3.5 自定义统计类型的告警监控	123
		9.3.6 智能告警	124
	9.4	告警方式	124
		9.4.1 告警发送方式	124
		9.4.2 告警抑制和恢复	126
		9.4.3 告警的插件化管理	127
	9.5	小结	127
第10章	日志可视化		128
	10.1	概述	129
	10.2	可视化分析	129
		10.2.1 初识可视化	129
		10.2.2 图表与数据	130
	10.3	图表详解	131

		10.3.1	序列类图表	132
		10.3.2	维度类图表	136
		10.3.3	关系类图表	140
		10.3.4	复合类图表	143
		10.3.5	地图类图表	145
		10.3.6	其他图表	146
	10.4	日志可视化案例		151
		10.4.1	MySQL 性能日志可视化	151
		10.4.2	金融业务日志可视化	155
	10.5	小结		158
第 11 章	日志平台兼容性与扩展性			159
	11.1	RESTful API		160
		11.1.1	RESTful API 概述	160
		11.1.2	常见日志管理 API 类型	161
		11.1.3	API 设计案例	162
	11.2	日志 App		163
		11.2.1	日志 App 概述	163
		11.2.2	日志 App 的作用和特点	163
		11.2.3	常见日志 App 类型	164
		11.2.4	典型日志 App 案例	167
		11.2.5	日志 App 的发展	171
第 12 章	运维数据治理			172
	12.1	运维数据治理背景		173
	12.2	运维数据治理方法		175
		12.2.1	元数据管理	176
		12.2.2	主数据管理	176
		12.2.3	数据标准管理	176
		12.2.4	数据质量管理	177
		12.2.5	数据模型及服务	177

12.2.6　数据安全 177
　　　12.2.7　数据生命周期 177
　12.3　运维数据治理工具 178
　　　12.3.1　工具定位 178
　　　12.3.2　整体架构 178
　　　12.3.3　数据接入管理 179
　　　12.3.4　数据标准化管理 179
　　　12.3.5　数据存储管理 182
　　　12.3.6　数据应用与服务 184

第13章　智能运维 186
　13.1　概述 187
　13.2　异常检测 187
　　　13.2.1　单指标异常检测 188
　　　13.2.2　多指标异常检测 193
　13.3　根因分析 195
　　　13.3.1　相关性分析 195
　　　13.3.2　事件关联关系挖掘 197
　13.4　日志分析 197
　　　13.4.1　日志预处理 198
　　　13.4.2　日志模式识别 199
　　　13.4.3　日志异常检测 199
　13.5　告警收敛 200
　13.6　趋势预测 202
　13.7　故障预测 203
　　　13.7.1　故障预测的方法 203
　　　13.7.2　故障预测的落地与评估 204
　13.8　智能运维对接自动化运维 205
　13.9　智能运维面临的挑战 206

第 14 章 可观测性 ... 207

14.1 概述 ... 208
14.1.1 可观测性的由来 ... 208
14.1.2 可观测性与监控 ... 208
14.1.3 可观测性的三大支柱 ... 209

14.2 实现可观测性的方法 ... 210
14.2.1 数据模型 ... 211
14.2.2 数据来源 ... 211

14.3 可观测性应用场景 ... 215
14.3.1 运维监控 ... 215
14.3.2 链路追踪 ... 217
14.3.3 指标探索 ... 219
14.3.4 故障定位 ... 220

14.4 小结 ... 221

第 15 章 SIEM ... 222

15.1 概述 ... 223
15.2 信息安全建设中存在的问题 ... 223
15.3 日志分析在 SIEM 中的作用 ... 224
15.4 日志分析与安全设备分析的异同 ... 224
15.5 SIEM 功能架构 ... 225
15.6 SIEM 适用场景 ... 226
15.7 用户行为分析 ... 234
15.8 流量分析 ... 240
15.8.1 流量协议介绍 ... 240
15.8.2 流量分析功能 ... 241
15.8.3 从 WebLogic RCE 漏洞到挖矿 ... 241

15.9 小结 ... 249

第 16 章 UEBA ... 250

16.1 深入理解用户行为 ... 251

16.1.1 背景介绍 ········ 251
16.1.2 数据源 ········ 252
16.1.3 标签画像 ········ 254
16.2 行为分析模型 ········ 255
16.2.1 分析方法 ········ 255
16.2.2 机器学习模型 ········ 257
16.3 应用场景 ········ 261
16.3.1 数据泄露 ········ 261
16.3.2 离职分析 ········ 261
16.3.3 合规分析 ········ 261
16.3.4 失陷账户 ········ 262
16.4 小结 ········ 265

第 17 章 安全编排、自动化与响应 ········ 266
17.1 SOAR 简介 ········ 267
17.2 SOAR 架构与功能 ········ 268
17.2.1 技术架构 ········ 268
17.2.2 剧本与组件的定义 ········ 269
17.2.3 剧本与组件的使用 ········ 269
17.3 SOAR 与 SIEM 的关系 ········ 271
17.3.1 SOAR 与 SIEM 关联使用 ········ 273
17.3.2 SOAR 与 SIEM 信息同步 ········ 274
17.4 应用场景 ········ 276
17.4.1 自动化封禁场景 ········ 276
17.4.2 DNS 网络取证分析场景 ········ 277
17.5 小结 ········ 279

第 18 章 行业解决方案 ········ 280
18.1 概述 ········ 281
18.2 银行行业解决方案 ········ 281
18.2.1 行业背景 ········ 281

18.2.2　行业当前挑战 …281
18.2.3　整体建设思路 …282
18.2.4　项目整体收益 …286

18.3　证券行业解决方案 …286
18.3.1　行业背景 …286
18.3.2　行业当前挑战 …286
18.3.3　整体建设思路 …287
18.3.4　项目整体收益 …289

18.4　保险行业解决方案 …290
18.4.1　行业背景 …290
18.4.2　行业当前挑战 …290
18.4.3　整体建设思路 …291
18.4.4　项目整体收益 …294

18.5　基金行业解决方案 …294
18.5.1　行业背景 …294
18.5.2　行业当前挑战 …295
18.5.3　整体建设思路 …295
18.5.4　项目整体收益 …298

18.6　电力行业解决方案 …298
18.6.1　行业背景 …298
18.6.2　行业当前挑战 …299
18.6.3　整体建设思路 …299
18.6.4　项目整体收益 …302

18.7　石油行业解决方案 …302
18.7.1　行业背景 …302
18.7.2　行业当前挑战 …303
18.7.3　整体建设思路 …303
18.7.4　项目整体收益 …306

18.8　运营商行业解决方案 …307

- 18.8.1 行业背景 ... 307
- 18.8.2 行业当前挑战 ... 307
- 18.8.3 整体建设思路 ... 308
- 18.8.4 项目整体收益 ... 316

18.9 广电行业解决方案 ... 316
- 18.9.1 行业背景 ... 316
- 18.9.2 行业当前挑战 ... 317
- 18.9.3 整体建设思路 ... 317
- 18.9.4 项目整体收益 ... 321

18.10 汽车行业解决方案 ... 322
- 18.10.1 行业背景 ... 322
- 18.10.2 行业当前挑战 ... 322
- 18.10.3 整体建设思路 ... 323
- 18.10.4 项目整体收益 ... 326

18.11 小结 ... 327

参考文献 ... 328

01 第1章　走近日志

- 什么是日志
- 日志数据
- 云日志
- 日志使用场景
- 日志未来展望

1.1 什么是日志

日志在企业 IT 服务中常常发挥重大作用。软件产品一旦投入使用，后期将持续输出日志，这些日志同样需要进行持续维护。日志究竟是什么？本节将对日志的一些基本概念进行讲解。

1.1.1 日志的概念

在日常生活中，日志是指类似日记的日常记录。随着互联网的迅猛发展，日志被越来越多地用于指代机器数据。

机器数据通常由系统或程序产生。程序开发者为监控程序执行过程，会让程序在执行完一步或几步操作后输出相应的执行结果，该结果通常会记录系统或程序在什么时间、哪个主机、哪个程序上执行了什么操作及出现了什么问题等信息，这些信息被称为机器数据，即日志（Log）。

当系统、程序或硬件设备出现原因不明的错误或故障时，通过查看日志能够快速定位错误或故障的原因。

1.1.2 日志生态系统

日志中记录的信息种类繁多。例如，当用户访问网站时，用户端与服务器端建立连接需要经过三次握手验证；当用户登录网站时，网站需要获取用户的身份验证信息、登录时间等信息；甚至当用户每次获取网页资源时也会被记录，以上这些信息或行为都会以日志的形式被记录下来。

日志记录过多会影响设备性能。日志记录和存储均要占用相应资源，很多公司为使程序运行更加流畅而关闭日志记录。当然，在程序出现错误时，由于没有相应记录，这些公司的程序维护往往更加困难。

开发者可以对日志记录的信息种类进行定义，如只记录用户的身份验证信息。但是，日志记录过少将不利于后期维护。越精细的日志记录越能完整地展现程序的每一步操作，后期的程序运行维护（简称"运维"）人员越容易在程序出现错误时顺利进行维护。由于程序的开发和运维通常由不同团队的人员负责，良好的日志记录无疑会为运维人员的后续工作提供极大的便利。

在企业实际生产环境中，不止日志记录需要制定策略。大型机构可能会使用多个集群来支撑整个业务架构，有些企业还可能拥有 App、网站等不同业务线，业务架构的复杂性使得企业使用的集群设备的型号五花八门。设备生产商不同，则记录日志的格式不同。那么，采集这些由不同型号的设备所产生的不同格式的日志，并将其集中处理、制作成能够指导生产决策的数据报表便成了一个不小的问题。

日志生态系统，有时也被称为日志基础设施，是实现日志数据的生成、过滤、格式化、分析和长期存储等功能的生态系统。建设这个系统的最终目标是利用日志来解决问题，需要解决的问题取决于企业的业务及业务运行环境。

1.1.3　日志的作用

由于近些年数据的价值挖掘受到越来越多的重视，利用日志中的信息能做的事情也越来越多。很多互联网公司通过页面埋点来获取用户信息以辅助运营，如通过记录用户在公司网站上的点击操作，获取用户兴趣点，进行个性化的推送等。

在这样的背景下，日志数据的优势凸显。日志是网络监管部门用来监督企业的有力工具，日志安全审计是众多企业业务发展的必备条件。此外，日志数据几乎覆盖了机器所有执行动作，通过日志能够满足运维监控、业务分析等多种统计分析的需求。

随着企业的不断发展，日志的价值挖掘也会越来越深入。

日志的基础价值在于资源管理、入侵检测及故障排查。初创型公司在业务发展到一定阶段后，会设置专门的运维岗位，对公司网站的可用性负责。运维人员一般使用专业的 Linux 服务器，并使用命令行工具来管理服务。这时，使用系统自带的日志分析工具就可以实现基础的系统故障排查。无论是在网络层面的故障，还是在安全层面、应用层面的故障，基本都可以从日志中发现端倪。

使用 Linux 系统命令行工具查看日志如图 1-1 所示。

```
[ec2-user@ip-172-31-44-243 ~]$ sudo tail -f /var/log/messages
Apr 15 11:45:42 ip-172-31-44-243 NetworkManager[3667]: <info>  [1555328742.8973] dhcp4
 (eth0):   domain name 'us-east-2.compute.internal'
Apr 15 11:45:42 ip-172-31-44-243 NetworkManager[3667]: <info>  [1555328742.8973] dhcp4
 (eth0): state changed bound -> bound
Apr 15 11:45:42 ip-172-31-44-243 dbus[2113]: [system] Activating via systemd: service
name='org.freedesktop.nm_dispatcher' unit='dbus-org.freedesktop.nm-dispatcher.service'
Apr 15 11:45:42 ip-172-31-44-243 dbus[2113]: [system] Successfully activated service '
org.freedesktop.nm_dispatcher'
Apr 15 11:45:42 ip-172-31-44-243 systemd: Started Network Manager Script Dispatcher Se
rvice.
Apr 15 11:45:42 ip-172-31-44-243 nm-dispatcher: req:1 'dhcp4-change' [eth0]: new reque
st (4 scripts)
Apr 15 11:45:42 ip-172-31-44-243 nm-dispatcher: req:1 'dhcp4-change' [eth0]: start run
ning ordered scripts...
Apr 15 11:45:42 ip-172-31-44-243 dhclient[3701]: bound to 172.31.44.243 -- renewal in
1602 seconds.
Apr 15 11:49:20 ip-172-31-44-243 systemd: Started Session 3210 of user ec2-user.
Apr 15 11:49:20 ip-172-31-44-243 systemd-logind: New session 3210 of user ec2-user.
```

图 1-1　使用 Linux 系统命令行工具查看日志

随着企业发展壮大，产生的日志数据越来越多，能从日志数据中挖掘的价值也越来越大。相应地，日志的作用由单纯的监控告警，逐渐转向数据分析和智能运维。

总体而言，日志的作用可以概括为如下几个方面。

（1）故障排查：通过日志可对系统进行实时健康度监控，系统日志记录程序 Syslog 就是为这个目的而设计的。

（2）数据分析：通过对业务系统日志进行关联分析，可以掌握业务系统的整体运行情况，并可通过日志进一步掌握用户画像、用户访问地域、用户访问热点资源等信息，从而为业务平台的市场营销、销售策略等提供数据支撑。

（3）安全合规审计：根据国家网络安全法等级保护要求，需要对安全设备日志进行集中存储和分析。

（4）内网安全监控：很多企业的信息泄露源于内部，使用日志进行用户行为分析以监控内网安全，已成为行业共识。

（5）智能运维：随着大数据时代的到来，数据管理和分析方案越来越智能，自动化运维已逐渐普及。机器数据作为智能运维的基础数据，必将发挥越来越重要的作用。

1.2 日志数据

虽然不同设备及应用输出的日志格式不同，但日志记录仍有行业规范可循。日志分析需要基于结构化清洗后的日志进行，而日志的结构化清洗规范则主要取决于对日志的认知。

下面分别从日志环境与日志类型、日志语法、日志管理规范、日志使用误区等方面来了解日志数据。

1.2.1 日志环境与日志类型

日志记录格式一般取决于生成日志的设备、操作系统或应用程序。日志存在于企业生产环境的各个环节，企业日志的应用与企业网站架构的变迁密切相关。

下面通过一个典型 Web 站点的建设流程来了解日志环境。

（1）项目前期规划：企业根据自身的业务需求确定网站内容及架构。例如，某互联网公司计划在 3 个月内上线网站。在上线前，需要根据业务规模（日访问量、总请求量、每秒并发访问数等）确定人员配置、服务器选型、基础系统、软件选型、架构设计等基础实施方案。

（2）项目准备：此阶段会明确人员分工，并进一步落实规划中涉及的各个方案，如软件是采用开源解决方案还是商业解决方案。采用商业解决方案可在服务商规划下落实服务器选型等细节工作，采用开源解决方案则需要企业自行规划，需要注意的细节如数据库需要单台性能极高的服务器，应用服务器可通过集群进行部署等。一种典型的开源 Web 架构是 Linux + Nginx + MySQL + Tomcat。在基础架构设计完成之后还要考虑服务的持续可用性，这涉及安全管理（防火墙及安全设备添加）、前端请求分流（负载均衡）、资源请求快速响应（缓存）、集群资源管理（自动化运维）、实时了解服务器及应用健康度（监控告警）等重要内容。

（3）项目实施：画出详细架构图，并据此进行服务器上架、系统安装、应用部署、代码上线、添加监控、业务规则设置（负载均衡、动静分离等）、提供服务等一系列工作。

（4）后续管理及维护：包括备份、升级、迁移等。

根据以上环节涉及的设备及应用，将目前常见的日志分为以下几类：

- 操作系统日志：如 Windows、Linux、AIX、UNIX 等系统日志。
- 网络设备日志：如防火墙日志、交换机日志、路由器日志、IPS（Intrusion Detection System）日志、IDS（Intrusion Prevention System）日志等。
- 中间件日志：如 WebLogic、Tomcat、Apache、Nginx 等应用日志。
- 数据库日志：如 MySQL、Oracle、SQL Server 等数据库日志。
- 数据库数据：MySQL、Oracle、SQL Server 等数据库数据也可当作日志进行采集。
- 业务系统日志：如 ESB、Logic、NAS 等业务系统日志。
- 队列日志：如 Kafka、Flume 等日志。

此外，根据企业生产需求，如下一些重要的监控数据也可以作为日志生成：

- 服务器性能数据。
- 操作命令历史记录。
- 监控软件日志。

由于不同厂商生产的设备、不同的应用程序所记录的日志格式存在差异，因此在对不同设备或应用的日志进行数据清洗或格式化时，往往要设立不同的清洗规则，而清洗规则与日志自身的语法有关。

1.2.2 日志语法

任何格式的日志文件都具有语法，日志语法在概念上与语言语法类似。一条日志通常由若干字段组成，这些字段包括如下几种：

（1）时间戳。

（2）日志条目的类型。

（3）产生该日志的系统或应用。

（4）日志的严重性、优先级或重要性。

（5）与该日志相关的操作者或用户。

（6）日志正文（用户操作行为、程序调用结果等）。

下面以一条 Nginx 日志为例来说明。

> 140.205.205.5 - - [04/Jun/2017:06:28:45 +0800] "GET / HTTP/1.1" 302 154 "-" "Mozilla/5.0 (Windows; U; Windows NT 5.1; zh-CN) AppleWebKit/523.15 (KHTML, like Gecko, Safari/419.3) Arora/0.3 (Change: 287 c9dfb30)" "-" 0.000 -

日志的应用集中在告警、故障排查及分析可视化方面。分析可视化依赖于日志解析效果，日志解析即依据各字段所代表的信息对日志进行规范化抽取。当面临海量数据时，日志解析对搜索性能的影响巨大。

日志解析效果受日志文本内容的影响。首先要了解日志各个字段的含义，上面的 Nginx 日志字段名称及含义见表 1-1。

表 1-1 Nginx 日志字段名称及含义

字段名称	含义	对应的日志内容
client_ip	表示客户端 IP 地址	140.205.205.5
remote_user	表示客户端用户名称	-
timestamp	表示时间戳	04/Jun/2017:06:28:45 +0800（+0800 表示时区为东八区）
method	表示获取 HTTP 请求的方式	GET
request	表示请求的 URL	/
version	表示请求所用的协议	HTTP/1.1
status	表示请求状态	302
body_byts_sent	表示发送给客户端的字节数，不包括响应头的大小；它与 Apache 模块 modlogconfig 中的 bytes_sent 发送给客户端的总字节数相同	154
referer	表示请求是从哪个页面链接访问过来的	-（这里表示为空）
useragent	表示客户端浏览器相关信息	Mozilla/5.0 (Windows; U; Windows NT 5.1; zh-CN) AppleWebKit/523.15 (KHTML, like Gecko, Safari/419.3) Arora/0.3 (Change: 287 c9dfb30)
request_time	表示请求处理时间，单位为秒，精度为毫秒。从读入客户端的第一个字节开始，直到把最后一个字符发送给客户端后进行日志写入为止	0.000
upstream_response_time	表示代理服务器响应时间	-

当对该日志添加时间戳规范（将现有时间格式转换为系统统一的时间格式）、Geo（IP 地址地理位置解析）、UserAgent（这里指用户使用的浏览器）解析后，可以获取更多信息，如图 1-2 所示。

日志解析可以通过多种方式进行。以正则表达式解析为例，上述 Nginx 日志可使用如下的规则进行解析。

> (?<client_ip>(\d{1,3}\.){3}\d+)\s+-\s+(?<remote_user>\S+)\s+\[(?<timestamp>.*?){3}\d+).*?\]\s+\"(?<method>\w+)\s+(?<request>\S+)\s+(?<version>\S+)\"\s+(?<status>\d+)\s+(?<body_byts_sent>\d+)\s+\"(?<referer>.*?)\"\s+\"(?<useragent>.*?)\"\s+\"-\"\s+(?<request_time>\S+)\s+(?<upstream_response_time>\S+)

Nginx 日志解析效果如图 1-3 所示。

```
timestamp: "2017/06/04 06:28:45.0"
upstream_response_time: "—"
useragent: "Mozilla/5.0 (Windows; U; Windows NT 5.
1; zh-CN) AppleWebKit/523.15 (KHTML, like Gecko,
Safari/419.3) Arora/0.3 (Change: 287 c9dfb30)"
version: "HTTP/1.1"
```

图 1-2　获取更多信息

```
body_byts_sent: "154"
client_ip: "140.205.205.5"
method: "GET"
referer: "-"
remote_user: "-"
request: "/"
request_time: "0.000"
status: "302"
timestamp: "04/Jun/2017:06:28:45"
upstream_response_time: "—"
useragent: "Mozilla/5.0 (Windows; U; Windows NT 5.
1; zh-CN) AppleWebKit/523.15 (KHTML, like Gecko,
Safari/419.3) Arora/0.3 (Change: 287 c9dfb30)"
version: "HTTP/1.1"
raw_message: "140.205.205.5 - - [04/Jun/2017:06:
28:45 +0800] "GET / HTTP/1.1" 302 154 "-" "Mozill
a/5.0 (Windows; U; Windows NT 5.1; zh-CN) AppleW
ebKit/523.15 (KHTML, like Gecko, Safari/419.3) Aror
a/0.3 (Change: 287 c9dfb30)" "-" 0.000 —"
```

图 1-3　Nginx 日志解析效果

日志解析就是将日志根据格式进行字段抽取并转换为结构化数据的过程，日志解析是数据清洗的方式之一。

日志解析的质量直接影响后期日志分析的效果。

1.2.3　日志管理规范

建立标准化的日志管理规范，将促进企业日志分析实现流程化、标准化，对 IT 服务的稳定性、安全性、可靠性和业务系统的稳健、高效运行都有不可小觑的作用。

日志管理规范化，包括日志生成规范化、日志输出规范化、日志采集规范化和日志存储规范化。在企业生产环境中，这一系列流程需要基于工单系统协同实现。

日志生成及输出往往存在一些共性。不同企业日志生成的差别，主要取决于企业业务系统的规模及成熟度、业务对 IT 系统的依赖程度、业务对性能及安全的依赖程度、企业数据挖掘的目的等因素。

通常来说，日志应该能够告诉运维人员如下信息：

- 发生了什么（What）。
- 何时发生的（When）。
- 发生于何处（Where）。
- 谁参与其中（Who）。
- 参与者来源（第二个 Where，注意与上面的 Where 区分）。

总的来说，日志记录只要能够清楚地描述所发生的事件即可。按日志种类的不同，有的日志内容较长，有的则较短。

日志维护与系统维护、安全审计、等级保护等相关。在性能上，应考虑系统负载、日志文件大小等因素；在安全上，应根据数据安全管理办法对数据进行脱敏处理；日志归档、备份、清理等规范则应参考行业审计要求，综合企业自身业务需求进行制定。

业务日志作为企业最关键的数据之一，其规范化管理是上述流程中重要性较高的一个环节。业务日志规范除了受上述规范影响，也与业务系统交易逻辑存在一定程度的关联。

日志管理规范化，是明确角色职责，加强交易状态跟踪，明确问题根源，分析应用性能，满足安全管控和审计要求的综合行为。

1.2.4　日志使用误区

常见的日志使用误区如下：

（1）不记录日志，导致问题发生时没有对应的日志可以查看。

（2）故障发生时，不查看日志数据，造成某些重大问题被忽略。

（3）日志保留时间过短，导致需要查询的日志已被删除。

（4）在日志收集之前排定优先顺序。实际上，在某些日志中有专用的优先级标志，排定优先顺序可能会错过很多重要信息。

（5）只收集单一日志，如分析系统性能时只收集系统性能日志，但应用程序日志中也有与系统性能相关的记录。

（6）只搜索已知的错误日志。只看错误日志可能不足以定位问题，与错误日志相关的上下文日志往往也具有极高的参考价值。

上述误区不仅存在于后期运维中，软件开发者也会犯类似的错误。在实际工作中，软件或站点的维护需要运维人员和开发人员相互配合，以提高工作效率。

1.3　云日志

云日志即云端日志分析服务，是云服务的形式之一。日志分析厂商以云服务的方式向使用者提供日志分析服务，以降低使用者进行日志分析的难度。

随着云计算的流行，越来越多的 IT 资源开始在云端运行。这降低了很多资源的使用门槛，各种服务的性价比也越来越高。

简单来说，云服务减少了产品使用过程的中间环节。以云服务器为例，搭建传统服务器需要完成采购硬件设备、组装设备、安装操作系统、接入互联网等一系列操作，而购买云服务器则无须进行这些操作，直接使用已经安装好操作系统、接入互联网且能满足一定硬件资源要求的主机即可。

使用云服务就像用电一样方便，用户无须关心如何发电，只要按规定价格交电费，就可以持续用电。同样，云日志的使用者无须关心日志分析的底层实现逻辑，直接在云端接入日志进行分析即可。

传统日志分析需要搭建一整套日志分析框架，包括日志采集、日志格式化、日志存储及分析、日志可视化展示等模块。在使用云日志产品时，使用者不需要自行搭建及维护日志分析平台，也无须了解日志分析原理，直接通过 API 或本地上传等方式接入日志，然后使用云日志产品分析日志即可。

云日志提供商有 Loggly、Splunk Cloud、日志易 SaaS 等。此外，很多公有云平台也提供云日志，读者可以通过互联网了解更多有关云日志提供商的信息。

1.4　日志使用场景

几乎所有的电子设备都会输出日志，日志的使用场景也很广泛。

自互联网大规模普及以来，日志被广泛应用于运维监控领域，通过分析系统产生的日志数据，使用者可以了解系统执行了哪些具体操作，并对其中的危险操作采取相应措施，进而减少或避免这些危险操作所造成的损失。

随着大数据时代的到来，日志数据越来越丰富，日志中的信息价值也越来越大。监管部门开始从日志中分析问题，对企业进行必要的安全审计。企业也开始挖掘日志数据的价值，以辅助其业务的发展。

5G 时代，万物互联。在更广阔的物联网领域，相信日志还会发挥更大的作用。

本节将对几个典型的日志使用场景进行说明。

1.4.1　故障排查

软件、系统、网站开发完成后会进行发布，发布运行后需要进行持续性的维护。标准情况下，软件、系统、网站的一系列运行过程会通过日志记录留存。当软件系统发生故障时，可以通过查询日志中的运行记录准确定位故障点。

日志作为故障排查的主要方式之一，是运维人员不可或缺的数据源。

但日志的记录如果过于详细，日志留存将占用庞大资源；若日志的记录过于简略，则在故障排查时不会发挥有效作用。冷热分离通常成为数据体量大的公司必备的日志存储方案。

1.4.2 运维监控

软件在开发完成后会进行发布，发布运行后需要对其进行持续维护。运维人员不仅要对软件或网站的正常运行负责，而且要保证系统运行环境的健康。

在运维监控的一系列工作中，日志数据显得尤为重要。

运维人员可以收集系统中的日志数据。由于企业规模不同，这些数据可能来自上百台、上千台机器中不同应用程序的日志（如应用的错误日志、访问日志、操作系统日志等）。基于这些数据，运维人员能够对企业的大规模集群设备进行集中管理和监控。

系统相关信息会在系统日志中有所记录，如磁盘使用情况。通过对磁盘容量进行监控分析，能够及时发现系统瓶颈，方便后续对系统进行扩容升级。

应用日志中包含丰富的用户数据信息。用户访问网站，获取每个网页资源的行为都有相应的日志记录，访问日志中记录了用户的来源 IP、目的 IP、访问 URL、请求时间及响应时间等信息。通过分析访问日志，可以对用户可疑行为进行统计分析，并针对这些行为采取相应的处理措施。例如，可以统计每日访问次数最多的 IP，分析该 IP 的具体访问行为，判断该 IP 是否属于恶意攻击。若被判定为恶意攻击，则将该 IP 加入黑名单，并返回给该 IP 无效网页信息。分析用户恶意行为，有助于发现安全漏洞及风险。

运维人员根据使用目的，可对不同模块的日志进行不同方式的处理。例如，对访问日志进行流计算，以实现实时监控；对操作日志进行索引，以实现性能查询；对重要日志进行备份存档等。

1.4.3 安全审计

2017 年 6 月 1 日，《中华人民共和国网络安全法》（简称《网络安全法》）正式实施，其对业务系统安全审计提出了新的要求。原文摘录如下：

"第二十一条　国家实行网络安全等级保护制度。网络运营者应当按照网络安全等级保护制度的要求，履行下列安全保护义务，保障网络免受干扰、破坏或者未经授权的访问，防止网络数据泄露或者被窃取、篡改：

（一）制定内部安全管理制度和操作规程，确定网络安全负责人，落实网络安全保护责任；

（二）采取防范计算机病毒和网络攻击、网络侵入等危害网络安全行为的技术措施；

（三）采取监测、记录网络运行状态、网络安全事件的技术措施，并按照规定留存相关的网络日志不少于六个月；

（四）采取数据分类、重要数据备份和加密等措施；

（五）法律、行政法规规定的其他义务。"

传统的运维方法及日志分析方式很难满足合规要求。对需要满足网络安全等级保护第三级要求的企业而言，采用专业的日志分析产品成为必然选择。

安全审计对日志分析产品提出了以下要求：

（1）提供数据脱敏功能。按《网络安全法》的要求，对用户数据进行脱敏处理。

（2）提供数据备份、还原功能。按《网络安全法》的要求，数据至少备份 6 个月，同时能够还原指定时间范围的日志数据，以便监管部门调取。

（3）提供灵活的查询和搜索功能。可以进行实时数据搜索和历史数据还原，以满足监管部门的查询需求。

（4）提供网络安全事件实时预警、防控功能。可以对网络设备节点故障进行实时告警及快速分析溯源，发现传统安全设备无法发现或阻断的安全威胁，对线上故障及威胁快速响应。

（5）符合国家标准，并通过相关机构的安全认证。

安全审计对于企业而言意义深远。安全审计是 SIEM（Security Information and Event Management）体系中的一环，本书第 15 章将对 SIEM 进行详细介绍。

1.4.4　业务分析

业务分析包含指标分析、场景分析、关联分析等内容。

1. 指标分析

对业务日志进行分析，一般会落到具体指标上。基于指标进行分析是日志分析最常见的形式。

简单的指标分析基于字段进行，可以将一个字段理解为一个指标。

对单指标来说，其分析涉及指标使用场景及用途、可视化类型、基础分析条件等信息。对单指标的分析通常有占比分析、单值分析、趋势分析、同比分析、环比分析、陡变分析等维度。

此外，还有一些综合指标需要关注，如成功率及其趋势等。

不同的指标分析，往往采用不同的可视化形式，如占比分析常采用饼图，趋势分析常采用折线图等。

当然，实现指标分析的基本条件是日志中包含该字段。此外，还应确定该字段在日志中出现的位置及识别方法。

业务系统有以下一些通用指标分析项，它们几乎在所有的业务场景中都会用到：

（1）单值统计包括交易成功率、交易量、系统健康度、平均响应时间等。

（2）趋势分析包括某指标的波动区间分析、多指标变化率分析等。

从多指标变化率分析中，可以发现某指标随另一个指标的变化情况。当有故障发生时，可据此判断故障是否与某一指标波动有关。趋势分析中的波动区间分析,可以很直观地展现某指标的异常值。

2. 场景分析

除通用指标分析外,业务系统的独特性决定了其还有特定的场景分析需求。当业务场景具有多样性时,相关分析更是难上加难。

场景分析是指某个特定场景下的分析需求,如"双十一"促销场景下,业务健康度的分析需求。

场景分析可遵循察外控内的原则进行。

察外是将业务系统看成黑盒,关注业务系统上下游相关联系统、接口的重要指标,如关注上游交易量、请求量及下游响应耗时、健康度。

控内是将业务系统看成白盒,从整体视角关注业务系统的运行情况。控内主要是从运维、安全、业务等维度把控业务系统。在运维维度上,须关注业务系统的性能,要对业务、网络、主机性能进行监控,还要关注日志告警、故障排查及服务可用性。在安全维度上,应关注异常交易、用户行为等。在业务维度上,则应关注交易量、趋势、成功率、响应耗时、报表等信息。

3. 关联分析

在企业生产环境中,有时需要先将某个系统与其他业务系统进行关联,再进行相应的分析。

关联分析是指梳理各个业务系统之间的关系,明确对业务系统有重要影响的上下游指标。可以使用 ABC 模型进行关联分析。

ABC 模型典型应用场景之一是银行系统服务总线。在该应用场景下,需要将终端用户通过手机银行发送的付款请求经 ESB 系统传送到外联平台,这个过程可以被抽象分解为业务链的上游、中游、下游,如图 1-4 所示。

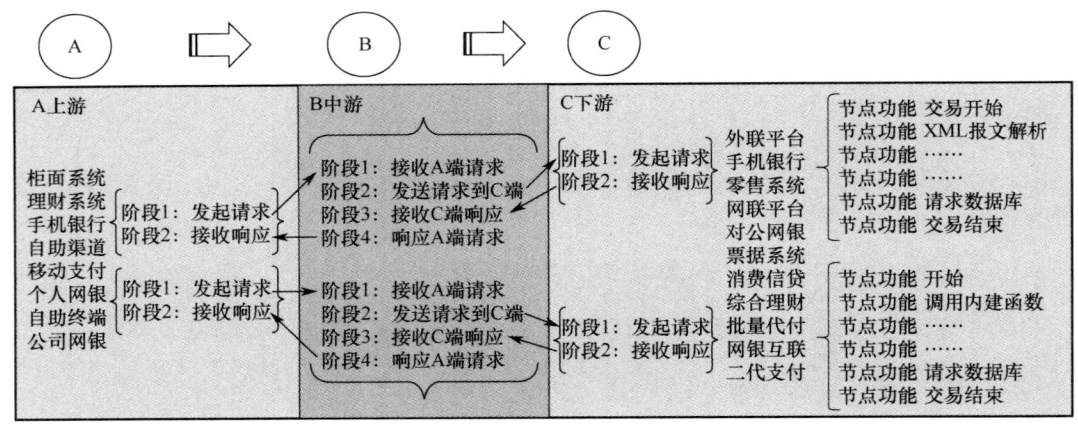

图 1-4 关联分析示例

还可以使用 ABC 模型进行故障分析。假设 A、B、C 系统分别处于业务链的上、中、下游，B 系统的应答失败率较高，需要对 B 系统进行排障。此时可以找出上下游系统中与 B 系统相关的模块，分析这些模块是否与 B 系统的故障有关。

除上述内容外，还有报表分析及智能运维。报表分析是将分析结果以报表的形式定时发送给相关人员。智能运维将在本书第 13 章进行介绍。

1.4.5 物联网

百度百科对"物联网"的解释如下：

"物联网（Internet of Things，IoT）是指通过信息传感器、射频识别技术、全球定位系统、红外感应器、激光扫描器等各种装置与技术，实时采集任何需要监控、连接、互动的物体或过程，采集其声、光、热、电、力学、化学、生物、位置等各种需要的信息，通过各类可能的网络接入，实现物与物、物与人的泛在连接，进而实现对物品和过程的智能化感知、识别和管理。物联网是一个基于互联网、传统电信网等的信息承载体，它使所有能够被独立寻址的普通物理对象形成互联互通的网络。"

科幻电影中经常出现以下场景：天气、体型、服装偏好等数据被采集后，由计算机利用某种技术实现演员的快速换装效果，或者提供服装个性推荐列表；出行目的地、生活场景等数据被采集后，由计算机根据特定需求，推荐相应场景下的定制出行方案。以目前的技术发展水平而言，实现类似场景并非妄想。这种场景的实现，需要基于物联网。

物联网的实现基于大数据。

日志作为大数据中最典型的一种数据种类，其涵盖的范围很广，数据量极大且数据价值较高。几乎所有的电子产品或机器都会产生日志，这些日志被收集后，可以用来监控工厂中各台机器的运行状况，统计员工出勤情况，实时监控淘宝等大型站点的服务健康度并获取购物过程中因网络或系统故障付款失败的用户记录等。

虽然现在日志数据的分析与使用主要体现在互联网公司业务保障方面，但随着科技的发展，日志数据必将在物联网领域发挥不可估量的作用。

1.5 日志未来展望

日志最初用于记录计算机所执行的一系列操作，以便程序员在调试程序时观测程序的运行。当程序运行出现错误时，运维人员还可使用日志协助定位问题根源。

随着计算机技术的普及，机器所产生的数据量日渐庞大，人们从数据中挖掘的价值也越来越高。从大数据中发现价值首先被企业应用于业务分析领域。现在，日志在业务分析领域的应用已趋于成熟。

随着机器学习及人工智能的发展，日志应用领域的技术水平得以提升。通过一些智能分析算法，对日志进行聚类及模式学习，将同类日志进行模型抽象，可以快速定位异常数据，从而使得问题日志更容易被发现。

技术上的变革更多体现在"器"的层面，但更重要的是"道"与"术"。

"道"，即使用日志要解决的问题是什么，这些问题的本质又是什么。

"术"，即解决问题的方法是什么，与之相关的要素有哪些。

"器"是解决问题要使用的工具。虽然"器"一直在变化，但日志分析的实质并没有发生太大变化。几十年前，日志被用来定位程序错误；现在，日志仍在故障排查中发挥着巨大作用。

明确日志领域的"变"与"不变"，才能更好地把握日志领域未来的发展方向。

第 2 章　日志管理

- 日志管理相关法律
- 日志管理要求
- 日志管理中存在的问题
- 日志管理的好处
- 日志归档

本章主要介绍日志管理相关法律、日志管理要求、日志管理中存在的问题、日志管理的好处、日志归档等内容。

2.1 日志管理相关法律

目前，涉及日志管理相关要求的法律主要是 2017 年 6 月 1 日开始实施的《网络安全法》，这是我国第一部全面规范网络空间安全管理的基础性法律。《网络安全法》第二十一条对日志管理提出了明确要求，具体如下：

第二十一条 国家实行网络安全等级保护制度。网络运营者应当按照网络安全等级保护制度的要求，履行下列安全保护义务，保障网络免受干扰、破坏或者未经授权的访问，防止网络数据泄露或者被窃取、篡改：

（一）制定内部安全管理制度和操作规程，确定网络安全负责人，落实网络安全保护责任；

（二）采取防范计算机病毒和网络攻击、网络侵入等危害网络安全行为的技术措施；

解读：一般来说，防火墙、IDS、IPS、防病毒网关、杀毒软件和防 DDoS 攻击系统等属于这类技术措施。

（三）采取监测、记录网络运行状态、网络安全事件的技术措施，并按照规定留存相关的网络日志不少于六个月；

解读：网络审计、行为审计、运维审计、日志管理分析、安全管理平台和态势感知平台等属于这类技术措施。

（四）采取数据分类、重要数据备份和加密等措施；

解读：数据安全越来越重要，等级保护方案需要充分考虑数据备份、数据传输和数据存储安全等内容。

（五）法律、行政法规规定的其他义务。

由此可见，日志在网络审计、安全审计、运维审计和事件回溯方面起到重要作用。而且该法律明确规定，相关设备日志至少存储 6 个月。

2.2 日志管理要求

日志应详细记录相关事件，并且具备可读性。日志管理要求如图 2-1 所示。

事件要素	日志类型	管理要求
(1) 日志反映某信息系统的事件，准确记录事件要素，如发生时间、状态信息、交易报文等 (2) 消息级别包括信息、调试、警告、错误等	(1) 操作系统日志 (2) 业务交易或状态日志 (3) 数据库数据或日志 (4) 网络、安全设备日志 (5) 安全威胁日志 (6) 硬件设备日志 (7) 物联网传感器日志	(1) 日志集中存储 (2) 日志分析展现要求 (3) 日志导出要求 (4) 法律合规要求 (5) 可审计性要求 (6) 必要性要求 (7) 实时性要求 (8) 实用性要求 (9) 统一规范输出

图 2-1　日志管理要求

2.3　日志管理中存在的问题

1．存在海量数据信息孤岛

目前，很多企业的日志仍然散落在各种设备上，运维人员在使用日志时需要多方查询，极其不便。日志中的价值得不到有效挖掘，运维效率极低，而且不能满足《网络安全法》对日志管理的要求。

2．日志应用方式原始

很多企业运维人员还在通过多终端方式连接服务器，在目录中通过 grep、vi、awk 等命令方式定位问题。如果运行 Windows 系统中的服务就会更加困难，需要打开第三方软件进行排障。开发人员也面临同样的问题，不过开发人员只在项目上线时才关注这些问题。最终，所有的难题都留给了运维人员。一次故障定位过程通常要花费 10～30 分钟，甚至更久。

日志只在系统出现问题的时候才会被关注，如果缺乏有效的手段去监控日志，也就无法第一时间发现日志中存在的问题。

3．存在操作风险与信息泄露

金融行业常见的隐私信息，如身份证号码、存款账号、证券账号、保单号、手机号等信息经常在往来日志报文中传输。日志权限管理不善导致客户信息泄露频发。用户登录操作风险得不到有效规避。

4．信息缺失

当业务系统出现异常时，运维人员往往第一时间去查看日志，有时会发现日志没有打印完整，原因是开发人员认为打印日志消耗 I/O 性能，会导致磁盘效率低，常常只打印错误日志。很多业务日志及安全设备日志都没有按照等级保护要求开启日志级别。很多运维人员也不清楚需要开启哪种日志级别来满足日常应用。

5. 日志价值未被充分挖掘

很多企业没有认识到日志的重要性，为了节约成本，有时仅采购一台功能简单的工控机作为日志集中存储的设备。有些设备本身造价很低、稳定性差，经常会因为单机故障导致日志数据无法恢复，结果出现审计时无数据可用的情况。

日志中包含往返报文和交易的详细信息，对日志特征结合时间维度进行关联分析就可以轻易获得用户画像、用户行为、业务系统特征，这些可以作为安全运营的数据支撑，也是精益管理的重要数据支撑。

2.4 日志管理的好处

日志中包含设备运行状态、安全事件、用户行为等信息，管理员通过认真分析日志数据，可以了解目前企业所面临的网络威胁、业务健康度、设备性能与工作效率等情况。做好日志管理可以大大提高企业安全运营与精益管理的水平，如图 2-2 所示。

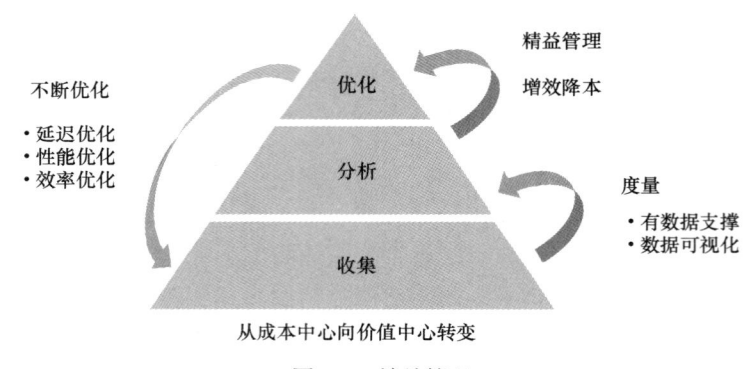

图 2-2 精益管理

1. 简单资源管理

在早期设备量较少时，可以通过 ping 命令进行设备探活检测。ping 命令采用 ICMP 协议，通过返回的信息可以知道目前某网段设备存活数量，前提是被检测的主机或防火墙支持 ping 命令。

ping 命令执行效果如图 2-3 所示。

端口探活可以使用 Telnet 命令。批量探活可以使用脚本或专业扫描工具。当发现本应在线的设备不在线时，应及时发出通知或告警。

2. 防火墙策略优化

防火墙策略配置以最小化为原则，即除非允许，否则全部禁止。在日常工作中经常需要根据业务需求变更网络策略，有时管理员并未考虑开放策略的风险，导致规则冗余或开放风险敞口过大，而管理员自己却不知道。通过防火墙会话日志可以清晰地看到日志的源地址、目的地址、端口等信息。只要对一段时间内防火墙放过的端口和 IP 地址进行分析，就可以知道哪些端口和 IP 地址不应该被放过，并反向找到策略进行修改。

图 2-3　ping 命令执行效果

3．回溯取证

日志目前可以作为电子证据使用。当企业内部系统被入侵或信息泄露时，可以通过对日志的分析找到问题源头，除网络设备、堡垒机、主机和应用系统日志外，还可以结合门禁、闸机等安保系统日志进行关联分析，以发现用户异常行为。

4．微服务调用链追踪

如今应用的用户量、交易量呈爆发式增长，导致后台服务经常不堪重负。经过多年迭代，服务架构已从单体架构发展成分布式微服务架构。其发展历程如图 2-4 所示。

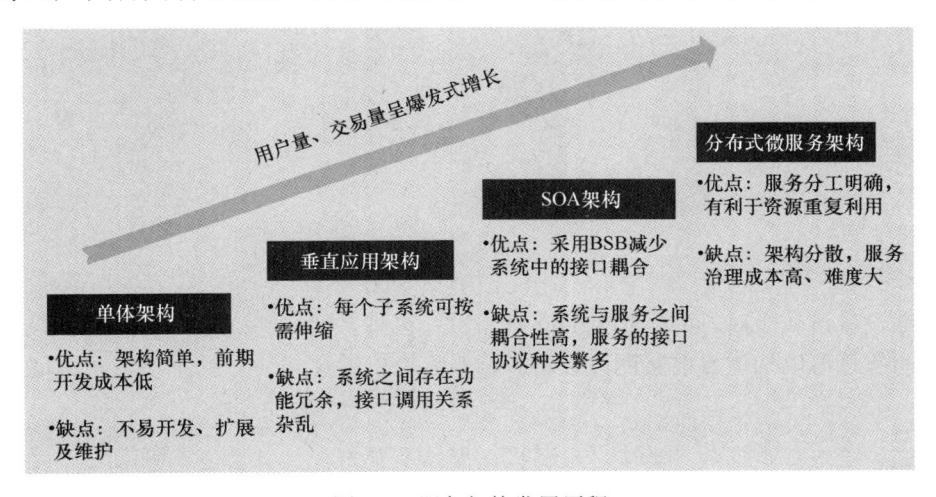

图 2-4　服务架构发展历程

微服务的优点非常多，但也有缺点，即系统太过复杂，给后台开发和运维带来了巨大的挑战。主要问题如下：

（1）故障定位难：一次请求往往涉及多个服务，这些服务很可能是由不同的团队负责的。一旦出现问题，只显示异常，而不显示异常出现在哪个服务上，需要进入每个服务去查找问题，导致处理效率非常低。

（2）链路梳理难：开发人员新加入团队，接手一个微服务组件，完全不知道自己负责的内容属于哪个环节，也不清楚上下游依赖哪些服务关系，需要将之前的开发文档完整地看一遍，逐行进行代码分析。文档缺失对交接人来说就是一个巨大的灾难。

（3）性能分析难：一个应用依赖于后台的多个服务，如果中间某个接口耗时异常，开发人员就要逐个分析各依赖接口的耗时情况。

业内在解决上述问题时通常采用分布式链路追踪系统（Distributed Tracing System）。2010年，Google 发表了关于 Dapper 的论文，Dapper 是生产环境下的分布式链路追踪系统。之后，各大互联网公司纷纷参考 Dapper 的思想推出分布式链路追踪系统。目前较流行的分布式链路追踪系统有 Zipkin、Pinpoint、SkyWalking 等。与此同时，需要对现有业务系统进行改造，特别是日志系统。改造后的调用链追踪效果如图 2-5 所示。

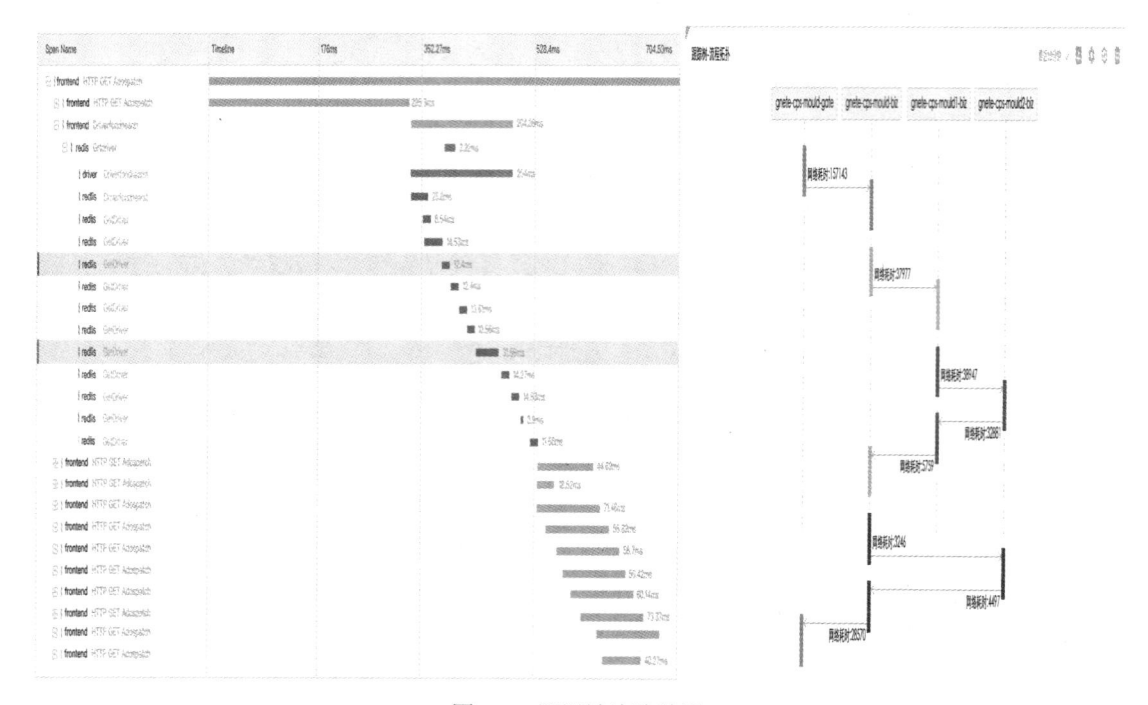

图 2-5　调用链追踪效果

有了调用链追踪数据，自动生成业务图谱就水到渠成了，如图 2-6 所示。

5. 统一日志输出规范

目前很多企业的关键业务系统是由多个厂商提供的，有些厂商并未采用标准日志打印格式，导致通过日志排除故障或打印日志效率低下。统一日志输出规范有如下好处：

（1）磁盘利用率更高。

（2）可以解决业务链追踪问题，让交易链路清晰可见。

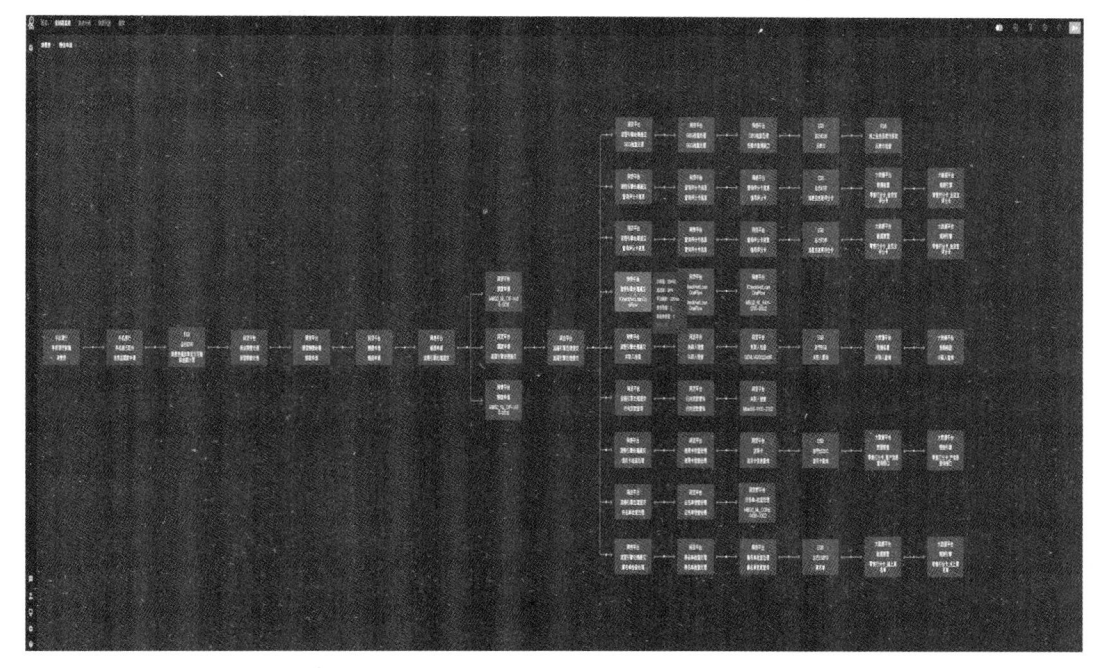

图 2-6　业务图谱

（3）可以快速关联跨系统交易，辅助进行快速故障定位。

（4）人员流动过程中的交接成本更低。

2.5　日志归档

根据网络安全等级保护要求，日志需要留储 6 个月以上，个别行业如证券业的部分数据需要永久留存。因此，需要根据不同数据特性和要求对日志数据进行区别化管理，同时要考量数据时间价值评估及存储成本。日志归档应满足以下要求：

（1）可对日志设置冷、热数据索引。

（2）可通过不同标签进行归档日志的生命周期管理。

（3）归档日志应具备压缩功能。

（4）归档日志应支持快速找回及恢复。

（5）归档日志应支持多路径存储。

（6）可自动删除超期归档日志。

第 3 章　日志管理与分析系统

- 日志管理与分析系统的基本功能
- 日志管理与分析系统技术选型
- 小结

运维人员在工作中经常遇到以下情况：

（1）日志太多，太过分散，查看起来不方便。

（2）程序采用分布式系统，出现问题的日志不知道在哪台机器上，需要登录每台机器使用命令查看。

（3）如果想要统计某个字段的数据，需要登录每台机器统计一遍，然后将所有数据相加求和。

（4）很难对日志数据进行多维度的关联分析。

（5）因为数据分散在不同的地方，所以做统计性告警比较困难。

（6）运维人员直接登录生产机器查看日志，容易发生误操作，风险较高。

（7）生产磁盘较小，但日志较多且需要保存的时间较长。

上述情况往往是没有将日志集中存放而造成的，解决方案就是把所有日志集中存放、统一管理，这就需要日志管理与分析系统。本章将简单介绍日志管理与分析系统的基本功能，后续章节将对其中的部分功能及实现原理进行详细介绍。

3.1 日志管理与分析系统的基本功能

3.1.1 日志采集

日志采集一般有两种模式：日志推送和日志拉取。

在生产环境中，一般采用日志推送模式，即在日志产生端部署一个 Agent（日志采集代理程序），由 Agent 发送数据。这种做法的好处是能够最大限度地控制采集过程。例如，当网络带宽比较小时，为了防止日志传输占用生产环境的大量带宽，可以对日志采集进行限速处理；如果需要节省流量，还可以通过 Agent 进行压缩发送，一次性发送更多的数据等。

日志拉取模式在生产环境中很少采用。前文提到的发送过程中各种额外的限制操作很难在拉取模式下实现。此外，以下两类棘手问题在拉取模式下也很难找到有效的解决方案：

（1）深层次目录下的大量小文件。

（2）日志轮转问题。

3.1.2 数据清洗

日志数据本质上是字符串，字符串通常需要经过预处理才能从中分析出有用结果。数据清洗就是将字符串按照一定的规则处理成结构化数据的过程，这样能使后面的数据分析更加容易。

数据清洗不只是数据修剪，有时也需要增加额外的数据来进行标识。例如，可以在数据清洗过程中增加所在的主机环境、主机负责人、业务系统等数据，为后续的精细化分析做准备。

3.1.3 日志存储

对日志数据进行清洗之后，下一步就是日志存储，即将日志按照一定的规则进行存储，以便在搜索时能够非常迅速地给出结果。日志存储需要选择存储引擎。常见的开源技术方案有 HBase 和 Elasticsearch。

HBase 是基于 RowKey 的列簇存储引擎，自身不支持二级索引，查询和聚合均基于 RowKey，所以在无法使用 RowKey 的情况下会变为全表扫描，导致效率降低。HBase 组件较多，存储大量数据时可以考虑使用 HBase，但其响应速度非常慢。

Elasticsearch 是基于 Apache Lucene 的分布式文档存储、文本查询引擎，其采用了倒排索引、FST（Finite State Transducers）等设计思想，维护起来也比较方便。目前市场上最常见的日志分析开源方案 ELK 中的 "E" 就是指 Elasticsearch。它可以通过分片的方式进行线性横向扩展，也支持大量数据存储。

3.1.4 日志告警

日志告警是日志管理与分析系统的重要功能之一，可以帮助运维人员监控数据。日志告警是指按预设计划周期性执行搜索语句，当监控数据结果满足触发条件时，就通过指定的告警方式及时通知运维人员。通用的告警方式是电子邮件，也有 Syslog 和 HTTP 转发、微信、短信等其他方式，可根据需要灵活选择。监控所需信息一般包括常规信息、告警类型、告警阈值和告警方式。

3.1.5 日志分析

经过数据清洗、日志存储流程，可以将非结构化数据存储为结构化数据。接下来，需要将这些结构化数据取出来进行分析。

例如，通过日志分析可以获取网站每类页面的 PV（PageView，页面访问量）值、独立 IP 数（去重之后的 IP 数量）；稍微复杂一些的，可以计算得出用户所检索的关键词排行榜、用户停留时间最长的页面等；更复杂的分析还有构建广告点击模型、分析用户行为特征等。此外，还可以分析某个故障是应用程序问题还是主机或网络问题导致的。

3.1.6 日志可视化

在数据分析要求不高的情况下，输出一个类似 Excel 文件的数据表格即可。但是，随着技术进步及数据分析要求日益增加，BI 报表应运而生。BI（Business Intelligence）即商业智能，它是一个完整的解决方案，可以有效地集成企业现有数据，快速准确地生成报表，为企业决策提供依据。

日志可视化的目标类似于 BI 报表，即根据存储的数据（不仅仅是日志数据）进行关联绘图，实现实时多维分析、分析化建模等。这样做的好处是如果有问题，运维人员可以及时发现；如果没有问题，则无须持续关注。

3.1.7 日志智能分析

日志智能分析是指将机器学习和人工智能算法应用到日志分析中，常见的有 KPI（Key Performance Indicator）异常检测、大数据智能分析、收敛和抑制告警、大数据智能预测故障、基于数据挖掘的故障诊断、应用性能预测及优化、智能安全态势感知、运维知识库智能检索回复，以及计算、存储、网络容量的预测等。KPI 异常检测中的 KPI 指的是关键性能指标，一般包括服务 KPI 和机器 KPI，服务 KPI 如网页响应时间、网页访问量、连接错误数量等，机器 KPI 如 CPU 利用率、内存利用率等。KPI 存储形式为按时间排列的数列，也就是时间序列。

3.1.8 用户与权限管理

在一个日志管理与分析系统中，不同类型的数据往往由不同部门的不同人员进行管理，非本部门的人是无权查看数据的，甚至某些脱敏的数据连本部门初级人员也无权查看，这就需要鉴权这一必不可少的功能来支持。

用户 ID 常用邮箱或电话号码进行唯一匹配。权限一般分为数据权限和功能权限。数据权限是指对某类数据的操作权限，数据类型可以是日志数据，也可以是脱敏及检索等相关操作得到的结果。功能权限是指系统某项功能的使用权限，如能否创建告警等。为了便于管理，通常将多个权限的集合建立为角色，将人员分成不同用户组，并将角色和用户组进行关联。

3.1.9 系统管理

系统管理是日志管理与分析系统的重要功能之一。

思考下面这些场景：

（1）因为数据量很大，所以需要很多节点来运行系统。

（2）需要对系统所使用的资源进行监控。

（3）因为节点多，所以需要统一启停服务的功能。

（4）系统中程序太多，需要根据不同的程序、节点进行配置管理。

（5）系统出现 Bug，需要进行修复。

（6）系统需要增加一个新功能。

遇到以上场景时，如果一台一台地登录主机来启停服务、修改配置、上传补丁包、更新系统，节点少时还可以，节点多了之后就会产生很大的工作量，而且这种工作完全依赖个人经验，稍有不慎就会造成系统宕机事故。

在这种情况下，如果有一个后台管理程序，专门负责日志管理与分析系统自身的运行与维护，上述所有操作都可在此后台管理程序上执行，那么对运维人员而言将是很大的解放。

3.2 日志管理与分析系统技术选型

3.2.1 日志分析的基本工具

Linux 和 UNIX 操作系统内建了一些简单而强大的工具，可用来对日志进行分析。但是，这些工具无法对各种复杂的数据进行关联分析，而且遇到大批量数据时，其分析效率极低。

1．grep

grep 最初是一个用于 UNIX 操作系统的命令行工具。在给出文件列表或标准输入后，grep 会对匹配一个或多个正则表达式的文本进行搜索，然后输出匹配（或者不匹配）的行或文本。

命令格式：

```
grep [选项参数][文件或目录]
```

数据示例：

```
        2019-11-01 20:32:52,420   INFO   [qtp1356732524-529] c.y.a.common.aspect.ControllerAspect [] - uri=/es, http_method=POST, ip=192.168.1.141
        2019-11-01 20:32:52,420   INFO   [qtp1356732524-529] c.y.a.common.aspect.ControllerAspect [] - response={result=true, data=OK, error_info=null}, cost=0ms
        2019-11-01 20:32:55,149   INFO   [qtp1356732524-772] c.y.a.common.aspect.ControllerAspect [] - no traceid found, set traceid=aae45e3b-f35b-4021-a26f-89430c9e3540
        2019-11-01 20:32:55,149   INFO   [qtp1356732524-772] c.y.a.common.aspect.ControllerAspect [] - uri=/es, http_method=GET, ip=192.168.1.142
        2019-11-01 20:32:55,149   INFO   [qtp1356732524-772] c.y.a.s.impl.SplZookeeperServiceImpl [] - child data success
```

想要获取上述数据示例中 ip=192.168.1.142 的记录，可以采用以下命令：

```
grep ip=192.168.1.142 xxxlog.log
```

2. awk

awk 是一个优良的文本处理工具，比 grep 更进一层，但其实现效果完全取决于使用者的水平，而且学习成本较高。awk 可用于分析某类数据，但对于多维度分析、多数据关联分析，awk 实现起来非常困难。

命令格式：

```
awk [选项参数] 'script' var=value file(s)
```

或

```
awk [选项参数] -f scriptfile var=value file(s)
```

以上文中的数据为例，用 grep 可以获取 ip=192.168.1.142 的日志记录。但是，如果只想请求 uri，就可以使用 awk 来提取，命令如下：

```
grep ip=192.168.1.142 xxxlog.log | awk {print $8}
```

命令执行结果：

```
uri=/accounts/1,
uri=/roles/account_id/1,
uri=/domains/1,
uri=/batch_verify,
uri=/role_privilege_ids/account_id/1,
uri=/role_privilege_ids/account_id/1,
```

3. 其他工具

1）tail

tail 可用于查看文件尾部的内容。

命令格式：

```
tail [参数] [文件]
```

例如：

```
tail -f filename
```

上述命令会把 filename 文件尾部的内容显示在屏幕上，并且不断刷新，只要 filename 更新就可以看到最新的文件内容。

2）head

head 可用于查看文件开头的内容。

3）sed

sed 是一种流编辑器，它是文本处理中非常重要的工具之一，可配合正则表达式使用。

命令格式：

```
sed [options] 'command' file(s)
sed [options] -f scriptfile file(s)
```

3.2.2 开源+自研

最常见的日志分析开源方案为 ELK（Elasticsearch+Logstash+Kibana），Logstash 用于收集日志并进行日志格式化处理，Elasticsearch 是存储日志并提供全文检索和日志分析的搜索引擎，Kibana 是数据分析和可视化平台。其次是 Flume-ng+Kafka+Storm，还有单系统方案，如 Flume、Scribe 和 Chukwa。很多企业在开源方案的基础上进行修改与完善，以开发适合自身业务的日志管理与分析系统。

ClickHouse 作为一款高性能列式分布式数据库管理系统，自 2016 年开源以来，各大厂商纷纷跟进，开始大规模使用，构建日志分析系统的常用解决方案（Logstash+ClickHouse+Grafana），Logstash ELK 生态中的日志收集组件通过插件的方式将数据转发给 ClickHouse；ClickHouse 用于日志存储；Grafana 是开源可视化工具，借助 ClickHouse Grafana 插件实现日志数据可视化展示。作为日志分析系统，ClickHouse 没有类似 ELK 的生态，需要借助第三方开源工具实现日志采集、日志处理、日志展示等功能。

如果企业数据量不大，对数据分析要求不高，可以部署开源软件。很多大型企业也会修改源码以适配自己的业务。

为什么要自研？

（1）搜索引擎需要适配自身业务系统。

（2）以目前的开源 ELK 为例，它针对日志搜索做了很多优化，但是 3.1.6 节提到的 BI 报表等功能是比较难实现的，所以它虽然能很好地实现日志搜索，但并不是一个好的 OLAP（On-Line Analytic Processing，联机分析处理）系统。

（3）从性能角度来看，开源 ELK 方案的性能在数据量较小时是可以的，但当数据多到一定量级时，它的系统性能、稳定性、可维护性则大大降低。

3.2.3 商业产品

进入互联网时代，日志数据量越来越大，数据类型也越来越多样化，仅仅依赖传统工具已经很难从日志中提取想要的信息。在这一背景下，一些处理日志的商业产品应运而生，如 Splunk、日志易、ELK 商业版等，这些产品支持搜索处理语言（Search Processing Language，SPL）语法，能让用户的查询检索变得更容易。

Splunk 是机器数据引擎。使用 Splunk 可收集、索引和利用所有应用程序、服务器和设备生成的快速移动型计算机数据。

日志易是国产日志管理与分析系统，提供部署版及 SaaS 产品，并且针对国内等保合规等要求，包含 Beaver 搜索引擎，能够快速实现数据接入、分析及展示。

ELK 商业版是在 ELK 社区版的基础上构建的，功能和社区版差不多，但比社区版多了 X-Pack 功能包。

除了支持单独部署的日志管理商业产品，也有基于云服务的产品，如阿里云、腾讯云等均有日志服务。

1. Splunk

1）什么是 Splunk

Splunk 是机器数据引擎。使用 Splunk 处理计算机数据，可让运维人员在几分钟内解决问题和调查安全事件，监控用户端对端基础结构，避免服务性能降低或中断，以较低成本满足合规性要求，关联并分析跨越多个系统的复杂事件，获取新的运营可见性及 IT 和业务智能。

2）适用场景

Splunk 可以处理各种类型的数据，适用场景广泛。

（1）应用程序交付：快速定位并修复应用程序问题，减少宕机时间，提高 DevOps 协作效率。

（2）大数据：从某个位置搜索、探究、浏览、导航、分析、可视化 PB 级的数据。

（3）业务分析：作为现有 BI 环境的补充，借助机器数据提供实时洞察力和分析能力。

（4）物联网：为探究传感器、设备和工业系统提供洞察力。

（5）IT 运维管理：对 IT 基础设施提供端到端的可见性，提高 IT 投资的转化率，更好地为企业服务。

（6）日志管理：实时收集、搜索、监控、报告和分析所有日志数据。

（7）安全与防欺诈：使用实时搜索、监控、告警、报告和可视化图表驱动基于分析的安全。

3）Splunk 的优势

（1）能以任意格式定义。

（2）具有功能强大的搜索和报表语句。

（3）具有灵活的报表生成、分析和可视化展示功能。

（4）具有优异的可扩展性（从单机到分布式架构）。

（5）具有开放的、可扩展的平台。

（6）拥有活跃的用户社区群体。

2. 日志易

1）什么是日志易

日志易是一款文本日志搜索引擎，借助自身强大的日志分析功能，帮助用户及时发现问题。

日志易旨在为企业提供一个配置简单、功能强大、容易使用的日志管理工具，通过对日志进行集中采集和准实时索引，提供搜索、分析、可视化和监控告警等功能，帮助企业进行线上业务实时监控、业务异常原因定位、业务日志数据统计分析、安全与合规审计。

2）适用场景

（1）统一日志管理。对分散在生产环境各环节的日志进行统一收集、统一保存、集中查看、集中搜索，无须人工登录每台服务器查看日志。

（2）运维和应用性能监控。

- 通过日志实时监控网络设备、服务器及应用程序状态，迅速定位问题根源。
- 通过日志实时监控应用程序性能，及时发现性能瓶颈。
- 关联不同系统或模块的日志，进行端到端的服务监控和故障排查。

（3）安全信息与事件管理。

- 通过服务器日志发现端口扫描和非法入侵。
- 防火墙、网络设备、服务器日志安全跟踪分析。
- 信息安全合规审计。

（4）业务统计分析。

- 网站用户及手机用户访问统计，客户端设备、操作系统、浏览器统计。
- 社交、视频、电商、游戏等网站的用户行为及交易行为分析。
- 交易日志统计分析。

（5）程序研发 Bug 分析。快速关联分析大规模分布式系统各模块产生的大量 Debug 日志。

3）日志易的优势

（1）功能强大。

- 能自动识别各种日志类型，自动抽取关键字段，将非结构化数据转化为结构化数据。
- 能对日志做全文索引。
- 能对不同来源的日志做关联分析，以便及时定位问题。
- 具有丰富的统计及可视化功能，日志情况一目了然。
- 能对日志进行监控告警，并以电子邮件的形式通知用户。
- 能对日志、解析规则、分析模型等进行分组管理，赋予使用者不同的权限。
- 提供开放 API，可灵活对接第三方系统或二次开发日志应用。

（2）高性能、可扩展。

- 采用高性能分布式架构，可支持每日 TB 级的新增日志量，EPS 可达数十万条日志，搜索分析结果具有秒级延时，能让用户查询到十几秒之前产生的日志。
- 可在普通服务器上运行，可根据日志量的增长逐步扩容。

（3）简单易用。不需要用户掌握复杂的搜索语法，使用简单的搜索框查询，通过用户图形界面和友好的用户交互来实现强大的搜索分析功能。

（4）提供完善的 API，方便与第三方系统集成。通过 App 机制，自动支持数百个主流 IT 设备与系统的日志分析，且数量仍在不断增长。

3.3 小结

本章主要介绍日志管理与分析系统的基本功能，企业可根据自身的需求对这些功能进行取舍。

日志管理与分析系统可简可繁，这取决于对数据的重视程度与挖掘程度。对于需求简单、日增数据量较少的环境，完全可以使用网上的开源软件，目前的开源软件适用于大多数环境。但是，在需求复杂、数据复杂、日增数据量大、系统稳定性要求高的情况下，还是建议采用商业软件。商业软件不仅比开源软件实现的功能更加丰富，而且厂商可以在分析数据时提供专业的意见。

第 4 章　日志采集

- 日志采集方式
- 日志采集常见问题
- 小结

对日志进行分析，需要先将日志采集到日志分析系统中。本章将介绍日志采集方式和日志采集过程中常见的问题。

4.1 日志采集方式

对日志进行采集有两种思路：推与拉。推是指客户端（日志源设备或应用程序）主动将日志推送到日志分析系统；拉是指日志分析系统主动去客户端拉取日志。

主动拉取的日志采集方式局限性很大。日志分析系统需要对大批量数据进行处理，本身就要消耗较多的资源，主动拉取方式会增加更多不必要的资源消耗。而推送的日志采集方式可配置性更高，仅消耗各客户端的少量资源，与拉取的方式相比性能更优。

下面介绍几种常见的日志采集方式。

4.1.1 Agent 采集

在客户端部署一个 Agent，由 Agent 来进行客户端日志的主动推送。

Agent 采集有很多优势。使用 Agent 可直接将日志数据发送到日志分析系统，也可将日志发送给其他日志处理组件，这些组件会对日志进行进一步处理并将处理后的日志发送给日志分析系统。

常见的开源日志采集 Agent 有很多，如 Logstash、Filebeat 等。

日志采集 Agent 的使用方式大同小异，首先在客户端安装 Agent，然后对 Agent 进行配置，指明要采集的日志文件及日志发送位置即可。下面以 Filebeat 为例进行说明。

Filebeat 的安装：

（1）wget https://artifacts.elastic.co/downloads/beats/filebeat/ filebeat-6.0.0-linux-x86_64.tar.gz。

（2）mkdir -p /opt/filebeat && tar zxf filebeat-6.0.0-linux-x86_64.tar.gz-C/opt/filebeat-strip component 1。

Filebeat 的配置：

（1）配置文件是 filebeat.yml，其中可以配置多个目的地址。需要注意的是，它使用的格式是 yaml。

（2）Filebeat 配置示例如下。其中，要采集的日志文件为 /apps/nginx/logs/access-filebeat-test.log，将产生的日志发送到 192.168.1.100:5044。

```
filebeat.prospectors:
  enabled: true
```

```
        -/apps/nginx/logs/access-filebeat-test.log
output.logstash:
    hosts: ["192.168.1.100:5044"]
```

使用 Agent 的方式进行日志采集时，需要注意以下几个问题：

（1）尽量使用低权限用户账号启动，只对所采集的日志进行读取操作即可。

（2）尽量少用执行脚本功能。目前常见的 Agent 都具备执行脚本、命令的功能，但这种方式存在一定的风险，所以要尽量少用。

（3）尽量少占用系统资源。日志是一个旁路系统，在系统资源紧张的情况下，宁可暂停日志的采集，也不能让 Agent 采集占用过多的系统资源。

（4）尽量少依赖系统底层库。企业的服务器类型多种多样，各系统的底层库是不同的，如果过多依赖系统底层库，在大规模部署 Agent 时会出现极麻烦的系统适配问题。

4.1.2　Syslog

在 Linux 系统中，最常见的日志收集方式就是 Syslog，它是 Linux 系统自带的服务。在大多数情况下，Syslog 只用于系统日志。

常见的 Syslog 日志格式如下：

```
<30> Dec 9 22:33:20 machine1 auditd[1834]: The audit daemon is exiting.
```

- <30>——这是 PRI 部分，由尖括号包含的一个数字构成。
- Dec 9 22:33:20 machine1——这是 Header 部分，包含时间与主机名。
- auditd[1834]——这是 Tag 部分，由进程名和进程号组成。
- The audit daemon is exiting——这是 Content 部分。

在使用 Syslog 发送日志的时候需要注意以下几点：

（1）默认的发送方式是 UDP 方式，这种方式有丢失日志的风险。

（2）需要根据日志量调整发送的缓冲区，如果缓冲区满了，也会丢失日志。

（3）如果每条日志超过 4KB，则必须使用 TCP 方式发送。

目前，大多数系统上配置的是 Rsyslog 而不是 Syslog。Rsyslog 类似于 Syslog 的升级版，二者差别不是很大。

现在有很多用户开始使用 Syslog-ng。Syslog-ng 是开源的，功能比 Rsyslog 更加强大，发送速率也提高了很多。不过，Syslog-ng 与 Rsyslog 在配置上相差较大，不能与 Syslog、Rsyslog 混为一谈。

4.1.3 抓包

通过抓包来收集日志的做法并不常见，因为抓包之后需要解析，此过程需要消耗 CPU 的计算资源，况且解析的是日志内容，日志量本身就比较大。这种方式相比于常规的日志采集（如 Agent 日志采集）方式多了不必要的烦琐过程，所以很少使用。

抓包的优势体现在网络流量的捕捉上。目前常见的抓包做法是在交换机端口配置镜像流量，将此流量引流到一个专用的硬件设备上，此硬件设备专门用来解析流量。

4.1.4 接口采集

在需要获取程序内部信息的情况下，往往采用接口采集方式；或者日志并没有进行落地存储，只提供了一个接口来进行采集。

采用接口采集方式需要针对采集的内容进行定制化开发，因为各程序内部运行机制不同，采集方案也有所差异。

在使用接口采集方式时需要注意以下几点：

（1）频率不可过高。

（2）如果日志量很大，那么每次采集时不要获取最新的全量日志，否则会对程序本身的运行造成较大影响。

4.1.5 业务埋点采集

埋点是在应用特定的流程中注入代码，以便收集该流程的相关信息。例如，在某张图片中埋点，可以收集点击该图片的所有用户的信息，这样就能对当天点击该图片的用户进行分析，提取用户特征，以便开展接下来的营销规划。

埋点一般用于跟踪应用的使用状况，以便持续优化产品或为运营提供数据支撑。埋点收集的信息主要包括两个方面：用户访问情况和用户操作行为。

收集用户访问情况除统计用户的产品使用情况（如页面的访问次数、访客数）外，还有一个比较重要的作用是链路串联分析。链路串联分析是利用埋点数据，绘制用户操作在产品中经过的所有节点，这对产品的后期优化有很大的帮助，如通过优化页面上访客较少的区域来保持页面的访问热度。

分析用户操作行为是埋点的另一大功能，通过收集不同的用户对产品的使用行为，可根据不同性别、不同地区、不同年龄层的用户的喜好进行精准内容投放。

目前，在各大企业生产环境中，主流的埋点方式有以下两种：

第一种：自行进行代码注入。

第二种：使用第三方工具，如友盟、GrowingIO 等。

这两种方式各有利弊，自行开发的技术壁垒较高，但数据安全性更有保障；使用第三方工具虽然面临数据安全性风险，但由于技术较为成熟，分析效果也往往更有保障。较为重视数据安全且分析场景比较复杂的企业，一般采用第一种方式；相比数据安全而言，更加注重数据价值挖掘及产品易用性的企业，一般采用第二种方式。

在进行埋点时一定要注意埋点的位置及埋点方式。埋点需要在与产品的运营分析人员做好沟通之后再进行设计开发，否则埋点之后获得的数据并不准确或者数据之间难以关联。如果埋点数据过多，还会造成数据流量过大，从而增加额外的开销。在手机端，上传过多的数据意味着更多的电量、流量及内存消耗，这会影响用户体验，引起用户反感。

4.1.6　Docker 日志采集

随着容器技术的日渐流行，容器日志的采集成为互联网企业关注的重点之一。

Docker 实现原理为"多进程+进程隔离"，Docker Daemon 父进程会启动一个容器子进程，父进程会收集此子进程产生的所有日志，但子进程下的子进程产生的日志是收集不到的。如果容器内只有一个进程，那么可以通过 Docker log driver 来收集子进程的日志。

当前，使用 Kubernetes 管理容器已成趋势，导致出现了更复杂的问题。在启动一个业务进程时，会先启动一个 Pod（容器管理进程），再启动相关容器，容器上一般运行有业务进程。由于 Pod 的存在，通过 Docker log driver 将无法收集业务进程所产生的日志信息。

对于以上问题，目前有如下两种主流解决方式：

（1）通过调用 Docker API 来实现日志采集。

（2）将业务进程的日志文件挂载出来，然后通过采集文件的方式进行日志采集，但在这种情况下，日志轮转会成为一个问题。

通过 Docker API 来获取日志数据是本书推荐的方式，因为可以通过 API 来监听容器的各类事件，然后使用一个收集日志的组件进行收集即可。目前使用较多的 Docker API 工具有 log-pilot、fluentd-pilot。二者较为类似，且都具有如下特点：

（1）使用一个单独的日志收集进程，可收集服务器上所有容器的日志，无须为每个容器启动一个日志收集进程。

（2）使用 label 声明要收集的日志文件的路径。

（3）支持将收集的日志输出成文件。

（4）支持工具本身错误日志的输出，即 stdout。

如果没有使用上述两种工具，那么在采集 Docker 日志时需要注意如下问题：

（1）日志轮转。

（2）采集日志的进程不宜过多，尤其不能为每个容器单独启动一个日志收集进程，这会造成资源的大量占用。

（3）不可过多占用系统资源。

（4）如果日志收集进程与业务进程在同一容器内，那么需要注意日志收集进程的资源控制，避免因其占用太多资源而影响业务进程的正常运行。

4.2 日志采集常见问题

当某设备一天产生的日志量过多时，若将这些日志存放在同一个文件内，查询或读取日志时就会消耗较多的资源。为了避免这种情况，往往会设置对超过一定大小的日志文件进行切分。这样，该设备当天的日志就会被记录在几个不同的日志文件中。而当日志量较小时，日志文件可能会按照时间进行切分，如将每周的日志保存为一个日志文件。

由于不同的设备或应用程序产生日志的方式不同，日志记录、日志文件切分及命名的方式也不同。当对日志进行采集时，需要将不同种类的日志按照时间顺序逐条采集到日志分析系统中，这样才能保证后续日志处理流程的正常进行。

随着技术的发展，企业生产环境日益复杂，除了基础的日志文件顺序采集机制，日志采集还要解决诸多问题。本节将对日志采集中的一些常见问题进行说明。

4.2.1 事件合并

在大多数情况下，一个事件会被记录为一条日志，而这个事件通常在打印完程序运行的情况后就完成了它的使命。

但是，在某些情况下（如业务分析场景），人们需要的是一个业务上的事件，称之为"事务"。一个事务并不一定是单条日志，通常将整个业务流程（包括业务开始、业务处理、业务结束）视为一个事务。

因为目前的程序都是并发处理的，所以在同一时间会产生很多事件，而这些事件未必是同一个事务产生的。因此，需要将一个事务中产生的多个事件进行合并，形成一个事务日志后再进行发送。

这样做能带来如下好处：

（1）在 Agent 发送端进行事件合并，可以在分析数据时省去很多不必要的日志处理过程。

（2）将一个业务的所有事件归并成一个事务，更方便计算事务内的各指标数据。

（3）能够更加直观地看出一个业务的完成过程，对业务运维人员更加友好。

但是，这种做法也有一些问题，具体如下：

（1）单条日志过大，后端处理系统压力较大。

（2）Agent 发送日志时，需要等待一个事务发送完才能发送下一条日志，所以 Agent 发送效率会降低，Agent 对系统资源的消耗也会增加。

（3）因为需要从繁杂的事件中找出同一个事务的所有事件进行合并，所以需要一个可串联的标识，此标识在一个事务中从始至终都存在，并且不能与其他事务中的标识重复。这对日志规范性有一定的要求。

上述最后一条往往很难实现。因为一个业务系统的不同模块由不同的小组开发，如果开发时没有统一日志的输出规范，业务系统运行期间输出的日志就会比较杂乱，这会对后面的分析造成很大的影响，而且后期进行日志改造也会有很大困难。因为业务系统的运行会经历一段很长的时间，当业务系统庞杂到一定程度，不得不进行日志改造时，原始的模块开发和维护人员可能早已离职，或者因年代久远而忘记了日志生成逻辑。因此，在开发时做好日志输出规范，对于日志分析而言极为重要。

4.2.2　高并发日志采集

正常情况下，用户只需要配置一个日志采集目录、要采集的日志文件名称及相应的匹配规则，接下来就是如何发现新创建的日志文件，目前常见的做法是定时轮询要采集的目录下的内容。而当短时间内日志量暴增时，问题就出现了。

想象一下：当 Agent 正在采集 access.log 的时候，日志发生了轮转，access.log 变成了 access.log.1，但 Agent 并没有采集完 access.log 的内容，而此时日志已经轮转完毕，那么 access.log 中还没有采集完成的内容就会被丢弃。

为了避免这种问题，可以采集日志轮转完毕之后的文件，这样能够保证日志采集没有遗漏。但这样做的弊端也很明显——因为要采集 access.log.1，Agent 就没办法及时采集最新的日志（当前的 access.log），这样采集就会有延迟。

在高并发环境下进行日志采集，通常需要做些取舍。如果不考虑数据入库延迟，可以采用采集轮转后的日志的方式；如果考虑数据入库延迟，那可能需要对日志的输出进行改造。

4.2.3　深层次目录采集

深层次目录采集往往和大量小文件一起出现。深层次目录采集通常是由于开发人员早期开发不规范造成的。以某金融公司为例，该公司每天、每小时都创建一个目录，之后针对不同的应用、不同的用户和不同的操作分别创建相应的目录，目录结构如下：

Day > Hour > Apps > User > Operation

由于 Agent 需要定时轮询要采集的目录下的内容，以发现新创建的日志文件，所以深层次目录会导致 Agent 轮询一个文件时遍历很多层的目录，非常消耗性能。这时，Agent 的瓶颈往往在 CPU 上，因为每次扫描需要遍历整个目录。

对于这种问题，一般通过软链接的方式解决，即将当前目录下的文件定时软链接到一个浅目录中，让 Agent 只采集这个浅目录下的内容，这样会大大减少 Agent 的 CPU 消耗，也能提高发送效率。

4.2.4 大量小文件日志采集

大量小文件日志采集和深层次目录采集遇到的问题类似，都会消耗大量资源。

大量小文件日志采集之所以消耗大量资源，也与 Agent 查找文件的逻辑相关。由 4.2.2 节可以知道，Agent 通过配置正则表达式等方式来统一采集某类日志。

想象一下 Agent 采集日志的流程：配置好采集哪类日志之后，启动 Agent，Agent 匹配到日志后开始进行日志采集；在采集的同时，应用程序会持续产生新的日志文件，Agent 需要采集新产生的文件，所以会定时轮询目录下的文件。

此时问题来了，如果轮询太过频繁，会导致 CPU 负担过高，使资源大量浪费在查找文件上；如果轮询过慢，会导致采集不够实时，甚至会导致日志被遗漏。

可以使用 Linux 内核的 Inotify 进行采集，但 Inotify 也存在以下一些问题：

（1）Inotify 是 Linux 内核的一个模块，它是在 2.6.32 版本之后的 Linux 内核中才有的，若采集使用的 Linux 系统版本过低，则无法使用 Inotify。

（2）Inotify 监控的文件数量是有限的，所以在采集大量小文件时也会出现问题。

（3）利用 Inotify 采集大量小文件时，如果文件数量过多，会导致系统的文件描述符耗尽，严重时会导致整个服务器上的进程不可用。

因此，在采集大量小文件时需要注意以下几点：

（1）严格控制 CPU 和内存的使用。

（2）将 Agent 的文件描述符分配得多一些（这需要在 Agent 端进行控制），采集完成之后迅速释放文件描述符。Agent 不要持有长时间的文件句柄。

4.2.5 其他日志采集问题

上面几个问题是日志采集过程中比较常见的问题，但因为每个用户的使用环境不一样，可能还会有其他需求，例如：

（1）为了节省带宽，需要对发送端进行限流。

（2）为了一次性发送更多事件，需要让发送端对日志进行压缩后发送。

（3）为了保证传输安全，需要对日志进行加密后发送。

（4）为了实现跨不同网络的传输，需要对发送端使用代理方式，由一个发送端进行集中发送。

在上面这些需求的实现过程中，出现问题的概率较小，只在某些特定环境下需要关注。

4.3 小结

本章主要介绍了常见的日志采集方式，探讨了每种采集方式的优缺点及适用环境。用户可以根据实际使用环境来进行选择，选择好之后需要注意在采集过程中可能遇到的问题（尤其是 Agent 采集）。日志采集最关键的一点是不影响业务系统的使用。

第 5 章　字段解析

- 字段的概念
- 通用字段
- 字段抽取
- schema on write 与 schema on read
- 字段解析常见问题
- 小结

在了解了日志采集过程后，本章将介绍日志的解析方法。如果说日志是一段文本，记载着计算机每天所做的各类工作和运行状态，那么字段就是其中有意义的单词或短语。字段解析就是把日志中的字段提取出来并进行分析。

字段解析是日志分析的重要步骤，也是众多其他日志处理方法的前提。

5.1 字段的概念

通常来说，日志是某些操作及其结果的集合，它们按照时间排序。这些信息都可以作为字段被提取出来。以下面这条日志记录为例：

```
        192.168.1.103 - - [01/Aug/2014:12:07:39 +0800] "GET / HTTP/1.1\" 200 3228 "-" "Mozilla/4.0 (compatible;
        MSIE 8.0; Windows NT 5.1; Trident/4.0; .NET CLR 2.0.50727;
        .NET CLR 3.0.4506.2152; .NET CLR 3.5.30729; .NET CLR 1.1.4322; .NET4.0C)"
```

可抽取的部分字段如下：

- client_ip：192.168.1.103。
- timestamp：01/Aug/2014:12:07:39+0800。
- method：GET。
- status：200。
- resp_len：3228。
- os：Windows NT 5.1。

可以直观地看到，该日志记录中包含了日志来源地址、日志产生的时间戳、请求方式、状态码、消息长度、系统描述等信息。这些就是从日志记录中抽取的字段，它们有特定的含义。

不同的字段对于不同的管理人员有不同的意义。对应上面的例子，对于网络管理员来说，他可能比较关注浏览器版本（如 MSIE 8.0）、操作系统（如 Windows NT 5.1）等字段；而对于数据库管理员来说，他可能比较关注某类数据库信息，如与 MySQL 相关的信息。

5.2 通用字段

日志来源不同会导致日志内容也有所不同，但有些字段是存在于大多数日志中的，它们包含日志产生的基本信息，称为通用字段。本节将对部分通用字段进行阐述。

5.2.1 时间戳

时间戳表示日志产生的具体时间，通常包含年、月、日、时、分、秒，有时还包含时区。例如：

```
2017-06-08T11:29:29.209Z
```

上述示例是标准的 XML Schema 日期型数据格式。T 表示后面跟着时间。Z 代表 0 时区，也称 UTC 统一时间（UTC 通用标准时）。

值得注意的是，时间戳有各种各样的格式。

- 若采用 ISO 8601 标准的格式，则形式如 FriJul0521:28:242013ISO8601。
- 若采用 UNIX 系统的格式，则形式如 1412899200.000。

5.2.2 日志来源

日志来源表明日志从哪里来。机房中的各种软件（系统、防火墙等）和硬件（交换机、路由器等）都在不断地生成日志，都可能成为日志来源。根据日志采集方式分类，基于推送方式的日志来源主要有 Syslog、SNMP、Windows 等，基于拉取方式的日志来源有 Checkpoint 防火墙日志、MySQL 数据库日志等。

下面列出了一些常见的日志来源。

- 操作系统：记录操作系统的各种活动信息，如 Linux 系统的登录信息。
- 网络守护进程：记录各类网络连接服务的消息。
- 应用程序：记录应用程序用户的活动信息。

5.2.3 执行结果

日志通常会表明相应的系统活动是成功还是失败，并给出提示信息。下面的示例就是明确的报错信息，表示数据库连接失败。

```
ERROR: DB connection error!
```

5.2.4 日志优先级

日志优先级代表日志消息的重要性，用户可以根据需求解析不同等级的日志。以 Apache 的一个开源项目 Log4j 为例，Log4j 定义了 8 种日志级别，优先级从高到低依次为 OFF、FATAL、ERROR、WARN、INFO、DEBUG、TRACE、ALL。

- ALL：最低级别，用于打开所有日志记录。

- **TRACE**：很低的日志级别，一般不会使用。
- **DEBUG**：指出细粒度信息事件对调试应用程序是非常有帮助的，主要用于开发过程中输出一些运行信息。
- **INFO**：在粗粒度级别上突出强调应用程序的运行过程，主要用于生产环境中输出程序运行的一些重要信息。
- **WARN**：表明会出现潜在错误的情形，有些信息不是错误信息，但也要给程序员一些提示。
- **ERROR**：指出虽然发生错误事件，但不影响系统继续运行。
- **FATAL**：指出某个严重的错误事件将导致应用程序退出，级别比较高。
- **OFF**：最高级别，用于关闭所有日志记录。

值得注意的是，当解析某个级别的日志时，比该级别高的所有日志也会被解析出来。例如，如果优先级设置为 WARN，那么 OFF、FATAL、ERROR、WARN 四个级别的日志都在输出范围内。

5.3 字段抽取

获取日志中字段的过程称为字段抽取，这是字段解析的第一个步骤。

5.3.1 日志语法

在进行字段抽取之前，先要了解日志语法。

任何格式的日志文件都具有语法。日志语法在概念上与人类语言（如英语）的语法相似。人类语言中的句子通常包含主语、谓语、宾语、补语、定语等。了解日志语法后，就能将日志分解成各个组成部分，便于之后的日志抽取和分析。

下面试着对 Syslog 的单条记录做一次语法分析，例如：

```
SERVERS.NET class 1 do not match hint records
```

这里，"主语"是 class，"谓语"是 match，"宾语"是 records。

不同的日志类型有不同的日志语法，实际应用中应选择比较好的日志语法。换句话说，应当使用一种能够尽可能提供完整、清晰信息的日志结构。那么，什么是比较好的日志语法呢？由于不同的日志有不同的使用场景，因此很难定义哪些具体的字段是一定有用的，但通用的判断标准可参考 1.2.3 节的内容。

5.3.2 字段抽取方法

1．简单的字段抽取

简单的字段抽取可根据字段已知的开始和结束位置，抽取该字段的值。

应用编程语言的字符串处理函数就是一个很好的例子，如 Python 中的 slice 函数：

```
slice(start,stop)
```

给定参数 start 和 stop，即可对日志文本进行截取，从而获得指定位置的信息。

2．正则表达式

正则表达式，又称规则表达式（Regular Expression，RE），是计算机科学中的一个常用概念。正则表达式描述了一种字符串匹配模式，可以用来检查某个字符串中是否含有某种子串，并将匹配的子串替换或抽取出来。许多程序设计语言都支持正则表达式。

在日志解析过程中，正则表达式可用于提取符合某种定义模式的字段，尤其是在了解日志相应的语法结构后。

假设有这样一条日志：

```
2014-05-14 23:24:47 15752 [Note] InnoDB: 128 rollback segment(s) are active
```

如果希望抽取以下字段：timestamp、pid、loglevel 和 message，可以配置如下正则表达式：

```
(?<timestamp>\S+\S+)(?<pid>\S+)\[(?<loglevel>\S+\](?<message>.*)
```

其中，\S 表示匹配非空格字符；\S+表示匹配连续的非空格字符；(?<key>value)表示提取名称为 key 的字段，其值为 value。利用上述正则表达式可解析出如下结果：

- timestamp：2014-05-14 23:24:47。
- pid：15752。
- loglevel：Note。
- message：InnoDB: 128 rollback segment(s) are active。

3．含义解析

有些字段除了本身的含义，对其还可以进一步解析出字段值所代表的含义。例如，根据日志中的手机号码或固定电话号码信息，可进一步解析出城市、运营商归属地等信息。

还有一些字段本身具有特殊的语法结构，列举如下。

1）URL 字段

URL 有固定的格式，可以表明当前链接使用哪种网络协议，以及服务器名称等。例如：

```
https://tower.im/attachments/472615098d4d4d3d87e5662fe842effe/preview?t=0
```

2）CSV 字段

针对 CSV 格式的日志解析，可以将字符串按照固定分隔符进行切分，例如：

> 192.168.1.21, mobile_api, admin,13800000000

可以根据","对其进行切分，然后定义切分后的字段名称列表为 ip, application, admin, telephone。

3）XML 字段

XML 是一种标记语言，具有特殊的信息符号——标记。

例如，<body>就是一个标记：

> <body>Don't forget the meeting!</body>

4）Syslog 日志中的字段

对于 Syslog 日志中的 PRI 部分，可以进一步解析出 Severity 和 Facility 字段。下面是一条 Syslog 日志：

> <30>Feb 8 10:00:50 beast logmask[1833]: informative message, pid = 1833

其中，<30>是 PRI 部分，将数字 30 转换成二进制后，其低 3 位表示 Severity，剩下的高位部分右移 3 位就表示 Facility。

4．key-value 解析

有时，日志会明确给出字段名称和字段值，以 key-value 的形式展现，让人能够读懂字段的含义。例如，有的日志中，192.168.1.1 作为字段出现，而在 key-value 形式的日志中，可能会以 ip=192.168.1.1 的形式展现该字段。下面是一个日志示例：

> field=tag&filters=&order=desc&page=1&query=*&size=50&sourcegroup=all&sourcegroupCn=%E6%89%80%E6%9C%89%E6%97%A5%E5%BF%97&time_range=-2d,now&type=fields

这是一个以&和＝作为分隔符的 key-value 日志，利用&进行解析，即可得到 key=value 形式的结果。

5．多种方法相结合

日志的字段抽取没有固定的方法，应根据应用场景、编程语言的便利性来决定。有些日志比较复杂，需要将多种字段抽取方法结合起来使用。例如，可以使用 key-value 解析和正则匹配相结合的方式抽取字段。假设有如下日志：

> <190>May 18 11:20:10 2016 HLJ_S12508_1_FW
> %%10FILTER/6/ZONE_DP_FLT_EXECUTION_TCP_LOG(l):   -DEV_TYPE=SECPATH
> -PN=210231A0H6010C000002;   srcZoneName(1034)=serveruntrust;   destZoneName(1035)=servertrust;
> rule_ID(1070)=90;   policyActType(1071)=denied;   protType(1001)=TCP(6);   srcIPAddr(1017)=10.167.77.99;
> destIPAddr(1019)=10.166.5.70;   srcPortNum(1018)=49362;   destPortNum(1020)=1521;
> beginTime_e(1013)=05182016112009; endTime_e(1014)= 05182016112009;

先对上述日志进行正则匹配，获得如下结果：

```
<%{NOTSPACE:id}>(?<timestamp>%{NOTSPACE}\s+%{NOTSPACE}\s+%{NOTSPACE}\s+%{
NOTSPACE}\s+)%{NOTSPACE:host}
\%\%(?<vendor>[^/]*)/(?<severity>[^/]*)/(?<MNEMONIC>[^:]*):
-DEV_TYPE=SECPATH-PN=210231A0H6010C000002;(?<message>.*)
```

接下来，可使用 key-value 解析方法对上述结果做进一步处理。

5.3.3 常用日志类型的字段抽取

在介绍了各种字段抽取方法后，本节将介绍一些常用日志类型的字段抽取。

1. Apache

对于 Apache 日志，可按实际需求配置服务器的日志格式，具体的配置规则定义可参考 Apache 官方文档。下面列举一种 Apache 日志格式：

```
%h %l %u %t \"%r\" %>s %b
```

其中各项含义如下：

- %b：以 CLF 格式显示的除 HTTP 头以外传送的字节数。
- %h：远端主机。
- %l：远端登录名。
- %r：请求的第一行。
- %>s：最后请求的状态。
- %t：时间，采用普通日志时间格式。

还可以自动识别 Apache 的 error 日志，通常情况下其日志格式如下：

```
[Fri Jul 05 21:28:24 2013] [error] child process 1245 still did not exit, sending a SIGKILL
```

对于上述日志，可以解析出 timestamp、loglevel、message 字段，其值分别对应 "Fri Jul 05 21:28:24 2013" "error" "child process 1245 still did not exit,sending a SIGKILL"。

2. Nginx

Nginx 日志格式与 Apache 日志格式基本相同，具体配置可参考 Nginx 官方文档。常用的日志格式如下：

```
log_format main '$remote_addr - $remote_user [$time_local] "$request"'
'$status $body_bytes_sent';
log_format combind '$remote_addr - $remote_user [$time_local] "$request "
'$status $body_bytes_sent "$http_referer"'
'"$http_user_agent"';
log_format default '$remote_addr - $remote_user [$time_local] "$request"'
'$status $body_bytes_sent "$http_referer"'
'"$http_user_agent" "$http_x_forwarded_for"';
```

```
            access_log  /var/log/nginx/access.log    main;
```

3. Log4j

Log4j 是 Java 程序常用的日志库，具体配置可参考 Log4j 配置文档。

下面列举一种 Log4j 日志格式：

```
    %d{ISO8601} %p %t %c.%M - %m%n
```

由上述日志可以解析出 timestamp、loglevel、thread、class、method、message 等字段。

4. JSON

JSON（JavaScript Object Notation）是一种轻量级数据交换格式。它基于 ECMAScript 的一个子集。JSON 采用完全独立于语言的文本格式，易于程序员进行阅读和编写，也易于机器解析和生成（一般用于提高网络传输速率）。举例如下：

```
{
    "timestamp":"2014-09-11t01:13:24.012+0800",
    "family":{
        "father":"LiLei",
        "mother":"HanMeimei"
    }
}
```

可直接根据 key-value 形式解析字段，上述示例中可以解析出的字段有 timestamp、family、father、mother。一般编程语言都带有解析 JSON 的库。

5. MySQL

MySQL 是常用的数据库类型。MySQL 日志记录了 MySQL 本身的运行情况，例如：

```
    2014-05-14 23:24:47 15752 [Note] Server hostname (bind-address): '*'; port: 3306
```

由此可解析出 timestamp、loglevel、pid、message 等字段。

6. Linux

Linux 是十分常见的操作系统。如果需要分析 Linux 系统日志，可将其包装成标准的 Syslog 日志，并解析出如下字段：timestamp、appname、hostname、priority、facility、severity、message。

5.4　schema on write 与 schema on read

对于新到的日志数据，可以先存储再解析，也可以先解析再存储，两种方法各有优、缺点。

schema on write 表示数据在存入数据库前进行处理，schema on read 表示将数据的处理推迟到从数据库读出后。如果能确定在将来很长的一段时间内，所要处理的日志数据的格式不会发生变化，那么可以采用 schema on write，这样将数据从数据库中读出后可以直接分析。但是，如果业务种类很多，以后还有可能扩充，那么建议采用 schema on read。这样可以根据具体需求，结合一些分析工具如 Hive、Spark，对数据做一些处理。

schema on write 的优点是性能好、解析速度快，缺点是耗费内存。

schema on read 的优点是扩展性强，缺点是性能稍差。

5.5 字段解析常见问题

5.5.1 字段存在别名

有些字段存在别名，如 datetime 与 timestamp、ip 与 address。在解析字段时，要根据实际应用场景，统一有相同意义、不同名称的字段。

5.5.2 多个时间戳

通常情况下，一条日志有多个可用时间戳，分别表示不同的含义。例如，日志显示时间戳表示日志产生的时间，是最直观的时间戳。此外，还有日志发送时间戳、日志到达时间戳等。

在使用的时候，可以指定一个合理的时间戳选取顺序，即在众多时间戳中按照一定的顺序读取第一个可用的时间戳作为解析结果。

另外，时间戳有多种标准格式，解析的时候要注意格式类型的划分。

5.5.3 特殊字符

日志本身包含一些特殊字符。为了使字段解析更为便捷，若字段名称中包含一些特殊字符，如空格或圆点，可以考虑用其他字符（如下画线）替换。

例如：

```
{
    "a":1,
    "d.e":3,
    "d":{
        "e":4
    }
}
```

上述内容可重写为以下形式：

```
{
    "a":1,
    "d_e":3,
    "d":{
        "e":4
    }
}
```

5.5.4 封装成标准日志

可以将一些日志封装成某种类型的标准日志，以便于解析。例如，对于 Linux 日志，可以将其封装成标准的 Syslog 日志。

5.5.5 类型转换

很多时候，字段解析默认提取的字段都是字符串类型的。如果希望转换成数值类型，以便在后面做统计，那么需要在解析的过程中进行类型转换。例如，经过日志解析得出如下字段：

```
k1:"123", k2:"123.0"
```

可以将其转换为以下形式：

```
k1:123, k2:123.0
```

5.5.6 敏感信息替换

有些字段的内容是敏感信息，如电话号码、家庭住址等。在解析的过程中，要对敏感信息进行替换。例如，日志原文为 123abc456，设立一个正则表达式(\d+)[a-z]+，替换内容为$1###，则日志原文被替换为 123###456。

5.5.7 HEX 转换

日志中如果有十六进制数据（如 tcpdump-X 的输出），可以通过 HEX 转换，将十六进制数据转换成原始报文格式。

以下面这个十六进制字符串为例：

```
68656c6c6f20776f726c64
```

其转换后的文本有更高的可读性：

```
hello world
```

5.6 小结

本章主要介绍了字段的概念和字段抽取方法。由于日志语法的多样性，字段抽取方法也多种多样，在抽取过程中常常需要将多种方法结合使用。本章还对 schema on write 和 schema on read 的优缺点进行了详细解释，并总结了字段解析中常见的问题。

第 6 章　日志存储

- 日志存储形式
- 日志存储方式
- 日志物理存储
- 日志留存策略
- 日志搜索引擎
- 小结

日志用于记录机器执行过程，其内容会不断增加，在累积到一定量时，对存储和检索都是不小的挑战。日志以何种形式存储，以何种策略留存，如何应用于检索，是本章讨论的重点。

6.1 日志存储形式

日志用于记录系统运行期间的关键信息和错误信息，以便监控系统健康度和定位问题所在。因此，其存储的内容应可读可译，或者可转化为日志使用方理解的语言。日志存储形式通常包括普通文本、二进制文本、压缩文本和加密文本。

6.1.1 普通文本

目前，大多数系统采用普通文本的形式记录日志，该类日志写入时方便快捷，查询时可读性强，且很多日志类框架都支持。

普通文本日志的存储步骤如下：

（1）在磁盘中创建一个日志文件，用于存储日志，并在程序中指定。

（2）每条日志以常见或自定义格式进行存储，如图 6-1 所示。常见日志格式包含时间戳、日志级别、线程或进程编号、请求 ID 及详细信息等。Syslog 是一种应用广泛的日志存储格式，是许多系统（如 UNIX、Linux）的标准日志记录格式。

```
2019-05-22 15:07:15,663 WARN pool-11-thread-16 search. EsSearchUtil
e38ad41e_d674_4f24_b9a9_927d0d84db2f: execute spl with rc not 0
2019-05-22 15:08:34,315 DEBUG yotta-frontend-actor-system-akka.actor.
default-dispatcher-56  yottabyte.FrontendService  f79c0ff7_5c50_2234_9beb_
797fed264acd: handle NoRESTful success, frontendRequest costTime: 28ms,
uri -> GET http://192.168.1.134:8080/?act=_health
2019-05-22 15:08:34,627 INFO yotta-frontend-actor-system-akka.actor.
default-dispatcher-43  yottabyte.FrontendService  24bfa889_769b_4ada_9fa9_
3840ca9bbe48: receive NoRESTful uri -> POST http://192.168.1.134:8080/es?
act=batch_increase_used_flow_quota
```

图 6-1　普通文本日志存储格式

（3）根据系统运行情况，将每条日志按顺序依次追加在指定日志文件尾部。

（4）根据配置判断日志存储的结束位置及创建新日志文件的时间。例如，配置每天创建一个新日志文件，则从第二天零点开始，系统会按照日期新创建一个日志文件，第二天的日志将被记录到新的日志文件中去，不会被追加到第一天的日志文件尾部。如果没有配置，那么每条日志默认被追加到已创建的日志文件尾部，直到磁盘已满。

6.1.2 二进制文本

二进制文本类型的日志文件是机器可读的日志文件，对人类而言并不易读。在通常情况下，想要读取该类日志文件，需要使用专门的工具和应用程序。下面以 MySQL 二进制日志文件为例，介绍二进制日志文件的存储格式、作用和解析工具。

MySQL 二进制日志文件主要记录修改数据或可能引起数据变更的 MySQL 语句，用于数据库恢复、主从复制、审计等操作。

图 6-2 所示为 MySQL 二进制日志文件列表。

```
root@localhost[tempdb]> show binary logs;
+---------------+-----------+
| Log_name      | File_size |
+---------------+-----------+
| binlog.000001 |       147 |
| binlog.000002 |       147 |
| binlog.000003 |       147 |
| binlog.000004 |       498 |
+---------------+-----------+

--------------------
作者：Leshami
来源：CSDN
```

图 6-2　MySQL 二进制日志文件列表

打开 binlog.000003 文件，可以看到文件内容如图 6-3 所示。

```
root@localhost[tempdb]> hexdump -C binlog.000003
00000000  fe 62 69 6e f1 34 08 58  0f 02 00 00 00 67 00 00  |.bin.4.X.....g..|
00000010  00 6b 00 00 00 01 00 04  00 35 2e 35 2e 35 31 2d  |.k.......5.5.51-|
00000020  6c 6f 67 00 00 00 00 00  00 00 00 00 00 00 00 00  |log.............|
00000030  00 00 00 00 00 00 00 00  00 00 00 00 00 00 00 00  |................|
00000040  00 00 00 00 00 00 00 00  00 00 00 00 00 00 00 13  |................|
00000050  38 0d 00 08 00 12 00 04  04 04 04 12 00 00 54 00  |8.............T.|
00000060  04 1a 08 00 00 00 08 08  08 02 00 42 35 08 58 02  |...........B5.X.|
00000070  02 00 00 00 4a 00 00 00  b5 00 00 00 08 00 a2 00  |....J...........|
00000080  00 00 01 00 00 00 0a 00  00 1a 00 00 00 00 00 00  |................|
00000090  01 00 00 00 00 00 00 00  00 06 03 73 74 64 04 21  |...........std.!|
1
```

图 6-3　MySQL 二进制日志文件内容

```
    2
    3
    4
    5
    6
    7
    8
    9
    10
    11
---------------------
作者：朱小厮
来源：CSDN
```

图 6-3　MySQL 二进制日志文件内容（续）

下面利用解析工具对二进制日志文件进行解析。

（1）使用命令行工具 mysqlbinlog 直接提取二进制日志文件的内容。

从图 6-4 可以看到，MySQL 二进制日志文件中不仅记录了对 MySQL 数据库进行修改的所有操作，还记录了操作发生时间、执行时长、操作数据等信息。

```
root@localhost[tempdb]> system mysqlbinlog /var/lib/mysql/binarylog/binlog.000004
/*!50530 SET @@SESSION.PSEUDO_SLAVE_MODE=1*/;
/*!40019 SET @@session.max_insert_delayed_threads=0*/;
/*!50003 SET @OLD_COMPLETION_TYPE=@@COMPLETION_TYPE,COMPLETION_TYPE=0*/;
DELIMITER /*!*/;
# at 4
#141003 13:46:39 server ID 1   end_log_pos 107    Start: binlog v 4, server v 5.5.39-log created 141003 13:46:39
# Warning: this binlog is either in use or was not closed properly.
BINLOG '
PzguVA8BAAAAZwAAAGsAAAABAAQANS41LjM5LWxvZwAAAAAAAAAAAAAAAAAAAAAAAAAAAAAAAA
AAAAAAAAAAAAAAAAAAAAAAEzgNAAgAEgAEBAQEEgAAVAAEGggAAAAICAgCAA==
'/*!*/;
# at 107
#141003 14:08:58 server ID 1   end_log_pos 194    Query    thread_ID=1    exec_time=0    error_code=0
SET TIMESTAMP=1412316538/*!*/;
SET @@session.pseudo_thread_ID=1/*!*/;
SET @@session.foreign_key_checks=1, @@session.sql_auto_is_null=0, @@session.unique_checks=1,
@@session.autocommit=1/*!*/;
SET @@session.sql_mode=0/*!*/;
SET @@session.auto_increment_increment=1, @@session.auto_increment_offset=1/*!*/;
```

图 6-4　查看二进制日志文件解析后的内容

```
/*!\C utf8 *//*!*/;
SET @@session.character_set_client=33,@@session.collation_connection=33,@@session.collation_server=8/*!*/;
SET @@session.lc_time_names=0/*!*/;
SET @@session.collation_database=DEFAULT/*!*/;
create database tempdb
/*!*/;
# at 194
#141003 14:09:36 server ID 1 end_log_pos 304 Query thread_ID=1 exec_time=0 error_code=0
use `tempdb`/*!*/;
SET TIMESTAMP=1412316576/*!*/;
create table tb1(ID smallint,val varchar(10))
/*!*/;
```

图 6-4　查看二进制日志文件解析后的内容（续）

（2）使用 show binlog events 命令查看 MySQL 二进制日志文件中的事件，如图 6-5 所示。

```
root@localhost[tempdb]> show binlog events in 'binlog.000004';
+---------------+-----+-------------+-----------+-------------+-----------------------------------------------------------+
| Log_name      | Pos | Event_type  | Server_ID | End_log_pos | Info                                                      |
+---------------+-----+-------------+-----------+-------------+-----------------------------------------------------------+
| binlog.000004 |   4 | Format_desc |         1 |         107 | Server ver: 5.5.39-log, Binlog ver: 4                     |
| binlog.000004 | 107 | Query       |         1 |         194 | create database tempdb                                    |
| binlog.000004 | 194 | Query       |         1 |         304 | use'tempdb'; create table tb1(ID smallint,val varchar(10))|
| binlog.000004 | 304 | Query       |         1 |         374 | BEGIN                                                     |
| binlog.000004 | 374 | Query       |         1 |         471 | use'tempdb'; insert into tb1 values(1,'jack')             |
| binlog.000004 | 471 | XID         |         1 |         498 | COMMIT /* xID=25 */                                       |
+---------------+-----+-------------+-----------+-------------+-----------------------------------------------------------+
--------------------
作者：Leshami
来源：CSDN
```

图 6-5　查看二进制日志文件中的事件

6.1.3　压缩文本

当日志文件积累到一定程度时，存储日志文件需要耗费大量磁盘空间。有些日志虽已过时，但仍有留存的必要；有些日志虽多余，但需要作为备份。这些不常被访问、与当前信息关联较弱但又需要保存的日志文件可以通过压缩来进行存储，以节省磁盘空间。

日志压缩可以使用 UNIX 或 Linux 系统自带的压缩工具，也可以使用压缩算法的脚本。压缩工具如 logrotate 命令，可以将压缩后的日志发送到指定邮箱。压缩算法有 gzip 算法、bz2 算法等，其中 bz2 算法支持分片，可以结合 MapReduce 提升压缩效率。

logrotate 命令是一个日志切割工具，可以自动对庞大的日志文件进行截断、压缩，以及删除旧的日志文件。

gzip 算法是一种很常见的文件压缩算法，作者是 Jean-loup Gailly 和 Mark Adler，该算法将 LZ77 算法和 Huffman 编码算法相结合对数据进行压缩。

bz2 算法是一种按照自由软件/开源软件协议发布的数据压缩算法，作者是 Julian Seward，该算法基于 Burrows-Wheeler 变换来进行无损压缩，效果比传统的 LZ77 算法好，具有高质量的数据压缩能力。

MapReduce 是一种编程模型，通常用于大规模数据集的并行运算，Map 是映射，Reduce 是规约，即将任务划分为多个独立小块进行处理，最终合并为一个运算集。

6.1.4 加密文本

日志记录的信息包含调试信息、提示信息和错误信息等，有时还会包含一些敏感信息。这些敏感信息是保密且不希望他人看到的。在当今互联网时代的背景下，网络发达，日志文件经常被存储在云服务器上，日志信息安全问题更加突出，一旦用户合法身份被黑客冒用，或者用户在合法授权下获取敏感信息并将所得数据非法散播给他人，后果将不堪设想。因此，对日志进行加密处理是必要的，这也是对用户和系统隐私进行保护的措施之一。例如，Java 程序一般采用 AES（Advanced Encryption Standard）加密算法。这是最常见的对称加密算法，即加密和解密使用相同的密钥。这种加密算法的数据加密速度非常快，适合频繁发送数据的场合，但其密钥传输不是很方便。

6.2 日志存储方式

随着系统的运行和接入设备的增加，日志信息与日俱增。尤其是进入物联网时代，各种设备之间的关联都会产生大量的日志信息。

对于简单的程序，在程序所在的服务器中直接存储日志，用命令访问查询即可；但对于结构复杂的大型系统来说，其日志量巨大，会增大存储和查询的难度。

有些重要程度不高的日志，可以在实时查询和处理后及时清理。但在某些场景下，一些日志需要保留一段时间以供日后回顾和查询统计，这就涉及如何合理地存储日志。本节就介绍日志存储方式。

6.2.1 数据库存储

数据库是存储数据的通用工具，分为关系型数据库（如 MySQL、Oracle 和 SQL Server 等）和非关系型数据库（如 MongoDB、Redis 和 HBase 等）。

1. 存储和查询

关系型数据库是由二维表及其之间的关系组成的一个数据组织。程序员可以将日志文件中的有用信息截取为字段并存入数据库表格，之后从数据库表格中获取所需要的日志信息，还可以备份和导入相关信息。

非关系型数据库（NoSQL）主要是指非关系型、分布式、不提供 ACID（数据库事务处理的四个基本要素）的数据库设计模式。日志文件可以是 key-value、文档等形式，将其分布式存储在不同的机器上，这种存储方式可以很方便地被面向对象的语言所使用。这类数据库可实现在海量数据中快速查询数据。

2. 优点和缺点

1）优点

（1）易用性。

将日志文件存储在数据库中，可以方便地通过 SQL 等方式进行增、删、改、查。

（2）具有权限控制和备份恢复功能。

数据库具有权限控制和备份恢复功能，可确保数据的安全性和稳定性。

（3）方便部署。

数据库的部署是很方便的，因为目前的系统基本都会用到数据库，所以只需要在数据库中新增几个与日志相关的表格或文件目录即可完成部署。

2）缺点

（1）读写耗时。

数据库的读写开销远大于内存，一次记录请求的时间大部分花费在数据库操作上。

（2）查询速度有限。

当数据量较大或进行联表查询时，查询速度是一个瓶颈，可以通过优化查询语句或创建索引来提升查询速度，但查询速度依旧有限且创建索引还会占用一定空间，压缩也有限。

（3）删除开销大。

当积累的数据量过大时，对于可以清除的部分历史日志记录，删除耗时巨大且容易造成事务过大，即过了很久也没有删除成功。

（4）存在数据丢失风险。

数据库通常不会只用于记录日志信息，还会记录系统其他的功能信息，当功能改变、系统升级或数据库出现故障时，数据将面临丢失的风险。

3. 应用场景

使用数据库进行日志信息存储，大多是因为产品需要展示日志信息，如审计功能、分析功能。产品的前端需要通过后端获取日志记录的信息，以供用户查看。在从多种日志中提取相同的关键信息，以及多种日志进行关联查询的情况下，使用数据库方便快捷。

以 MySQL 为例，假设某款产品需要一个页面来展示用户操作记录。

操作记录原始日志如图 6-6 所示。

```
2019-03-11 20:50:20 — No.33 user view the alert list success!
2019-03-12 15:07:12 — No.35 user update the user password failed, because origin password input wrong.
```

图 6-6　操作记录原始日志

首先，提取产品所需的关键信息，包括用户 ID、用户名称、操作类型、操作对象、操作时间、成功与否及问题原因。

然后，根据提取的关键信息创建数据库表格，如图 6-7 所示。

```
CREATE TABLE 'operation_record' (
    'ID' int(11) NOT NULL AUTO_INCREMENT,
    'account_ID' int(11) NOT NULL,
    'account_name' varchar(45) NOT NULL,
    'operation_type' varchar(45) NOT NULL,
    'operation_target' varchar(255) NOT NULL,
    'timestamp' bigint(20) NOT NULL,
    'is_success' tinyint(1) NOT NULL,
    'error' varchar(255) NOT NULL,
    PRIMARY KEY ('ID')
) ENGINE=InnoDB DEFAULT CHARSET=utf8
```

图 6-7　创建操作记录数据库表格

接下来，将关键信息存入数据库表格，如图 6-8 所示。

```
INSERT INTO 'my_try'. 'operation_record' ('account_ID', 'account_name', 'operation_type', 'operation_target', 'is_success') VALUES ('33', '张三', 'read', 'ALERTLIST', '1');
INSERT INTO 'my_try'.'operation_record' ('account_ID', 'account_name', 'operation_type', 'operation_target', 'is_success', 'error`) VALUES ('35', '王五', 'update', 'PASSWORD', '0', 'origin password input wrong.');
```

图 6-8　将关键信息存入数据库表格

最后，在数据库表格（operation_record）中显示日志操作记录，如图 6-9 所示。

id	account_id	account_name	operation_type	operation_targ...	timestamp	is_success	error
1	33	张三	read	ALERTLIST	0	1	
2	35	王五	update	PASSWORD	0	0	origin password input wrong.
NULL	NULL	NULL	NULL	NULL	NULL	NULL	NULL

图 6-9　显示日志操作记录

6.2.2 分布式存储

对于大规模日志的存储，单机容量往往无法满足要求，采用分布式系统是一个很好的选择。分布式存储的典型代表是 Hadoop。分布式系统的容量和规模不受限制，可以按需扩展，查询和检索信息的速度也可以通过算法大幅提升，还可以备份节点信息，从而保障数据的安全性。

1．存储和查询

Hadoop 分布式文件系统（Hadoop Distributed File System，HDFS）是一种可运行在通用硬件上的分布式文件系统。HDFS 支持文件的"一次写入、多次读取"，其中读取采用流式访问方法，并结合了 MapReduce 的思想。

HDFS 采用 Master/Slave 架构，HDFS 集群由一个 Namenode 和一定数目的 Datanode 组成。Namenode 是一个中心服务器，负责管理文件系统的名称空间及客户端对文件的访问。文件被分成一个或多个数据块，数据块的大小可以是 64MB 或 128MB，这些数据块被存储在一组 Datanode 中。Namenode 执行文件系统的名称空间操作，如对文件或目录进行打开、关闭或重命名等，同时负责确定数据块到具体 Datanode 的映射。Datanode 负责处理文件系统客户端的读写请求，在 Namenode 的统一调度下进行数据块的创建、删除和复制。

2．优点和缺点

1）优点

（1）扩展性。

可根据需要增加或减少集群节点。

（2）支持大规模数据集。

文件以块为单位，一个文件可以分布在多个节点上，HDFS 中的典型文件大小一般在 GB 级至 TB 级。

（3）高吞吐量。

采用分布式并行处理和流式数据访问方式，可实现高吞吐量。

（4）容错性。

每个节点上都存有其他某些节点的备份。当一个节点出现故障时，可以快速检测，并从故障节点的备份中自动恢复。

（5）硬件要求低。

Hadoop 对硬件要求不高，可以运行于普通商业计算机上。当硬件出现故障时，容错恢复机制可使用户感知不到中断。

2）缺点

（1）需要二次开发。

日志记录工具对 Hadoop 的支持有限，使用者往往需要根据自身需求开发基于 Hadoop 的系统。

（2）访问延时。

Hadoop 为高吞吐量数据传输而设计，而这是以访问延时为代价的。

3．应用场景

Hadoop 适用于非常大的日志文件存储，以及对查询延时要求不高的场景；不适用于大量小文件的存储、要求低延时的数据访问，以及多方读写、任意修改文件的场景。

6.2.3　文件检索系统存储

日志大多以文件的形式存储。如何在大量的文件中快速高效地搜索，不仅依赖于查询算法，还依赖于文件存储方式。合理地存储文件，能极大地提高查询速度。很多搜索引擎都采取倒排索引的存储方式。因为搜索引擎的数据操作比较简单，通常只有增、删、改、查这几个功能，且数据格式比较固定，所以可针对这些功能设计出简单高效的应用程序。

倒排索引也称反向索引、置入档案或反向档案，是一种索引方法。通过倒排索引，可以根据单词快速获取包含这个单词的文档列表。倒排索引主要由两部分组成：单词词典和倒排列表。现代搜索引擎大多采用倒排索引。相比于签名文件、后缀树等索引结构，倒排索引是实现单词到文档映射关系的最佳方式和最有效的索引结构。

常见的利用倒排索引存储和查询数据的系统有 Lucene、Elasticsearch 等。Lucene 是 Apache 软件基金会 Jakarta 项目组的一个子项目，是一个开放源代码的全文搜索引擎工具包，但它不是一个完整的全文搜索引擎，而是提供全文搜索引擎的架构。Elasticsearch 是基于 Lucene 的全文搜索引擎，也是一种流行的企业级搜索引擎。

1．存储和查询

Elasticsearch 将文档数据以倒排索引的数据结构存储。倒排索引建立了单词和文档之间的映射关系，数据是面向单词而不是面向文档的。有倒排索引，自然就有正向索引，正向索引的数据是面向文档的。为什么倒排索引的数据结构更有利于查询呢？例如，当搜索某个关键字时，使用正向索引需要查询所有文档，即在每个文档对应的关键字索引列表中查找包含该关键字的索引，然后将所有包含该关键字索引的文档作为结果返回。如果文档量巨大，查询起来就会慢且吃力。若使用倒排索引，则直接在关键字列表中查找该关键字对应的文档索引，然后返回包含该关键字的所有文档即可，效率得到极大的提升。

2．优点和缺点

1）优点

（1）查找速度快。

倒排索引能提升搜索效率，尤其是面对海量数据时。当进行多关键字查询时，可先在倒排列表中完成查询的逻辑运算，再对记录进行存取，从而更有效地提高查找速度。

（2）并发能力强。

倒排索引通常被认为是不可变的，所以不需要上锁，因而能提升并发能力。

（3）节省 CPU 和磁盘 I/O 开销。

倒排索引可以进行压缩，从而节省 CPU 和磁盘 I/O 开销。

2）缺点

（1）创建索引较为耗时。

在存储文档时，需要对文档内的每个关键字创建相应的索引，这会产生一定的时间消耗。

（2）维护成本较高。

倒排索引不可变，如果修改一个文档，搜索引擎通常会对修改后的文档新建一个索引表，并将旧索引表删除。

3．应用场景

文件检索系统（搜索引擎）通常用于处理 PB 级的结构化或非结构化数据，包括存储和搜索。下面以 Elasticsearch 为例，介绍倒排索引的使用方法。

通过分词器的处理，文档被切分为单词集合，每个单词有对应的文档 ID。这里以表 6-1 中的文档为例。

表 6-1　文档示例

文档 ID	文档内容
1	中国是一个历史悠久的国家
2	我们都有一个家，名字叫中国
3	中国自研搜索引擎的代表是日志易的 Beaver 系统

根据文档内容创建的倒排索引示例见表 6-2。

表 6-2　根据文档内容创建的倒排索引示例

单词	文档 ID	单词	文档 ID
中国	1, 2, 3	名字	2
一个	1, 2	自研	3
历史悠久	1	搜索引擎	3
国家	1	代表	3
我们	2	日志易	3
都有	2	Beaver	3
家	2	系统	3

如果以"中国"作为关键字进行搜索，那么需要先找到单词"中国"对应的文档 ID，然后通过文档 ID 找到对应的文档，将文档内容作为结果返回。

倒排索引由单词词典和倒排列表组成。单词词典一般用 B+树实现，倒排列表记录单词与文档的对应关系。除文档 ID 外，倒排列表中还包含其他一些关键信息，通常至少包含如下几项：

（1）DocID：文档 ID。

（2）TF（Term Frequency）：单词频率，即单词在某个文档中出现的次数。

（3）Posting：位置，即单词在文档中出现的位置，多处出现则记录多个位置。

（4）Offset：偏移量，即单词在文档中开始和结束的位置。

上述示例中单词"中国"对应的文档信息见表 6-3。

表 6-3　单词"中国"对应的文档信息

DocID	TF	Posting	Offset
1	1	0	[0,2]
2	1	4	[11,13]
3	1	0	[0,2]

6.2.4　云存储

云存储是一种新兴的数据存储解决方案，即把数据存放在多台虚拟服务器（通常由第三方托管）上。现在中外各大互联网厂商都开始提供云存储服务，大多数云存储服务中都包含日志的存储和处理。

1. 存储和查询

云存储，顾名思义，是指云端的存储服务。云存储以集群方式部署，通过云计算、分布式文件系统等技术，使网络中大量不同类型的存储设备协同工作，共同对外提供数据存储和业务访问功能。使用者通过购买或租赁的方式，向服务方申请使用云存储服务，之后可以在任何地方通过连接互联网的设备访问数据。

2. 优点和缺点

1）优点

（1）方便存储和访问。

只要能连接互联网，就能方便地进行读写操作。

（2）方便扩容。

云存储整合了分散在不同地方的服务器。使用者只要提出扩容需求，云存储服务商就会处理扩容事宜。

（3）降低成本。

针对海量数据的存储和查询，企业本地部署和维护一套处理系统的成本远远高于购买云存储服务的成本。云存储服务由专业团队进行开发和维护，使用者只要付费即可使用。

（4）容灾备份。

云存储是分布式应用，服务商通常会提供数据备份功能，并且在一台服务器出现故障时可以自动切换到另一台服务器，使用者不会感觉到服务中断。

2）缺点

（1）读写速度受网络环境影响。

云存储依托于网络，所以网络环境会影响云存储的上传和访问速度。

（2）数据安全性不高。

云存储分为公有云、私有云和混合云。公有云的计算能力强，私有云的安全性较高，混合云结合了二者的优点。但没有绝对安全的云存储，使用者还是需要采取一些加密或安全措施。

6.3 日志物理存储

日志的存储方式、存储格式都很重要，但对于硬件的要求，也是不容小觑的。物理存储直接影响检索和访问的速度。日志物理存储一般分为3类：在线存储、近线存储、离线存储，见表6-4。

表6-4 日志物理存储

类型	在线存储	近线存储	离线存储
简介	存储设备时刻待命，以便用户随时访问，对访问速度要求较高	介于在线存储和离线存储之间，数据访问频率不是很高，因而对访问速度要求不太高，但要求容量较大	通常需要人工介入查询和访问。它是对在线存储的备份，以防数据丢失。访问速度慢，频率低
举例	计算机磁盘	移动硬盘	备份光盘或磁带
成本	较高	适中，大约是在线存储的一半	较低
优点	访问速度快，性能较好	性能较好，传输速率高，容量较大	成本较低，容量大
适用对象	系统当前需要使用的数据、访问频繁的数据	近期备份数据、访问不太频繁的数据	历史数据、很少访问的数据

在实际应用中，应根据场景、需求、预算等具体情况，选择合适的存储介质，以达到最高的性价比。

6.4 日志留存策略

随着系统的运行，日志数据会与日俱增，这些数据应该如何进行处理呢？是留存还是删除呢？这是一个策略问题。日志处理系统通常会提供若干个策略选项供用户选择，如 Kafka 就提供了数据老化机制，具有 delete 和 compact 两种留存类型。用户应根据实际情况和自身需求，设置不同的日志留存策略。本节根据 Kafka 的留存策略及普通日志的基本留存策略，给出三个策略维度，以供读者参考。

6.4.1 空间策略维度

日志不断积累带来的最大问题就是大量占用磁盘空间。当磁盘空间严重不足时，会影响系统的正常运行。可以根据系统大体所需的磁盘空间，或者用户自身对磁盘空间的统筹规划，设置空间阈值。一旦达到这个阈值，就按照日期，从最早的日志开始删除，以控制剩余可用的磁盘空间，保障系统正常运行。

6.4.2 时间策略维度

可以从时间维度控制日志留存量，即设置一个日志保留时间。例如，设置日志保留时间为 3 天，则当天产生的日志将在 3 天后被清除，或者说，系统需要每天删除 3 天前的所有日志。由于每天产生的日志量在一个可控的范围内，因而这种方式也能有效地控制磁盘的可用空间。

6.4.3 起始位移策略维度

前两种留存策略比较常见，而起始位移策略可用于无法使用前两种策略的场合，并且需要用户手动清除日志。例如，在 Kafka 的流处理应用中需要存储中间消息的日志，以便下游进行处理。处理之后，又需要清除大量无用日志，以释放磁盘空间。由于无法预知未处理的消息量，故而无法使用空间策略来设置空间阈值；由于无法预知消息处理完成的时间，故而无法使用时间策略来设置时间阈值。这时，只能通过外界（下游系统或人工）的判断来确定哪些日志需要删除，哪些日志需要保留。

此外，还可以根据日志的级别、权限等，设置不同的留存策略。例如，系统全局日志保留 30 天，而各个模块的日志保留 5 天。

6.5 日志搜索引擎

日志存储通常伴随着日志搜索，二者相辅相成。存储的方式得当，搜索的难度就会相应降低，效率也会相应提升。目前市面上有很多日志搜索引擎，有开源项目，也有商业项目；有国外研发产品，也有国产自研产品。本节主要介绍与日志相关的实时搜索引擎。

6.5.1 日志搜索概述

日志用于记录系统运行情况。利用保存的日志可以追溯系统运行历史、用户操作记录，还可以通过统计分析，定位系统故障。有时需要收集多个系统的日志，大量数据的汇总对搜索能力是不小的挑战。在很多情况下，故障诊断的效率和时效极其重要，尤其是碰到严重问题时，需要及时通知运维人员进行修复，否则后果不堪设想。这对搜索的准确性和时效性提出了要求。

日志搜索的方式有很多，如普通查找、模糊搜索、数据挖掘、机器学习等。规范地输出日志，合理地存储日志，也能为日志搜索提供便利和帮助。

6.5.2 实时搜索引擎

1. Elasticsearch

Elasticsearch（ES）是一个实时的分布式搜索和分析引擎，可用于全文搜索和结构化搜索。要想实时搜索最新的数据，必须采用倒排索引。存储数据要用磁盘，因此磁盘的读写速度也会成为一个瓶颈。ES 中使用了缓存，先将新增的文件数据放到缓存中，再通过一系列机制与磁盘同步。为此，ES 提供了 reflush 接口，默认 1 秒刷新一次，用户可以根据需要自定义刷新间隔。

1）优点

（1）分布式存储。

（2）接近实时搜索。

（3）多租户配置简单。

（4）集群存储，支持备份功能，容错性好。

2）缺点

（1）支持的索引格式较少，通常只支持 JSON 格式。

（2）管理和维护成本较高，修改和增加数据需要同步更新索引等。

2. Solr

Solr 是一个基于 Lucene 的高性能开源企业搜索平台。Solr 不具备采集能力，其主要功能包括全文搜索、命中标示、分面搜索、动态聚类、数据库集成，以及富文本（如 Word、PDF）的处理等。Solr 提供实时搜索和近实时搜索（Near Real Time Searching），实时搜索只能根据文档 ID 进行搜索，近实时搜索意味着文档可以边入库边搜索。在创建索引后，可以立即查询到文档。Solr 是高度可扩展的，它是目前最流行的企业级搜索引擎之一。

1）优点

（1）有成熟的开发团队、用户群体和社区，便于维护。

（2）稳定性好。

（3）索引格式多样化，支持 JSON、XML、CSV、HTML、PDF、Office 系列等格式。

（4）在不同时进行搜索和创建索引时，搜索速度快。

2）缺点

如果在创建索引的同时进行搜索，搜索效率会大幅下降。

3．日志易

日志易是一个国产自研、简单易用的日志分析和管理工具，既提供云端 SaaS 服务，也提供本地部署版。它主要有日志采集、日志集中管理、准实时搜索、统计分析、可视化和监控等功能。日志易团队自研了一个实时搜索和分析引擎 Beaver，用 C++语言开发，针对日志搜索场景做了大量优化，搜索速度更快，内存控制更优，可节省 50%以上的开发和维护成本。

1）优点

（1）搜索速度快，以 C++语言开发，搜索速度优于 Java 语言。

（2）实时性高，内存控制借鉴了 Linux 内核的内存管理算法，既灵活又可保证速度。

（3）Beaver 采用全程异步的方式，且并发度可以调节，I/O 和 CPU 消耗更低，写入速度大大提高。

（4）节省硬件成本，Beaver 对 Replica 策略进行了调整，大幅减少了因副本导致的资源消耗。

2）缺点

有少量索引格式还未获得支持。

上述日志搜索引擎各有特点和优、缺点，而且有各自的优势领域。用户可根据自身情况及成本预算，选择合适的日志搜索引擎。

6.6 小结

本章介绍了日志存储的相关内容，包括日志存储格式、日志存储方式、日志物理存储、日志留存策略及日志搜索引擎等。用户了解了不同存储技术的特点，就可以在实际应用中合理地进行选择。

第 7 章 日志分析

- 日志分析现状
- 日志分析解决方案
- 常用分析方法
- 日志分析案例
- SPL 简介
- 小结

本章主要对日志分析现状、日志分析解决方案、常用分析方法等内容进行介绍，同时结合日志分析工具进行案例实操。

7.1 日志分析现状

7.1.1 对日志的必要性认识不足

目前，国内日志分析行业总体起步较晚，国内企业对日志的认识多数还停留在《网络安全法》或信息安全等级保护合规要求，即留存重要日志数据，满足 180 天存储要求，并且能够进行审计。当问及具体审计内容或日志数据挖掘的细节时，很多人都回答不上来。

7.1.2 缺乏日志分析专业人才

从事日志分析工作需要丰富的知识储备。企业安全运营的方方面面都涉及日志，了解业务、技术、设备等方面的知识对日志分析效果起到决定性的作用。常用知识有安全知识、网络知识、系统运维知识、业务运维知识、业务逻辑知识和统计学知识等。

日志分析最大的难点是日志格式不统一。业务系统日志或厂家通用设备日志格式不同，若没有厂家技术文档支持，则很难做好日志分析。

就以上两个方面而言，国内真正做到既懂业务、安全、运维，又了解日志的专业人才非常少。

7.1.3 日志体量大且分散，问题定位难

目前，金融行业如银行的日志单日增量可达数十 TB，这些日志分散在各种应用系统或设备上。面对如此海量数据，很多企业运维人员还采用逐个设备申请权限并登录的方式查看日志，通过 Linux grep 或 awk 命令进行日志筛选。这样做不仅效率低下，而且耗时长。

7.1.4 数据外泄

企业内部业务系统大多是由多个厂家共同开发的。在没有驻场运维的情况下，当业务系统出现故障时，厂家通常会要求企业发送日志到厂家进行排障。但是，日志中通常包含很多用户的敏感信息，外传数据易导致信息泄露。

7.1.5 忽略日志本身的价值

许多企业仅仅考虑满足信息安全等级保护合规要求或行业监管要求，而忽略了日志本身的价值，没有深入挖掘日志中有用的信息。

7.2 日志分析解决方案

7.2.1 数据集中管理

对于日志分析而言，首先要对企业内部所有的日志数据做集中管理，解决日志分散问题，然后根据需求定制解析规则，优化日志分析结果。日志采集示意如图 7-1 所示。

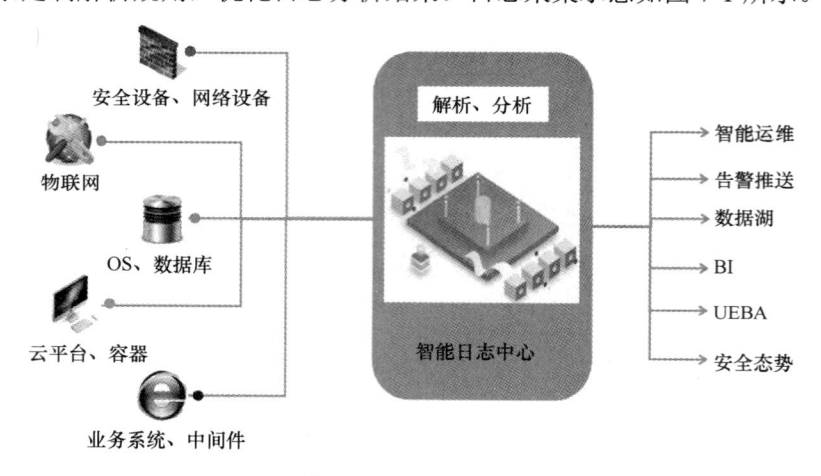

图 7-1 日志采集示意

首先对企业内部的日志进行统一收集，主要方式为 Rsyslog 或 Agent；然后在智能日志中心进行解析和分析，并将结果推送给其他数据消费者。

（1）智能运维：智能运维需要高质量的底层数据，日志的实时性及内容的翔实性都能很好地满足智能运维的需求，只需要在智能日志中心做好数据解析工作。

（2）告警推送：日志具有实时性，先定义好异常特征，如错误关键字、错误码等，然后对异常特征频次进行统计和告警。告警事件可以通过接口方式对接到告警平台，或者由智能日志中心进行告警展示。

（3）数据湖：日常业务交易报文中通常包含交易详细信息或用户详细信息。通过解析、提取与挖掘，可以获得高质量的用户特征或交易特征，这些数据资源对大数据部门做用户推广是非常有价值的。

（4）BI：通过对不同的日志进行分析，可以形成可靠的数据报告，用于安全、运维方面的分析与改善。

（5）UEBA：当系统或应用遭到暴力破解时，在短期内会出现大量的登录失败的情况或错误日志。通过日志可以发现异常用户行为。

（6）安全态势：如果企业已有防火墙、WAF、IPS、IDS 等系统，那么企业网络一定是安全的吗？不一定。还需要一个综合平台对各系统的告警信息进行预处理和分析，然后提供给运维或安全管理人员。这就是安全态势方面的工作。

7.2.2　日志分析维度

日志分析可从图 7-2 所示的 4 个维度展开。

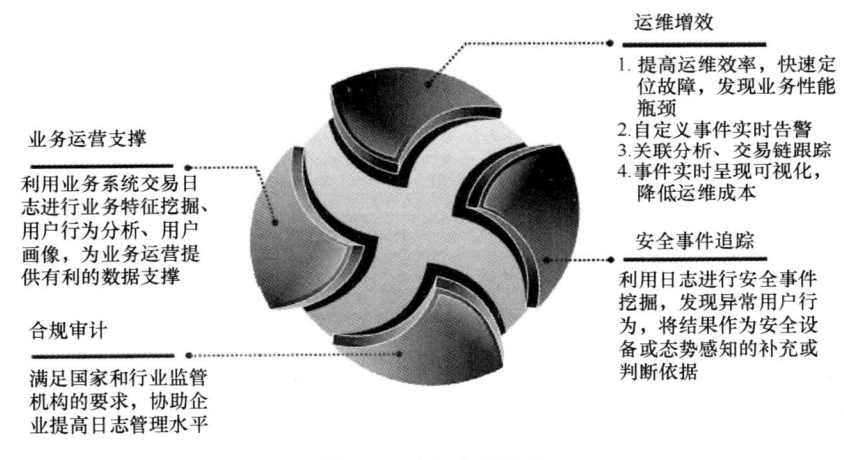

图 7-2　日志分析维度

1．运维增效

利用先进的日志分析工具提高运维效率，快速定位故障，找到性能瓶颈。通过定义运维过程中常见的异常事件进行自助监控。

2．安全事件追踪

企业发生安全事件需要进行溯源分析，日志分析是有效的途径之一。有些攻击或漏洞是安全设备发现不了或无法拦截的，此时日志分析就是必不可少的手段。因此，日志分析可以作为企业安全防护的重要手段之一。

3．业务运营支撑

交易日志中存在很多与用户特征和用户行为有关的数据，结合业务特点深入挖掘这些数据的价值对业务运营和市场战略规划具有深远的意义。

4．合规审计

日志分析可满足国家和行业监管机构的要求。

7.3 常用分析方法

7.3.1 基线

基线的基本原理是通过计算标准误差和置信区间来实现动态离群值检测（图 7-3）。然而，运维分析中的故障有可能是多因素的连锁反应。应用基线还要假定日志数据符合正态分布。该方法可以考虑应用在交易量、耗时等指标的监控上。

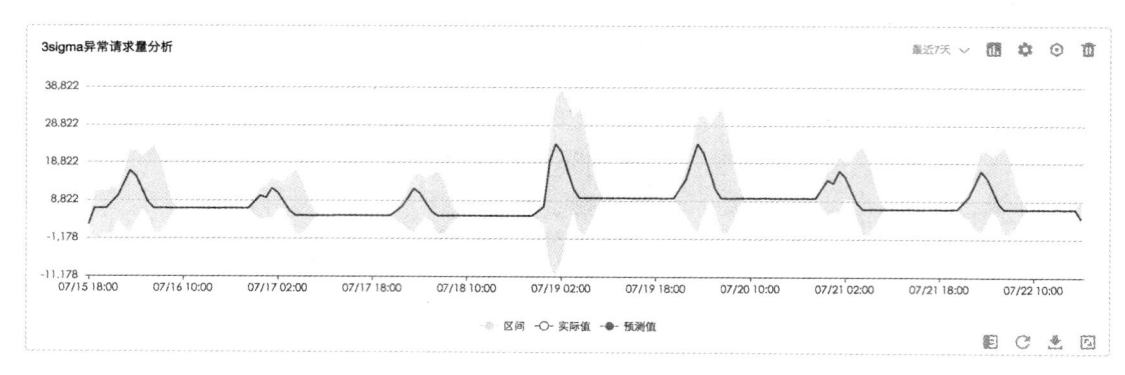

图 7-3 动态离群值检测

7.3.2 聚类

日志种类多样，即使同一台设备产生的日志类型也有差别。日志分析涉及各种不同类型的事件，通过聚类可以对这些事件进行自动分类，聚类示例如图 7-4 所示。

图 7-4 聚类示例

7.3.3 阈值

阈值有两种：一种是经验阈值；另一种是基线阈值。例如，某应用具备自动重连功能，当出现逻辑问题时会自动尝试在 15 秒内多次重连，重连失败超过 30 次，则相关业务就不能恢复。在这种情况下，可以设置成如下模式：在 15 秒内失败 20 次则告警，在 15 秒内失败 25 次则提高告警级别。如果通过日志分析发现一般重连 15 次就可以自动恢复，那么就要考虑调整阈值。

7.3.4 异常检测

异常检测一般分为两种情况：一种是对从未出现过的情况进行监控；另一种是定义关键字。

通常可以通过聚类或其他方法快速检测出某个错误码，或者某个用户在最近一个月内没有出现或没有登录。

当采用定义关键字的方式检测业务系统时，如果该关键字出现，就意味着系统存在严重错误。在这种情况下，有必要实时监控业务日志。

7.3.5 机器学习

近年来，智能运维发展火热，其中一些分析算法得到了很好的应用。在日志分析过程中使用的主要是机器学习算法，常用机器学习算法见表 7-1。将机器学习算法应用到日志分析中，可以实现智能化的异常检测及故障预测，这也是智能运维领域的一个重要研究方向，本书第 13 章将重点介绍智能运维的相关知识。

表 7-1 常用机器学习算法

类 型	算 法 名 称
回归	线性回归
	随机森林回归
	决策树回归
	岭回归
	套索回归
	核岭回归
	弹性网络
预处理	主成分分析
	标准化计算
	核主成分分析
时序预测	自回归移动平均模型
分类	伯努利朴素贝叶斯
	高斯朴素贝叶斯
	决策树分类器
	随机森林分类器

(续表)

类　　型	算 法 名 称
分类	逻辑回归
	支持向量机
聚类	利用层次方法的平衡迭代规约和聚类
	具有噪声的基于密度的聚类
	K-means
	谱聚类

7.4　日志分析案例

7.4.1　Linux 系统日志分析案例

本节以 Linux 系统 secure 日志为例。在 Linux 系统中，用户变更、提权、登录等安全事件都会被记录在 secure 日志中，因此该日志对安全事件回溯与审计非常重要。日志示例如下：

```
Dec 19 11:46:13 centos sshd[2638]: Accepted password for root from 192.168.1.252 port 56288 ssh2
Dec 19 11:46:13 centos sshd[2638]: pam_unix(sshd:session): session opened for user root by (uid=0)
Dec 19 11:45:58 centos sshd[2533]: Invalid user test from 192.168.1.252 port 56250
Dec 19 11:45:58 centos sshd[2533]: input_userauth_request: invalid user test [preauth]
Dec 19 11:45:59 centos sshd[2533]: pam_unix(sshd:auth): check pass; user unknown
Dec 19 11:45:59 centos sshd[2533]: pam_unix(sshd:auth): authentication failure; logname= uid=0 euid=0 tty=ssh ruser= rhost=192.168.1.252
Dec 19 11:46:01 centos sshd[2533]: Failed password for invalid user test from 192.168.1.252 port 56250 ssh2
```

上述示例为 CentOS 登录日志。从该日志中可以看到，用户通过 SSH 在 12 月 19 日 11 点 46 分 13 秒以根用户的身份从 IP 地址为 192.168.1.252 的设备登录成功，登录成功的标志为 "Accepted password"。对于该日志，需要关注以下几个问题：

（1）根用户登录是否经过授权或提交工单。

根用户在运维管理过程中属于高权限账户，在重要业务系统中通常不允许使用根用户身份进行日常运维。在特殊情况下必须使用根用户身份，是需要提交工单进行申请的。这种情况被包含在审计范围内。

（2）用户是否通过堡垒机登录。

从登录日志中可以看出，用户是从 IP 地址为 192.168.1.252 的设备登录的，要确定该设备是不是堡垒机。企业为了规范用户行为，通常要求用户登录堡垒机进行运维，以备事后审计。非堡垒机登录通常有以下几种情况：一是新上设备未被堡垒机纳管；二是违规绕过堡垒机登录；三是安全系统被入侵渗透。

（3）登录用户是否为新用户或"僵尸用户"。

新用户和"僵尸用户"都要被纳入审计范围。一般通过用户登录行为来判断当前用户是否为"僵尸用户",如与前 30 天或 90 天的登录记录进行比较。

(4)登录时间是否为非工作时间。

如果存在非工作时间登录的情况,必须予以关注。

(5)登录失败的标志为"Failed password"。对于登录失败的情况,必须弄清楚登录失败的原因、用户身份、设备 IP 地址、登录失败的频率、是否为暴力破解或尝试登录、该地址是否访问过其他设备或资源等。

Linux 系统常规审计指标如图 7-5 所示。

图 7-5 Linux 系统常规审计指标

7.4.2 运营分析案例

日志中记录了用户行为。对业务日志进行分析,可以很好地抓取用户行为,并为运营提供有效的数据支撑。例如,可以通过微信日志、中间件日志获取用户转化情况。日志示例如下:

[42,2017-11-27 00:24:28 862,INFO,com.mochasoft.app.action.impl.WXApiServiceImpl(137)]:
{"event":"用户关注","openid":"oxsXXXXXXXXXXawTC8","time":1511713468861}

用户可以通过官方微信公众号进行如下操作:用户卡绑定、节目订购、宽带续费、账户充值、看电视直播等。用户运营监控仪表盘如图 7-6 和图 7-7 所示。

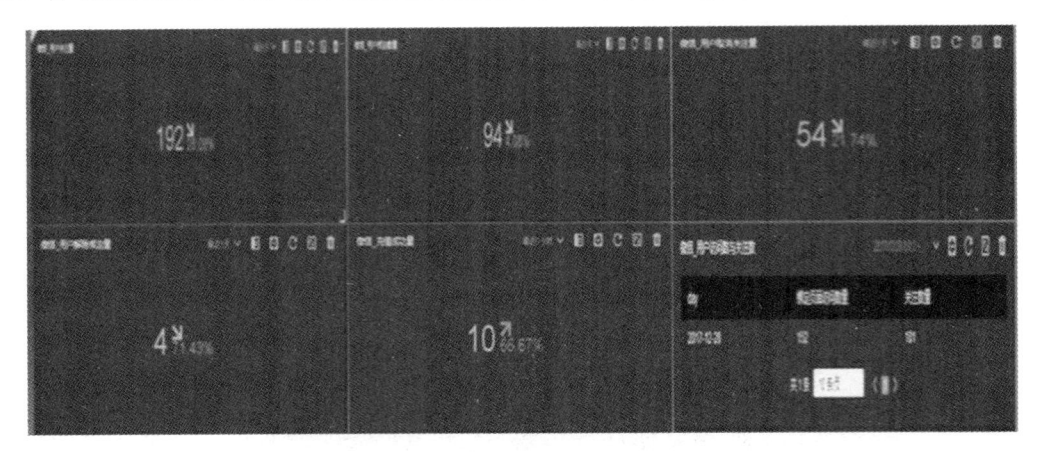

图 7-6　用户运营监控仪表盘 1

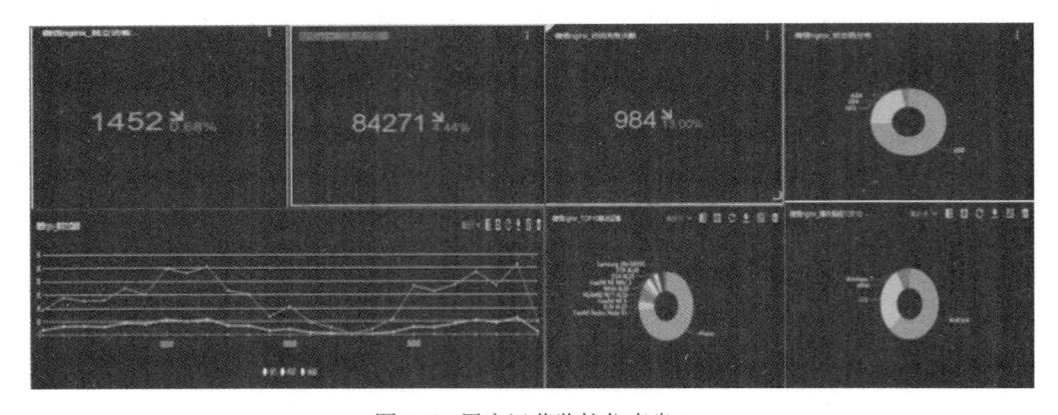

图 7-7　用户运营监控仪表盘 2

针对影响充值用户体验的情况，通过日志分析语言 SPL 进行瓶颈分析，在出现交易异常时自动进行干预，提高用户满意度。充值异常快查功能如图 7-8 所示。

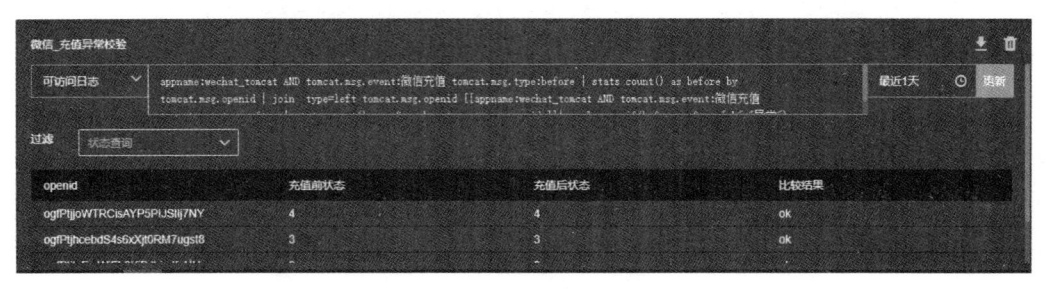

图 7-8　充值异常快查功能

7.4.3 交易监控案例

某银行通过提取日志数据实现交易监控，具体如下：

（1）通过分析应答报文，计算各渠道交易额与交易量。

（2）通过日志易 timewarp 功能实现多日同时段数据环比。

（3）统计某时段各渠道代收交易趋势。

银行代收业务指标监控如图 7-9 所示。

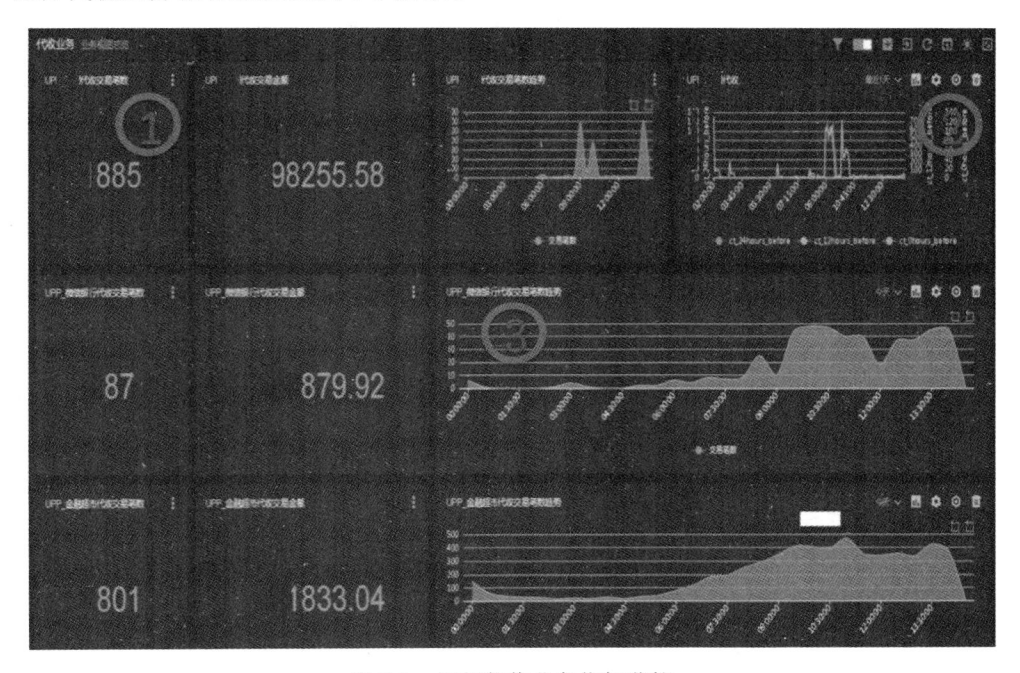

图 7-9　银行代收业务指标监控

7.4.4　VPN 异常用户行为监控案例

某企业通过分析 VPN 日志，获得如下用户行为特征：

（1）用户访问的资源一般不会超过 20 个。

（2）用户大多在白天工作时间操作。

（3）防火墙、安全设备、态势感知等安全资产一般不是用户主要访问对象。

根据上述用户特征，实施异常用户行为监控和告警，如登录时间异常、资源访问过多、非法访问资源等。同时，通过灵活的报表功能协助企业快速进行取证上报（图 7-10 和图 7-11）。

图 7-10　VPN 异常登录一览

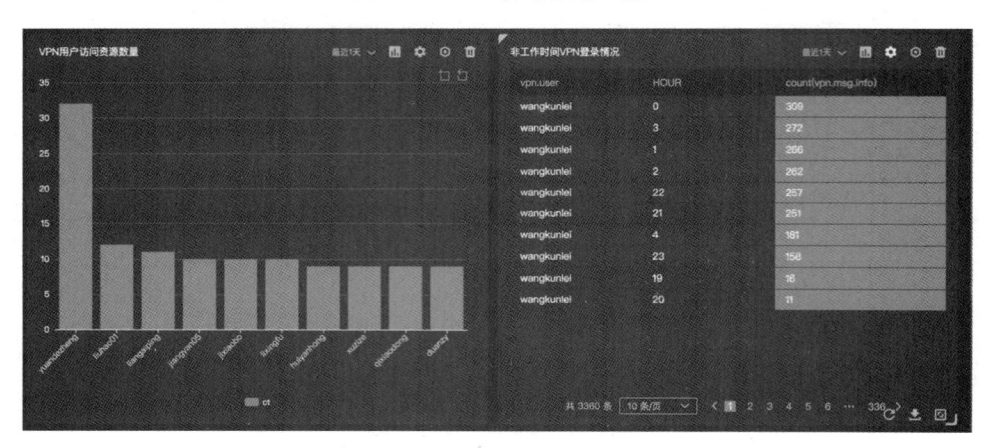

图 7-11　VPN 用户异常访问

7.4.5　高效运维案例

某银行 ATMP 运维人员原来每天进行 4 次巡检，分别登录 4 台服务器，进行应用、数据库和基础设施检查，并将各项指标记录在巡检本中。每次巡检需要 15～20 分钟。

现在该银行通过日志平台对巡检指标进行集中收集和呈现，每次巡检只需 5 分钟。日志平台还能自动监控巡检指标，可在指标异常时发出告警提示，从而实现巡检自动化。自动巡检仪表盘如图 7-12 所示。

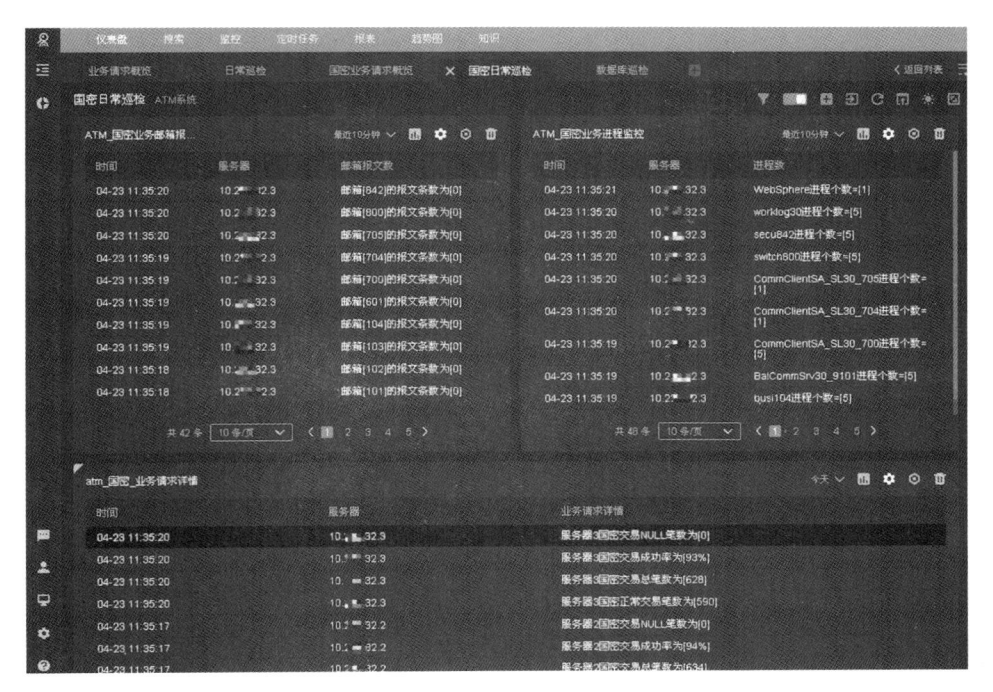

图 7-12　自动巡检仪表盘

7.5　SPL 简介

SPL（Search Processing Language）是日志分析行业特有的一种脚本语言，具有不需要编译、灵活、所见即所得等优点，可以很好地满足非结构化日志多维数据关联分析的需求。常用 SPL 命令如图 7-13 所示。

stats 数值统计	eval 估值运算	append 多类型数据叠加	sparkline 数值趋势统计
parse 字段后索引	lookup 关联外部数据	lookup2 调用外部自定义命令	autoregress 跨行计算
movingavg 移动平均	rollingstd 标准差	arima 时序预测	kmeans 异常时序聚类
join 多类型数据关联	transaction 单个会话聚合	transpose 行列转换	timewarp 时间折叠
mvxxx 多值计算	map 递归统计	bucket 数据分桶	inputlookup 导入外部数据
sort 排序	save 保存外部文件	where 条件过滤	

图 7-13　常用 SPL 命令

为了介绍 SPL 命令，先引入如下 Apache 日志：

> 223.74.215.215 - - [31/Mag/2018:00:00:01+0800]"POST /bulk/f02a65bae0594d01afeb3ffd7a2c32a4/tag/userLogin/appname/chess HTTP/1.1" 200 64 "http://zm.tongjiyuehui.com/" "Mozilla/5.0 (iPhone; CPU iPhone OS 11_0 like Mac OS X) AppleWebKit/604.1.38 (KHTML, like Gecko) Mobile/15A372 MicroMessenger/6.6.6 NetType/WIFI Language/zh_CN" "-" 0.001 0.001

上述日志中各字段说明如下：

客户端 IP：223.74.215.215。

时间戳：[31/May/2018:00:00:01 +0800]。

方法：POST。

访问页面：/bulk/f02a65bae0594d01afeb3ffd7a2c32a4/tag/userLogin/appname/chess。

访问协议：HTTP/1.0。

访问状态：200。

请求长度：64。

上一跳：http://zm.tongjiyuehui.com/。

UA：Mozilla/5.0 (iPhone; CPU iPhone OS 11_0 like Mac OS X) AppleWebKit/604.1.38 (KHTML, like Gecko) Mobile/15A372 MicroMessenger/6.6.6 NetType/WIFI Language/zh_CN。

请求时间和 upstream 响应时间：0.001 和 0.001。

如果想对 UA 客户端为 iPhone 的用户进行统计分析，可以使用 Shell 脚本中的 awk 或 grep 命令，也可以使用图 7-14 所示的 SPL 命令。

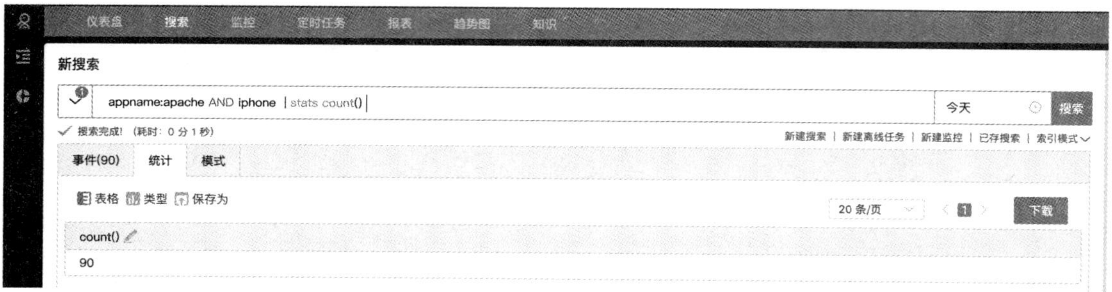

图 7-14　SPL 命令使用示例

对上述 SPL 命令的解释如图 7-15 所示。

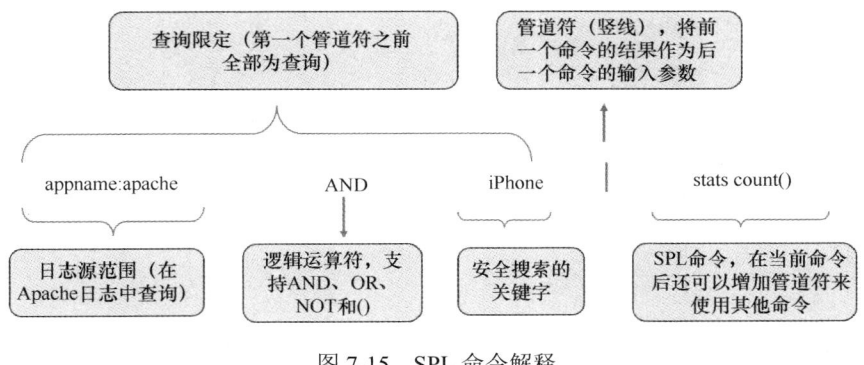

图 7-15 SPL 命令解释

7.6 小结

日志分析看似是技术问题，实际上是管理问题。日志分析在很多时候受困于技术不过硬。本章主要介绍了日志分析现状、日志分析方法等内容，并且给出了几个日志分析案例。

第 8 章　SPL

- ☐ SPL 简介
- ☐ SPL 学习经验
- ☐ 小试牛刀
- ☐ 图表的使用
- ☐ 数据整理
- ☐ 关联分析
- ☐ 小结

8.1 SPL 简介

SPL（Search Processing Language，日志查询处理语言）在国内被行业客户熟知，其用途是对不规则的机器数据进行查询与统计，其功能类似 SQL（结构化查询语言），但本质上有区别。SPL 开发者说："我希望通过拼装简单、独立的命令去实现想要的分析结果。使用者不需要任何开发经验，像使用 Excel 函数那么简单。"

SPL 与 SQL 最主要的 3 个区别如下。

（1）执行方式不同：SPL 采用类似 Linux 管道命令的方式执行。例如：

Query | SPL command1 | SPL command2 | …

对于每一个命令而言都会有输入和输出，Query 的输出会作为 SPL1 的输入，SPL1 的输出会作为 SPL2 的输入，依次执行下去，最终获得用户想要的结果，用户只要掌握命令功能即可。

（2）依赖的对象：目前 SQL 依赖结构化数据库，SPL 依赖专业的日志搜索引擎（一般为非结构化文本数据）。

（3）扩展能力：从近几年的发展经验来看，SPL 的扩展能力更强，如聚合运算、机器学习功能。SPL 注重分步过程，而且分步过程对用户来说清晰可见。另外，SPL 表达计算过程可由用户自定义，而 SQL 表达计算过程较 SPL 更为复杂，SQL 不易进行更新维护。

8.2 SPL 学习经验

1. 研发工程师

某银行每日日志增量达 30TB，开发人员在线应用日志平台达 600 人次之多。开发经理说："开发联调测试时，需要经常做交易性能问题定位，要么重写程序，要么写脚本，而且故障经常是别人先一步发现的，自己很难掌控运行状态。作为管理者也不容易获得 Bug 修正后的状态。应用 SPL 后，开发人员可以自定义告警监控模型，出现问题时立即告警，节省了排障时间，提升了系统调测效率。"

2. 运维工程师

某农信运维工程师说："运维工作太枯燥，每天重复相同的步骤，一旦由于马虎导致疏漏，后果不堪设想。工作日每天需要对管理的 6 台分布式设备进行指标检查，单独登录系统，而且许多指标是不同脚本的执行结果。每天巡检 4 次，每次要 30 分钟，一个系统需要两小时以上。时间都被这些琐碎的工作占据,没有时间认真思考和改进。后来接触了 SPL 分析工具,该工具可以根据 Google SRE 方法建立监控指标,实现运维的数据化度量,一方面提升了巡检的效率;另一方面为监控手段优化提供了有利的数据支撑。"

3．安全工程师

某车企安全工程师说:"日常工作中需要深度研究来自企业内部、外部的已知威胁、未知威胁与可疑威胁。其中,企业员工异常行为和数据防泄露工作为重中之重。但是,员工异常行为评估绝对不能采用单一维度。在做 UEBA 分析时,需要结合用户异常打卡时间、敏感文件访问、敏感文件发送、批量文件名称修改、超大文件发送等情况综合分析,相关数据源散落在不同的监控设备中。因此,进行统一收集后还需要一个灵活的关联分析手段来实现异常特征挖掘。此时,SPL 的运行逻辑就能很好地补充安全人员的分析能力。SPL 适合进行多维度的关联与分析。"

4．行业客户

某清算中心负责人说:"SPL 使日志分析的复杂性降低了很多,数据融合共享速度得到了提升。以前我们只能做到搜索日志和告警,现在还可以对数据进行对比分析,整个团队的运维效率有所提升。运维人员可以把更多的精力放在更复杂、更高级的运维管理工作上。"

某基金公司运维经理说:"SPL 灵活的分析模式让我有了解锁日志价值的激情。"

8.3　小试牛刀

1．学习环境准备

为了帮助读者快速上手 SPL,本书以日志易 SaaS 环境为例,读者可登录日志易官网,免费注册账号,如图 8-1 所示。

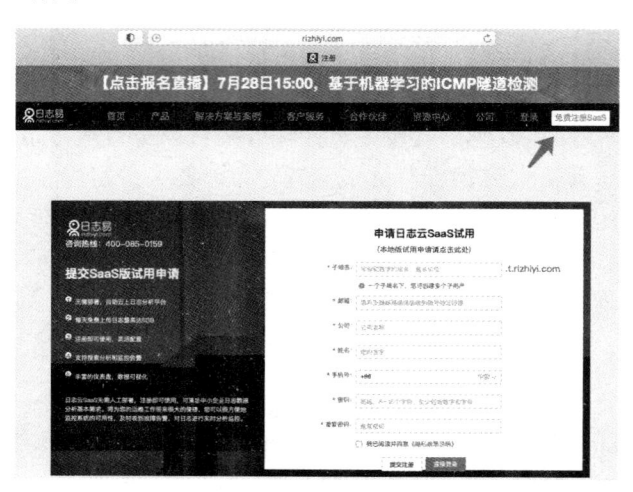

图 8-1　注册日志易账号

注册成功后使用手机号与密码即可登录，如图 8-2 所示。

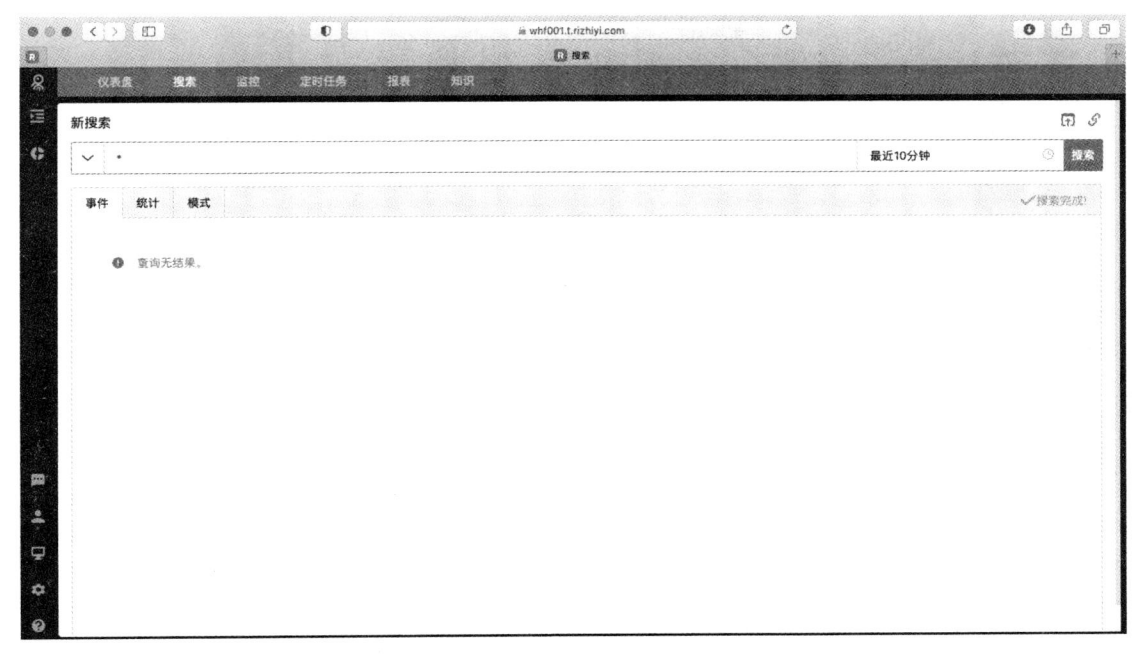

图 8-2　登录日志易

2. 上传日志

日志可以选择传统的 Apache、Nginx 或 Linux Security 日志，采用文本格式存储在本地即可，推荐日志内容在 100 行以上，本地上传日志功能如图 8-3 所示。

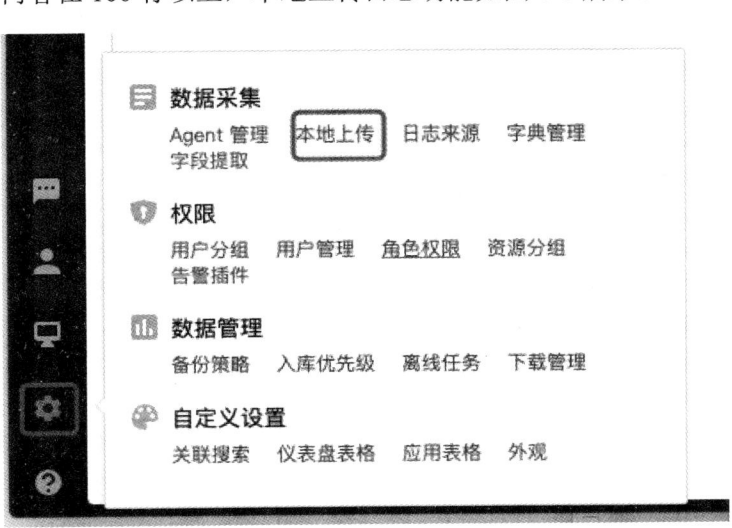

图 8-3　本地上传日志功能

选择"本地上传"，这里"Appname"和"Tag"主要用于数据分类，不同功能的日志采用不同的分类，如图 8-4 所示。

图 8-4　本地上传的数据分类

下面以 Nginx 日志为例。

3. 日志说明

日志样例如下。

> 223.74.215.215 - - [31/May/2018:00:00:01 +0800] "POST /bulk/f02a65bae0594d01afeb3ffd7a2c32a4/tag/userLogin/appname/chess HTTP/1.1" 200 64 "http://zm.tongjiyuehui.com/" "Mozilla/5.0 (iPhone; CPU iPhone OS 11_0 like Mac OS X) AppleWebKit/604.1.38 (KHTML, like Gecko) Mobile/15A372 MicroMessenger/6.6.6 NetType/WIFI Language/zh_CN" "-" 0.001 0.001

日志说明如下。

客户端 IP：223.74.215.215

时间戳：[20/Apr/2018:20:25:43 +0800]

方法：POST

访问页面：/bulk/f02a65bae0594d01afeb3ffd7a2c32a4/tag/ userLogin/appname/chess

访问协议：HTTP 1.0

访问状态：200

上一跳：http://zm.tongjiyuehui.com/

请求长度：64

UA：Mozilla/5.0 (iPhone; CPU iPhone OS 11_0 like Mac OS X) AppleWebKit/604.1.38 (KHTML, like Gecko) Mobile/15A372 MicroMessenger/6.6.6 NetType/WIFI Language/zh_CN

整个请求时间和 upstream 响应时间：0.001 0.001

日志样例导入测试环境后，登录实验环境，搜索"appname:niginx"，根据日志样例时间戳选择时间段，如图 8-5 所示。

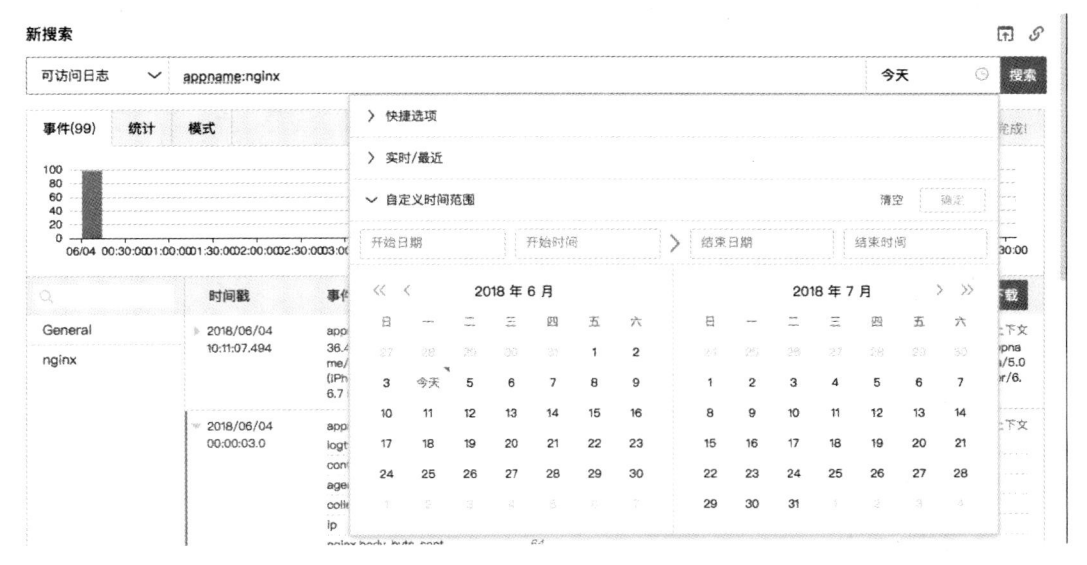

图 8-5　选择时间段

解析后日志样例效果如图 8-6 所示。

图 8-6　解析后日志样例效果

4．帮助文档

该测试环境中有详细的帮助文档，如图 8-7 所示。

图 8-7 帮助文档

8.3.1 基本查询与统计

某网站想统计当日有多少 iPhone 客户端访问相关数据和当日总体流量,每 10 分钟进行一次分时汇总。

模糊查询:

```
appname:nginx AND iphone
```

结果如图 8-8 所示。

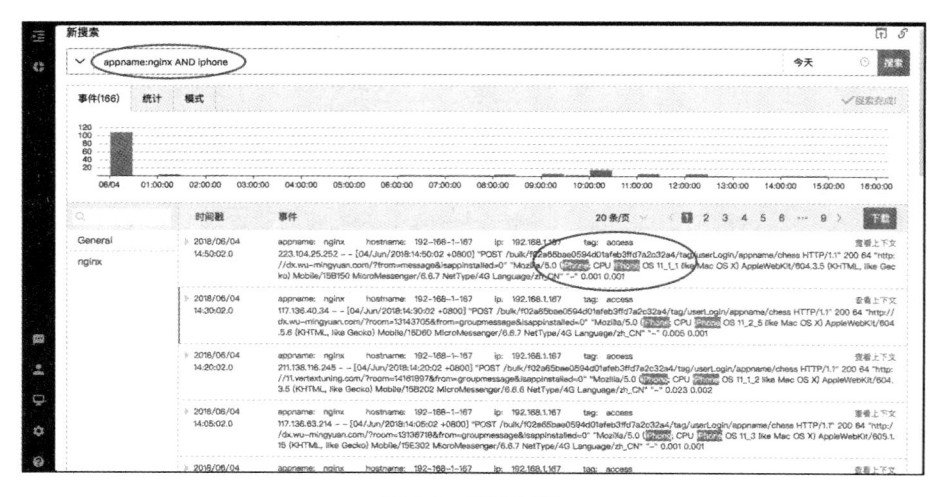

图 8-8 查询结果

说明：

"appname:nginx"为日志检索范围，字段名称为 appname，字段值为 nginx。字段名称与值之间用":"分隔。

AND 为逻辑运算符号。SPL 检索语法中，多个单词或短语之间使用空格分开默认为 AND 关系，并且 AND 的优先级高于 OR。如有需要，可以使用小括号"()"来提高优先级。

8.3.2 统计命令

简单的统计命令采用 appname 或者 tag 提供数据查询范围，第一个管道符"|"前输入的所有信息皆为查询内容，管道符后面为数据处理命令，例如：

```
appname:nginx | stats count()
```

结果如图 8-9 所示。

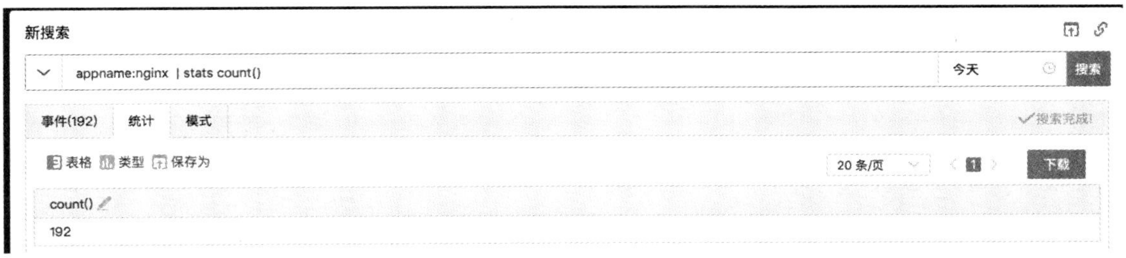

图 8-9 统计结果

说明：

通过统计命令可以获得当日网站总访问量。

管道符的作用：将前一个命令的结果作为后一个命令的输入。

stats 为 SPL 统计命令，该命令的函数见表 8-1。

表 8-1 stats 命令的函数

函 数	描 述	实 例
avg(X)	此函数返回字段 X 的平均值	以下示例会返回平均响应时间：avg(response_time)
count(X)	此函数返回 X 的出现次数	以下函数返回 status 的出现次数：count(status)
distinct_count(X)或 dc(X)	此函数返回字段 X 唯一值的个数	以下示例返回 clientip 的 uniq 值的个数：dc(clientip)
max(X)	此函数返回字段 X 的最大值	以下示例返回响应时间的最大值：max(response_time)
min(X)	此函数返回字段 X 的最小值	以下示例返回响应时间的最小值：min(response_time)

（续表）

函数	描述	实例
sum(X)	此函数返回字段 X 的值的和	以下示例返回响应长度的和： sum(response_len)
pct(X, Y1, Y2, …)	此函数返回字段 X 的值排序后，百分位 Y1、Y2 所对应的字段值，由于 pct 会返回多个值，字段命名方式如下：Y1 对应的字段为_pct.X.Y1，Y2 对应的字段为_pct.X.Y2，以此类推	以下字段返回响应时长的 50%、75%、95%分位的值： pct(response_time, 50, 75, 95) 将返回以下三个字段： _pct.response_time.50 _pct.response_time.75 _pct.response_time.95
pct_ranks(X, Y1, Y2, …)	此函数接收任意数量的参数，其中 X 为数值类型字段，Y1、Y2 为 X 字段对应的值，该函数将返回 Y1、Y2 所对应的百分位，由于会返回多个值，字段命名方式为_pct_ranks.X.Y1、_pct_ranks.X.Y2，以此类推	以下示例返回 100、200、500 在 response_time 字段中对应的百分位： pct_ranks(response_time, 100, 200, 500) 返回字段集合： _pct_ranks.response_time.100 _pct_ranks.response_time.200 _pct_ranks.response_time.500
es(X)	返回字段的扩展统计，将返回如下内容（X 为字段名）： _es.X.count _es.X.min _es.X.max _es.X.avg _es.X.sum _es.X.sum_of_squares _es.X.variance _es.X.std_deviation	以下示例返回 resp_len 字段的扩展统计： es(resp_len) 返回的内容： _es.resp_len.count _es.resp_len.min _es.resp_len.max _es.resp_len.avg _es.resp_len.sum _es.resp_len.sum_of_squares _es.resp_len.variance _es.resp_len.std_deviation
Top（field, count）	field：待统计字段 count：个数	top(apache.status, 10000)
histogram(field,interval)或 hg(field,interval)	field：待统计字段，必须为数值型 interval：直方图间隔	hg(apache.status, 200)
date_histogram(field,interval)或 dhg(field,interval)	field：待统计字段，数值当作以毫秒为单位的时间戳 interval：时间间隔，后缀有 y、M、w、d、h、m、s	dhg(timestamp, 1h)
rb(field, (start,end), (start,end), …)	field：待统计字段，数值型 (start,end)：待统计区间，可以设置多个待统计区间	rb(apache.status,(100,200),(200,300), (300,400))

(续表)

函数	描述	实例
sparkline(avg(X), span)	此函数接收两个参数，第一个参数为统计函数，支持 avg、min、max、sum、count、distinct_count，其中 X 为数值型字段；第二个参数为时间间隔	stats sparkline(avg(apache.resp_len), 1h) by tag

8.3.3 分时统计

可以利用 bucket 命令对数据进行分时统计。

```
appname:nginx
| bucket timestamp   span=10m   as ts
| stats count() by ts
```

结果如图 8-10 所示。

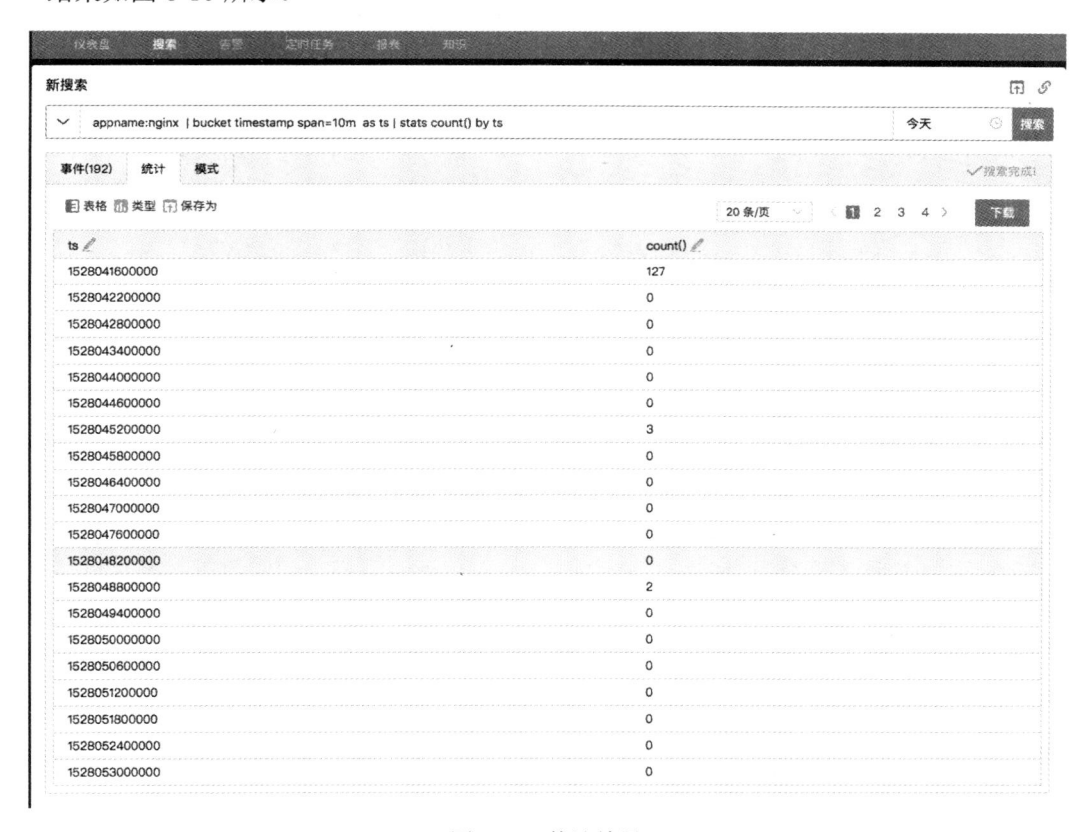

ts	count()
1528041600000	127
1528042200000	0
1528042800000	0
1528043400000	0
1528044000000	0
1528044600000	0
1528045200000	3
1528045800000	0
1528046400000	0
1528047000000	0
1528047600000	0
1528048200000	0
1528048800000	2
1528049400000	0
1528050000000	0
1528050600000	0
1528051200000	0
1528051800000	0
1528052400000	0
1528053000000	0

图 8-10 统计结果

说明：

为了统计当日每 10 分钟的交易情况，引入了 bucket 命令，bucket 命令通过 timestamp（时间戳)每 10 分钟进行一次分割,然后通过 stats 命令统计每 10 分钟发生事件的数量。该命令一般用于查看阶段性趋势,如交易量、失败率、最大值等。

上述命令中为 stats 命令增加了 by 关键字,该关键字后面的字段主要用于对数据进行分组统计,用法同 SQL 中的 group by。

思考:

1. 在 stats count() by 后面更换相关分组字段会有什么样的结果?
2. 是否可以通过饼图反映网页访问状态?
3. 对访问页面进行流量统计会得到什么样的结论?

8.3.4 重命名

原始日志中的英文不便阅读,因此可以通过 rename 命令对字段进行重命名。

```
appname:nginx
| bucket timestamp  span=10m  as ts
| stats count() by ts
|rename 'count()' as "事件量", ts as "时间"
```

结果如图 8-11 所示。

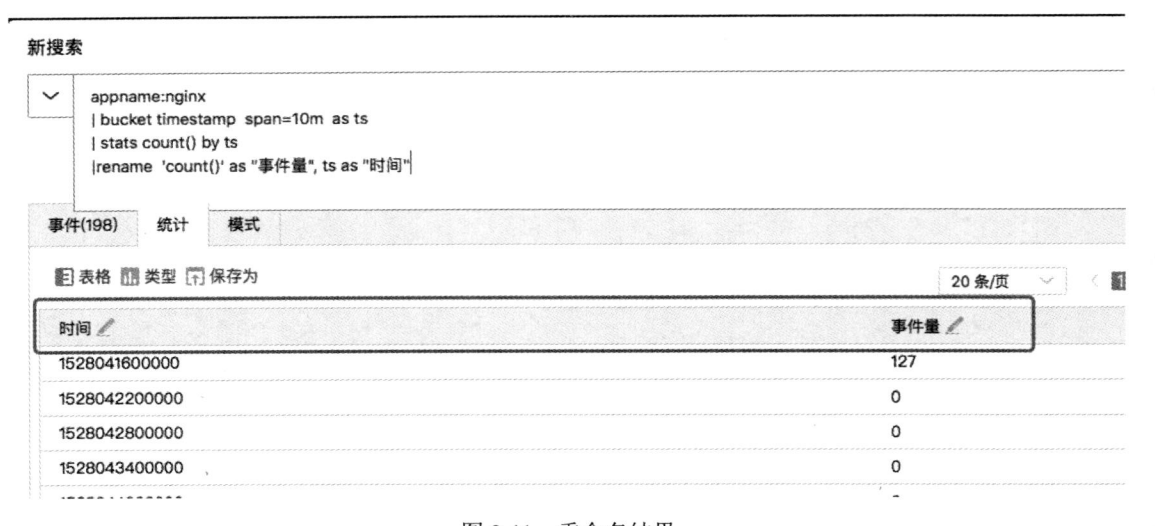

图 8-11 重命名结果

说明:

通过上面的示例可以看出 rename 命令可以重命名字段,需要使用 as 来连接别名。如果重命名后的字段名称为中文,需要加上双引号。

8.4 图表的使用

实时图表功能可以满足用户对数据可视化的要求，无须二次开发。

8.4.1 可视化：体现数据趋势的图表

在搜索栏中输入如下命令，计算每 10 分钟出现事件的个数，用于观察一段时间内的事件趋势：

```
appname:nginx
| bucket timestamp  span=10m  as ts
| stats count() by ts
|rename  'count()' as "事件量", ts as "时间"
```

然后选择"类型"，如图 8-12 所示。

图 8-12　选择"类型"

趋势统计结果如图 8-13 所示。

系统会自动识别数据分组字段以适应图表。如果图表显示有误，可以通过"设置"进行调整。与此同时，可以通过"保存为"将图表保存为"趋势图"并在仪表盘中展示，或者保存为图片，如图 8-14 所示。

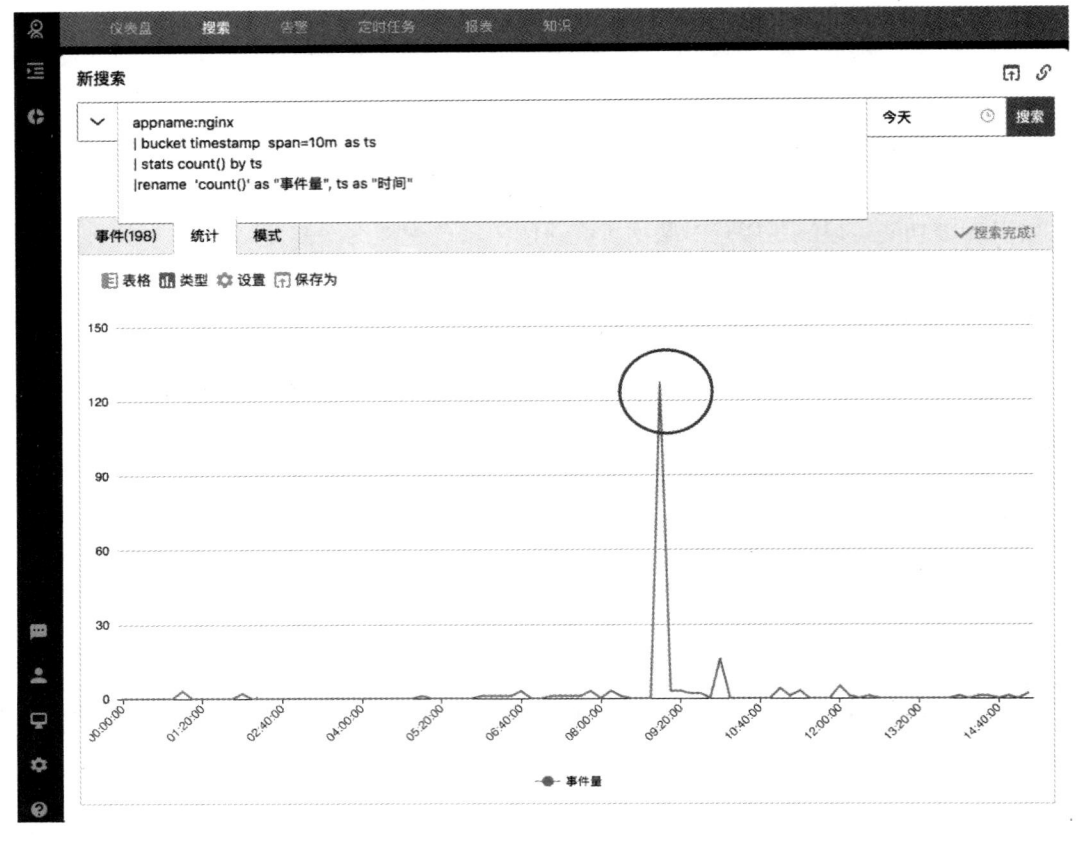

图 8-13　趋势统计结果

图 8-14　保存图表

8.4.2　快速获取排名

如果想快速获得客户端访问 IP 地址分布信息，或者快速提取某属性数量靠前的信息，建议使用 top 命令，如下：

appname:nginx   AND   nginx.request_time:* | top 5 nginx.client_ip.geo.province

统计结果如图 8-15 和图 8-16 所示。

图 8-15　统计结果 1

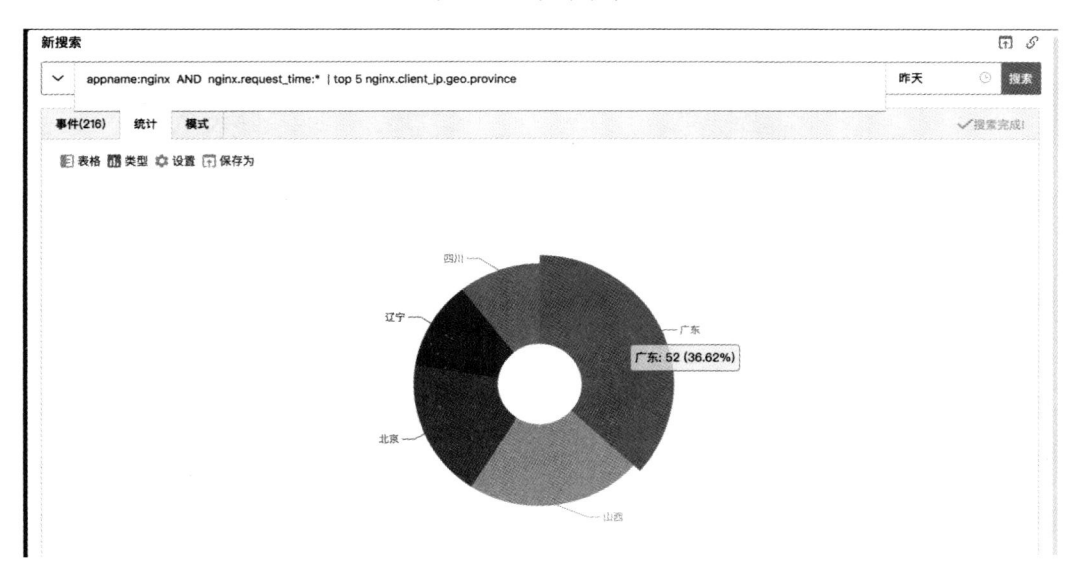

图 8-16　统计结果 2

目前，测试环境提供的动态图表有 19 种，可以根据数据的特性选择相应的图表。

8.5　数据整理

在做数据分析的时候时常需要对数据进行整理，SPL 提供了一些数据整理命令，读者可以通过下面几个示例来学习使用方法。

8.5.1　赋值与计算

在数据整理过程中经常需要对数据单位进行换算、对时间格式进行调整或根据条件判断并对变量进行赋值等。

例如，用户比较关注网站的访问状态趋势，想查看客户端连接状态为 200（正常访问）和非 200（不正常访问）的对比情况。

普通的统计方法如图 8-17 所示。

```
appname:nginx | stats count() by nginx.status
```

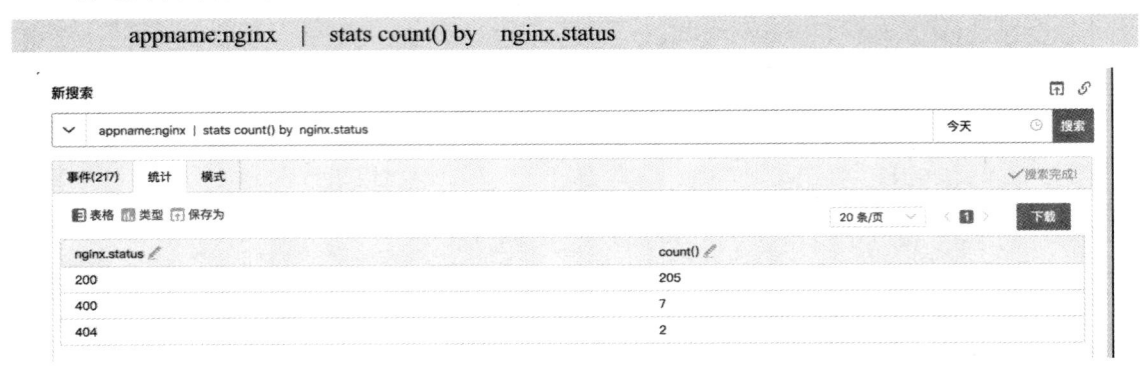

图 8-17　普通的统计方法

看不懂 Nginx 日志的人并不知道状态为 200 和 400 有什么区别。是否可以优化一下统计结果呢？当然可以。

```
appname:nginx | eval new_status=if(nginx.status==" 200 "," 正常 "," 异常 ") | stats count() by new_status
```

统计结果如图 8-18 和图 8-19 所示。

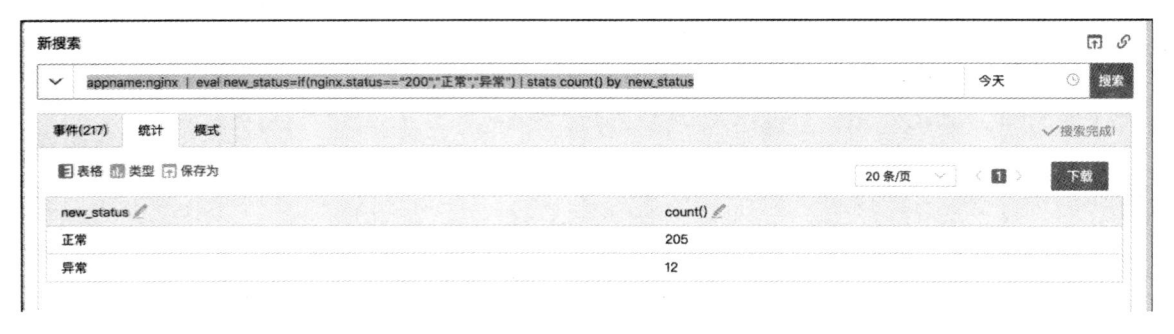

图 8-18　统计结果 1

通过上面的示例读者可能已经发现了，通过 eval 命令结合 if 函数可以生成字段 new_status，然后对这个字段进行分组统计。另外，eval 命令本身也支持运算符。

运算符按照优先级自低到高排序如下：

（1）||（逻辑或）二元操作符，操作数必须是布尔类型数据。

（2）&&（逻辑与）二元操作符，操作数必须是布尔类型数据。

（3）!=（不等于）和==（等于）。

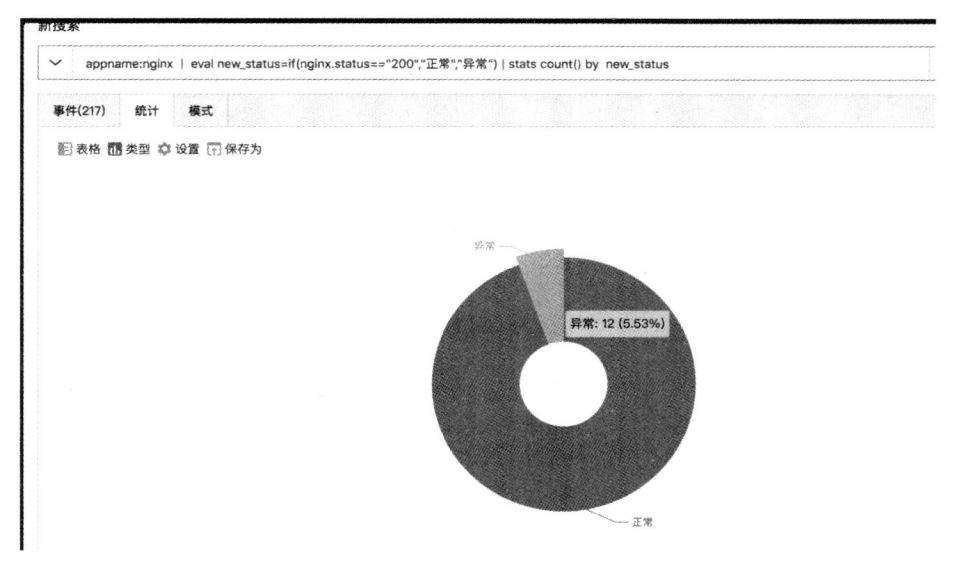

图 8-19　统计结果 2

（4）>=、>、<=、<。

（5）+、-，支持数值类型数据，+还支持字符串数据。

（6）*、/、%，支持数值类型数据。

eval 命令常用函数见表 8-2。

表 8-2　eval 命令常用函数

函　　数	描　　述	示　　例
abs(X)	此函数获取数字 X 并返回其绝对值	以下示例返回 absv，该变量的值为数值字段 value 的绝对值： … | eval absv = abs(value)
empty(x)	判断某个 field 是否为空	empty(field) 如果存在则返回 false，否则返回 true 例如：empty(apache.status)
case(X, " Y ", …, [default, Z])	此函数会获取 X, Y 参数对，X 参数必须为布尔表达式，如果结果为 true，则返回响应的 Y 的值；如果结果为 false，则返回 default 对应的值，default 部分为可选项，不指定 default，则为空值	以下示例返回 http 状态代码的描述 … | eval desc = case(error == 200, " OK ", error == 500, " Internal Server Error ", default, "Unexpected error")
ceil(X)	此函数返回 X 向上取整的整数值	以下示例返回 n = 5 … | eval n = ceil(4.1)
coalesce(X, …)	此函数接收任意数量的参数并返回第一个不为空值的值，如果所有参数都是空值，则返回空值	假设有一部分日志，用户名字段放在 user_name 或者 user 字段里，以下示例定义名为 username 的字段，该字段值为 user_name 和 user 字段不是空值的那一个： … | eval username = coalesce(user_name, user)

（续表）

函数	描述	示例
floor(X)	此函数向下取整为最接近的整数	以下示例返回 n = 4 … | eval n = floor(4.1)
if(X, Y, Z)	此函数接收 3 个参数，X 为布尔表达式，如果 X 的计算结果为 true，则结果为第二个参数 Y 的值，否则返回第三个参数 Z 的值	以下示例将检查 status 的值，如果 status==200，则返回 OK，否则返回 Error … | eval desc = if (status == 200, " OK ", " Error ")
len(X)	此函数接收一个字符串类型的参数，返回字符串的长度	如果 method 的字段值为 GET，则以下示例中 n 的值为 3 … | eval n = len(method)
lower(X)	此函数接收一个字符串类型的参数，返回其小写形式	假设 method 的值为 GET，以下示例将返回 get … | eval lowerstr = lower(method)
log(X)	此函数接收一个数值类型的值，返回 X 的自然对数	以下示例将返回 length 的自然对数 … | eval loglength = log(length)
max(X, Y)	此函数接收两个数值类型的参数，返回较大的那个值	以下示例将返回 101 … | eval maxv = max(101, 100.0)
min(X, Y)	此函数接收两个数值类型的参数，返回较小的那个值	以下示例将返回 100.0 … | eval minv = min(101, 100.0)
match(X, Y)	此函数将使用正则表达式 Y 对 X 进行匹配，返回是否匹配成功	当且仅当字段与 IP 地址的基本形式匹配时，返回 true，否则返回 false，这里使用了^和$表示执行完全匹配 … \| eval matched = match(ip, "^\\d{1,3}\.\\d{1,3}\.\\d{1,3}\.\\d{1,3}$")
substring(X, Y[, Z])	此函数接收三个参数，其中 X 必须为字符串，Y 和 Z 是数字（Y 和 Z 从 0 开始），返回 X 的子字符串，即返回 X 的第 Y 个字符到第 Z 个（不包括）字符之间的字符，如果不指定 Z 则返回从 Y 位置开始的剩余字符串	以下示例返回 bce … | eval subs = substring(" abcedfg " , 1, 4)
todouble(X)	该函数接收一个参数，类型可以是字符串或者数值，返回对应的双浮点数的值	以下示例返回 123.1 … | eval value = todouble(" 123.1 ")
tolong(X)	该函数接收一个参数，类型为字符串或者数值，返回对应的 long 值	以下示例返回 123 … | eval value=todouble(" 123 ")
tostring(X)	该函数接收一个参数，类型可以是字符串或者数值，返回对应的字符串的值	以下示例返回 " 123.1 " … | eval strv = tostring(123.1)
trim(X)	该函数接收一个字符串类型的参数，返回 X 前后去除空白符的字符串值	以下示例返回 " bcd ef " … | eval strv = trim(" bcd ef \t ")
upper(X)	该函数接收一个字符串类型的参数，返回 X 的大写形式	以下示例返回 GET … | eval strv = upper(" Get ")
formatdate(X[, Y])	该函数将 X 对应的 UTC 时间值格式转化为 Y 形式的时间格式 Y 的时间格式字符串遵循 java.text.SimpleDateFormat 支持的格式，如果不指定 Y，则默认的时间格式为 yyyy-MM-dd HH:mm:ss.SSS，暂不支持时区自定义	以下示例将返回 timestamp 所表示的时间的小时和分钟 … | eval v = formatdate(timestamp, " HH:mm ")

(续表)

函数	描述	示例
parsedate(X, Y[, Z])	解析日期时间串为 UNIX 时间戳 X 为日期字符串，Y 为日期的格式说明，遵循 java.text.SimpleDateFormat 支持的时间格式，Z 为可选参数，指定 Locale，默认为 en（english）	示例： parsedate(" 28/04/2016:12:01:01 "," dd/MM/yyyy:HH:mm:ss ") parsedate(" 28/四月/2016 "," dd/MMM/yyyy "," zh ") 其中 zh 表示中文的 Locale
format(FORMAT, [X…])	格式化字符串，提供类似 printf 的功能，FORMAT 为 printf 函数的 format 字符串	示例： format(" %.1fMB ", rate) 输出速率，rate 保留小数点后一位 format(" %s => %s "," aa "," bb ") 输入 aa => bb 注意： 变量类型和 format 中的%x 需要对应正确，否则可能导致计算失败而输出空值
now()	该函数用于表示当前时间，实际值为搜索请求收到的时间，在一个请求中多次调用返回的是同一个值，值为 1970-01-01 00:00:00 到当前时间的毫秒数，类型为 long	示例：…|eval current_time = now()
typeof(X)	获取字段 X 的类型 支持的类型有 long, double, int, float, short, string, object, array 如果字段为 null，则返回 null	示例：… | eval a_type = typeof(apache.method)
isnum(X)	判断字段 X 是否为数值类型 对于整数类型或者浮点型都会返回 true，其他返回 false	示例：… | eval a = isnum(apache.status)
isstr(X)	判断字段 X 是否为字符串类型	示例：…| eval a = isstr(apache.method)
relative_time(X, Y)	字段 X 必须是时间类型，字段 Y 必须为一个 date math 的相对时间值，返回基于时间戳 X 的 date math 的计算结果	示例：… | eval ts = relative_time(timestamp, "-1d/d") 返回 timestamp 所代表的时间减去 1 天的毫秒数，并圆整到 0 点，即 timestamp 表示的日期的前一天的 0 点
cidrmatch(X, Y)	字段 X 必须是无分类和子网地址扩展（CIDR），字段 Y 为一个 IP 地址，判断 IP 地址 Y 的子网地址是否和 X 匹配	示例：…| eval matched = cidrmatch(" 192.168.1.130/25 "," 192.168.1.129 ") 将 192.168.1.130 转换为二进制并保留高位的 25 位，低位设为 0 得到下限（不包括），对应的 IP 地址为 192.168.1.128 将 192.168.1.130 转换为二进制并保留高位的 25 位，低位全部设置为 1 得到上限（不包括），对应的 IP 地址为 192.168.1.255 因此 IP 地址的范围是(192.168.1.128,192.168.1.255) 此范围中的 IP 地址均匹配成功，因此 matched 的值为 true

（续表）

函　数	描　述	示　例
urldecode(X)	对字段 X 的值执行 URL 解码，字段 X 必须为字符串 目前还不支持指定字符编码	示例：… | eval url = urldecode(url)
mvappend(X,…)	该函数接收任意数量的参数，参数可以为字符串、多值字段或者单值字段等	示例：… | eval v=mvappend(initv, " middle ")
mvcount(X)	该函数只有一个参数 X，如果 X 是多值字段，则返回多值字段的值个数，如果是单值字段，则返回 1，其他返回 0	示例：… | eval c=mvcount(mvfield)
mvdedup(X)	该函数接收一个多值参数 X，返回字段值消重后的多值类型	示例：… | eval v=mvdedup(mvfield)
mvfilter(X, filterexpr)	X 为多值参数，filterexpr 为过滤条件表达式，其中使用_x 描述 X 中的单个值	对 mv 多值字段进行过滤，仅保留 1a 的值 mvfilter(mv, _x == " 1a ")
mvfind(X,V)	X 为多值参数，V 表示需要查找的值，如果找到则返回对应下标，否则返回-1	示例：… | eval n=mvfind(mymvfield, " err ")
mvindex(X,start[, end])	X 为多值参数，如果无 end 参数，则返回下标为 start 的元素，如果 start 不合法，则返回 null，否则返回从下标 start 到下标 end（不包括）元素组成的列表，如果下标范围不合法，则返回空数组 数组下标从 0 开始	示例：… | eval v = mvindex(mv, 10, -1)
mvjoin(X,DELIMITER)	将多值字段 X 的值使用分隔符 DELIMITER 组成一个字符串	示例：eval v = mvjoin(mv, " , ")
mvmap(X,mapexpr)	X 为多值类型，mapexpr 为转换的表达式，使用_x 表示 X 中的单个值，返回的多值类型为 X 中的每个元素使用 mapexpr 转换得到的值组成的多值类型	示例： X = [" 1 " , " 3 " , " 4 "] … | eval x = mvmap(X, tolong(_x) + 2) 则 x = [3, 5, 6]
mvrange(X,Y[,Z])	该函数使用一个数值的区间生成一个多值字段，其中 X 表示区间起始值，Y 表示区间结束值（不包括），Z 表示步跳数，默认为 1	下例返回 1, 3, 5, 7 … | eval mv=mvrange(1,8,2)
mvsort(X)	对多值字段进行排序	示例：… | eval s=mvsort(mv)
mvszip(X,Y[, " Z "])	X 和 Y 都为多值类型，将 X 中的第一个元素和 Y 中的第一个元素都转换为字符串，并以 Z 为分隔符进行拼接，得到多值结果的第一个元素，类型为字符串，然后按照同样方法对 X 的第二个元素和 Y 的第二个元素进行拼接，以此类推，得到一个多值的结果。如果 X 和 Y 的长度不等，则 X 或者 Y 处理完最后一个元素后不再进行拼接	示例： X = [1, 3, 4, 7] Y = [2, 5, 8] mvzip(X, Y) = [" 1,2 " , " 3,5 " , " 4,8 "]
split(S, SEP)	S 为字符串类型，使用字符串 SEP 将 S 拆分成多值类型，如果 SEP 为空字符串，则 S 将被拆分为单字组成的多值类型	如 X = " :abc::edf: " 则 split(X, " : ") = [" " , " abc " , " " , " edf " , " "]

8.5.2 只留下需要的数据

为了找到网站性能瓶颈，用户一定会关注很多关键指标，如一段时间内访问状态对比、流量趋势、平均请求时间等。

有时需要获取耗时均值来判断当前某个交易耗时是否正常，因此先获取 Nginx 来源，包含 nginx.request_time 字段的日志数据，然后通过 stats 命令获取均值，命令如下。

> appname:nginx　AND nginx.request_time:* | eval new_request_time=todouble(nginx.request_time)| stats avg(new_request_time)

结果如图 8-20 所示。

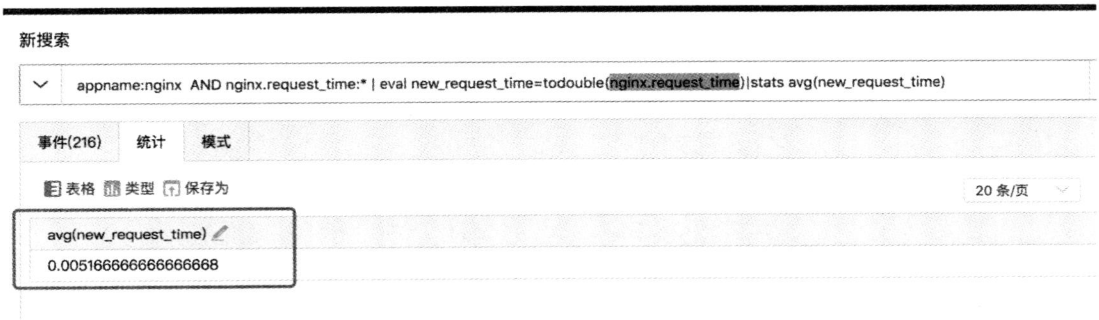

图 8-20　结果

说明：

上面的例子使用了 todouble 命令，首先对 nginx.request_time 字段进行了数据类型转换，实际上默认该字段为字符型。该问题可以在解析过程中解决，具体方法不再阐述。然后，使用 avg 函数求出了一段时间内的平均请求时间。

8.5.3 过滤项

where 命令提供了数据过滤功能。where 命令后面可以接表达式，例如：

> appname:nginx　AND nginx.request_time:*
> | eval new_request_time=todouble(nginx.request_time)
> | where new_request_time > 0.005

结果如图 8-21 所示。

说明：

得出平均请求时间为 0.005，那么执行 where 命令后就会看到当前平均请求时间大于 0.005 的所有事件。where 命令支持的函数与表达式可以参考 eval 参数表。

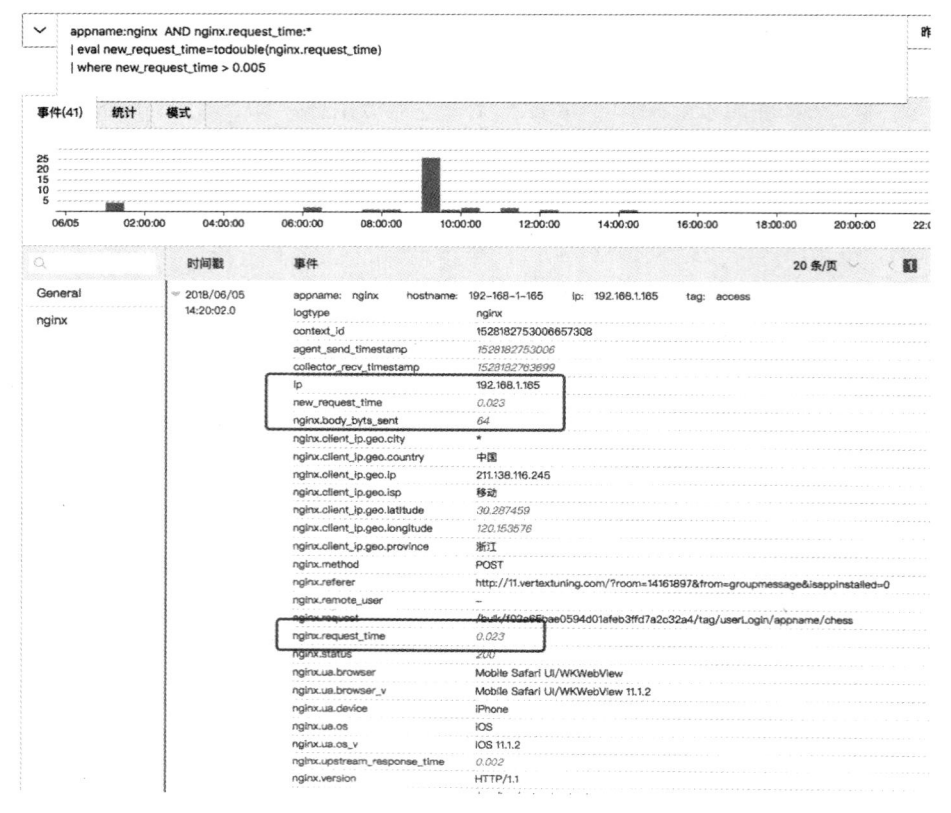

图 8-21 过滤结果

8.5.4 利用表格

列出统计信息可以使用 table 命令，提取少量数据进行初始判断时也可以使用 table 命令。

```
appname:nginx   AND   nginx.request_time:*
| eval new_request_time=todouble(nginx.request_time)
| table nginx.client_ip.geo.ip, nginx.client_ip.geo.isp, nginx.client_ip.geo.province, new_request_time, nginx.method, nginx.status
```

结果如图 8-22 所示。

说明：

本例中增加 table 命令可以直接将所有事件中需要的字段信息生成二维表。如果想对二维表进行过滤，可以通过两种方式处理。只想查看客户端 IP 地址来自北京地区的相关数据，可以使用：

```
appname:nginx   AND   nginx.request_time:*
| eval new_request_time=todouble(nginx.request_time)
| table nginx.client_ip.geo.ip, nginx.client_ip.geo.isp, nginx.client_ip.geo.province, new_request_time, nginx.method, nginx.status | where nginx.client_ip.geo.province== " 北京 "
```

图 8-22 结果

结果如图 8-23 所示。

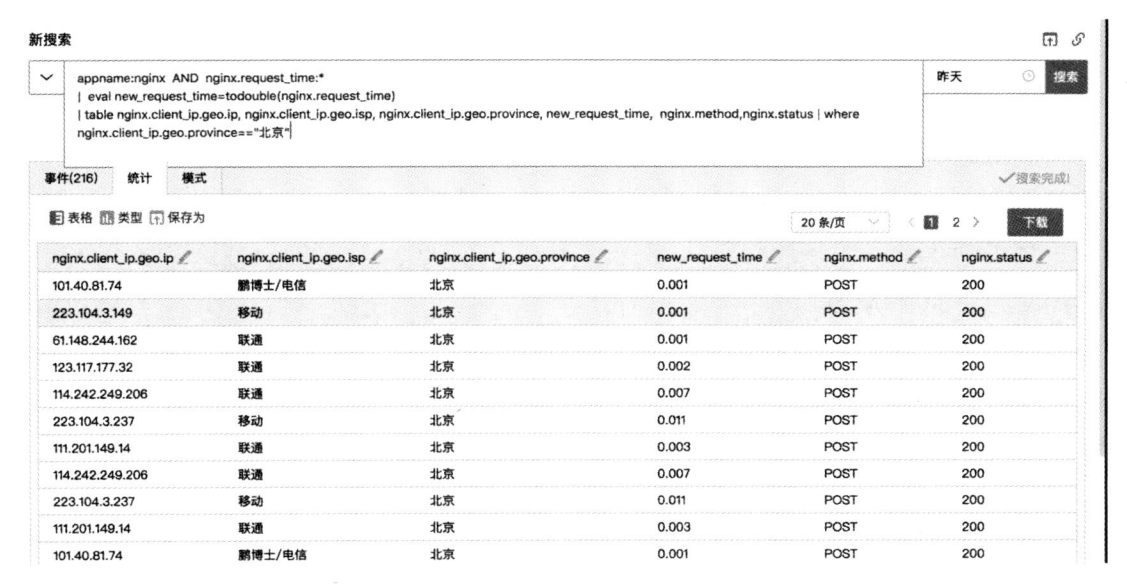

图 8-23 第一种方式的结果

另一种方式就是将过滤条件写在查询语句中，这样效率更高：

> appname:nginx AND　nginx.request_time:* ANDnginx. client_ip.geo.province:北京
> | eval new_request_time=todouble(nginx.request_time)
> | table nginx.client_ip.geo.ip, nginx.client_ip.geo.isp, nginx.client_ip.geo.province, new_request_time, nginx.method, nginx.status

结果如图 8-24 所示。

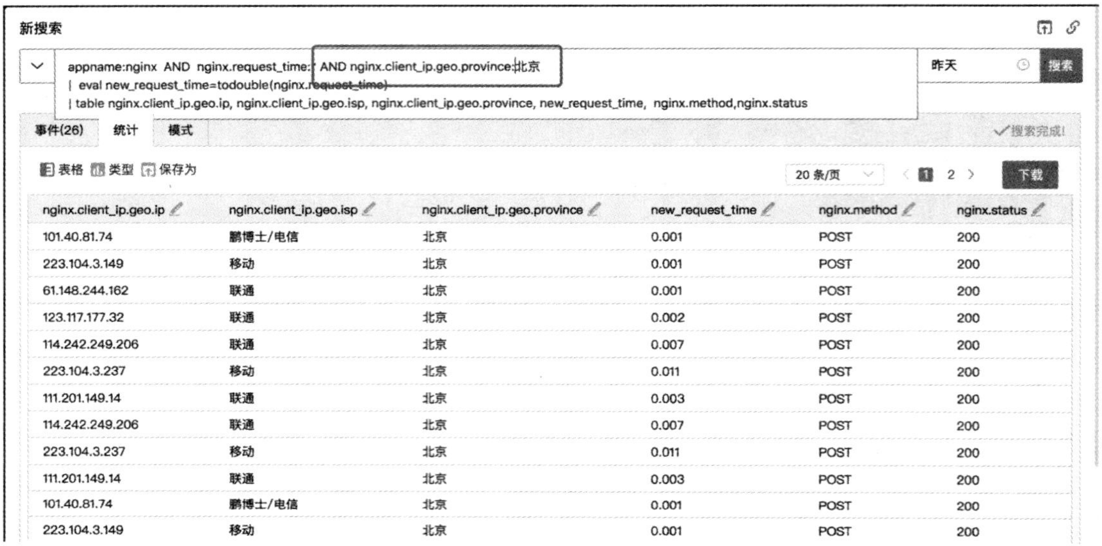

图 8-24　第二种方式的结果

8.5.5　排序突出重点

完成初始统计分析后，可以根据需要按列进行排序，这时可以使用 sort 命令：

> appname:nginx　 AND　 nginx.request_time:* ANDnginx. client_ip.geo.province:北京
> | eval new_request_time=todouble(nginx.request_time)
> | table nginx.client_ip.geo.ip,nginx.client_ip.geo.isp, nginx.client_ip.geo.province, new_request_time, nginx.method, nginx.status | sort by new_request_time

结果如图 8-25 所示。

说明：

对上例中请求时间进行倒排序以突出重点，或者显示异常情况，可以使用 sort 命令，by 为必选参数。对单个排序字段可以用+表示升序，用-表示降序，默认为降序排列。

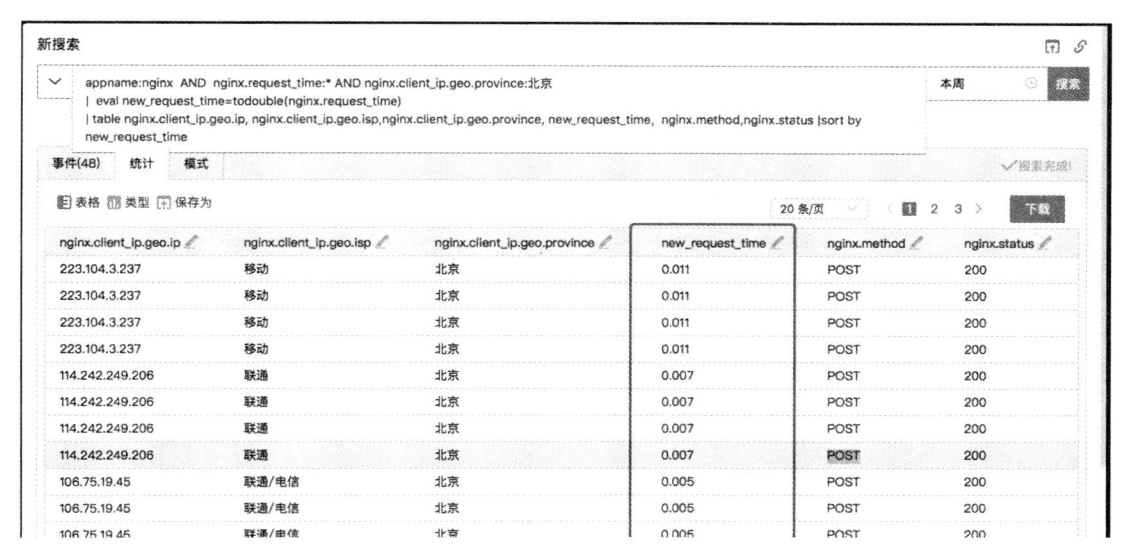

图 8-25 sort 命令执行结果

8.5.6 去冗余

当数据中存在重复数据时，可以采用 dedup 命令实现去冗余，具体如下：

> appname:nginx　　AND nginx.request_time:* AND nginx. client_ip.geo.province:北京
> | eval new_request_time=todouble(nginx.request_time)
> | table nginx.client_ip.geo.ip,nginx.client_ip.geo.isp, nginx.client_ip.geo.province, new_request_time, nginx.method, nginx.status
> | sort by new_request_time
> | dedup new_request_time

去冗余前的数据如图 8-26 所示，去冗余后的数据如图 8-27 所示。

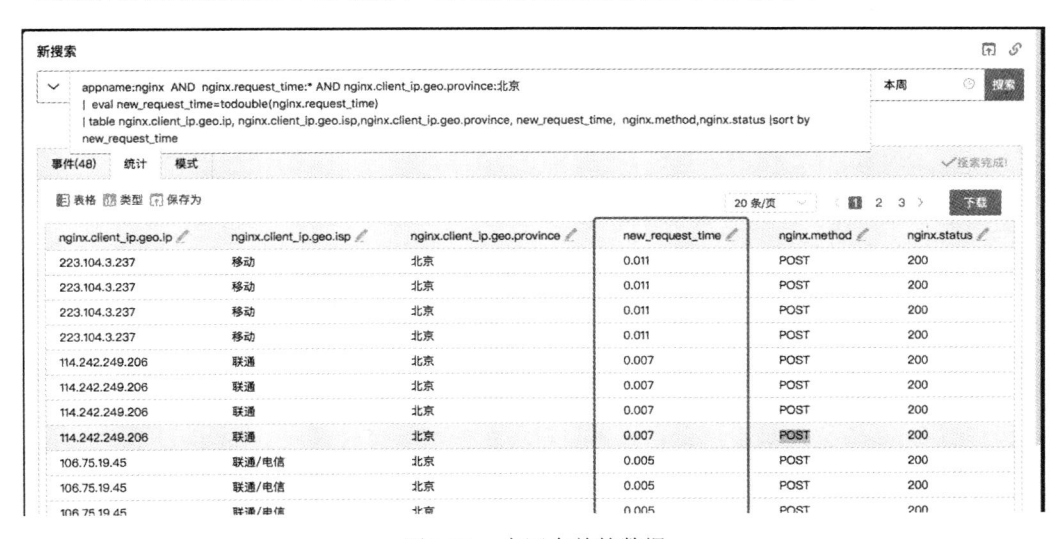

图 8-26 去冗余前的数据

图 8-27 去冗余后的数据

8.5.7 限量显示

在统计分析过程中有时只需要部分统计结果，用于初步判断，此时可以使用 limit 命令来控制回显数据的行数。这在初步抓取特征时非常有用。

appname:nginx AND nginx.request_time:* ANDnginx.client_ip. geo.province:北京
| eval new_request_time=todouble(nginx.request_time)
| table nginx.client_ip.geo.ip,nginx.client_ip.geo. isp,nginx.client_ip.geo.province, new_request_time, nginx. method,nginx.status
| sort by new_request_time | limit 3

结果如图 8-28 所示。

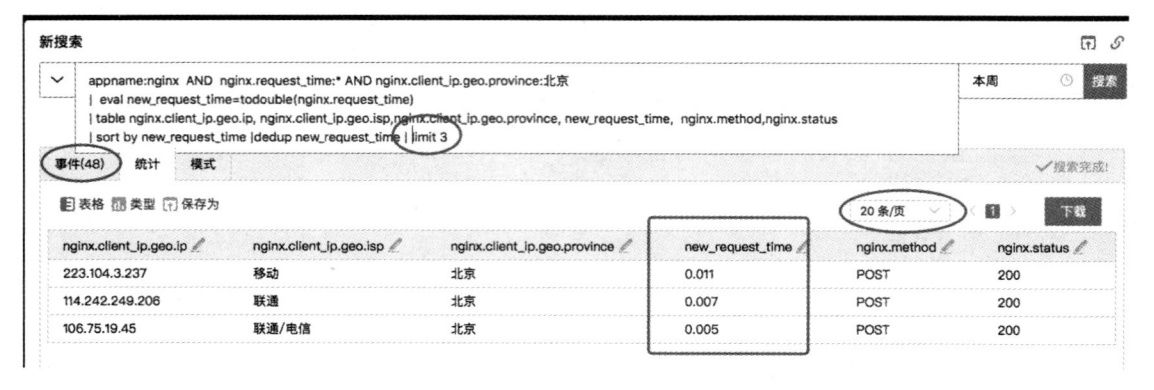

图 8-28 limit 命令执行结果

说明：

有时想要突出一部分量大、耗时高或者数值非常小的数据用于生成图表，可以使用 limit 命令对返回数据量进行限定，limit 3 即显示前 3 行。

8.5.8 实现跨行计算

有时想要对两条相邻的信息进行计算，如对相邻的两条信息进行时差计算，或者对两个属性统计值进行比例计算，例如：

appname:nginx | evalnew_status=if(nginx.status == " 200 "," 正常 "," 异常 ")| stats count() by new_status

结果如图 8-29 所示。

图 8-29 统计结果

那么，如何计算两种情况占总体的比例呢？可以先统计出两种状态的频次，然后设定一种状态，并判断为正常。通过 autoregress 命令将新的字段统计按 N+1 的方式逐行追加在后面，N 是行数。

appname:nginx | eval new_status=if(nginx.status== " 200 "," 正常 "," 异常 ")| stats count() as COUNT by new_status | autoregress 'COUNT' as new p=1

结果如图 8-30 所示。

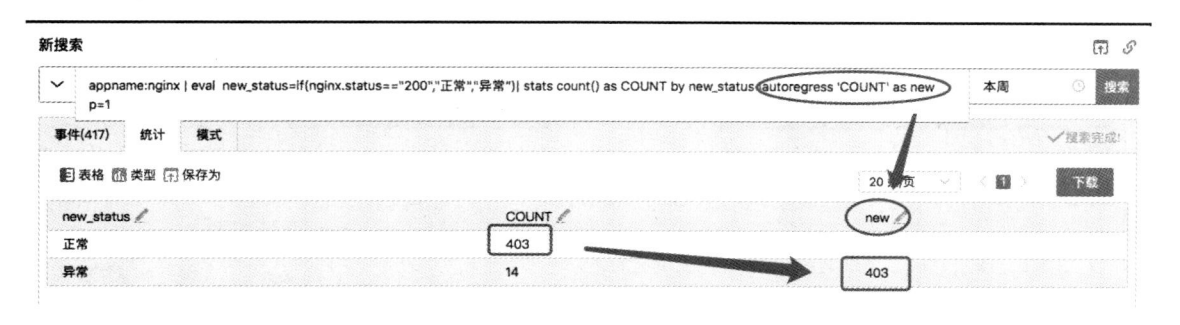

图 8-30 autoregress 命令执行结果

这里要解决访问连接状态次数求和问题。autoregress 命令可以实现跨行字段的计算。首先将参数列的数据按照单位 p 的跨度生成新的一列。新列 new 与 COUNT 列每行错开 1 个单位。

然后通过 eval 命令对列值进行计算，具体如下：

appname:nginx | evalnew_status=if(nginx.status == " 200 "," 正常 "," 异常 ")| stats count() as

COUNT by new_status | autoregress 'COUNT' as new p=1 | eval　total=COUNT+new　| eval success=new/total | eval failure=COUNT/total

结果如图 8-31 所示。

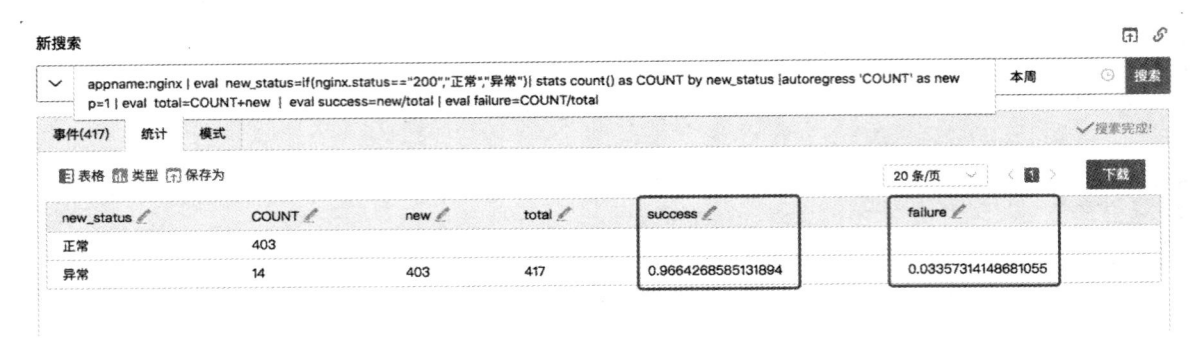

图 8-31　加入 eval 命令的统计结果

说明：

eval 命令不但可以在语句中生成临时字段，也可以在统计后对字段进行二次计算并形成新列。

8.5.9　只留下想要的字段

在统计分析过程中会生成临时字段，在最终结果中实际上是不需要这些字段的。因此，可以在统计结果生成后利用 fields 命令只留下需要的字段。

appname:nginx | eval new_status=if(nginx.status=="200","正常","异常")| stats count() as COUNT by new_status | autoregress 'COUNT' as new p=1 | eval　total=COUNT+new　| eval success=new/total | eval failure=COUNT/total | fields success,failure| where !empty(success)

结果如图 8-32 所示。

图 8-32　统计结果

说明：

本例通过 fields 命令仅保留了 success 和 failure 两个字段，但是中间还存在空行。通过 where 命令将空行去掉即可。!empty 为非空函数。

8.6 关联分析

业务系统性能、主机性能、业务模块逻辑、网络吞吐量等出现异常时都会成为事故的导火索。日常对各种因素进行关联分析，可以降低运维故障出现的概率。本章将介绍如何利用 SPL 命令进行关联分析。

8.6.1 数据关联与子查询

可以使用文本建立日志样例，如图 8-33 所示。

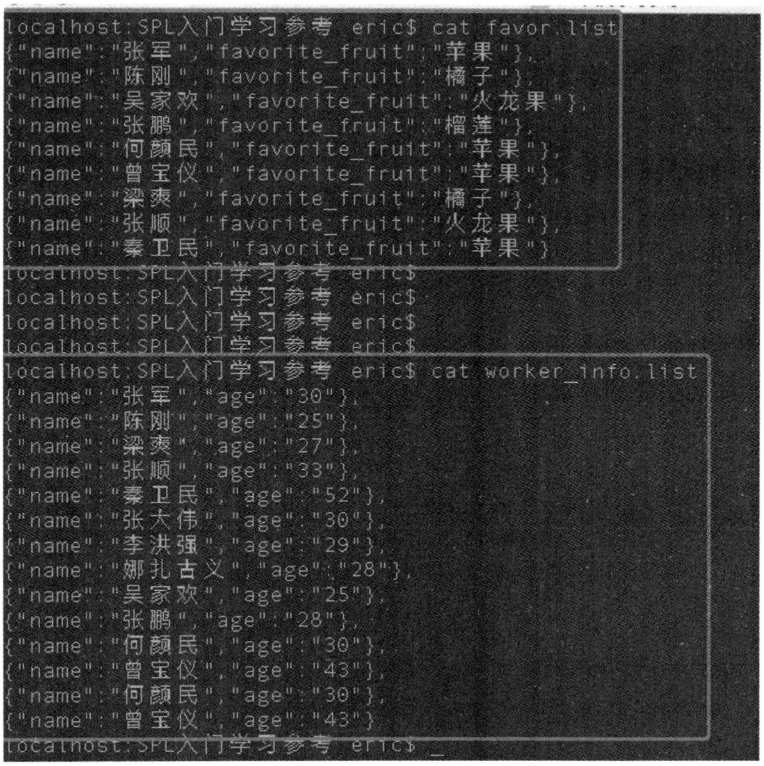

图 8-33　日志样例

导入两个日志文件，方法如下。

导入 favor 日志文件，如图 8-34 所示。

导入 info 日志文件，如图 8-35 所示。

导入后的效果如图 8-36 所示。

图 8-34 导入 faror 日志文件

图 8-35 导入 info 日志文件

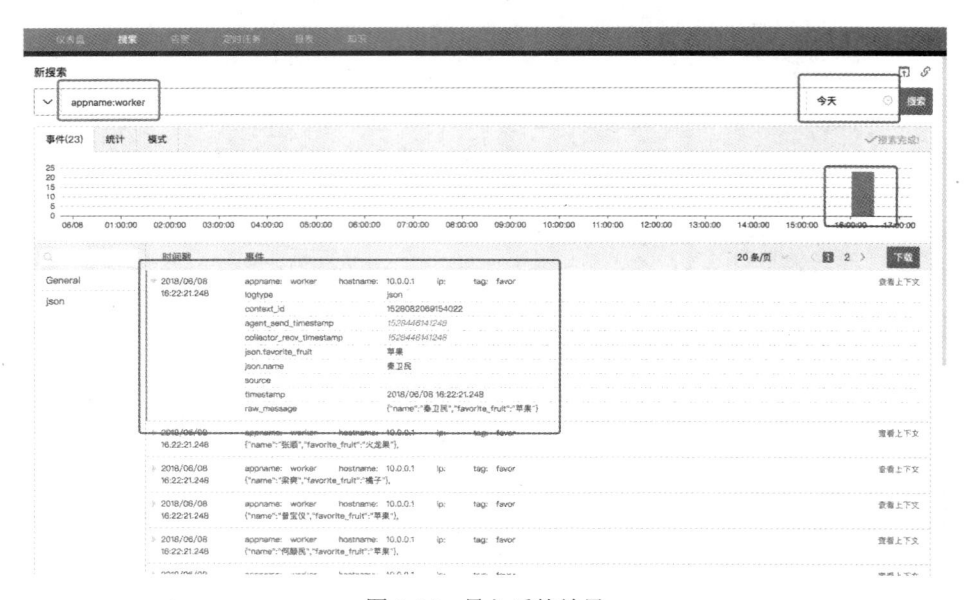

图 8-36 导入后的效果

统计员工信息：

```
appname:worker  AND  tag:info
| table json.name,json.age
```

结果如图 8-37 所示。

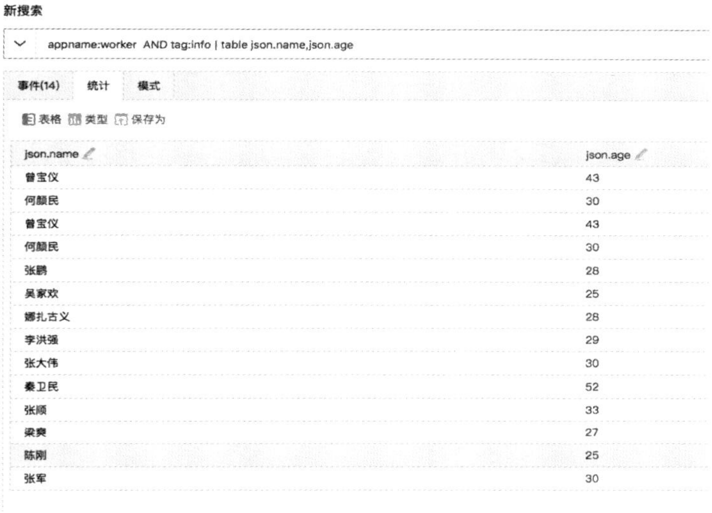

json.name	json.age
曾宝仪	43
何颜民	30
曾宝仪	43
何颜民	30
张鹏	28
吴家欢	25
娜扎古义	28
李洪强	29
张大伟	30
秦卫民	52
张顺	33
梁爽	27
陈刚	25
张军	30

图 8-37　统计员工信息的结果

统计员工爱好：

```
appname:worker  AND tag:favor
| table json.name,json.favorite_fruit
```

结果如图 8-38 所示。

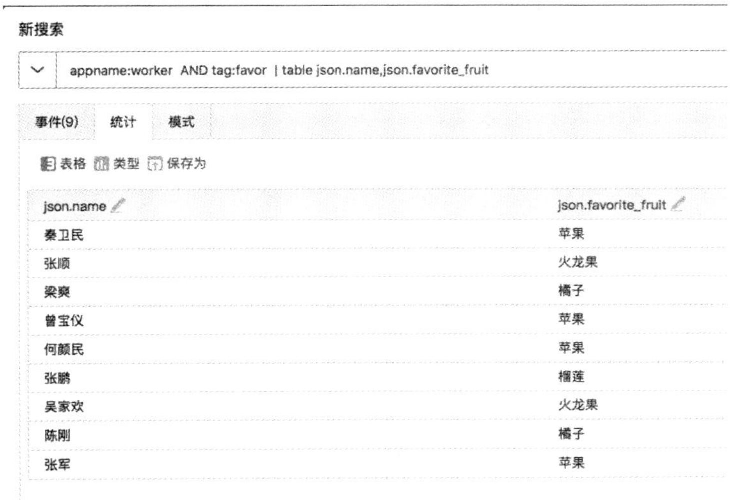

json.name	json.favorite_fruit
秦卫民	苹果
张顺	火龙果
梁爽	橘子
曾宝仪	苹果
何颜民	苹果
张鹏	榴莲
吴家欢	火龙果
陈刚	橘子
张军	苹果

图 8-38　统计员工爱好的结果

8.6.2 关联

在做数据关联前要先确定 key，本例中 key 为姓名。先获得员工信息，然后获得爱好，利用 key 进行关联。

appname:worker　AND tag:info | table json.name,json.age | join type=left json.name [[appname:worker　AND tag:favor | table json.name,json.favorite_fruit]]

结果如图 8-39 所示。

图 8-39　关联结果

说明：

通过上例可以看出，利用 join 命令可以用 key 将两个数据表进行关联。type 定义了关联方式，上例中用[[ ]]括起来一部分 SPL 查询，其中的部分称为子查询。一个子查询常作为另一个 SPL 查询的参数。子查询将在外部查询执行之前被执行。

appname:nginx　| evalnew_status=if(nginx.status==" 200 "," success "," failure ")| where new_status==" success " | stats count() as succ by appname | join type=left appname [[appname:nginx | evalnew_status=if(nginx. status==" 200 "," success "," failure ")| where new_status==" failure " | stats count() as fail by appname]] | eval total=succ+fail

结果如图 8-40 所示。

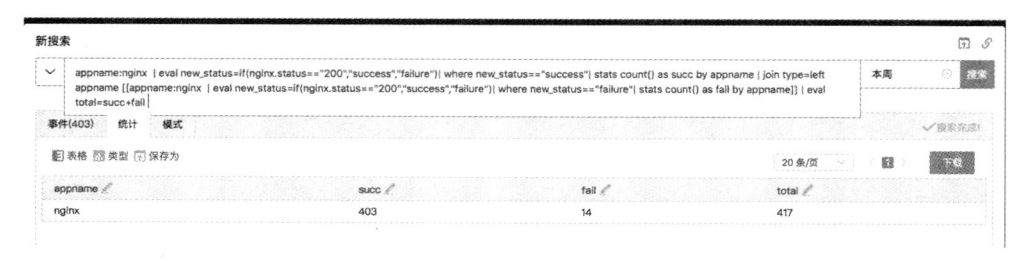

图 8-40　子查询结果

8.6.3 数据对比

有时要将历史数据和当前数据进行对比，需要先使用子查询获取当前数据和历史数据，然后采用 append 命令进行数据追加，可以通过曲线图获得两条曲线，用于趋势比较。

starttime=" -1d/d " endtime=" now/d " appname:nginx | bucket timestamp span=1h as ts | eval time=formatdate(ts," HH ") | stats count() as _count by time | eval group = " yesterday " | append [[starttime=" now/d " endtime=" " appname:nginx | bucket timestamp span=1h as ts | eval time=formatdate(ts," HH ") | stats count() as _count by time | eval group = " today "]]

结果如图 8-41 所示。

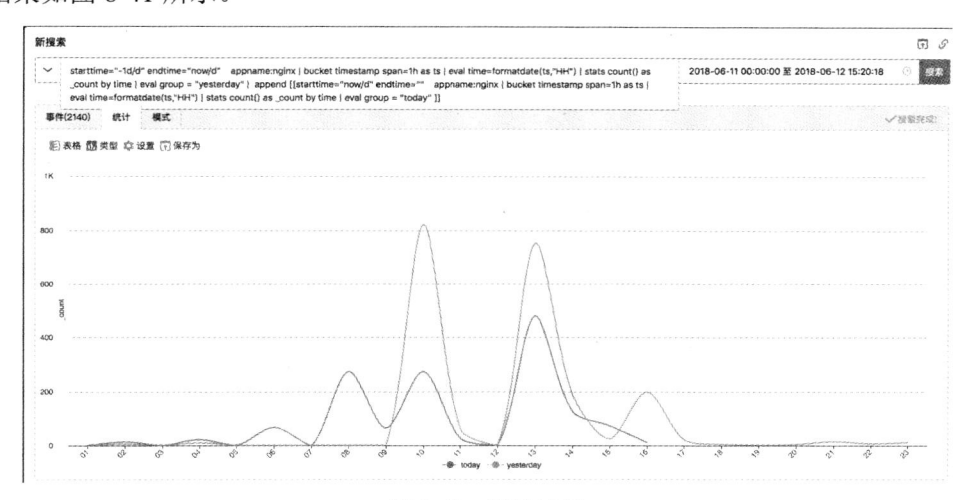

图 8-41 对比结果

数据结构如图 8-42 所示。

图 8-42 数据结构

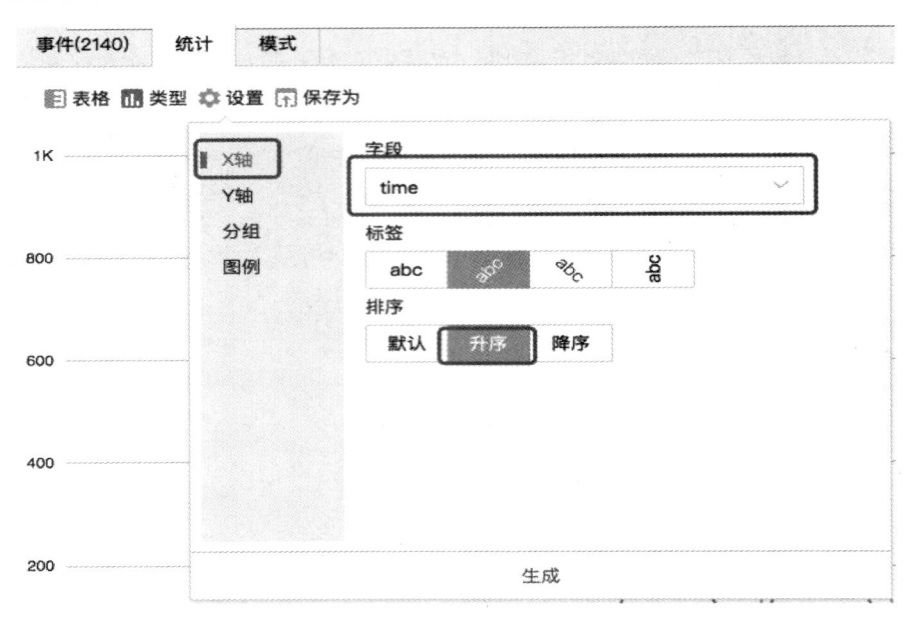

图表设置如图 8-43～图 8-45 所示。

图 8-43　图表设置 1

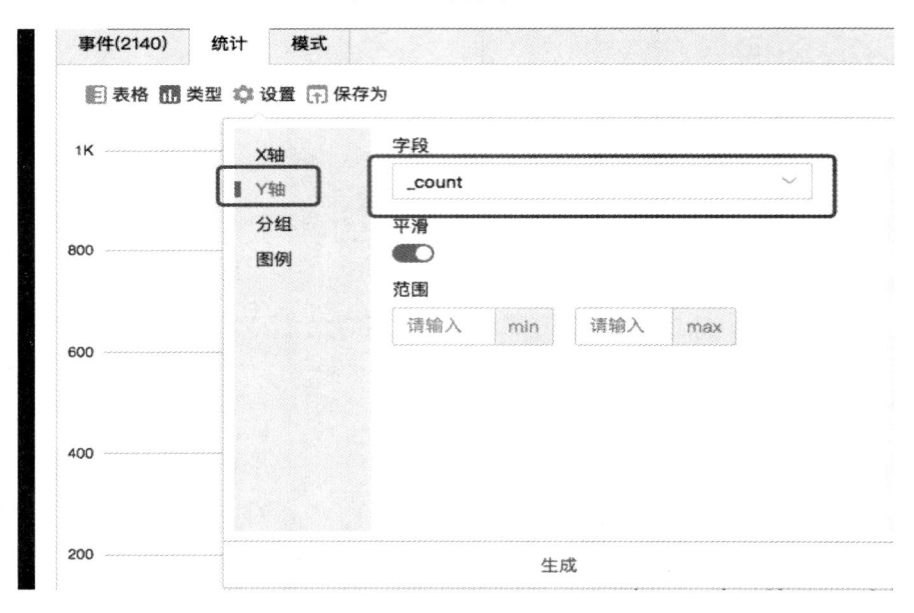

图 8-44　图表设置 2

说明：

本例采用了两天的数据进行对比，即当天和前一天的数据。SPL 语句中采用了固定时间的写法：starttime 和 endtime。starttime 和 endtime 的优先级高于界面上时间段的选择。详细用法读者可以参考帮助文档。

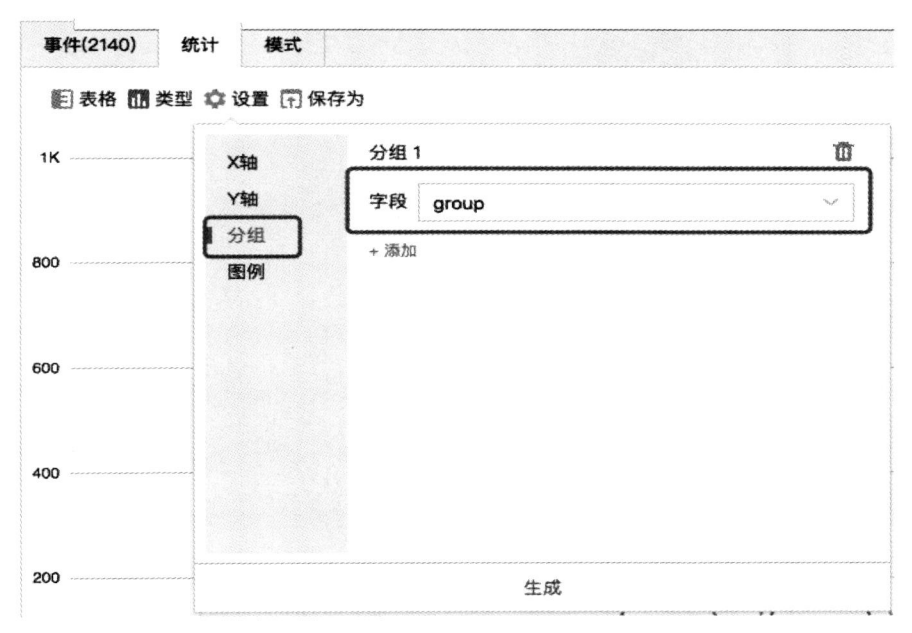

图 8-45 图表设置 3

append 命令可将子查询结果附加在主查询结果之后，一般用于数据对比，在整理数据时可以生成一个共享分组字段"group"用于图形展示。

8.7 小结

通过学习本章，读者会发现日常工作所面临的量、率、时、势的监控完全可以通过 SPL 建模实现，不需要二次开发。SPL 的分析模式在特殊场景下非常实用。传统安全设备基于固化规则，但是一些未知威胁绕过安全设备的情况需要一些灵活的手段来发现，这时 SPL 就非常有用了。

第 9 章 日志告警

- 概述
- 监控设置
- 告警监控分类
- 告警方式
- 小结

9.1 概述

日志记录了系统运行过程。当系统出现故障时，及时采取有效的解决措施是运维人员的重要职责。那么，如何快速、准确地判断和定位系统出现的故障呢？日志系统的重要功能之一就是提供监控程序，对系统进行实时监控与分析，一旦发生故障，就及时发出告警，通知运维人员处理。本章介绍日志告警相关的内容。

9.2 监控设置

告警和监控是不可分割的，告警依托于监控，监控又触发告警。通常按照一定的频率和时间来设置监控点，对系统日志进行查询分析，一旦超过阈值，则触发告警，通知用户。

下面介绍监控设置的 5 个要素。

1．检测频率

监控是一项定时任务，即定时执行搜索来判断是否触发告警。而检测频率就是这个定时任务的执行时间间隔，即间隔多久执行一次任务。

检测频率的设置一般分为两种：Crontab 类型和定时类型。

1）Crontab 类型

Crontab 源于 Linux 系统的 Crontab 命令，可用于设置在固定的时间点（如某年某月某日）或以固定的周期（如几分钟）执行程序。Crontab 通过表达式设置时间间隔，Crontab 表达式是一个字符串，以 5 个或 6 个空格分隔成 6 个或 7 个域，每个域都有自己的含义。

Linux 系统级 Crontab 表达式为"[分] [小时] [日] [月] [周] [命令]"。

Quartz（定时任务工具）的 Crontab 表达式为"[秒] [分] [小时] [日] [月] [周] [年]"。

Splunk 的 Crontab 表达式为"[分] [小时] [日] [月] [周]"。

日志易的 Crontab 表达式为"[秒] [分] [小时] [日] [月] [周] [年]"。

Quartz 是开源组织 OpenSymphony 在 Job Scheduling 领域的一个开源项目，是一个完全由 Java 编写的开源作业调度框架。

下面以 Quartz 的 Crontab 表达式为例，简要介绍 Crontab 表达式的内容，详见表 9-1。

表 9-1 Crontab 表达式的内容

序　号	说　明	是 否 必 填	允许填写的值	允许使用的通配符
1	秒	是	0～59	, - * /
2	分	是	0～59	, - * /
3	小时	是	0～23	, - * /
4	日	是	1～31	, - * ? / L W
5	月	是	1～12 或 JAN～DEC	, - * /
6	周	是	1～7 或 SUN～SAT	, - * ? / L #
7	年	否	empty 或 1970～2099	, - * /

表 9-1 中的通配符说明如下：

- *：表示所有值。例如，将"分"字段设置成"*"，表示每分钟都会触发操作。

- ?：表示不指定值。例如，要在每月的 10 日触发操作，但不关心是周几，可以将"周"字段设置为"?"。

- -：表示区间。例如，将"小时"字段设置为"10-12"，表示 10、11、12 点都会触发操作。

- ,：表示指定多个值。例如，将"周"字段设置成"MON,WED,FRI"，表示周一、周三和周五触发操作。

- L：表示最后。在"日"字段中，它表示当月的最后一天（依据当前月份，如果是二月，还会判断是不是闰年）。在"周"字段中，它表示周六，相当于"7"或"SAT"。如果在"L"前加上数字，则表示该数据的最后一个。例如，将"周"字段设置成"6L"，则表示"本月最后一个周五"。

- W：表示离指定日期最近的那个工作日（周一至周五）。例如，将"日"字段设置成"15W"，表示在离每月 15 日最近的那个工作日触发操作。如果 15 日正好是周六，则会在最近的周五（14 日）触发操作；如果 15 日是周日，则会在最近的下周一（16 日）触发操作；如果 15 日正好是工作日（周一至周五），则就在当天触发操作。如果指定格式为"1W"，则表示在每月 1 日之后最近的工作日触发操作。如果 1 日正好是周六，则在 3 日（下周一）触发操作。注意："W"前只能设置具体的数字，不允许设置区间。"L"和"W"可以组合使用。如果将"日"字段设置"LW"，则表示在本月的最后一个工作日触发操作。

- #：序号（表示每月第几周的周几）。例如，将"周"字段设置成"6#3"，表示每月第三周的周六。

以下给出一些 Crontab 表达式示例，更多示例和使用准则可参考相应工具的官方文档。

"- * * * * * ?"表示每分钟执行一次任务。

"- 0/5 * * * * ?"表示每 5 秒执行一次任务。

"- 0 0/5 * * * ?"表示每 5 分钟执行一次任务。

- "0 15 10 * * ?"表示每天上午 10:15 触发操作。
- "0 0 12 * * ?"表示每天中午 12 点触发操作。
- "0 * 14 * * ?"表示在每天下午 2 点到 2:59 期间的每分钟触发操作。
- "0 0/5 14 * * ?"表示在每天下午 2 点到 2:55 期间的每 5 分钟触发操作。
- "0 0/5 14,18 * * ?"表示在每天下午 2 点到 2:55 期间和下午 6 点到 6:55 期间的每 5 分钟触发操作。
- "0 0 2 1 * ?"表示在每月 1 日的凌晨 2 点执行任务。
- "0 15 10 ? * MON-FRI"表示周一到周五每天上午 10:15 执行任务。

2）定时类型

按照固定的时间间隔或周期执行监控任务。例如，每 5 分钟执行一次，或者每 2 小时执行一次。其实，Crontab 表达式也可以表示固定的时间间隔，如"0/20 * * * * ?"表示每 20 秒执行一次，"* * * * * ?"表示每分钟执行一次。

2. 目标日志

目标日志用于设置需要被监控的日志文件，以指定查询的日志范围。如果是统一采集分布在多个系统多个机器中不同种类的日志，还需要对每个日志进行标记，以便系统判断监控范围。所以设定目标日志，其实就是指定日志的标记，从而使搜索具有针对性和区域性。一般日志的标记可以是 IP、hostname、appname 或自定义标记。

3. 查询语句

查询语句或搜索语句由系统可识别的搜索语言构建而成，用于筛选系统故障的关键字。系统的运行情况和故障信息都被记录在日志文件中，而查询语句就是用于查询这些故障信息或用于统计运行时的数据变化的。例如，若某系统的数据库连接不上，就会在日志中记录"数据库失联"，要想判断数据库连接是否正常，就需要通过查询语句定期搜索日志内容，查找是否有"数据库失联"的字样。查询语句可以是 Linux 下 grep 和管道符的组合命令，也可以是约定的 JSON 或 key-value 数据，还可以根据需要自定义查询语句并进行词法和语法解析。

4. 时间区间

时间区间用于设置日志的查询时间范围，以日志打印的时间戳为基准。例如，查询 10 分钟内产生的日志中是否有某些关键字，就需要设置监控点（如 13:00）进行检测，检测时查询的是时间戳从当前时间到 10 分钟前（12:50～13:00）的日志。需要注意时间区间的开闭，一般情况下为"左闭右开"（包含 12:50，不包含 13:00）。

时间区间通常和检测频率搭配使用。检测频率如果设置为每 5 分钟执行一次，那么时间区间可以设置为左闭右开 5 分钟，即检测从当前时间至 5 分钟前的日志。从理论上讲，这样设置可以使每个时间点的日志都被查询到且不重复。但是，日志入库经常有些许延迟。例如，时间戳是 13:00 的日志，可能在 13:02 才被录入，如果在 13:00 进行检测，那么 12:58～13:00

期间的日志就会丢失，造成漏查。在这种情况下，可以设置时间区间为从当前时间的前 2 分钟到当前时间的前 12 分钟，从而规避延迟导致的漏查。例如，在 13:00 检测的不是 12:50～13:00 的数据，而是 12:48～12:58 的数据。但通常入库延迟的时间并不能确定为一个精确的数值，当对时间和告警要求比较高时，如果时间区间的提前设置比入库延迟大，就会扩大查询日志的时间范围，从而导致查询重复。对于这种情况，可以在获取查询结果之后进行去重。

5. 触发条件

触发条件是告警触发的判断依据，一般通过设置阈值、比较操作符和级别来同搜索结果进行比对，还可以根据需要增设其他自定义的条件限制。阈值是设置一个对比点，一般以数值作为表现形式；比较操作符是设置和阈值进行比较的方式，较为简单的有>、=、<；级别是告警严重程度的划分，一般划分为高、中、低 3 类。通过比较操作符，将搜索结果同阈值进行比较，一旦满足条件，就会触发告警。不同的阈值条件对应不同的告警级别，即满足不同的阈值条件，就会触发不同级别的告警。

例如，数据库以集群形式部署在 3 台机器上，且系统对数据库的操作采用轮询重试机制。当系统连不上其中一台机器的数据库时，就会重试轮询，尝试连第二台，直到三台都连不上。如果系统每次连不上数据库时都会在日志中记录"数据库失联"，那么当查询出 1 条"数据库失联"记录时，系统还可以轮询另外两台机器上的数据库，故障严重程度较低，就可以设置为低级告警。当查询出 2 条"数据库失联"记录时，说明过半的数据库都不可用，此时虽然情况严重，但还有连上的可能，可以设置为中级告警。当查询出 3 条"数据库失联"记录时，说明所有的数据库都不可用，这就是很严重的故障，应该设置为高级告警。因此，这项监控可以配置为：阈值 1，低级；阈值 2，中级；阈值 3，高级；比较操作符是>=。注意：一般只能触发一个级别的告警，高级别的告警触发优先于低级别的告警触发。例如，查询结果是 3，只会触发高级告警，而不会触发中级告警和低级告警。

9.3 告警监控分类

告警监控对日志的查询，归根结底是对某些关键字或关键语句出现情况的统计分析。对日志内容的查询，实际上也可转化为一种统计分析。例如，查询某条语句在某段时间内是否出现过，实际上就是统计这条语句在该时间范围内出现的次数是否小于 1。统计分析经常建立在对日志进行解析（如正则解析）并提取所需目标字段的基础之上。

统计易于形成指标，从而可以和阈值进行比对。除了人工设置查询语句，如今又出现了智能运维，即引入机器学习，通过对历史故障数据的大规模分析，预测即将发生的故障。本节主要介绍 5 种统计类型的告警监控，并简要介绍智能告警。本节中的示例（包括查询语句）仅用于示意，不代表准确的配置，不同的系统有不同的配置机制。

9.3.1 命中数统计类型的告警监控

命中数统计类型的告警监控是最简单的配置方式。这种方式统计某段时间内命中某个语句的次数,然后与设置的触发条件进行比对,从而判断是否触发告警。

告警需求:需要每 2 分钟检测一次日志 sys.log,如果 5 分钟内出现"connect to database failed"语句的次数超过 3 次,就触发高级告警。

相关示例见表 9-2。

表 9-2 命中数统计类型的告警监控示例

监控要素	需求设置
检测频率	定时:2 分钟 Crontab:0 0/2 * * * ?
目标日志	sys.log
查询语句	count("connect to database failed") (说明:统计"connect to database failed"语句出现的次数)
时间区间	5 分钟
触发条件	比较操作符:>= 阈值:3 级别:高

9.3.2 字段统计类型的告警监控

字段统计类型的告警监控,是针对某个特定字段的统计值而设置的告警监控。统计方法有很多种,且包含一些与统计相关的函数,如 cardinality(独立数)、sum (总和)、avg(平均值)、max(最大值)、min(最小值)等。如果当前字段的统计值达到了阈值条件,就触发告警。

告警需求:解析日志 request.log 并提取出 request_time 字段和字段值,request_time 字段代表应用程序每次发出 HTTP 请求到获得返回结果之间的时长。需要每 5 分钟执行一次,如果 10 分钟内的平均请求时长大于 500ms,则触发低级告警。

相关示例见表 9-3。

表 9-3 字段统计类型的告警监控示例

监控要素	需求设置
检测频率	定时:5 分钟 Crontab:0 0/5 * * * ?
目标日志	request.log
查询语句	* | stats avg('request_time') (说明:字段名为 request_time,统计函数为 avg)

（续表）

监控要素	需求设置
时间区间	10 分钟
触发条件	比较操作符：> 阈值：0.5 级别：低

9.3.3 连续统计类型的告警监控

连续统计类型的告警监控是字段统计类型告警监控的进阶版。后者查询某个字段的统计值是否满足条件，而前者查询的是某段时间内某个字段的统计值满足条件的次数。连续统计包含两种统计，一种是对某个字段值的统计，另一种是对字段值满足条件次数的统计，最终的触发条件是针对次数统计的，只有次数达到了设置的阈值条件，才会触发告警。

告警需求：解析日志 request.log 并提取出 status_code 字段和字段值，status_code 字段代表请求返回的状态码，如 200 表示请求成功，505 表示服务不可用，404 表示页面无效等。需要每 10 分钟执行一次，统计 30 分钟内 status_code 字段的状态码是 404 或超过 404 的次数，如果次数超过 10 次，就触发中级告警。

相关示例见表 9-4。

表 9-4 连续统计类型的告警监控示例

监控要素	需求设置
检测频率	定时：10 分钟 Crontab：0 0/10 * * * ?
目标日志	request.log
查询语句	* | stats count(value('status_code') >= 404) （说明：字段名为 status_code，比较操作符为>=，条件值为 404）
时间区间	30 分钟
触发条件	次数比较操作符：> 次数阈值：10 级别：中

9.3.4 基线对比类型的告警监控

基线对比是将当前数据与历史数据进行对比，需要指定查询数据的时间范围和历史数据的基准时刻，如时间范围是 1 天，基准时刻是 1 周前，则历史数据的时间区间是历史基准时刻的 1 天前至历史基准时刻，而当前数据的时间区间是 1 天前至当前时刻。基线值就是历史数据的统计值，通常采用历史数据的平均值，该值随时间变化。在基线值的基础上，还需要设置一个基线阈值区间，即数值升高或降低的幅度比例；以及设置一个比较操作符，如大于、小于、在区间内、在区间外等。如果当前数据的统计值落在历史数据的基线阈值区间内，就触发告警。这种告警监控通过和系统自身的数据进行对比，发现异常情况，更具参考价值。

告警需求：解析日志 sys.log 并提取出 cpu 字段和字段值，cpu 字段代表应用程序的 CPU 使用率，需要每天 0 点进行检测，如果近 1 天的 CPU 平均使用率比 7 天前的 CPU 平均使用率上下浮动超过 20%，就触发中级告警。

相关示例见表 9-5。

表 9-5　基线对比类型的告警监控示例

监 控 要 素	需 求 设 置
检测频率	Crontab：0 0 0 * * ? （说明：每天 0 点进行检测）
目标日志	sys.log
查询语句	(* | stats avg('cpu') AND timestamp=now) / (* | stats avg('cpu') AND timestamp=now-7d) （说明：以当前时间为基准的 CPU 平均使用率除以以历史时间为基准的 CPU 平均使用率）
时间区间	1 天
触发条件	比较操作符：在区间外 基线阈值区间：80%～120% 级别：中

9.3.5　自定义统计类型的告警监控

自定义统计类型的告警监控可以根据用户需求，设置查询统计的方式，提高了搜索的灵活性。用户可以根据实际需求设置统计内容和比较方式，如可以将已有的关键字或字段组合为一个新的字段并赋予它一个新的名称，然后对新字段进行统计比对，一旦达到阈值条件，即触发告警。

告警需求：解析日志 sys.log 并提取出 ip 字段和字段值，ip 字段代表发送请求时在多节点中最终选取的节点的 IP 地址。需要每小时监测一次，统计在 1 小时内不同 IP 地址的选取次数，如果某个 IP 地址的选取次数达到 1000 次，表明负载过高，就触发低级告警。

相关示例见表 9-6。

表 9-6　自定义统计类型的告警监控示例

监 控 要 素	需 求 设 置
检测频率	定时：1 小时 Crontab：0 0 0/1 * * ?
目标日志	sys.log
查询语句	* | stats count() as ip_count by ip （说明：根据不同的 ip 统计相应的选取次数 ip_count，结果是一个列表，需要将表中的数据逐一与阈值进行比较，或者找出最大值后与阈值进行比较）

(续表)

监控要素	需求设置
时间区间	1 小时
触发条件	比较操作符：>= 阈值：1000 级别：低

9.3.6 智能告警

智能告警是指通过机器学习等方法，对某系统中大量的告警触发实例进行学习，过滤不重要的信息，将相关联的事件聚类，并在众多事件中识别根因问题，从而预测即将触发的告警。这实际上是一种基于过往经验教训，对未来进行预测的手段。

9.4 告警方式

9.4.1 告警发送方式

在告警触发后，如何及时、有效地通知运维人员呢？这就涉及告警发送方式。告警发送方式有很多种，并且在不断发展变化。

1．普通告警发送方式

普通告警发送方式有电子邮件通知、短信通知、电话通知等。这类告警发送方式应用广泛，这和电子邮件及手机高度普及密不可分。如图 9-1 和图 9-2 所示为电子邮件告警示例。

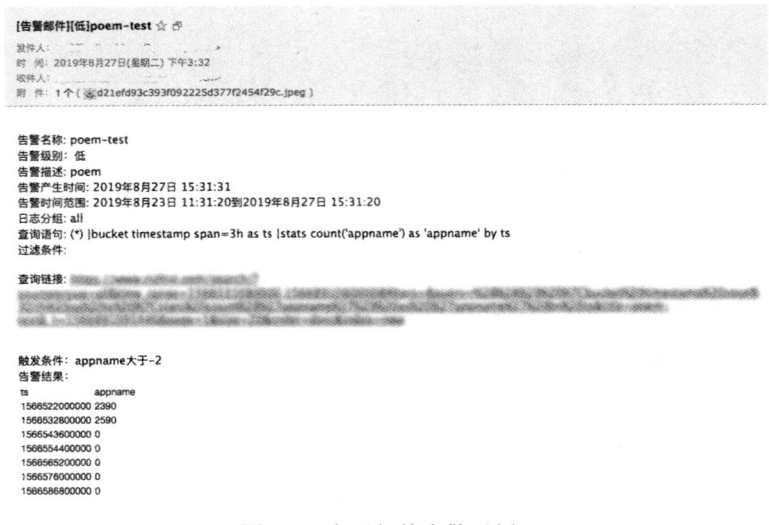

图 9-1 电子邮件告警示例 1

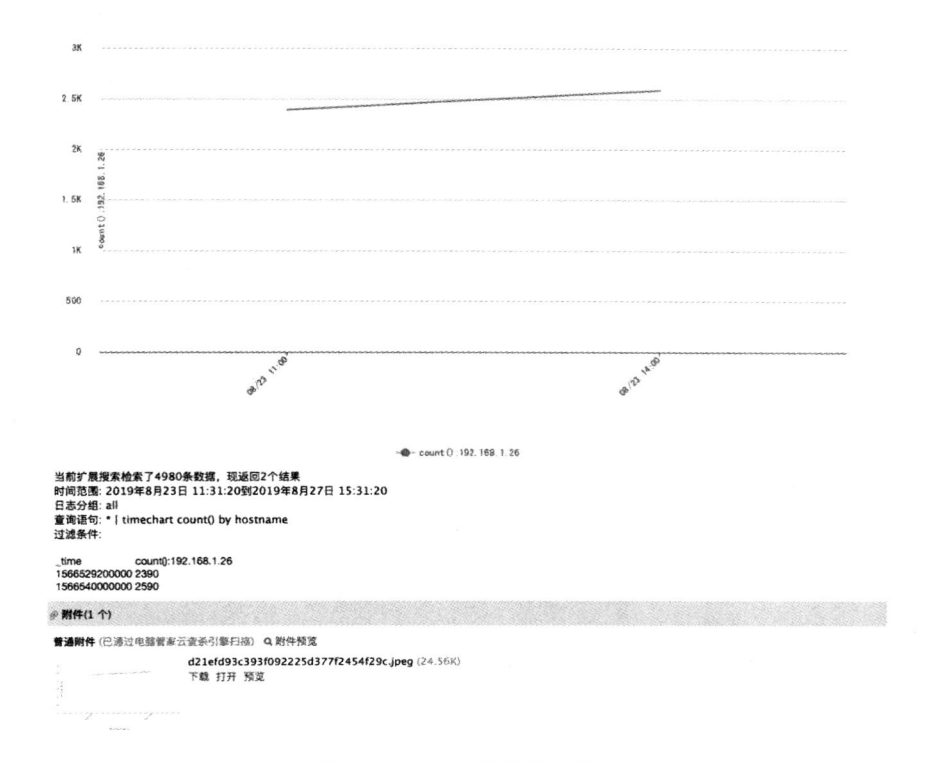

图 9-2 电子邮件告警示例 2

2．对接第三方平台的告警发送方式

如今，各种社交软件和办公软件如雨后春笋般出现，如 QQ、微信、钉钉等，这些第三方平台也成为用户接收告警信息的渠道。第三方平台通常都提供鉴权和操作 API 以供外部调用，可以使用这些 API 进行消息发送。如图 9-3 所示为微信告警示例。

图 9-3 微信告警示例

3．对接客户系统的告警发送方式

有些客户，通常是大客户，拥有自己的内部系统且部署在内网中。这类客户通常要求将日志系统触发的告警转发到自己的系统中进行处理。在这种情况下，通常会以 JSON 的形式将告警信息转发到客户自己的系统中。如图 9-4 所示为告警信息转发示例。

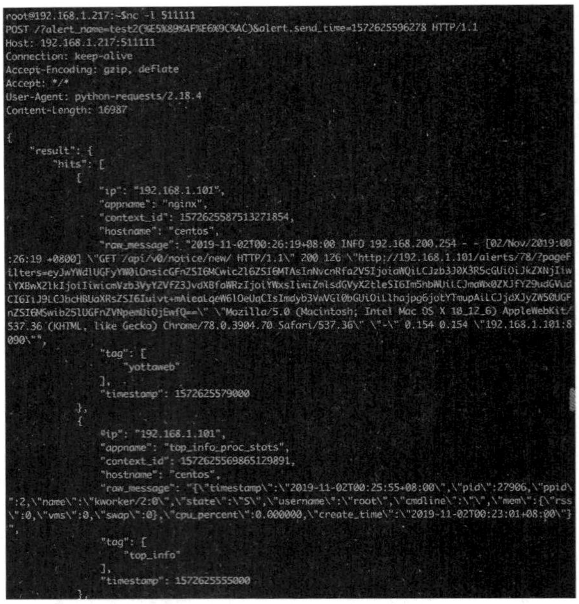

图 9-4　告警信息转发示例

4．写入 Syslog 的告警发送方式

很多客户采集 Syslog 中的日志做分析，或者使用本地日志。在这种情况下，需要把触发的告警信息写入客户机器上的 Syslog 中。这也是告警发送方式中较常用的一种。如图 9-5 所示为在 Rsyslog 中写入告警信息的示例。

图 9-5　在 Rsyslog 中写入告警信息的示例

9.4.2　告警抑制和恢复

告警有时比较频繁，还会出现大量重复信息。对运维人员来说，在紧张地处理问题的过程中，不断收到相同的告警信息，也是一件恼人的事情。这些告警信息是同一个故障问题未解决时多次触发的。运维人员只需要知道这个故障告警被触发了，并不需要不间断地被叨扰。在这种情况下，出现了告警抑制和恢复的概念。

告警抑制是指在同一告警被触发的过程中，限制告警信息发送次数。例如，在 30 分钟之内，对于被触发的同一告警，只发送一次告警信息。还可以设置抑制翻倍。例如，对于上述告警，如果设置了抑制翻倍，那么第二次发送告警信息的时间间隔就是 60 分钟。

告警恢复是指在触发同一告警的故障被修复后，就不再产生告警。通常告警恢复也需要发送消息，以通知用户故障解除。

9.4.3 告警的插件化管理

以上简要介绍了一些常用的告警发送方式。但是，有很多需求还涉及告警触发之后的数据处理，或者要求对同一告警配置多种不同的发送方式。在这种情况下，采用插件化管理是一个不错的选择。针对不同用户对告警发送的不同需求，提供一定的接口和方法供用户调用，这样用户就可以配备不同的插件以满足自身需求。

9.5 小结

本章着重介绍了日志告警的相关内容。通过了解监控告警的种类和告警方式，可以更加清楚日志的作用是什么，以及如何通过日志对数据进行分析。

第 10 章 日志可视化

- 概述
- 可视化分析
- 图表详解
- 日志可视化案例
- 小结

10.1 概述

大数据是近年来的发展热点，数据可视化也被频频提及。数据可视化主要是指将原生数据以更易于被视觉感知的图形图像方式展现出来。

日志可视化，即将日志以更高效、直观、清晰、便捷的可视化方式呈现。

日志作为大数据的重要来源，在可视化方面有着自己独特的优势。日志种类众多，在展示上更加多样化；基于实时的日志数据可实现更加准确的数据分析；可视化还可与钻取、跳转到搜索页结合使用，降低数据交互难度。

10.2 可视化分析

10.2.1 初识可视化

下面以一条常见的 Nginx 日志为例，其中包含客户端 IP 地址、访问时间、请求、状态等重要信息。

219.137.142.229 - - [25/Jan/2018:23:37:41 +0800] "GET /api/v0/upload/ HTTP/1.1" 200 184 "https://oaksec.u.com/sources/input/ssa/" "Mozilla/5.0 (Windows NT 6.1;WOW64;rv:57.0)Gecko/201101 Firefox/57.0" "-" 0.140 0.140

上述日志中各字段的名称如图 10-1 所示。

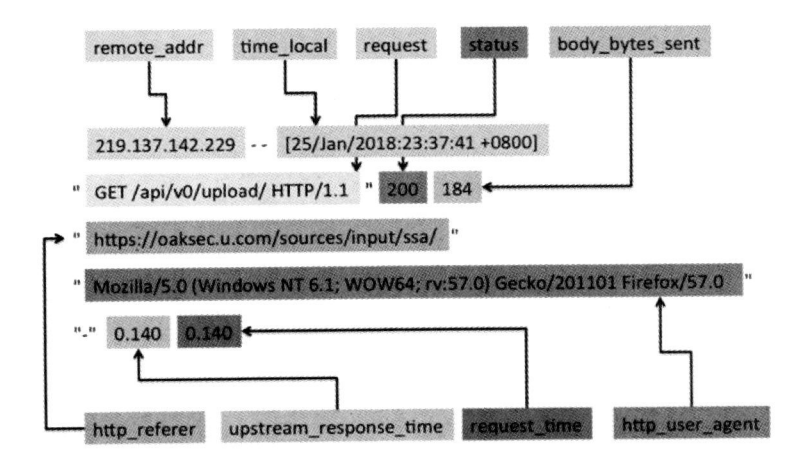

图 10-1 日志中各字段的名称

Nginx 日志字段名称及含义见表 10-1。

表 10-1 Nginx 日志字段名称及含义

字段名称	含义
remote_addr	客户端 IP 地址
remote_user	客户端用户名称
time_local	访问时间和时区
request	请求的 URL 和 HTTP 协议
http_host	请求地址，即浏览器中输入的地址（IP 或域名）
status	HTTP 请求状态
upstream_status	upstream 状态
body_bytes_sent	发送给客户端的文件大小
http_referer	URL 跳转来源
http_user_agent	客户端浏览器相关信息
ssl_protocol	SSL 协议版本
ssl_cipher	交换数据中的算法
upstream_addr	后台 upstream 的地址，即真正提供服务的主机地址
request_time	请求的总时间
upstream_response_time	请求过程中 upstream 的响应时间

只有知道各个字段的含义，日志分析才有意义。前面已经介绍了日志解析方法，在完成日志解析后，就可以进行可视化分析。

可视化分析的步骤如下：

（1）确定待分析数据源，明确日志字段及字段含义。

（2）明确日志及日志字段之间的关系。

（3）选择适合呈现数据关系的图表。

（4）结合实际环境及背景分析图表呈现的效果。

10.2.2 图表与数据

如何为不同的数据选择合适的图表进行呈现呢？这里需要了解两个概念。

（1）数据内容（以下简称数据）：需要呈现的数据，如气温数据、降水数据、网络传输数据、日志数据等。

（2）图表载体（以下简称图表）：需要使用的图表，它是数据内容的呈现方式。

同一数据可以选择不同的图表进行呈现，同一图表也可以呈现不同的数据。

1. 数据关系

Andrew Abela 提出了比较、分布、构成和联系 4 种数据关系。

1）比较关系

比较关系是指在数据之间进行对比，需求不同，对比的维度也会有所不同。

比较关系常用大于、小于、高于、低于、相等、持平等词语进行表述。

其中，趋势作为一种特殊的比较关系，主要关注数据随时间发生的变化，如每年、每月、每周、每天的变化趋势。

2）分布关系

分布关系主要关注数据在一定范围内分布的情况，如正态分布、地理位置分布、数值区间、数值频次等。分布关系常用"集中在……""高频区间是……""分布在……区间的情况是……""……区域分布情况是……"等进行表述。

3）构成关系

构成关系主要关注整体与部分的关系，如各组成部分的占比情况等，常用"百分比""所占比例""份额"等进行表述。

4）联系关系

联系关系又称关联关系，主要关注若干个变量之间的关系。例如，随着交易量的增长，服务器的资源消耗也在增长；随着并发访问量的增长，网站服务的响应速度逐渐降低。这种关系常用"与……有关""随……而增长""随……而不同"等进行表述。

2．图表分类

结合数据关系进行图表类型梳理，可以将图表划分为如下几种。

- 序列类图表：曲线图、面积图、散点图、柱状图等。
- 维度类图表：饼状图、玫瑰图、条形图、旭日图等。
- 关系类图表：和弦图、桑基图、力图等。
- 复合类图表：区间图、多 Y 轴图等。
- 地图类图表：区划地图、热力地图、攻击地图、统计地图等。
- 其他图表：单值图、水球图、字符云图、循序图、雷达图、漏斗图、矩阵热力图、调用链图等。

10.3 图表详解

10.2 节简单介绍了图表分类，本节将对各种图表进行详细介绍。

10.3.1 序列类图表

序列类图表包括曲线图、面积图、堆叠面积图、散点图、柱状图、分组柱状图、堆叠柱状图等。

1. 曲线图

曲线图主要用来展示数据随时间推移的变化趋势。曲线图非常适合展示连续变化的数据，如网站访问量或平均负载。此外，曲线图还可用来比较多个不同的数据序列。曲线图示例如图 10-2 所示。

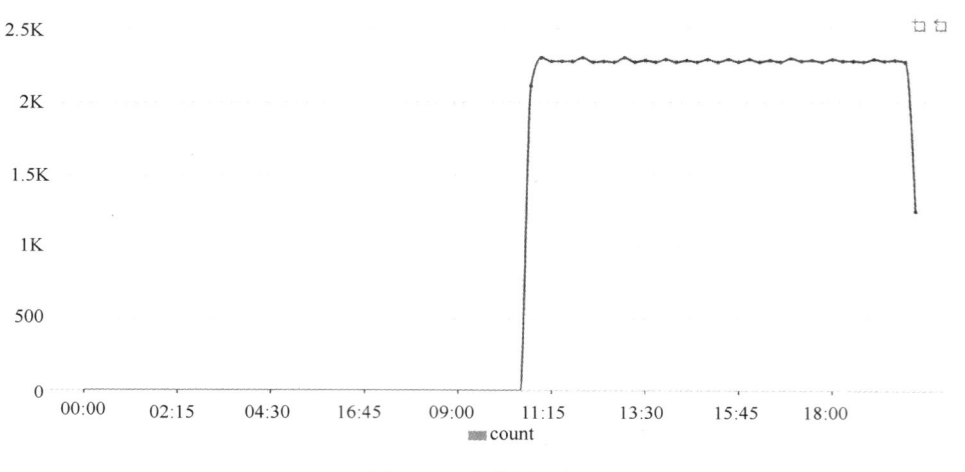

图 10-2　曲线图示例

> **注意**：
>
> （1）不要在一个曲线图中绘制 4 条以上的曲线，多条曲线叠加会造成曲线图混乱且难以阅读，如图 10-3 所示。

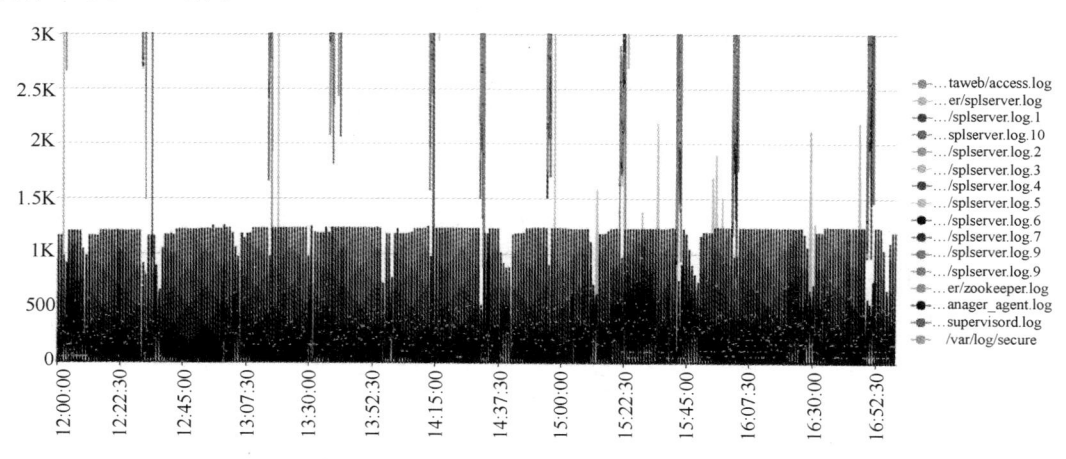

图 10-3　多条曲线叠加造成曲线图难以阅读

（2）当用曲线图展示数据时，要避免刻意歪曲趋势。如图 10-4 所示，左图过于扁平化，右图则过于夸大趋势。

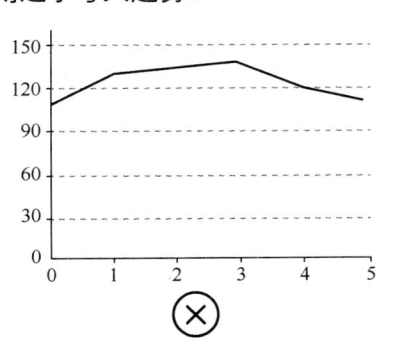

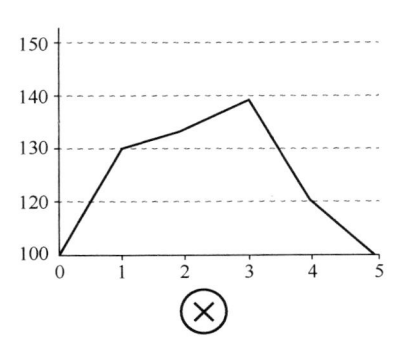

图 10-4　不规范的曲线图

2．面积图

面积图与曲线图相似，也可用来展示数据随时间推移的变化趋势。两者的区别在于，面积图在曲线与 X 轴之间填充颜色，这样更易引起人们的注意。面积图主要用于表达总数据量，而不是确切的单个数据值。

面积图示例如图 10-5 所示，图中深色部分表示 IP 地址为 121.236.143.48 的服务访问量，浅色部分表示 IP 地址为 172.221.120.144 的服务访问量。从该图中可以明显看出，浅色部分的面积远大于深色部分的面积。

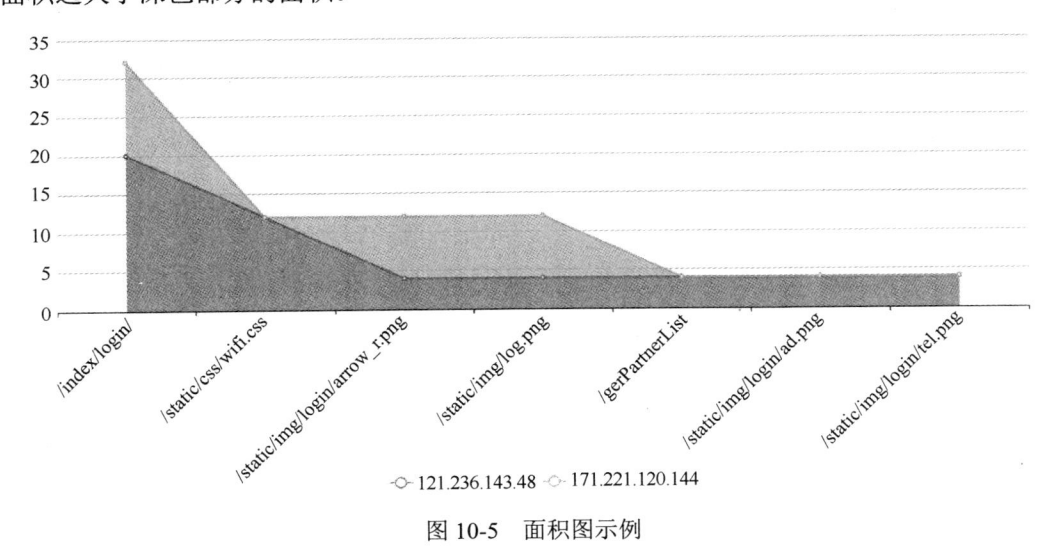

图 10-5　面积图示例

注意：

（1）面积图用填充区域来展示数据，当图上有多个图层时，要尽量确保它们相互之间不重叠。

（2）面积图适合用来展示 2～3 组数据，最好不要超过 4 组，否则会导致无法辨识数据。

（3）若各组数据相差不大，则不适合使用面积图展示。

3. 堆叠面积图

堆叠面积图是一种特殊的面积图，可以用来比较一个区间内的多个变量。堆叠面积图和普通面积图的区别在于，其每个数据序列的起点都是基于前一个数据序列绘制的。

如果有多个数据序列，并且想展示每个部分对整体的贡献，则适合使用堆叠面积图。例如，展示某集群主机或设备对集群流量负载的贡献。

✍ 注意：

（1）若普通面积图中数据序列较多且相互重叠，可以考虑换成堆叠面积图来展示，这样更容易阅读。

（2）虽然在数据序列较多时堆叠面积图比普通面积图有更好的展示效果，但依然不建议在堆叠面积图中包含过多的数据序列，最好不要超过 7 个，以免数据难以辨识。

（3）堆叠面积图要展示部分和整体之间的关系，所以不能用于负值数据的展示。

4. 散点图

散点图用于在直角坐标系中显示两个变量之间的关系。散点图对于查找异常值和了解数据分布很有效。

两个变量之间通常有正相关、负相关、不相关 3 种关系，如图 10-6 所示。

正相关：若一个变量增大或减小，另一个变量随之增大或减小，则称它们正相关。

负相关：若一个变量增大或减小，另一个变量随之减小或增大，则称它们负相关。

不相关：若一个变量的变化对另一个变量没有影响，则称它们不相关。

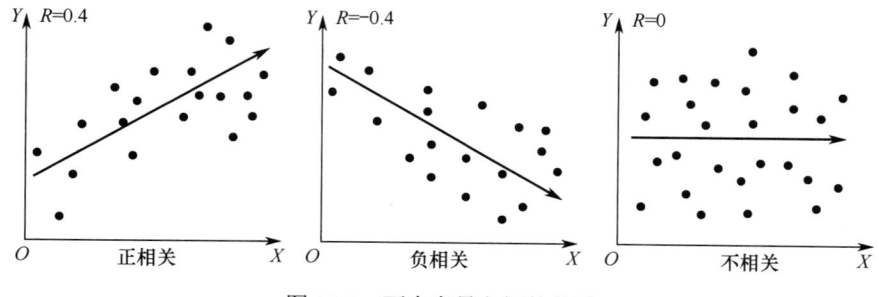

图 10-6　两个变量之间的关系

需要注意的是，散点图虽然能够有效地说明两个变量之间的相关性，但并不足以证明它们之间存在因果关系。例如，广告投放量和点击率是正相关的，但不能说点击率高一定是因为广告投放量大造成的。但是，如果有明显的正相关性，就有足够的理由去增加投放量，然后继续观察数据。

注意：

（1）如果散点图没有显示变量之间的任何关系，可以考虑换一种图表来展示。

（2）只有数据足够多，并且数据之间有相关性时，散点图才能呈现很好的效果。如果只有极少的数据，或者数据之间没有相关性，那么绘制的散点图是没有意义的。

5．柱状图

柱状图使用水平或垂直的柱状图形来显示不同类别的数据。柱状图的一个坐标轴代表数据类别，而另一个坐标轴代表对应的数值。

柱状图示例如图 10-7 所示。

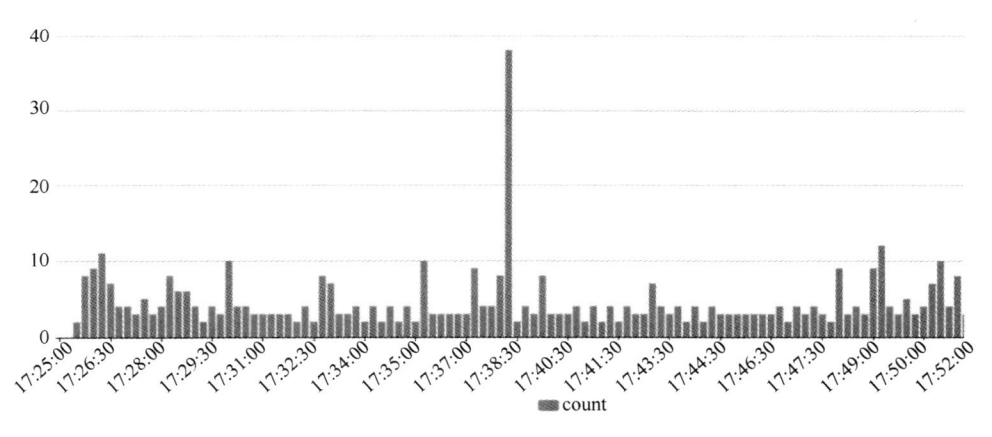

图 10-7　柱状图示例

6．分组柱状图

分组柱状图也称聚集柱状图，可用于比较多组数据，在同一组中并列显示多个数据序列，相当于包含多个普通柱状图。每组数据之间有一定间隔，同组数据序列通常采用同色系的颜色表示。

注意：

如果同一组中数据序列过多，就会增加阅读难度，因此不建议在分组柱状图中包含过多的数据序列。当数据序列较多时，可考虑使用堆叠柱状图。

7. 堆叠柱状图

堆叠柱状图是对普通柱状图的扩展，堆叠柱状图中同组数据对应的柱状图形是一个个叠加起来的。它非常适合展示部分与整体的关系。

堆叠柱状图可以显示多个部分与整体的关系，堆叠柱状图示例如图 10-8 所示。

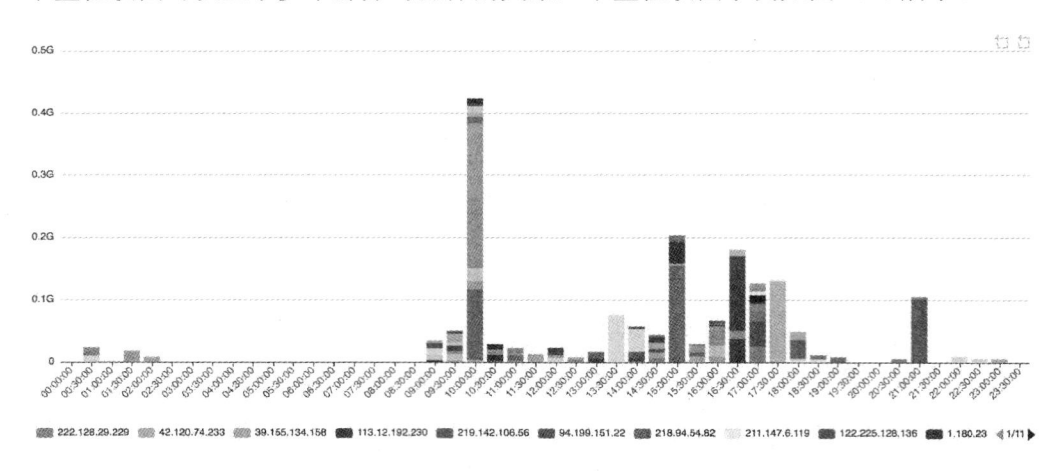

图 10-8 堆叠柱状图示例

> **注意：**
>
> （1）堆叠柱状图不适用于对比不同组的同类数据。
>
> （2）每组中不要包含太多数据类别，以 2~3 个类别为宜，否则会导致堆叠柱状图难以阅读。
>
> （3）要避免用堆叠柱状图展示包含负数的数据。

10.3.2 维度类图表

维度类图表主要包括饼状图、玫瑰图、条形图、旭日图等。

1．饼状图

饼状图主要用来展示不同类别的占比情况。饼状图示例如图 10-9 所示，图中每个分块（扇区）表示对应类别的占比，所有类别的占比总和为 100%。

饼状图能直观展示数据分布情况，因此被广泛应用于各个领域。

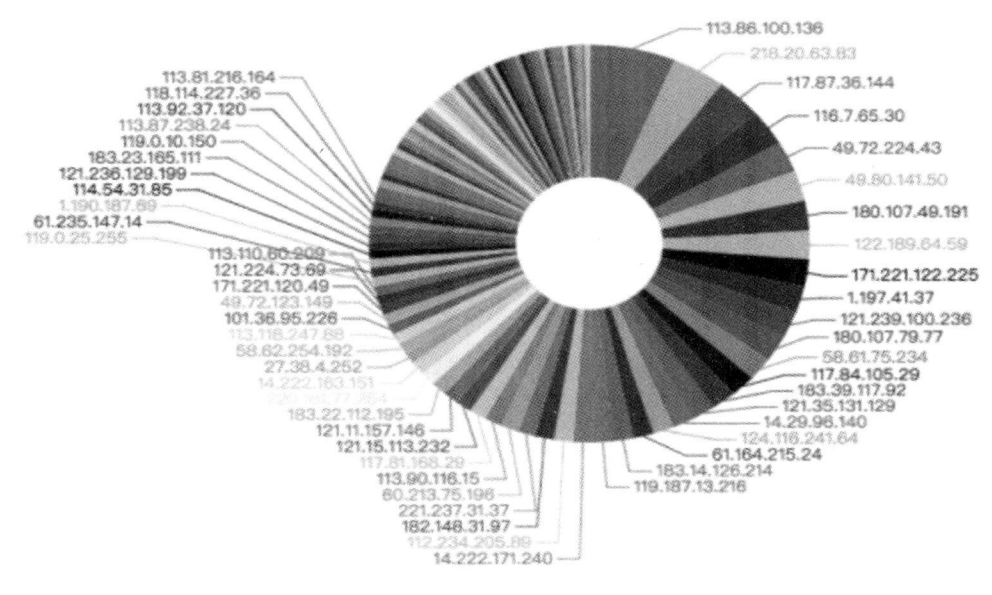

图 10-9　饼状图示例

注意：

（1）饼状图适用于展示单一维度数据的占比，并且要求数据中没有零或负值，同时要确保各分块占比总和为 100%。

（2）建议将饼状图中的分块数量控制在 5 个以内。当数据类别较多时，可以把占比较小或不重要的数据合并成一类并命名为"其他"。如果每个类别都要单独展示，建议选择柱状图或堆叠柱状图。

（3）饼状图不适合用来比较占比接近的数据，因为在这种情况下，每个类别的数据对应的分块大小接近，不利于对比，如图 10-10 中的左图所示。此时，建议选用柱状图或玫瑰图，如图 10-10 中的右图所示，这样可以获得更好的展示效果。

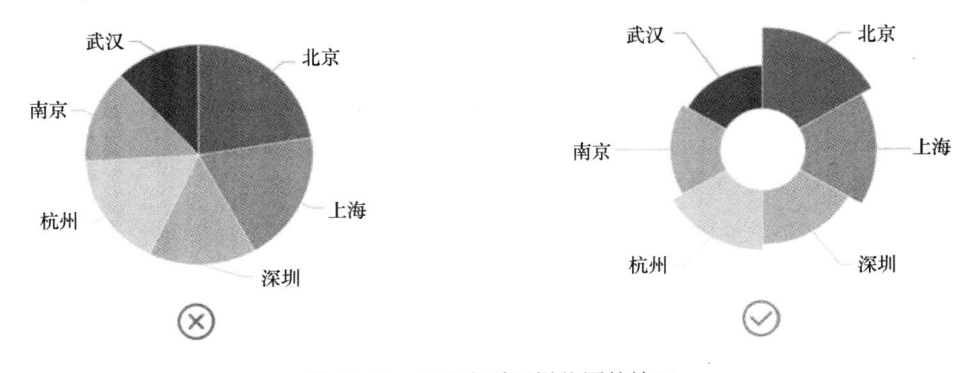

图 10-10　不适合采用饼状图的情况

（4）可以在饼状图中设置标签来展示数据的详细信息，如图 10-11 所示。

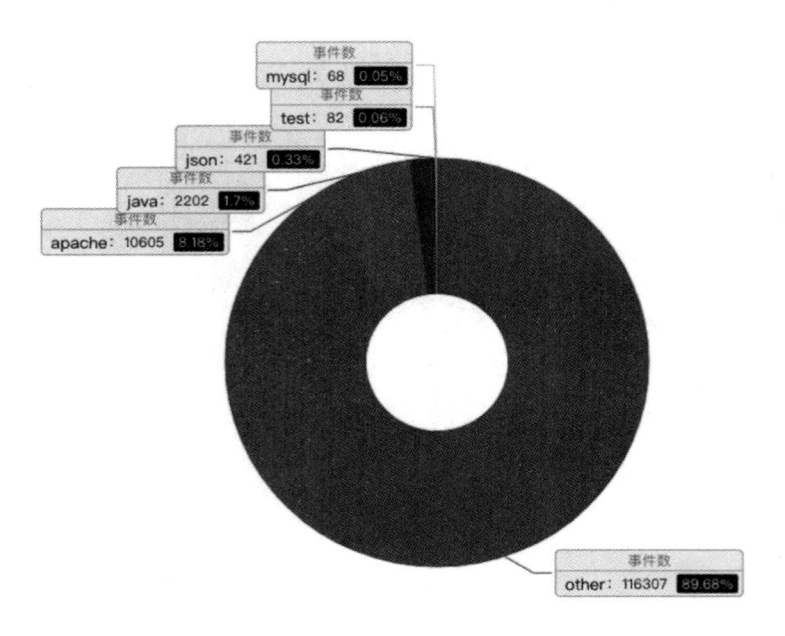

图 10-11　在饼状图中设置标签

2. 玫瑰图

玫瑰图，又称极区图、鸡冠花图，是南丁格尔护士在推动医事改良的过程中，为了表达医院季节性死亡率而发明的。其与饼状图的区别在于，饼状图采用扇形角度来表达大小，而玫瑰图采用扇形面积来表达大小，更有利于突出视觉差距。

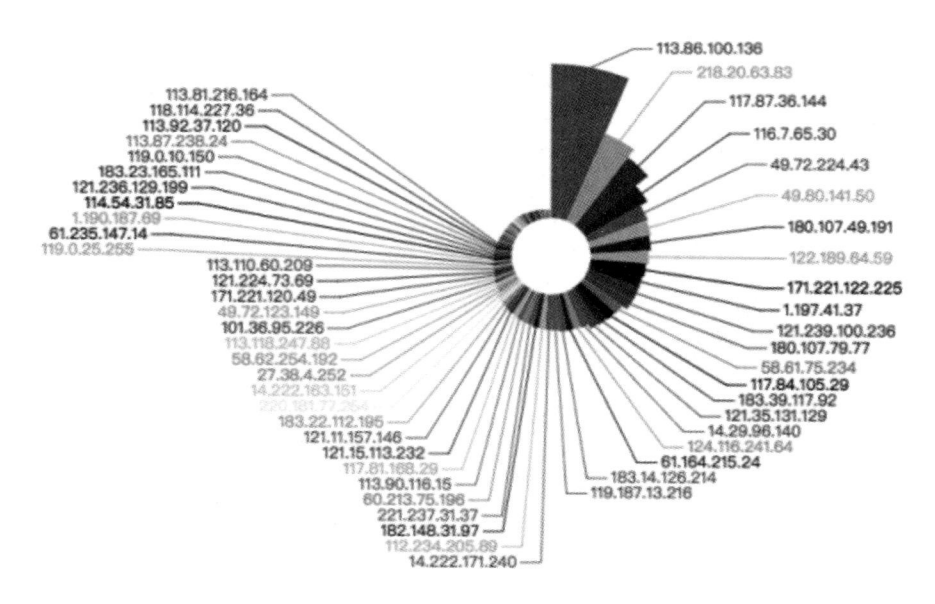

玫瑰图示例如图 10-12 所示。

图 10-12　玫瑰图示例

3. 条形图

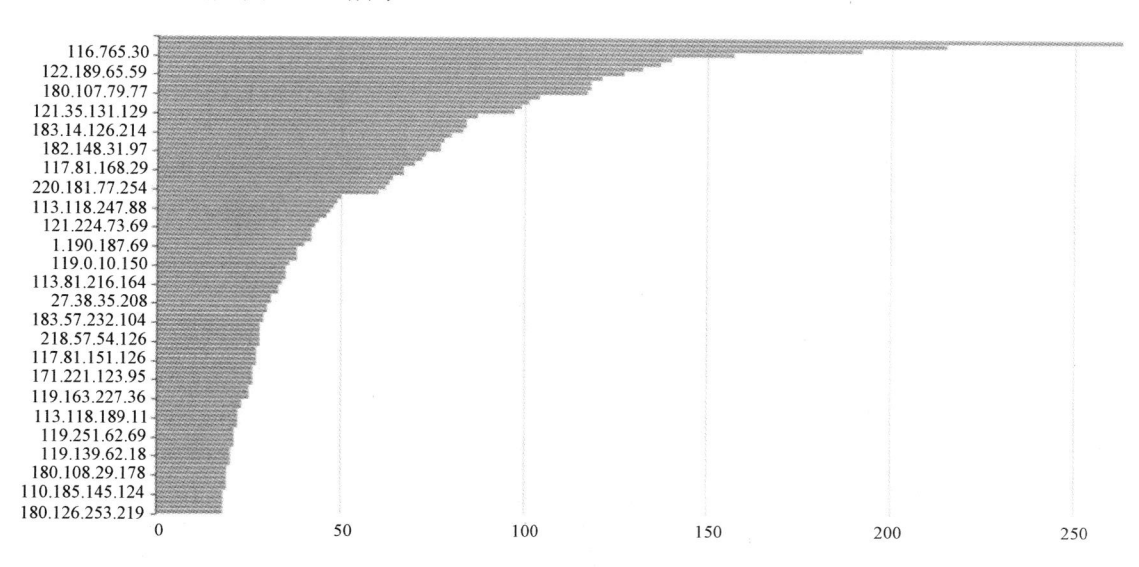

条形图示例如图 10-13 所示。

图 10-13　条形图示例

条形图适用于数据分组较多、名称较长的场合。

可以在条形图中设置标签来展示更多的信息，如图 10-14 所示。

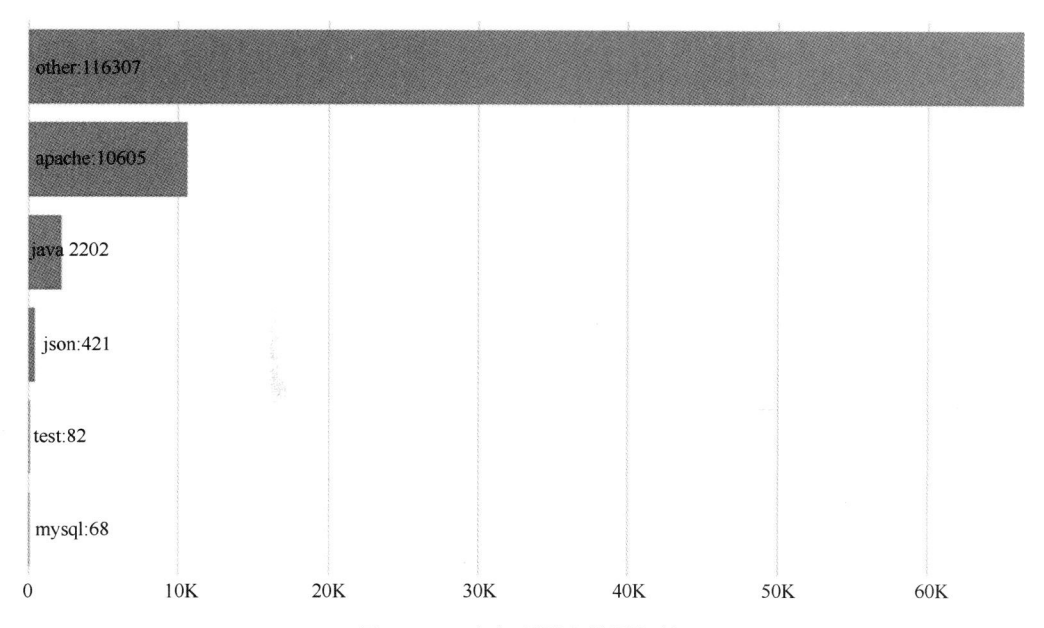

图 10-14　在条形图中设置标签

4．旭日图

当用户在饼状图中对多个数据分组进行展示时，饼状图会自动把各分组字段值拼接成一个长字符串，导致在仪表盘钻取时无法正确获取原始字段值，也不方便判断各个分组字段值的大小关系。在这种情况下，可以改用旭日图来进行展示。

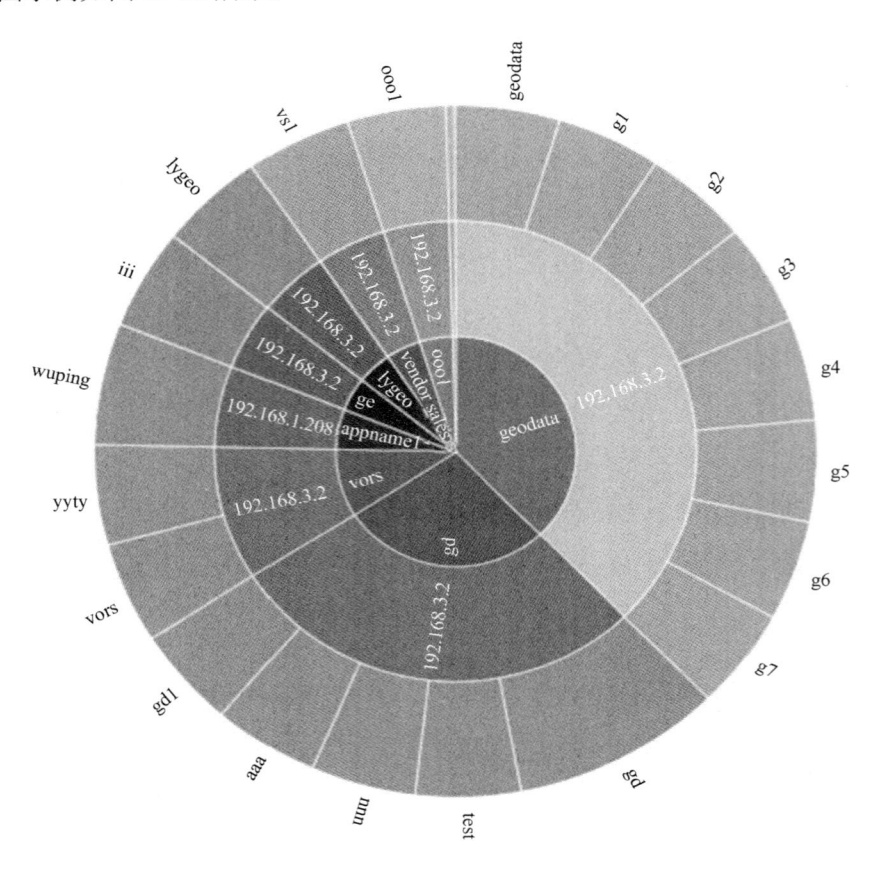

旭日图示例如图 10-15 所示。

图 10-15　旭日图示例

10.3.3　关系类图表

关系类图表包括和弦图、桑基图、力图等，一般有以下 3 个参数。

（1）来源：取第一个分组字段。

（2）目标：取第二个分组字段。

（3）权重：取第一个统计数值。

1．和弦图

假设 3 个参数如下：

- 来源：apache.clientip。
- 目标：apache.request_path。
- 权重：count()。

在和弦图中，每个来源与不同目标之间用同种颜色的关系线连接，以便观察不同来源之间的区别。

根据上述参数画出的和弦图示例如图 10-16 所示。

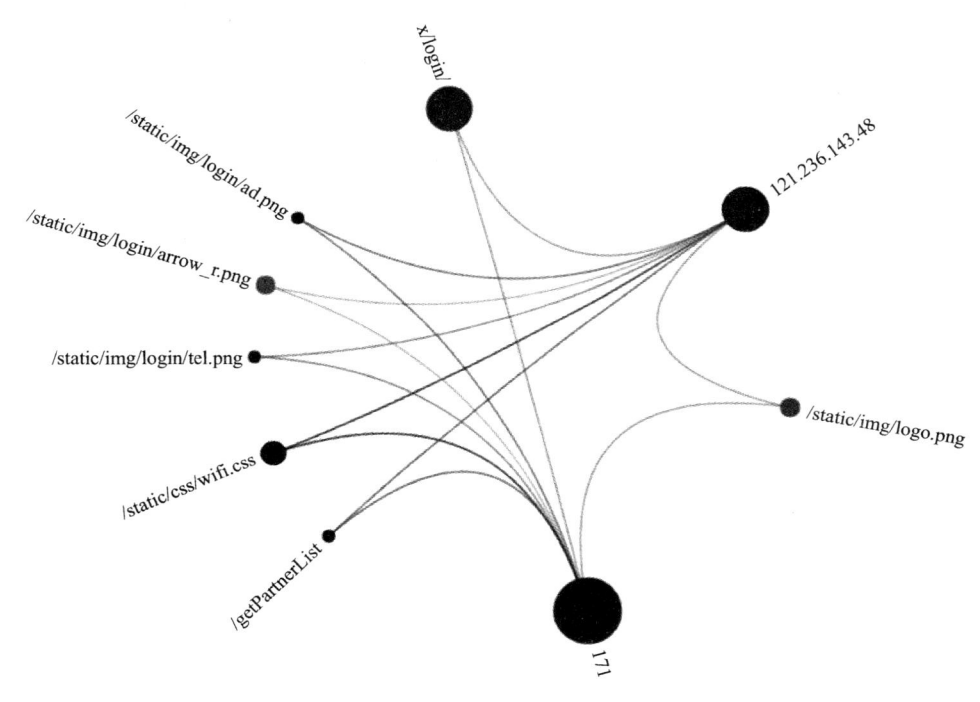

图 10-16　和弦图示例

2．桑基图

桑基图可用于展示数据流向，如展示企业的业务数据流向。

以下面的日志为例，该日志显示了不同线程（以 sid 为标记）的数据在不同模块中的变化。数据流向为从 a 模块到 b 模块再到 c 模块，或者直接从 a 模块到 c 模块。

```
{"timestamp":"2017-04-12 16:27:14.000", "sid":1, "module":"a"}
{"timestamp":"2017-04-12 16:27:14.000", "sid":2, "module":"a"}
{"timestamp":"2017-04-12 16:27:14.002", "sid":1, "module":"b"}
{"timestamp":"2017-04-12 16:27:14.003", "sid":1, "module":"c"}
{"timestamp":"2017-04-12 16:27:14.003", "sid":2, "module":"c"}
{"timestamp":"2017-04-12 16:27:14.004", "sid":3, "module":"a"}
{"timestamp":"2017-04-12 16:27:14.005", "sid":3, "module":"b"}
```

在对上述日志进行结构化处理（字段提取）之后，可以使用 SPL 语句进行查询，得到所需要的数据。

```
appname:trans | transaction json.aid, json.bid, json.cid, json.did, json.eid, json.fid with states a, b, c, d, e, f in json.module results by flow | stats count() by fromstate, tostate
```

日志处理结果如图 10-17 所示。

图 10-17　日志处理结果

将上述结果转化为桑基图，如图 10-18 所示。

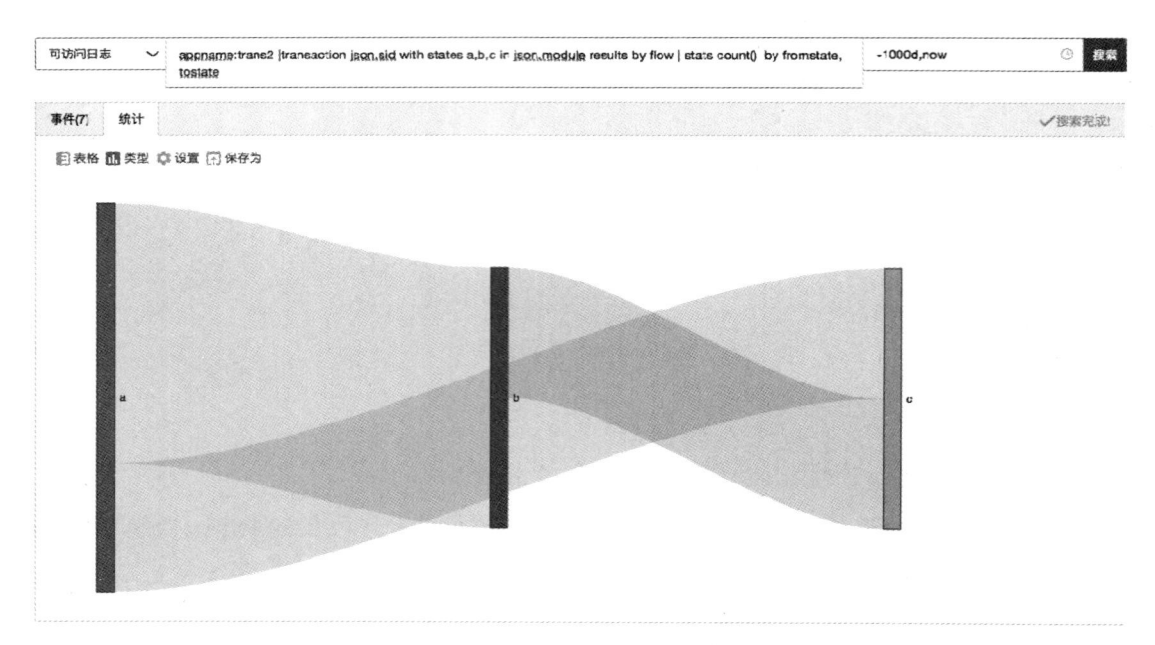

图 10-18　将日志处理结果转化为桑基图

3．力图

力图用于展示众多对象的关联情况。力图示例如图 10-19 所示。

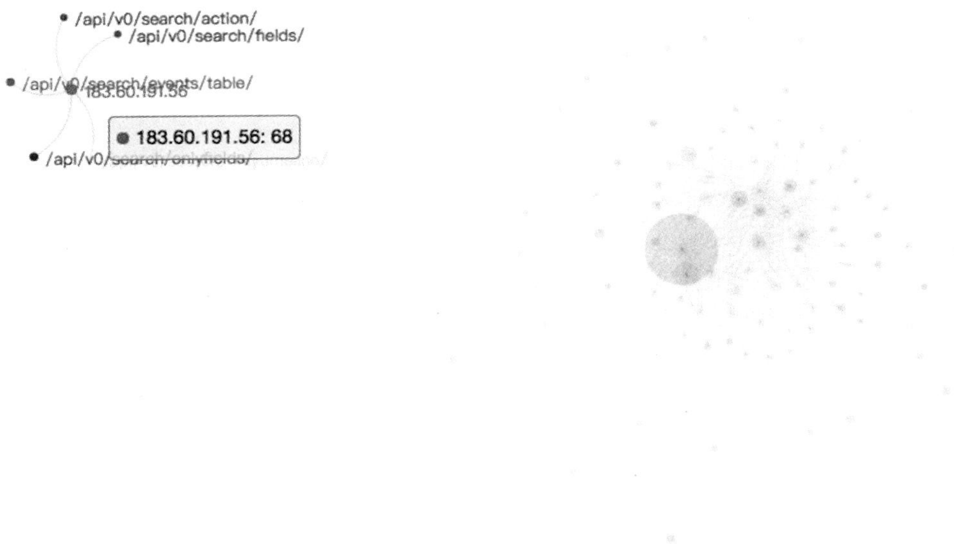

图 10-19　力图示例

在图 10-19 中可以清晰地看到，来自 183.60.191.56 的访问请求和其他来源的访问请求截然不同，需要重点关注。

10.3.4　复合类图表

复合类图表主要包括区间图、多 Y 轴图等。

1. 区间图

区间图可用于展示时序指标的拟合和置信区间。区间图需要配置以下 5 个参数。

（1）X 轴。

（2）实际值。

（3）预测值。

（4）区间上限。

（5）区间下限。

例如：

```
* | bucket timestamp span=25s as ts | stats count('appname') as 'count' by ts | esma count timefield=ts
```

执行上述 SPL 语句可得到如图 10-20 所示的结果。

ts	count	_predict_count	upper95	lower95
1569468000000	2	63.96	63.96	63.96
1569468025000	72	63.953804	160.97744159668213	-33.06983359668214
1569468050000	152	63.954608619599995	211.06858456623013	-83.15936732703013
1569468075000	5	63.963413158738035	202.45607102711452	-74.52924470963845
1569468100000	97	63.95751681742217	188.73264938805772	-60.817615753213396
1569468125000	3	63.960821065740426	186.28970177218963	-58.368059640708786
1569468150000	85	63.95472498363385	177.79172327334422	-49.88227330607651
1569468175000	155	63.95682951113549	188.43087024791734	-60.517211225646356
1569468200000	3	63.965933828184376	188.67800642453125	-60.746138768162496
1569468225000	98	63.95983723480156	183.43728252433334	-55.51760805473021
1569468250000	4	63.96324125107808	183.30521252181907	-55.37873001966292
1569468275000	62	63.957244926952974	177.74577132429522	-49.831281470389264
1569468300000	97	63.95704920246028	174.597446293588	-46.68334788866743
1569468325000	6	63.96035349754004	174.55035757575163	-46.62965058067155
1569468350000	153	63.95455746219029	180.43821120430695	-52.52909627992637
1569468375000	11	63.963462006444075	179.71046502137636	-51.783541008488214

图 10-20 SPL 语句执行结果

参数配置如下：

- X 轴：ts。

- 实际值：count。

- 预测值：_predict_count。

- 区间上限：upper95。

- 区间下限：lower95。

根据上述结果和配置绘制的区间图如图 10-21 所示。

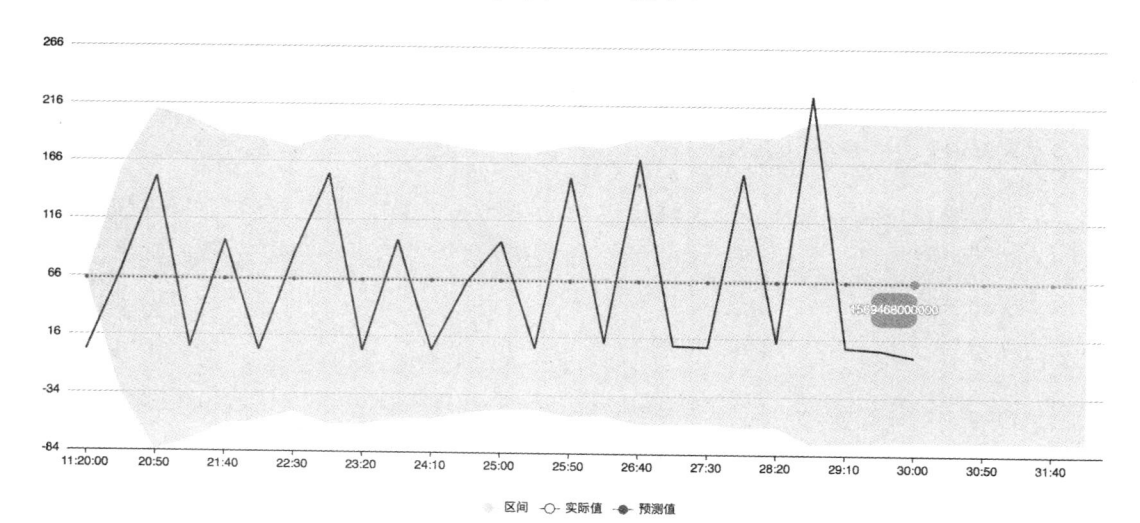

图 10-21 区间图示例

2．多 Y 轴图

多 Y 轴图需要配置如下参数：

（1） X 轴。

（2） Y 轴（可设置多个）。

（3）每个 Y 轴对应的图表类型（曲线图、面积图、散点图、柱状图）。

（4）分组。

多 Y 轴图示例如图 10-22 所示。

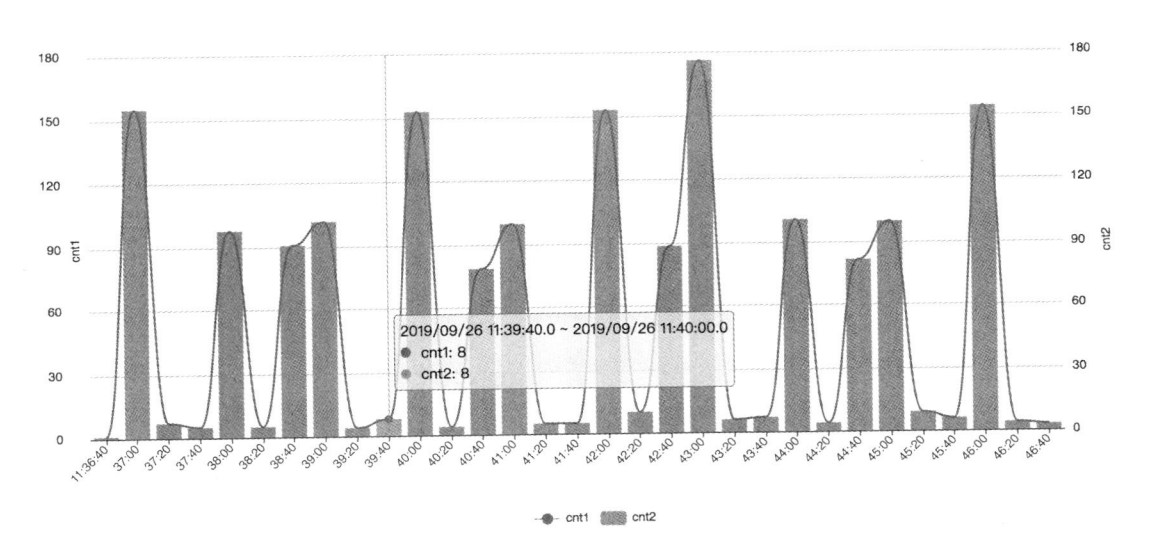

图 10-22　多 Y 轴图示例

10.3.5　地图类图表

常见的地图类图表有区划地图、热力地图、攻击地图、统计地图等。在日志易平台中，区划地图和热力地图提供自动配置功能，攻击地图和统计地图须用户手动配置。

1．区划地图

区划地图支持图内点击钻取，但要求 SPL 统计表格中包含各层级的结果。例如，实现完整的从世界到省份的钻取逻辑的统计语句如下：

```
logtype:apache | stats count() by apache.geo.country, apache.geo.province, apache.geo.city
```

在此基础上，设置对应的省市级下钻字段即可。

此外，区划地图还要配置如下 3 个参数：

（1）数值：自动配置时会取第一个统计数值。

（2）切分：自动配置时会取第一个分组字段。

（3）区域：可以选择世界、国家、省份、城市等。

2．热力地图

热力地图需要配置如下 2 个参数：

（1）数值：取第一个统计数值。

（2）切分：取第一个分组字段。

热力地图在普通区划地图的基础上，采用热力分布形式来展示数据分布情况。

3．攻击地图

攻击地图需要配置如下 8 个参数：

（1）来源字段值。

（2）来源经度。

（3）来源纬度。

（4）目标字段值。

（5）目标经度。

（6）目标纬度。

（7）权重字段值。

（8）区域。

4．统计地图

统计地图是专门针对区域统计结果设计的。首先在地图上根据经纬度精准定位，然后绘制饼状图。一个饼状图表示一个指定区域内的数据统计结果。

统计地图需要配置饼状图的半径和透明度。利用以下 SPL 查询语句可得到统计地图所需的数据。

```
logtype:vors AND vors.VendorCountry:United\ States | geostats latfield=vors.VendorLatitude longfield=vors.VendorLongitude maxzoomlevel=3 sum(vors.Weight) by vors.product_name
```

在统计地图上可进行放大、缩小、查看操作，统计地图最多支持 9 个数据层级。

图 10-23 单值图示例

10.3.6 其他图表

1．单值图

单值图示例如图 10-23 所示。

单值图需要配置如下参数：

（1）数值字段：取第一个统计数值。

（2）展示效果。

- 默认：只能设置颜色填充、字体或背景。
- 按区间：须手动添加数值分段区间并选择对应颜色，数值分段区间不能重叠。支持设置颜色填充、字体或背景。
- 按趋势：可设置对比时间，固定按涨跌启用红/绿色背景，可选择使用绝对值或百分比形式展示对比效果。

（3）图标。

- 按名称：输入任意一个 Font Awesome 免费图标的英文名称，即可在单值前部展示名称对应的图标。考虑 Font Awesome 的免费图标多达 1200 多个，日志易提供了输入提示功能。
- 按字段：如果需要根据搜索结果动态变化图标，可以用 SPL 语句返回某个字段，指定该字段名称，日志易将自动使用该字段值作为 Font Awesome 图标名称。

单值图图标如图 10-24 所示。

图 10-24 单值图图标

2．水球图

水球图只需要配置展示字段，默认用第一个统计数值自动配置。

例如，SPL 语句如下：

```
logtype:apache | stats pct_ranks(apache.resp_len, 25) | eval ret = _pct_ranks.apache.resp_len.25 / 100
```

该语句执行结果用水球图展示的效果如图 10-25 所示。

3．字符云图

字符云图可自动配置以下 2 个参数。

（1）展示字段：取第一个统计数值。

（2）分组：取第一个分组字段。

字符云图常用于展示单词文本的占比情况，其视觉冲击力比饼状图更强。例如，执行以下 SPL 语句。

```
logtype:apache | stats count() by apache.geo.city
```

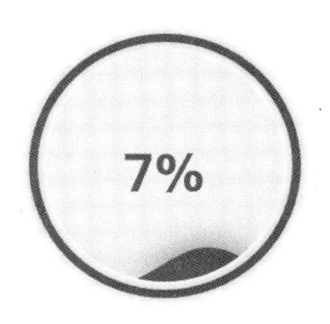

图 10-25 水球图示例

相应的字符云图如图 10-26 所示。

图 10-26　字符云图示例

4．循序图

循序图，又称时序图、顺序图，常用于软件开发的 UML（Unified Modeling Language）领域。

在日志易软件中，可以定义循序图的时序、来源、目标、分组、标记字段。系统会自动合并来源和目标字段，得到对象列表。

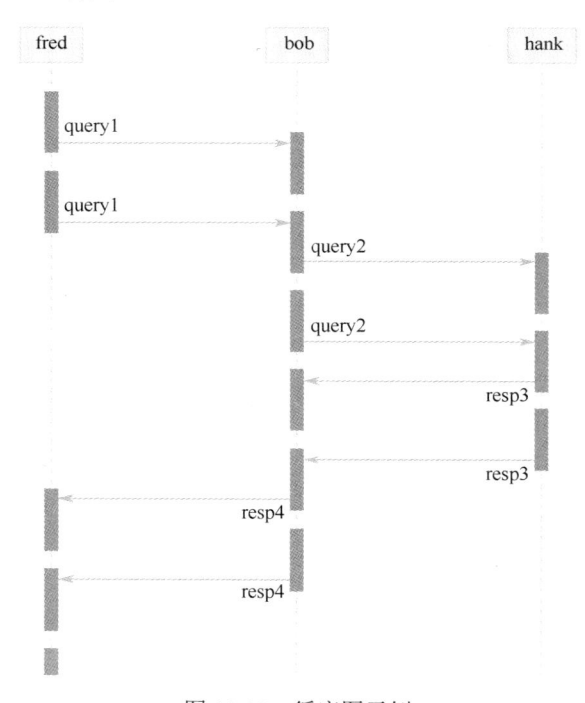

循序图示例如图 10-27 所示。

图 10-27　循序图示例

5. 雷达图

雷达图，又称戴布拉图、蜘蛛网图，是一种展示多维（4 维以上）数据的图表。将多个维度的数据映射到不同坐标轴上，这些坐标轴起始于同一个原点，将同一组数据对应的点连接起来就得到了雷达图。和饼状图不同的是，雷达图中点的相对位置和坐标轴之间的夹角是没有意义的。

为了便于理解和统一比较，在使用雷达图时，经常会将多个坐标轴统一成相同的度量形式，如统一成分数、百分比等。这样，雷达图就退化成一个二维图，这种雷达图在日常生活中更常见。另外，雷达图还可以展示数据集中各个变量的权重，因此适用于展示性能数据。

雷达图示例如图 10-28 所示。

对于图 10-28，如果采用统一度量，就可以获得二维图效果，如图 10-29 所示。

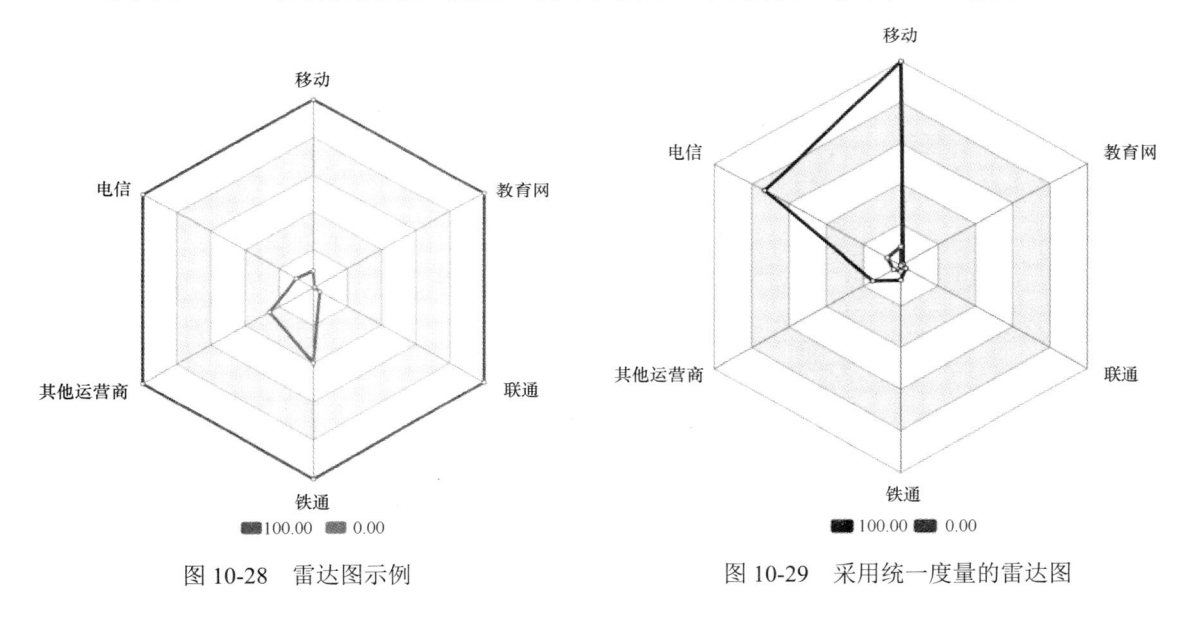

图 10-28　雷达图示例　　　　　　图 10-29　采用统一度量的雷达图

注意：

雷达图上指示器过多或切分过多，都会导致可读性下降，使用时务必应控制，从而使雷达图简洁、清晰。

6. 漏斗图

漏斗图适用于业务流程比较规范、周期长、环节多的单流程单向分析，通过比较各环节的业务数据，能够直观地发现存在问题的环节，进而做出决策。漏斗图示例如图 10-30 所示。

漏斗图从上到下反映了逻辑上的顺序关系，显示了随着业务流程的推进业务目标完成的情况。在日志易软件中，可以定义漏斗图的数值和切分字段。

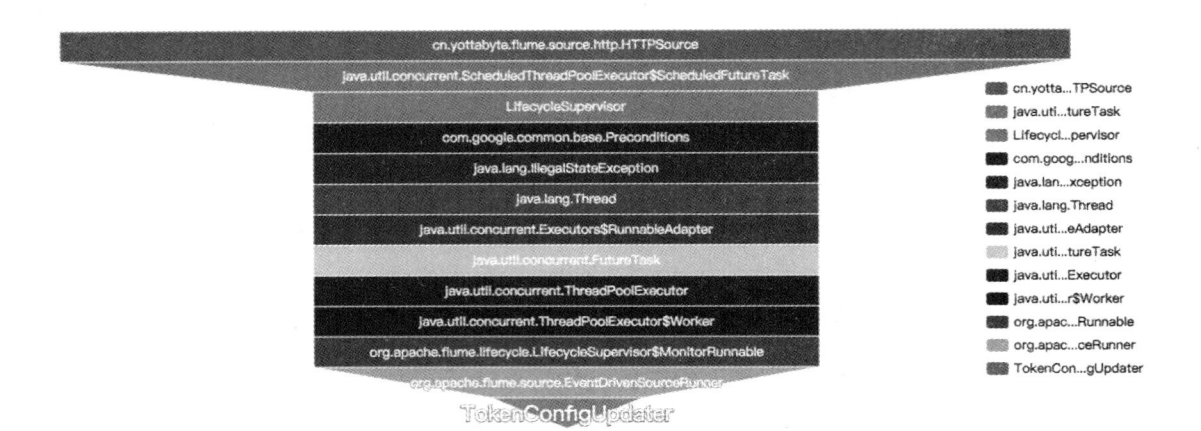

图 10-30　漏斗图示例

7．矩阵热力图

矩阵热力图可结合矩阵布局进行时序数据的分析。

在日志易软件中，可以定义矩阵热力图的 X 轴、Y 轴字段，以及 Y 轴的分段数量。其中，矩阵热度使用的并不是原始数据，而是计算落入对应分段区间的分组个数，分组个数越多，说明该区间数据越集中，热度越高。例如，执行如下 SPL 语句：

```
* | bucket timestamp span=1d as ts | stats count() by ts, appname
```

得到的矩阵热力图如图 10-31 所示。

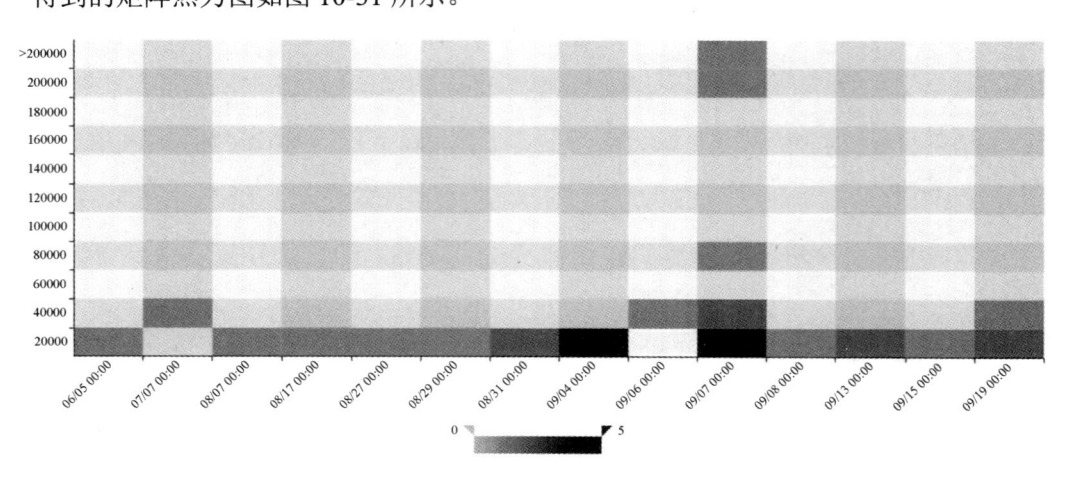

图 10-31　矩阵热力图示例

8．调用链图

调用链图用来展示 Zipkin、Pinpoint、SkyWalking 和 Jaeger 等开源 Tracing 方案的数据。首先用 SPL 统计语句搜索出结果，再配置调用链参数（图 10-32）。

图 10-32　调用链参数

- 函数：调用链表格展示的第一列。
- 父 ID：用来确定调用关系。
- 子 ID：用来确定调用关系。
- 开始时间：函数开始时间，用来画时间轴。
- 持续时间：函数运行时间，用来画时间轴。
- 信息字段：可选，用来展示更多信息。
- 展示颜色：用于选择颜色。

调用链图示例如图 10-33 所示。

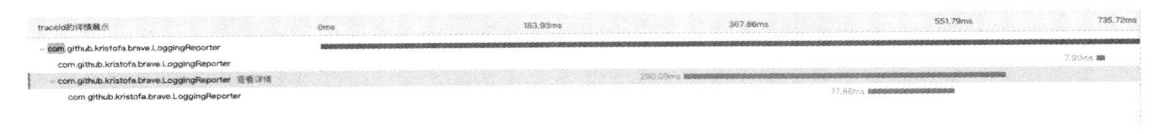

图 10-33　调用链图示例

10.4　日志可视化案例

日志的数据来源有网络设备、操作系统、中间件系统、应用系统等。本节以 MySQL 性能日志与金融业务日志为例，介绍可视化分析的具体应用。

10.4.1　MySQL 性能日志可视化

主要监控 MySQL 单节点的一些资源使用与性能数据，通过查询 information_schema 和 performance_schema 下的相关数据表及视图，实现数据展示。

本节中的操作适用于 MySQL 5.5 及以上版本，采集数据需要 process 权限。

MySQL 性能监控标签页如图 10-34 所示。

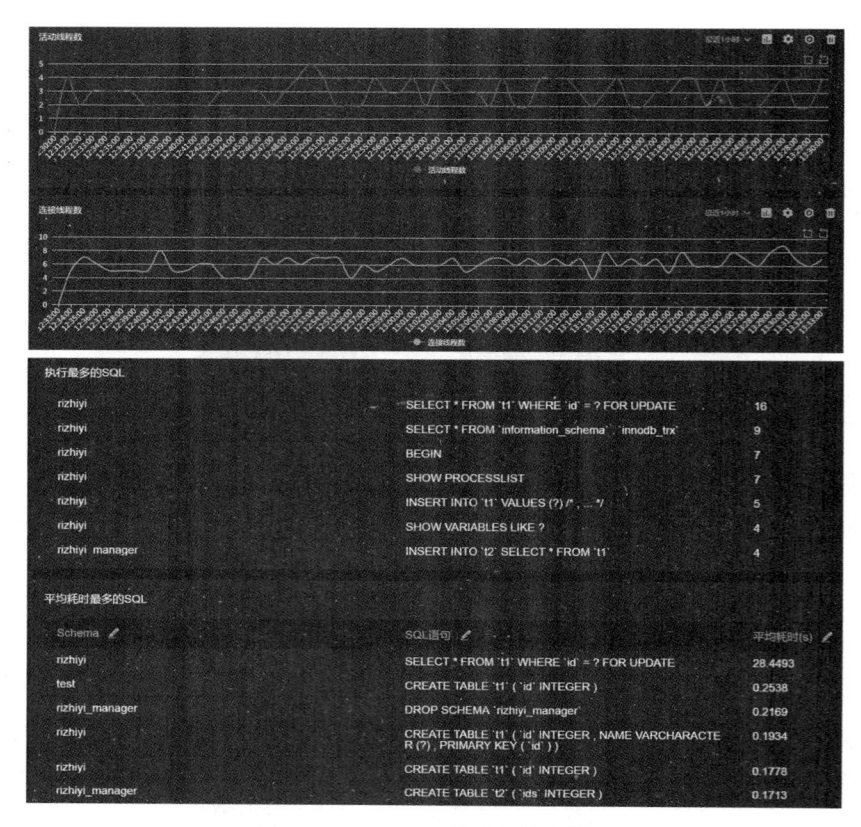

图 10-34 MySQL 性能监控标签页

MySQL 性能监控标签页主要展示线程连接情况，从 SQL 维度统计哪类语句执行最多、哪类语句的平均响应时间最长。

MySQL 资源监控标签页如图 10-35 所示。

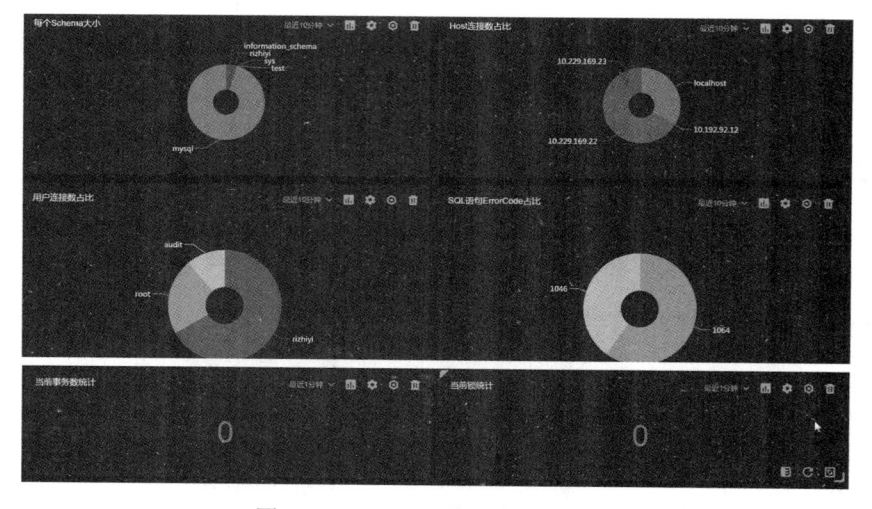

图 10-35 MySQL 资源监控标签页

MySQL 资源监控标签页主要展示 MySQL 各 Schema 大小，从 Host（客户端）、User（用户）维度统计连接池使用情况，以及各类锁和事务。

由于本书篇幅有限，下面仅对 MySQL 性能监控标签页进行详细说明。

MySQL 性能监控标签页包含以下几个部分。

1．活动线程数监控图

活动线程数监控图如图 10-36 所示。

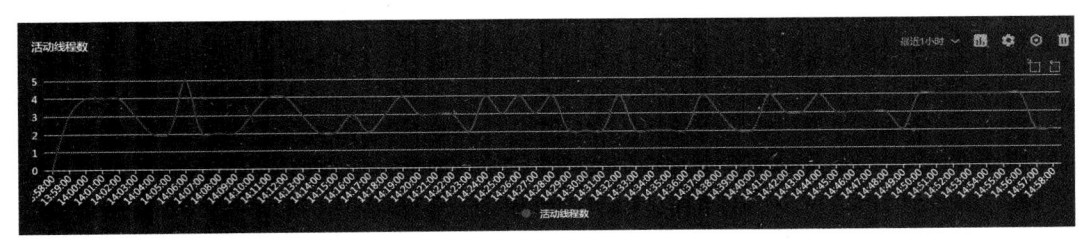

图 10-36　活动线程数监控图

这需要采集 MySQL 活动线程相关日志，每个活动线程每分钟生成一条日志，可通过统计每分钟生成的日志数监控一段时间内 MySQL 活动线程的变化情况。

相关的 SPL 语句如下：

```
tag:act_thds
|bucket timestamp span=1m as ts
|stats count(mysql_monitor.active_threads.ID) as ct by ts
|eval time=formatdate(ts,"HH:mm:ss")
|fields time,ct
|rename time as "时间",ct as "活动线程数"
```

SPL 语句释义如下：

- 管道符|：连接数据处理过程，将前面的计算结果传达给后面的表达式。

- tag：日志标签，可通过不同的 tag 区分不同类型的日志。tag:act_thds 表示取 MySQL 的活动线程日志。

- bucket：时间分桶。bucket timestamp span=1m 表示按时间戳分桶，划分粒度为每分钟，与下面的 stats 函数配合使用，可统计每分钟生成的日志条数。as ts 表示重命名分钟字段的列标签为 ts，因为后面要使用该数据，这里重命名是为了便于后面的引用。

- stats：统计函数。stats count(mysql_monitor.active_threads.ID)表示统计 mysql_monitor.active_threads.ID 出现的次数，每条 MySQL 的活动线程日志中都会通过 mysql_monitor.active_threads.ID 识别活动线程的线程号。by ts 表示按照上面分桶后的时间粒度统计，这样就能得出每分钟内 MySQL 活动线程的数量。as ct 表示将统计结果重命名，便于后面对数据进行进一步处理时引用。

- eval：生成新字段。bucket 处理得到的字段默认为 UNIX 格式，eval time=formatdate(ts,

"HH:mm:ss"）表示将该字段转换为时分秒格式进行展示。
- fields：保留需要的字段。经过上述处理，可以得到很多字段，如 ts 字段。由于在可视化展示时仅使用 time 字段及 ct 字段，所以这里使用"fields time,ct"来保留 time 字段及 ct 字段。
- rename：字段重命名，一般在数据处理完毕后使用。上述数据格式转换过程中使用的字段名均为数字、字母或数字与字母的组合，在最终展示时要将其转换为中文，所以使用"rename time as "时间",ct as "活动线程数""将最后保留的两个字段转换为中文名称。

经过以上处理，可得到可视化展示需要的所有数据，通过可视化组件即可绘制相应的图形。

2．连接线程数监控图

连接线程数监控图如图 10-37 所示。

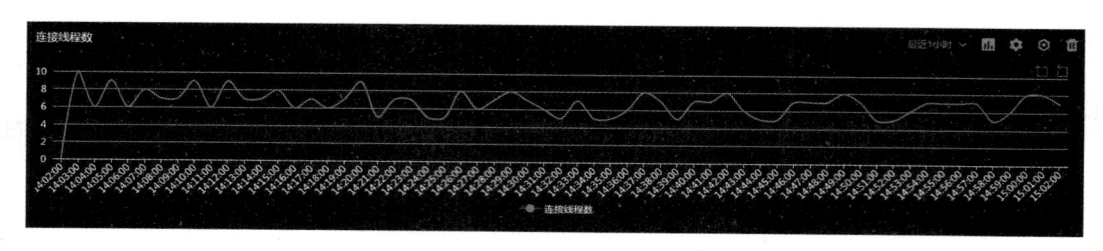

图 10-37　连接线程数监控图

3．SQL 语句统计结果

SQL 语句统计结果如图 10-38 所示。

图 10-38　SQL 语句统计结果

4．耗时统计结果

耗时统计结果如图 10-39 所示。

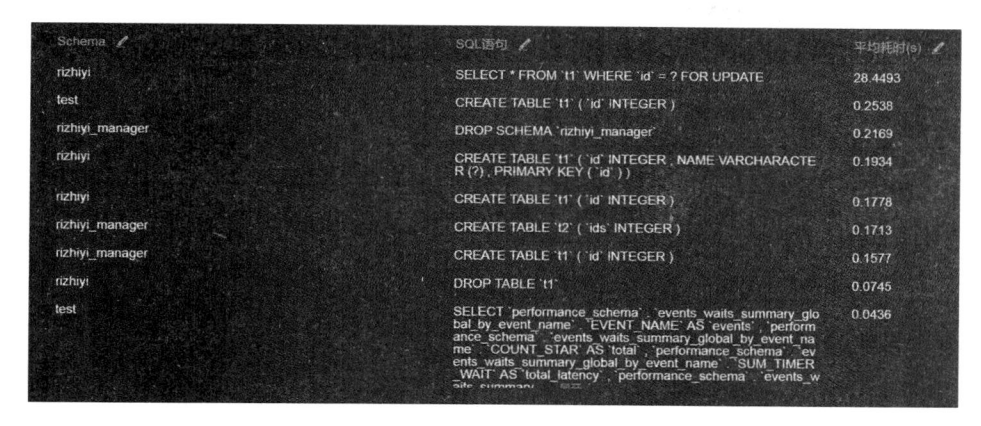

图 10-39　耗时统计结果

10.4.2　金融业务日志可视化

利用金融业务日志对业务运行情况进行可视化展示，通过成功率、访问量、耗时 3 个标签页对签名验签服务进行统计分析。

成功率标签页用于监控签名验签服务的动作类型、业务成功率、请求量及请求耗时等；访问量标签页用于统计每个业务及每个 IP 的访问量；耗时标签页用于展示请求总耗时、响应耗时、读耗时及交易耗时的趋势。

成功率标签页如图 10-40 所示。

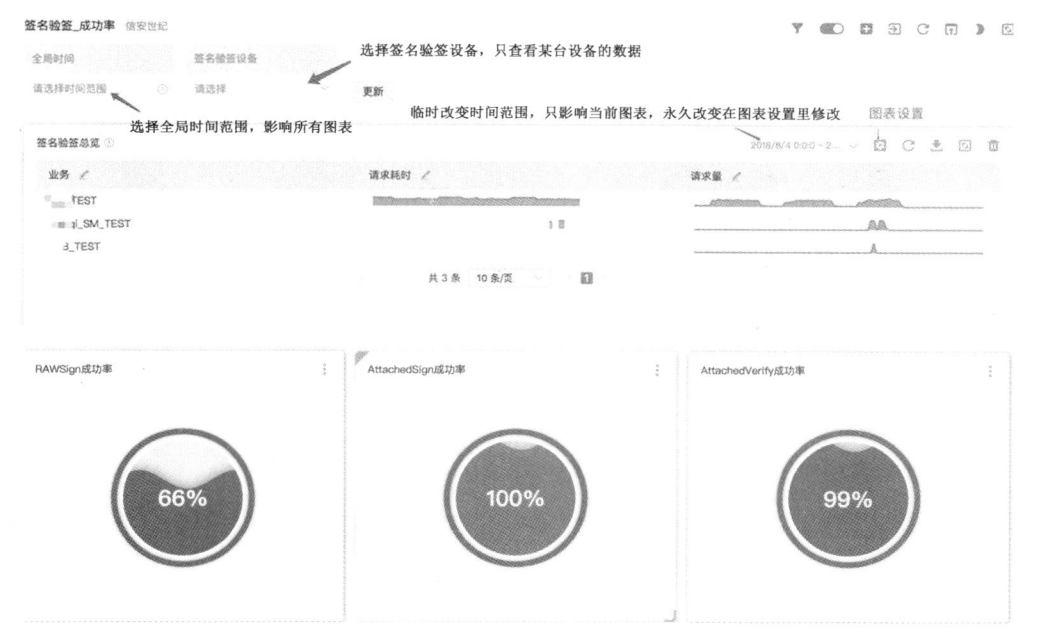

图 10-40　成功率标签页

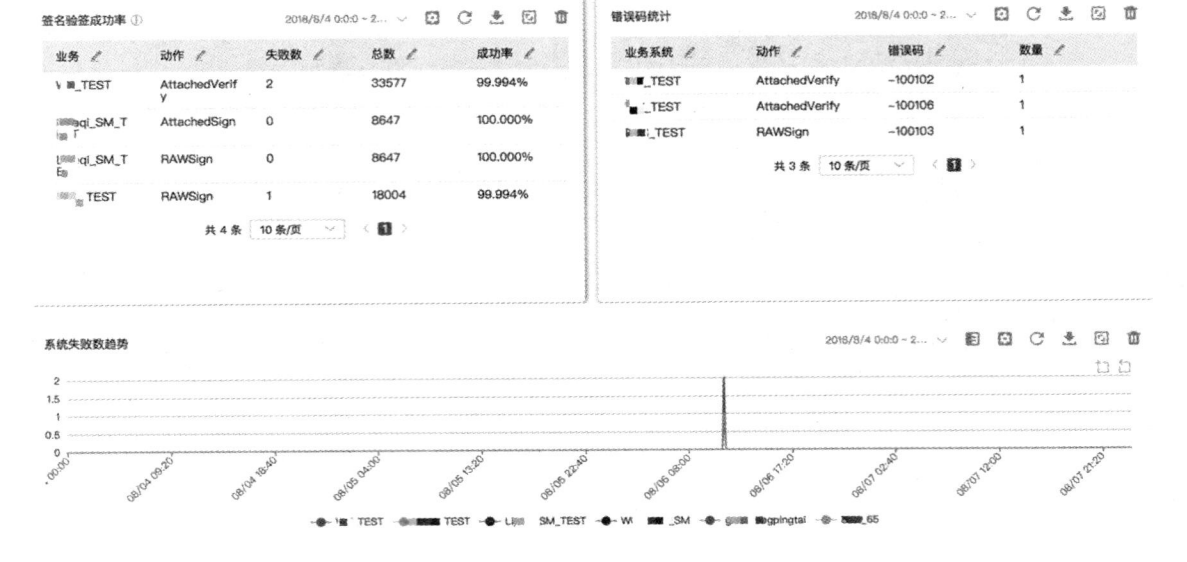

图 10-40　成功率标签页（续）

访问量标签页如图 10-41 所示。

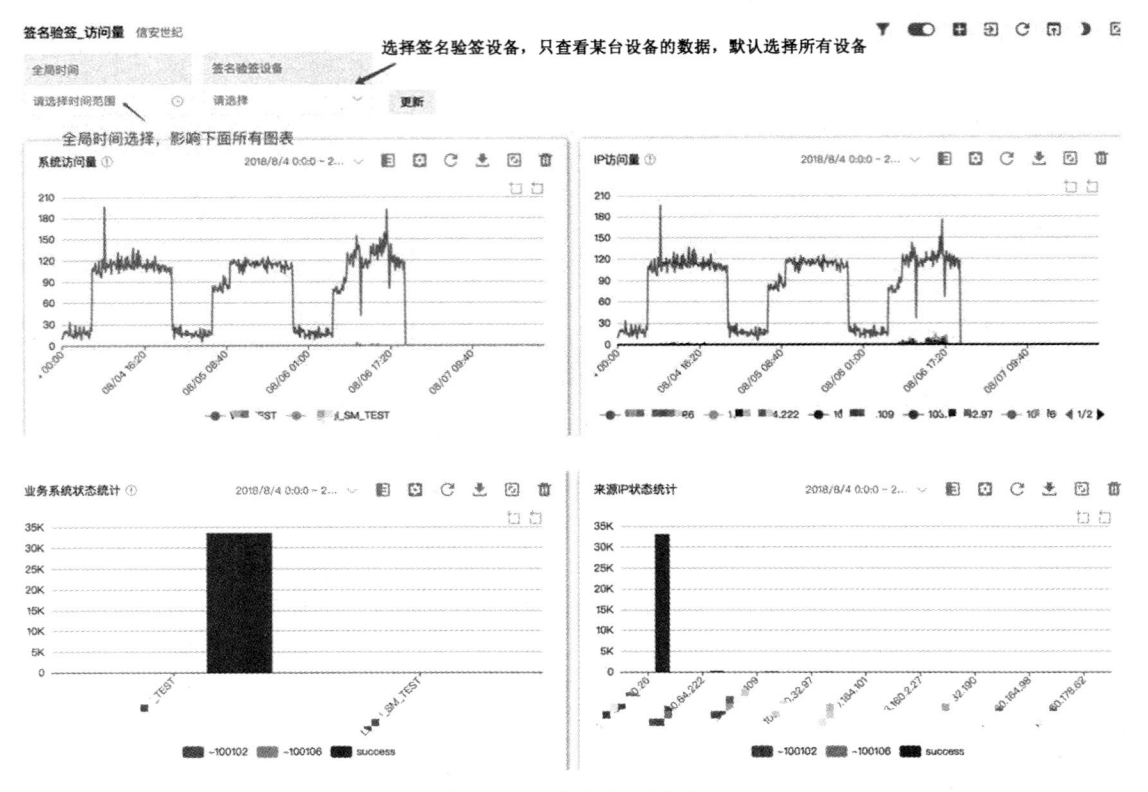

图 10-41　访问量标签页

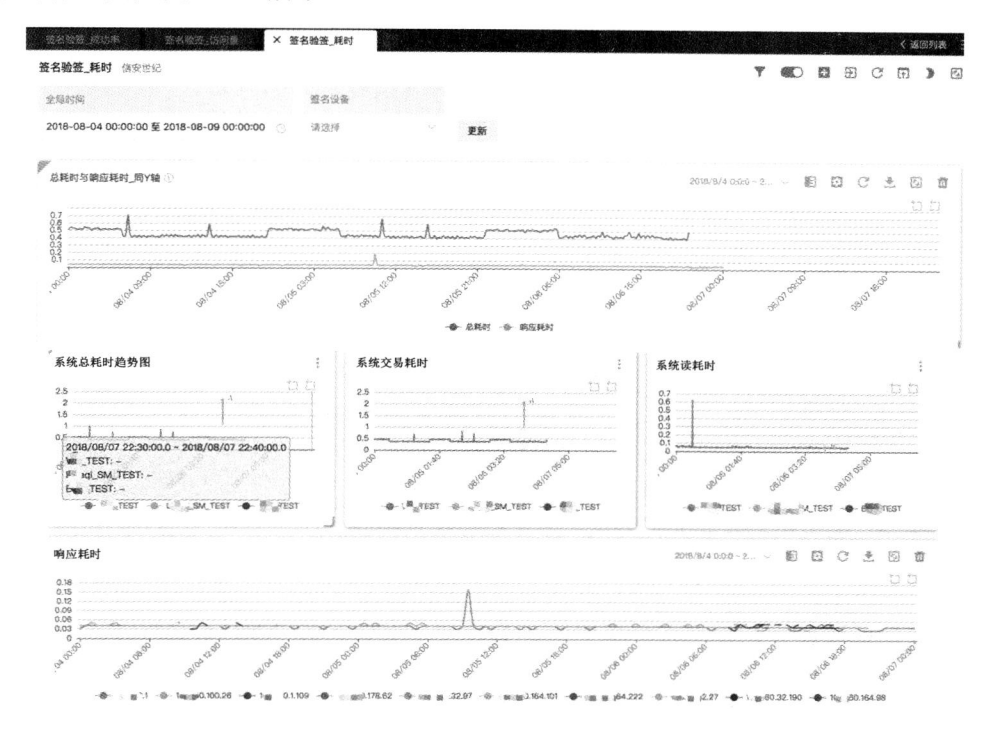

耗时标签页如图 10-42 所示。

图 10-42　耗时标签页

成功率标签页中包含以下部分：

- "签名验签总览"：展示每个业务的请求耗时及请求量趋势。可以选择签名验签设备，观察每个设备的请求情况。
- "RAWSign 成功率"：成功率只取整数，99.99%会显示为 99%而不是 100%，因为显示 100%无法体现少量失败情况的存在。"AttachedSign 成功率""AttachedVerify 成功率"与此相同。
- "签名验签成功率"：按业务、动作统计失败日志条数和日志总数，并计算成功率，成功率保留三位小数，以避免失败数过小时四舍五入造成的数据不精确。
- "错误码统计"：按业务、动作统计错误码数量。
- "系统失败数趋势"：展示每个系统失败数的趋势。

访问量标签页中包含以下部分。

- "系统访问量"：展示不同业务系统的访问量趋势。
- "IP 访问量"：展示不同 IP 地址的访问量趋势。
- "业务系统状态统计"：用柱状图展示各业务系统的访问量和失败数。
- "来源 IP 状态统计"：用柱状图展示每个来源 IP 地址的访问量和失败数。

耗时标签页中包含以下部分。

- "总耗时与响应耗时_同 Y 轴"：将请求总耗时与响应耗时用同一 Y 轴展示，显示两者在同一时间段内的变化趋势，从而更好地观察两者之间的关系。
- "系统总耗时趋势图"：系统总耗时包括系统交易耗时、系统读耗时、响应耗时等。
- "系统交易耗时"：展示系统交易耗时趋势图。
- "系统读耗时"：展示系统读耗时趋势图。
- "响应耗时"：展示每个 IP 地址的响应耗时趋势图。

10.5　小结

日志可视化基于结构化的日志数据进行展示，展示效果受解析效果影响。可视化的目的在于通过图表展示数据之间的关系。

在企业分析场景中，使用何种图表往往取决于想要针对哪些数据实现何种分析效果。不同类型的图表能够展示不同的数据关系。

本章主要通过日志易软件演示了日志可视化的过程。市场上还有其他的日志可视化工具，这些工具在使用原理上大同小异。

第 11 章 日志平台兼容性与扩展性

- RESTful API
- 日志 App

企业在发展过程中积累的 IT 资产会越来越多，在日志系统建设之初，如何更好地兼容现有系统和平台是日志系统设计者需要考虑的重点问题。日志系统作为典型的大数据系统，有时需要接收其他数据系统输出的数据，或者将处理后的数据、分析结果提供给消费应用使用。在这种情况下，一般通过 API 完成系统对接。日志系统 API 的设计，需要基于目前被广泛接受的 API 设计标准和理念，如 RESTful API。

在日志系统建成后，需要随时接入新增的 IT 设备或系统数据类型，如果每次新增日志数据类型，都要修改系统代码或配置，不仅效率低，而且容易带来新的问题。比较理想的方式是定义一套数据接入和解析规范，基于这套规范开发的应用可与日志系统无缝对接，做到即插即用。这样，系统使用者或第三方均可自行开发应用与日志系统对接。

本章将从日志系统接口和 App 两方面阐述日志平台的兼容性和扩展性。

11.1　RESTful API

11.1.1　RESTful API 概述

REST 是 Representational State Transfer 的英文首字母缩写，意思是"表现层状态转化"。RESTful API 是一种应用程序的 API 设计理念，利用 URL 定位资源和 HTTP 方法（GET、POST、DELETE、PUT、PATCH）对资源进行操作，它具有以下明显特征。

1. 标准化接口

RESTful API 架构要求数据的元操作，即数据的增、删、改、查，分别对应资源的不同 HTTP 方法，且它们提供的接口地址（URL）是一致的。例如：

GET——从服务器中取出资源。

POST——在服务器中新建资源。

PUT——在服务器中更新资源（客户端提供完整资源数据）。

PATCH——在服务器中更新资源（客户端提供需要修改的资源数据）。

DELETE——从服务器中删除资源。

2. 无状态

RESTful API 架构采用 HTTP 协议，而 HTTP 协议是无状态的，因此客户端发送的请求报文中必须包含服务器需要的全部信息（包括要改变的状态），服务器根据收到的报文进行处理。所有的资源都可以通过 URL 定位，每个资源都有一个 URL 与之对应，通过 HTTP 中的 GET 方法可以得到资源。

3．可缓存

服务器响应必须隐晦地或明确地将其自身定义为可缓存的，以防客户端在下一次请求时使用不恰当的数据，造成重复请求。管理好缓存可以避免一些不必要的客户-服务器交互，从而提高可伸缩性和性能。

4．客户-服务器模式

统一的接口将客户端与服务器按照逻辑层分离，这种分离意味着客户端不用关心服务器如何存储数据，这样可以提高客户端代码的可移植性；服务器不用关心客户端界面或用户状态，因此服务器可以更简单，并具有更好的可扩展性。只要接口没有改变，服务器和客户端也可以独立开发和更换。

5．分层系统

分层系统通过约束组件的行为来降低系统复杂度，组件不能越过自身的媒介层去访问其他层。通过组件的阻断来保持层间的独立性。遗留的组件可以被封装成新的层，不让旧的客户端访问。媒介层可以通过负载均衡来提升伸缩性。分层系统的主要缺点是给数据处理增加了额外的开销和延时，对用户体验有所影响。

11.1.2 常见日志管理 API 类型

日志管理平台为第三方提供的服务主要有日志查询、告警查询、采集配置、用户权限设置、日志资源管理等，相应的 API 类型有以下几个。

1．告警配置 API

支持客户端从服务器获取告警、更新告警等。

2．采集配置 API

支持客户端从服务器查询采集配置、控制采集器的动作（启动、停止、重启和清理缓存）、为采集器添加文件或者目录型的日志数据源、为采集器删除文件或者目录型的日志数据源、查询采集器的文件或者目录型的日志数据源、修改采集器的文件或者目录型的日志数据源、添加 Syslog 型日志配置、删除 Syslog 型日志配置、修改 Syslog 型日志配置、查询 Syslog 型日志配置等。

3．上下文查询 API

支持客户端通过服务器 API 调用指定日志的上下文。

4．下载任务 API

支持客户端通过服务器 API 提交日志下载任务。

5．用户管理 API

支持客户端通过服务器 API 创建用户分组、删除用户分组、获取用户分组、更新用户分组、设置用户分组的用户、设置用户分组的角色、设置用户分组属于哪些角色等。

6. 用户分组管理 API

支持客户端通过服务器 API 创建和删除账户、获取用户、更新用户等。

7. 资源分组 API

支持客户端通过服务器 API 实现资源的创建、删除和获取等。

11.1.3　API 设计案例

客户端提交流式搜索任务如下：

GET /v1/{token}/{operator}/spl/submit

- 说明。通过 API 向搜索引擎提交搜索任务，如果任务提交成功，会返回一个任务 sid，使用此 sid 完成此搜索任务的更多操作。
- 参数。搜索 API 参数见表 11-1。

表 11-1　搜索 API 参数

类型	名称	说明	参数值类型	默认值	备注
Path	token	token	string	—	必填
Path	operator	操作者	string	—	必填
Query	task_name	任务名称	string	—	必填
Query	time_range	时间范围，用逗号分隔的字符串标明请求时间范围，可以是形如-1m 的字符串，也可以是以毫秒为单位的 UNIX 时间戳	string	—	必填
Query	query	SPL 查询语句	string	—	必填
Query	filter_field	前置搜索字段过滤，即在搜索执行前进行过滤。每个 field 的 name 和 value 之间用冒号分隔，value 用双引号括起来。tag、appname、logtype 等内置字段也可通过此参数过滤	string	—	选填
Query	queryfilters	搜索过滤 query，与 filter_field 类似，但是在搜索执行期间进行过滤	string	—	选填
Query	category	自定义的任务类别，默认值为 search	string	search	选填
Query	source_group	日志来源分组，默认值为 all，表示对应用户的所有可搜索日志	string	all	选填
Query	timeline	本次搜索是否需要计算 timeline	boolean	true	选填
Query	statsevents	本次统计是否需要计算 events	boolean	true	选填
Query	fields	本次搜索是否需要计算左侧 fields	boolean	true	选填
Query	Highlight	本次搜索是否需要对结果进行高亮显示	boolean	true	选填

- 消耗：application/json。
- 生成：application/json。
- HTTP 请求示例。

请求 Path 代码如下：

/v1/40176fa8be6a4d409368ec504b483888/admin/spl/submit

请求 Query 代码如下：

```
{
    "task_name" : "my_search_search",
    "time_range" : "-10m,now",
    "query" : "* | eval rawlen=len(raw_message) | stats avg(rawlen) as arl by hostname | sort by arl ",
    "filter_field" : "apache.status:\"200\"|-$!|hostname:\"server\"",
    "queryfilters" : "clientip:192.168.* OR (logtype:apache AND apache.status:200)",
    "category" : "search",
    "source_group" : "all",
    "timeline" : true,
    "statsevents" : true,
    "fields" : true,
    "highlight" : true
}
```

- HTTP 响应示例如下：

```
{
    "error" : " ",
    "rc" : 123,
    "sid" : "xxx941b476f940ade0e22e38bdaab5dfc0a80148"
}
```

11.2 日志 App

11.2.1 日志 App 概述

日志 App 又称日志分析模型，即将一个或者多个具有关联关系的日志分析过程封装成固定模型，该模型中包含日志采集配置、解析处理、分析场景、监控告警、统计分析等标准功能。使用者导入 App 即可实现对某类日志的分析，且能够实现"即插即用"的效果。日志 App 能大大简化日志分析的过程。

11.2.2 日志 App 的作用和特点

在日志分析工作中，相同型号或版本的网络设备、安全设备、操作系统和中间件等的日志类型和分析场景大致相同，可以按照一定规范将同类分析场景制作成日志 App 并保留下来。这样，数据分析人员在遇到相同的分析场景时就不需要重复进行日志分析的基础工作。日志 App 具有以下特点。

1. "即插即用"

日志 App 往往由经验丰富的分析人员或领域专家设计开发，功能完备，可实现"即插即用"的效果，使用者不需要对日志有充分的了解，从而极大地降低了使用门槛，提升了日志分析便捷度。

2. 可编辑性

在引入日志 App 后，使用者可根据场景需要进行调整，具有一定的可编辑性。

3. 持续迭代

随着业务分析场景的变化，日志 App 会持续迭代优化。

4. 通用性

使用日志 App 时无须关心日志平台的版本，即日志 App 具有通用性。

11.2.3 常见日志 App 类型

1. 基础环境类日志 App

基础环境类日志 App 是针对基础环境开发的。常见基础环境包括操作系统、数据库、中间件、虚拟机等，见表 11-2。

表 11-2 常见基础环境

序 号	类 型	品牌或分类
1	操作系统	Windows
		AIX
		Linux
2	数据库	Informix
		MongoDB
		MySQL
		PostgreSQL
		Redis
		Oracle
3	中间件	IBM
		IIS
		Tomcat
		Apache
		HAProxy
		恒生
		JBoss
		Weblogic
		ZooKeeper
		思迪

(续表)

序 号	类 型	品牌或分类
4	虚拟机	ESXi
		VMware
		山石
		神州灵云

2．安全设备类日志 App

安全设备类日志 App 是针对安全设备开发的。常见安全设备包括防火墙、堡垒机、入侵检测系统、入侵防护系统、应用防火墙等，见表 11-3。

表 11-3 常见安全设备

序 号	类 型	品牌或分类
1	防火墙	思科
		PaloAlto
		Checkpoint
		戴尔
		飞塔
		华三
		山石
		360
		华为
		Juniper
		Leadsec
		深信服
		天融信
		清华永新
		启明星辰
		PIX
		绿盟
		Sonicwall
		迪普
2	堡垒机	网御星云
		齐治
		帕拉迪
3	入侵检测系统	Snort
		启明星辰
		绿盟
4	入侵防护系统	华三
		Juniper
		Fortinet

（续表）

序号	类型	品牌或分类
5	应用防火墙	Imperva
		Yxlink
		山石
		安恒
		绿盟
		梭子鱼
6	安全防泄密	赛门铁克
		Websense
7	防病毒	赛门铁克
8	上网行为	深信服
9	ADS	绿盟
10	接入控制器	华为

3．网络设备类日志 App

网络设备类日志 App 是针对网络设备开发的。常见网络设备包括交换机、VPN、CDN、DNS、负载均衡、邮件网关、网络流量分析等类型，见表11-4。

表11-4 常见网络设备

序号	类型	品牌或分类
1	交换机	Juniper
		锐捷
		华三
		华为
		思科
2	VPN	思科
		格尔
		华三
		Juniper
		深信服
		Array
3	CDN	华为
		深信服
		奥飞
4	DNS	Yamu
		BIND 9
		F5
5	负载均衡	F5
6	邮件网关	Exchange
		梭子鱼
7	网络流量分析	Suricata
		绿盟

11.2.4 典型日志 App 案例

1．Oracle 数据库分析 App

Oracle 数据库分析 App 封装了 Oracle 数据库的通用场景分析经验，是从数据库运行状态、性能、安全、管理和业务层面综合考虑制作而成的。它通过采集并分析 Oracle 数据库的 alert、audit、incident、listener、trace 日志，利用图表的形式清晰地展示 Oracle 数据库的运行状态、性能、登录等信息。

用户只要配置好相关参数，再将该 App 导入日志易系统，便可实现对 Oracle 数据库的监控，具体功能如下：

1）监控 Oracle 数据库运行状态及性能

用户能通过图表直观地了解 Oracle 数据库的基本信息，如数据库名称、创建时间、登录模式、打开方式等；除此之外，还可以看到 Oracle 数据库各个实例的基本信息，如实例名称、域名、状态、角色等；当然，还能了解 Oracle 数据库的容量与各类性能数据。Oracle 数据库基本信息展示如图 11-1 所示。

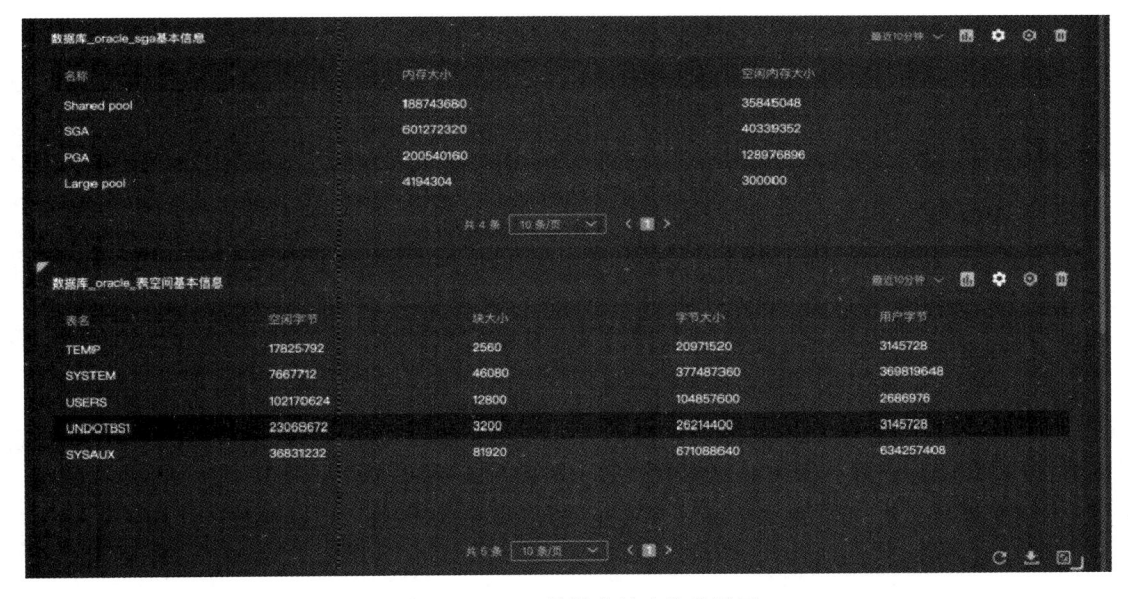

图 11-1　Oracle 数据库基本信息展示

2）分析 Oracle 数据库登录情况

通过分析 Oracle 数据库登录情况，能了解登录用户的分布情况、各用户登录的次数占比、Oracle 数据库连接失败原因占比等。此外，还可以监控用户对表的操作，从而降低恶意操作的风险。图 11-2 和图 11-3 分别展示了 Oracle 数据库登录情况分析、Oracle 数据库的用户连接趋势。

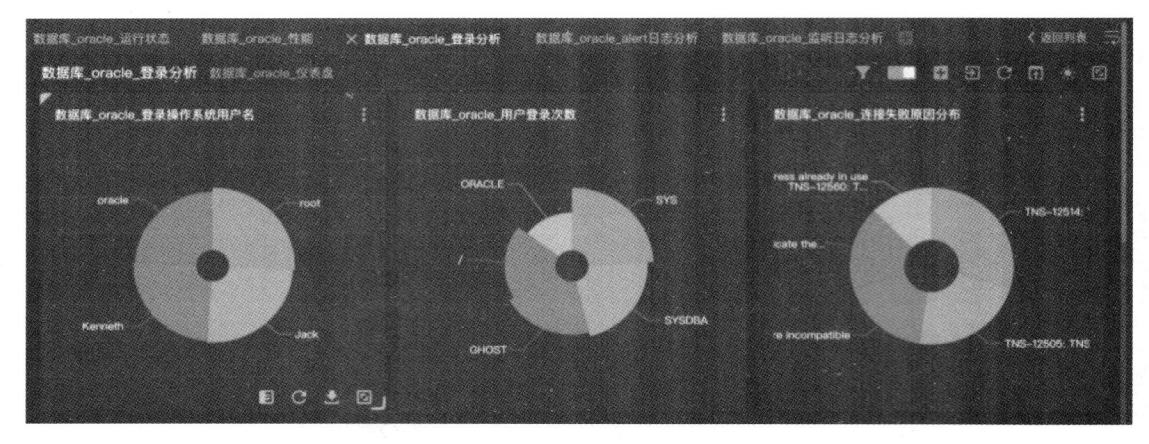

图 11-2 Oracle 数据库登录情况分析

3）分析告警日志和监听日志

通过分析告警日志和监听日志，能更快地了解 Oracle 数据库中发生的异常事件，包括各类错误事件的分布、ORA 错误代码的分布等，还能实时监控严重错误次数。图 11-4 展示了 Oracle 数据库 ServiceUpdate 趋势图。

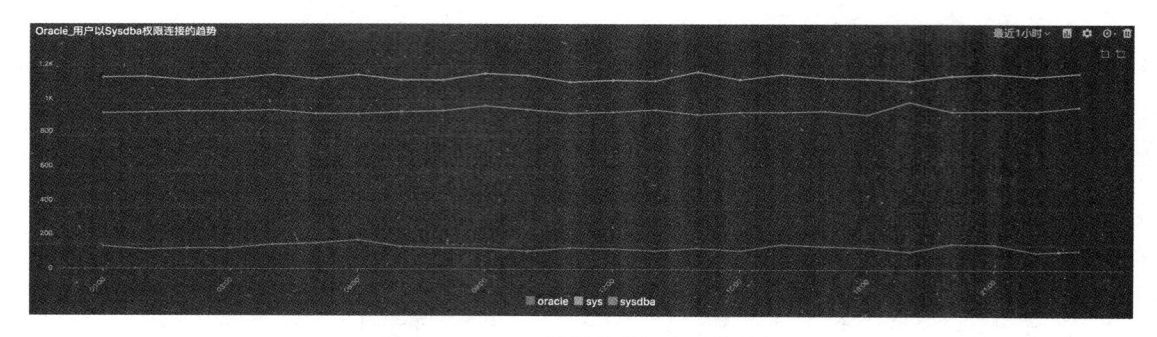

图 11-3 Oracle 数据库的用户连接趋势

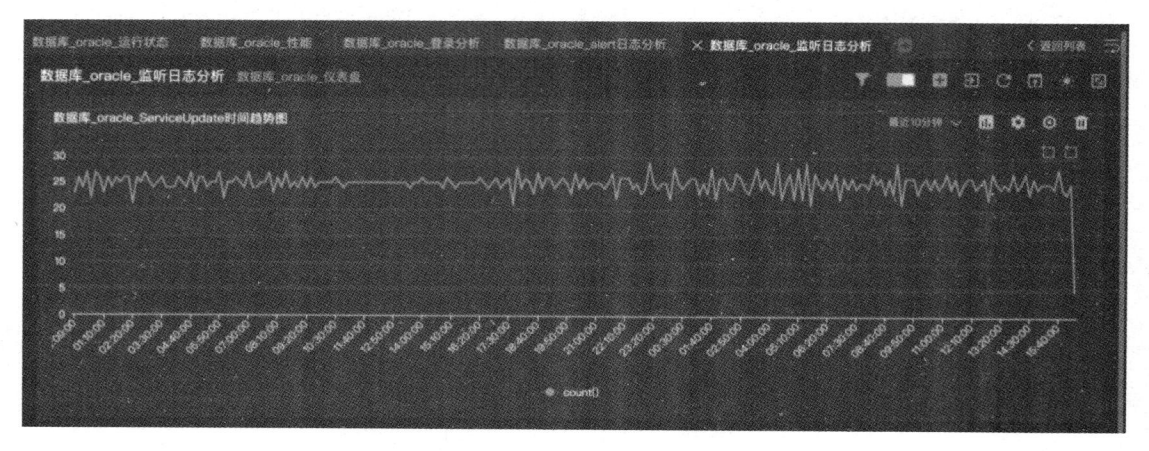

图 11-4 Oracle 数据库 ServiceUpdate 趋势图

2．Linux 服务器性能分析 App

在日常运维工作中，需要时刻留意系统性能指标，以便实时掌握系统健康度，这需要对系统运行数据进行实时采集和分析。

Linux 服务器性能分析 App 能实时采集和分析 Linux 服务器的运行数据，具体功能如下。

1）用仪表盘展示 Linux 服务器整体运行情况

该 App 能监控 Linux 服务器的部分性能数据，包括内存健康度、主机 CPU 健康度、运维异常概览和单机性能指标等，如图 11-5 所示为 Linux 服务器运行情况总览。

图 11-5　Linux 服务器运行情况总览

2）下钻获取异常主机详情

用户可通过"运维异常概览"→"运维异常详细概览"→"基础性能主机列表"→"运维主机单机性能指标"标签页，查看各个基础性能指标。图 11-6 和图 11-7 展示了 Linux 服务器性能指标及性能异常概览。

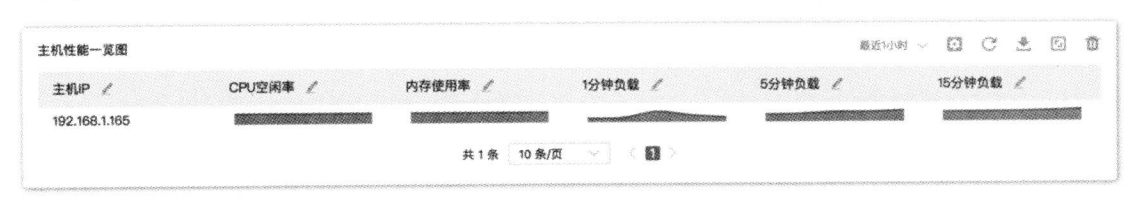

图 11-6　Linux 服务器性能指标

图 11-7　Linux 服务器性能异常概览

3）根据 IP 地址查询主机性能数据

对于出现故障的主机，可以在"运维主机单机性能指标"标签页中输入相应的 IP 地址，查看当前性能指标信息和历史性能指标信息。图 11-8 展示了 Linux 服务器 CPU 使用情况，图 11-9 展示了系统 1m、5m、15m 负载趋势图，图 11-10 展示了网卡入口和出口流量图，图 11-11 展示了磁盘 I/O 趋势图。

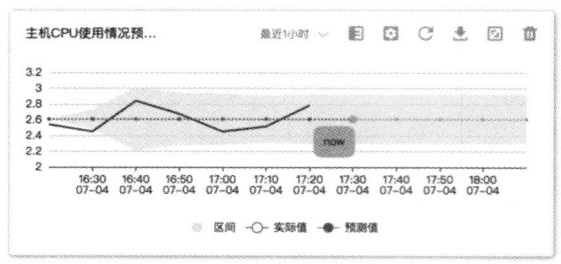

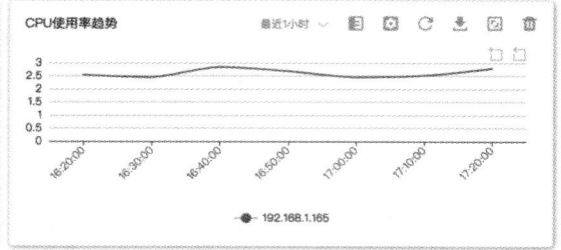

图 11-8　Linux 服务器 CPU 使用情况

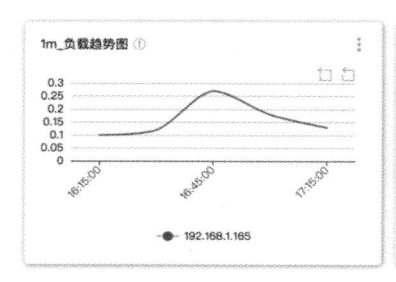

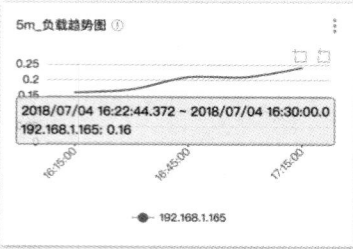

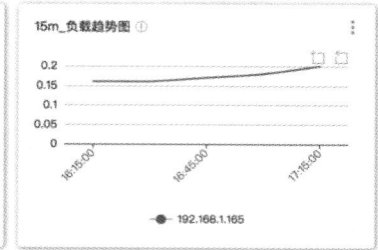

图 11-9　系统 1m、5m、15m 负载趋势图

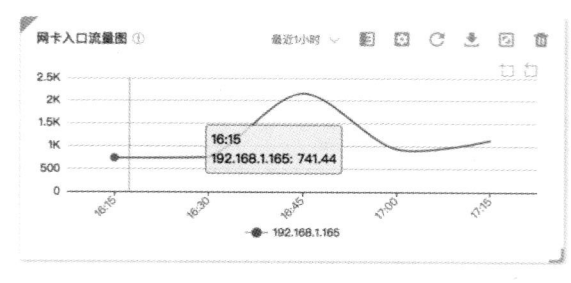

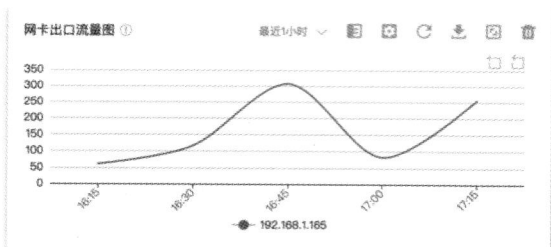

图 11-10　网卡入口和出口流量图

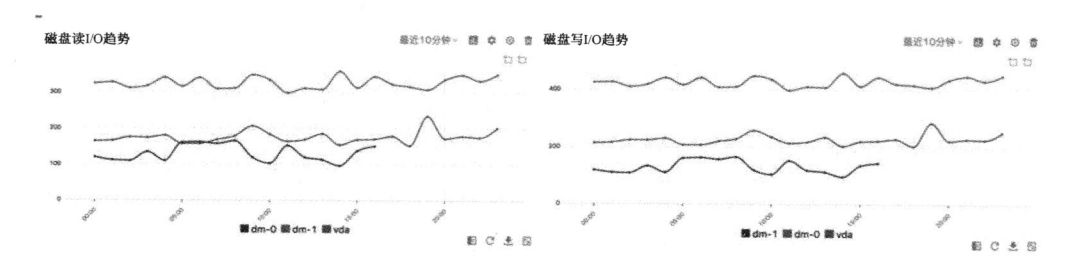

图 11-11　磁盘 I/O 趋势图

11.2.5 日志 App 的发展

日志 App 在日志分析领域的价值有目共睹，它不仅极大地方便了运维人员使用日志平台，也很好地利用了厂商资源及行业专家的日志分析经验。为建立可持续发展的日志生态管理体系，应主要做好以下几项工作：

- 日志平台运营者应全面收集各类日志（包括服务器类、网络类、安全类、中间件类、业务类），结合日志分析经验和用户分析需求，集百家之所长，开发出覆盖范围广、场景丰富的日志 App，持续丰富日志 App 库。
- 制定并维护日志 App 制作、发布、更新等标准规范，方便更多日志系统用户和第三方参与日志 App 制作、发布和维护，扩大日志 App 贡献源。
- 建立日志 App 市场并与日志平台集成，方便制作者发布、更新日志 App，使日志 App 消费者及时了解更新动态，方便地查找、下载和使用日志 App。

第 12 章　运维数据治理

- 运维数据治理背景
- 运维数据治理方法
- 运维数据治理工具

12.1 运维数据治理背景

数据治理的概念已经应用了数十年，在十几年前以关系型数据为主要数据模型的时代，各个企业已经非常重视数据治理的重要性，以数据驱动业务发展已经成为企业发展转型过程中的重要理念支撑。在数据仓库等数据集中化管理系统的建设过程中，相对于技术能力、架构等核心关注点，管理者逐渐认识到，数据质量、数据标准才是重中之重，数据管理体系的构建已经成为系统建设是否成功的重要依据或者评价标准。

什么是数据治理？《DAMA 数据管理知识体系指南》一书中给出的定义是"数据治理是对数据资产管理形式权力和控制的活动集合（规划、监控和执行），数据治理职能是指导其他数据管理职能如何执行"。以往的数据治理主要应用于业务领域，如营销、用户行为、业务导向等。相对于业务领域，运维领域的数据类型较为固定、单一，运维领域主要负责保障信息系统稳定、安全地运行，核心目标是及时发现问题、预防问题，同时体现信息系统发展态势。《大数据资产：聪明的企业怎样制胜于数据治理》中提到，错误的数据、杂乱的数据会导致企业的大数据平台构建失败或者达到的效果远远低于预期。对应到运维领域，带来的后果则是信息中心的运行态势无法感知、不能及时预知或者及时发现系统运行过程中产生的问题、在问题发生后不能第一时间进行定位而带来糟糕的客户体验，主要体现在以下几个方面。

1. 缺乏统一管理机制，数据各自为政

从外部监管来看，监管部门逐渐从业务监管深入企业内部运行管理，对运行数据的管理也提出了更高的要求。以往，监管机构或者职能部门可能更看重业务数据的监管，以及时对业务体系进行全面检测、预警。随着网络安全法、等级保护制度等法律法规的出台，监管部门对运行方面的数据管理也提出了更高的要求。中国人民银行 2019 年 4 月 18 日召开的 2019 年科技工作会议明确指出，要做好金融行业网络安全统筹指导和银行系统风险防控，加快建设金融业网络安全态势感知和信息共享平台。这一系列的监管要求体现了企业内部数据统一管理、标准化管理的必要性。

从内部需求来看，各个系统各自为政的办法已经无法满足当前呈几何级数增长的运维数据，各类设备、应用系统、运维监控系统更关注的是自身的业务职能，对于海量的运维数据，往往在保障现有功能完备的情况下进行丢弃，最后出现的结果是闲时无用，需要时无法应用。同时，新兴的机器学习、人工智能在运维领域的应用，往往需要海量的历史数据进行训练，所以从内部角度来看，构建标准化的数据留存体系是非常有必要的。

2. 数据壁垒带来数据互联互通的难题

相较于业务系统数据，运维数据来源五花八门，如各类监控工具、应用服务、基础架构设备、容器监控和管理工具、CMDB 和 ITIL 系统管理平台、安全管理平台等，数据格式繁杂，碎片化情况非常严重。在实际的运维环境中，一个故障的分析、一个安全事件的追踪，需要各类信息中心对象多维度的运行数据作为上下文来进行支撑，但是目前这些碎片化数据孤立严重，相互之间的联系能力极低，一般需要依赖人工进行数据关联，构建数据治理机制的一个重要目的就是打破数据壁垒，让数据融合起来，发挥数据关联的价值。

3．缺乏统一的数据标准导致数据可用性低

如"缺乏统一管理机制，数据各自为政"所描述，各个系统各自为政，运维数据没有形成统一的数据标准，导致数据难以集成和统一，在建设之初没有质量控制标准，导致海量数据因质量过低而难以利用，未有效管控整个运维数据标准。

五花八门的海量运维数据，基本上无标准而言，例如，各类设备运行过程中产生的日志数据，可读性差，严重依赖知识传承，导致出现问题严重依赖研发团队，甚至在出现人员更替时，还需要根据代码逻辑进行故障的推演，效率极低。同时，对于数据中的有价值信息，并未加以充分利用，或者说，从上层角度而言，运维人员根本不知道有什么数据、这些数据有什么用、可以做什么。在很多安全场景下，安全人员的关注重点是安全设备产生的运行数据。实际上，具体的业务层面的运维数据往往呈现出与安全事件有关联的特征。

4．数据建模能力差，数据应用的成本较高

目前很多企业构建了自身的运维大数据平台，其核心作用是对数据进行集中化管理，但是由于数据标准不合理、建模分析能力弱，导致数据的应用不尽如人意，大部分场景下，仍然依靠运维人员通过代码开发的方式实现数据服务，相对来讲成本较高，对于越来越多的智能化运维场景而言，就显得力不从心了。运维人员的关注点应该放在运维本身，而非各类数据处理、代码逻辑相关的内容方面。所以，从另一个层面看，构建运维数据管理体系，也是为了构建一个标准化的数据建模和数据服务的流程，让数据可用性更高。

5．未被重视的运维数据安全

企业的 IT 系统的安全性是非常重要的，而运维数据包含了 IT 系统各个环节中的细节数据，很多情况下，企业重视平台的建设，忽略了对安全性管控的要求，数据中充斥大量的敏感信息，研发、厂商人员直接登录查看，甚至在很多情况下会将运维相关数据直接传输至厂商进行故障分析，这导致了极大的安全隐患。

2021 年 9 月 1 日实行的《中华人民共和国数据安全法》中明确了数据安全保护制度、义务及法律责任。同年 11 月 1 日颁布实行的《中华人民共和国个人信息保护法》中规定，个人信息处理者应当对个人信息处理活动负责，并采取必要的保障措施。在运维数据领域，安全性问题主要体现在以下几个方面。

（1）日志中敏感信息的泄露风险被忽略：业务系统在开发、测试环节往往采用真实数据进行模拟，相关人员很容易从日志中获取可识别的自然人相关信息。企业在使用外包人员进

行业务运维时也很容易泄露个人敏感信息。

（2）安全性为业务便利性让步：日常运维过程中，往往需要通过账号、身份证号、手机号等信息定位用户交易，完全不打印用户信息的日志在运维排障时严重影响可读性。因此许多企业在安全性方面做了妥协，导致了个人敏感信息泄露事件的发生。

（3）脱敏的技术难题：日志的非结构化特性直接导致了脱敏的难度增加，已知敏感元素处理起来相对容易，但是未知敏感元素的脱敏和审计方法的缺失直接影响数据脱敏效果。

如图 12-1 所示，在运维数据治理过程中，应构建完善的安全管理模型和规范，保障运维数据的安全，防止运维数据泄露而带来整个信息系统的不安全性。

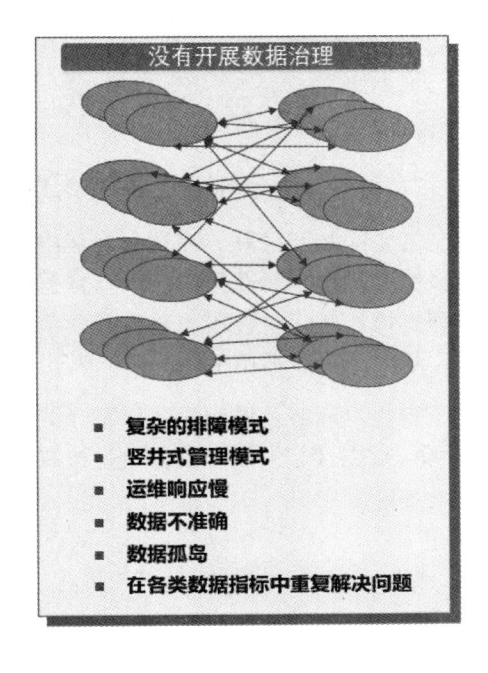

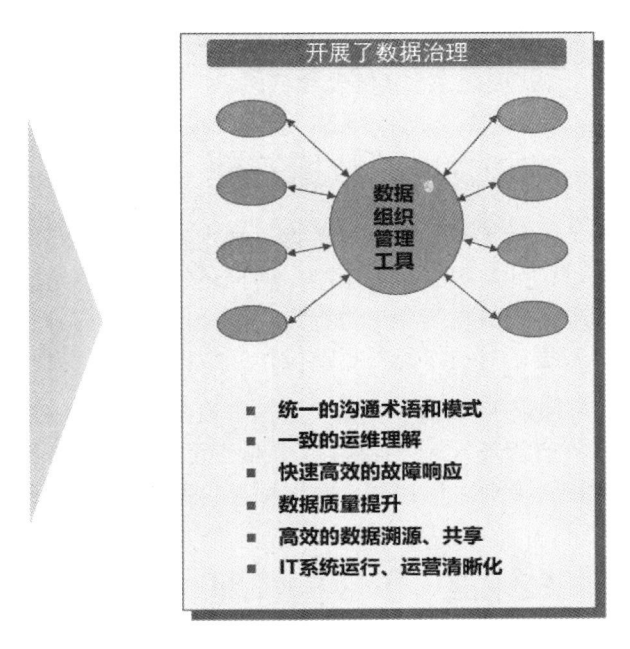

图 12-1　数据治理的优势

12.2　运维数据治理方法

数据治理架构如图 12-2 所示，各领域间看似独立，实际上却有着密不可分的联系。数据治理是一场持久战，是一项系统性工程，只有建立起长效的数据治理机制才能保障治理的完整性。企业应当着眼于长期的数据治理，挖掘数据的潜力，这样才能真正实现 IT 运维及运营价值的提升。

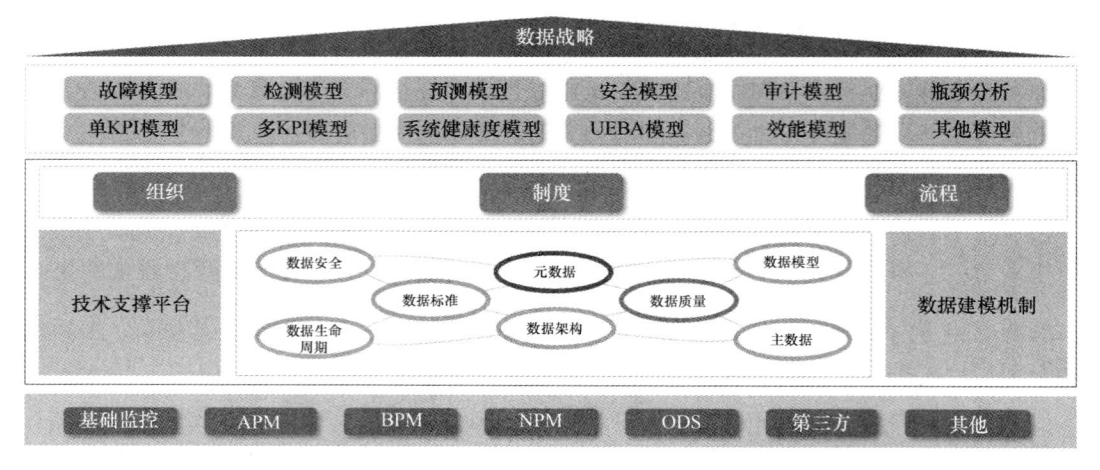

图 12-2　数据治理架构

12.2.1　元数据管理

元数据分为业务元数据、技术元数据和操作元数据，三者之间相互关联。在这里，运维领域的元数据指数据模型中所描述的几大类数据，业务元数据指导技术元数据，技术元数据以业务元数据为参考进行设计，操作元数据为两者提供管理支撑。在运维领域，重点是业务元数据，对技术元数据及操作元数据而言，操作空间不大，基本上可以不用关注。

业务元数据主要定义数据与设备之间的关联关系，用于定位、理解及访问设备信息（关联资产管理），在运维领域中业务元数据主要包含：数据来源、数据计算规则、数据质量检测规则、专业术语描述、数据标准、数据模型等信息。

12.2.2　主数据管理

《主数据管理实践白皮书 1.0》中定义："主数据是指满足跨部门业务系统需要的、反映核心业务实体状态属性的组织机构的基础信息。主数据相对于交易数据而言，属性稳定，准确度要求更高，唯一识别。"

主数据所描述的是一组有绝对权威性的数据，如业务数据中的客户数据、账户数据等，而对于运维领域而言，也存在大量的主数据，如资产数据、服务拓扑数据、运维人员数据、监控策略等。这些数据在日常运维场景构建过程中，一方面定义权威性的标准；另一方面作为可靠的上下文来驱动场景的真实性与有效性。

12.2.3　数据标准管理

数据标准概念贯穿于数据治理体系中，如元数据标准、数据质量标准、数据采集标准等。在运维领域，一般根据运维数据的实际特征，结合用户的实际情况，定义一套适合企业的标准。根据几大类数据模型的理解，形成标准的业务概念，包括业务使用规则、标准来源等。

数据标准最重要的目标是让不同团队、不同视角的人"读懂"各类运维数据，促进数据与数据之间的互联互通，提高数据共享能力。

12.2.4 数据质量管理

高质量的数据管理，会将数据价值发挥出最大的效果，是运维决策、运维分析、运维态势感知的重要基础，只有建立完善的数据质量体系，才能有效提升运维数据整体质量，从而提供更好的系统用户体验，实现更为精准的运维及运营管理。

12.2.5 数据模型及服务

提高数据质量及管理数据是需要达到的目标：一方面，需要依托现有的数据标准为第三方分析系统提供原始数据支撑；另一方面，需要具备相关的能力，快速为第三方构建多样的数据模型，如一些运营可视化系统、报表系统、数据上报系统等。

12.2.6 数据安全

相较于业务数据，运维数据的安全性要求就显得没有那么高，运维数据安全主要包含以下几个方面。

（1）数据存储安全：运维领域的数据相对于业务领域的数据而言安全性要求低，但是数据量较大，数据存储安全则需要从多个角度来考虑，一般建议以分布式大数据技术进行存储，从软件、硬件多个层面来考虑数据存储安全。

（2）数据传输安全：在数据的获取、共享阶段，需要完全遵循数据传输安全要求，防止传输过程中的数据泄露。

（3）数据使用安全：从根本上讲，运维数据治理系统属于集权类系统，数据集中化管理带来的是数据安全性管控层面的成本，需要从软件层面严格控制数据的使用及共享，从多个角度防止资产数据、客户数据泄露，同时建立数据使用的审查机制，从审计的角度对数据的使用进行严格管理。

12.2.7 数据生命周期

任何数据都有一定的存留周期，从数据的产生、处理、消费到消亡都需要科学的管理方法及管理章程。有别于业务数据，运维数据的历史与实时数据的偏离度非常大，用户往往更重视实时发生的情况，相对而言，要求的存留周期也不需要达到业务数据的相关标准，一般来说，应遵循相关的法律法规或者行业监管政策，如《网络安全法》，银监会、证监会等的相关要求，在这种大背景下，如何以有效的成本规划和较低的成本来处理数据的存储，是需要考虑的重点。

12.3 运维数据治理工具

12.3.1 工具定位

信息系统在运行过程中会产生各种各样的数据信息，系统运行展示、故障诊断、业务分析、安全审计、监管要求等都具有非常重要的意义。结合企业现状，通过对这部分数据集中化、高质量、规范化地管理，制定相应的数据标准，更好地服务于运维工作。提升数据价值是运维数字化管理的重要战略目标，在整个体系的构建过程中，需要一个能覆盖数据治理全过程的工具（图12-3），这个工具需要遵循以下原则。

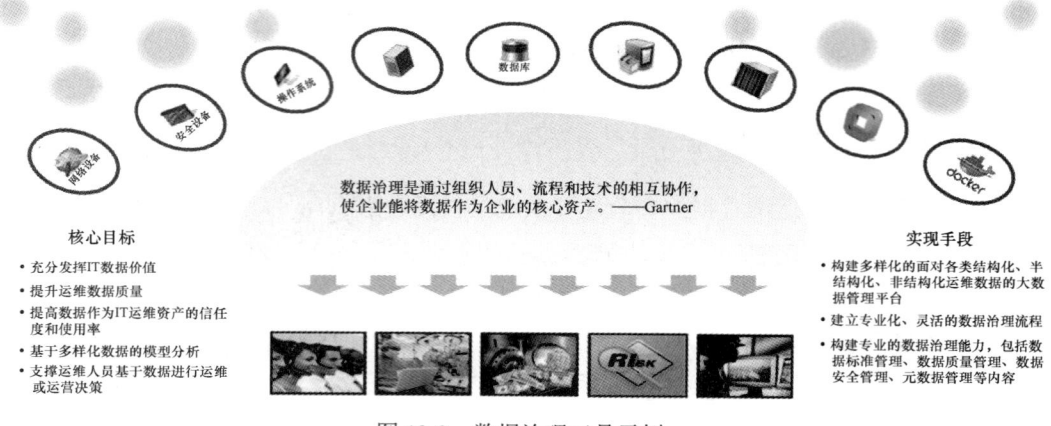

图 12-3　数据治理工具示例

（1）全面性原则：应具备全生命周期管理能力，覆盖 IT 架构中的硬件、软件、网络、安全等设备中的各类运维数据。

（2）匹配性原则：应当与当前运维模式、IT 规模、监管现状等相适应，并根据企业的发展进行调整。

（3）持续性原则：运维数据治理应当持续开展，建立长效机制。

（4）有效性原则：应当真实、准确、客观反映企业 IT 信息系统的情况，并有效应用于运维及运营分析。

12.3.2 整体架构

如图 12-4 所示，一个完整的数据治理工具平台，首先应具备针对 IT 架构下各类运维数据的集中化提取能力，并且具备足够的扩展性，以应对各类新增设备、新增监管系统、新增数据平台等；其次，应具备数据的标准化管理能力，能够从事前、事后对数据质量依据数据标准进行检验，提升数据质量；再次，应具备对数据全生命周期的管理能力，在管理的前提下，面对运维环境下的海量数据，要充分考虑依赖资源的成本因素，提出最优的数据管理架构；最后，应具备良好的数据建模能力，将数据价值加以利用，同时具备良好的数据共享机制，使数据与模型服务于更多的智能化运维管理工具。

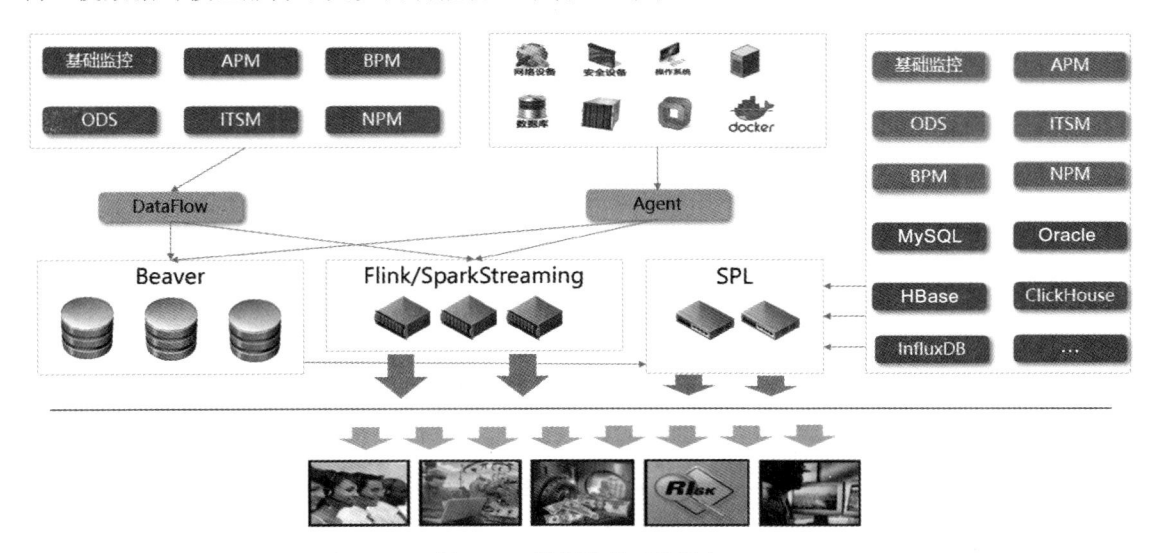

图 12-4　数据治理工具平台

12.3.3　数据接入管理

日志易插件化的采集模块已经在行业内得到了广泛应用，平台内部已经集成了百种以上的数据获取方式，为运维指标、日志数据、接口数据、硬件设备数据、第三方运维管理系统数据提供了相应的获取机制。

12.3.4　数据标准化管理

1. 数据标准定义

数据标准包括三大属性：基本属性、特色属性和管理属性，通过数据标准属性的定义，实现对数据规范性的描述（图 12-5）。

基本属性主要描述所有数据的共有属性，如数据大类、数据编号、数据时间等，日志易中的基本属性定义见表 12-1。

管理属性主要描述带有管理意义的共有属性，日志易中的管理属性定义见表 12-2。

特色属性为各种不同类型数据的自有属性，目前在日志易中集成的数据标准类型见表 12-3。

```
┌─────────────────┐      ┌─────────────────┐
│   基本属性      │      │ 特色属性（例）  │
├─────────────────┤      ├─────────────────┤
│ • 数据编号      │      │ • 信息描述      │
│ • 数据大类      │      │ • 国家          │
│ • 数据子类      │      │ • 省份          │
│ • 数据时间      │      │ • 城市          │
│ • 数据类型      │      │ • 经度          │
│ • 数据源        │      │ • 纬度          │
│ • 接收、发送属性│      │ • 耗时          │
│ • 源数据体      │      │ • 大小          │
└─────────────────┘      │ • 使用者软件    │
                         │ • 使用者软件版本│
┌─────────────────┐      │ • 使用者系统    │
│   管理属性      │      │ • 使用者系统版本│
├─────────────────┤      │ • 请求对象      │
│ • 标准定义者    │      │ • 请求结果      │
│ • 相关标准      │      │ • 请求方式      │
│ • 标准之间的管理│      │ • 请求状态      │
│ • 数据对象地址  │      │ • 请求时间      │
│ • 数据对象名称  │      │ • 结束时间      │
└─────────────────┘      │ • 请求域        │
                         │ • 请求时长      │
                         └─────────────────┘
```

图 12-5　数据标准三大属性

表 12-1　基本属性定义

序 号	属 性	属性描述	类 型
1	appname	数据大类	字符串
2	tag	数据子类	可对数据定义多个不同的标签
3	context_id	数据编号	长整型
4	timestamp	数据时间戳	长整型，数据的实际产生时间
5	recv_timestamp	数据采集时间	长整型，日志易系统采集到数据的时间戳
6	coll_timestamp	数据接收时间	长整型，日志易系统接收到数据的时间戳

表 12-2　管理属性定义

序 号	属 性	属性描述	类 型
1	ip	设备地址	数据来源设备地址
2	hostname	设备名称	数据来源设备名称
3	manager	人员	设备管理人员

表 12-3　集成的数据标准类型

序 号	数据标准类型	描 述
1	运行指标数据	定义各类设备运行过程中的监控指标数据，这部分数据有可能来源于基础监控、NPM、APM、BPM 等
2	日志数据	定义各类设备运行过程中产生的日志数据
3	链路数据	定义各类内部服务、外部服务之间的调用关系数据
4	配置数据	定义各类资产、配置等相关的数据
5	流程数据	定义与 ITIL 相关的变更、事件、团队协作等数据
6	规则数据	各类监控规则、监控策略、容量管理等
7	人员数据	定义各类运维人员数据
8	其他数据	其他与运维相关的数据

日志易对这些数据类型的相关标准都进行了详细的定义，从产生方式上分为三类数据。

（1）直接采集类数据。这类数据依据定义好的标准，直接进行采集即可，不需要进行二次处理，大部分数据皆为该类型，如设备运行指标数据，抛开公共的时间、标签属性，只需要关注每个标签对应的值，日志易平台中目前集成了各类设备常见的标签标准，如图 12-6 所示。

集合名称	集合中文名称	字段名称	字段中文名称	数据类型	映射规则	源名称	源中文名称	源字段名称
dell	戴尔	dellequallogic.contor	芯片温度	DOUBLE	N/A	metric	指标	metric
dell	戴尔	dellequallogic.contor	处理器温度	DOUBLE	N/A	metric	指标	metric
dell	戴尔	dellequallogic.contro	控制器芯片温度	DOUBLE	N/A	metric	指标	metric
dell	戴尔	dellequallogic.group.	正在使用成员数量	DOUBLE	N/A	metric	指标	metric
dell	戴尔	dellequallogic.group.	总成员数量	DOUBLE	N/A	metric	指标	metric
dell	戴尔	dellequallogic.member	成员设备磁盘数量	DOUBLE	N/A	metric	指标	metric
dell	戴尔	dellequallogic.space.	已使用空间大小	DOUBLE	N/A	metric	指标	metric
dell	戴尔	dellequallogic.total	磁盘总大小	DOUBLE	N/A	metric	指标	metric
ipmi	IPMI	ipmi.quota.capacity	功率	DOUBLE	N/A	metric	指标	metric
ipmi	IPMI	ipmi.quota.electricit	电流	DOUBLE	N/A	metric	指标	metric
ipmi	IPMI	ipmi.quota.speed	转速	DOUBLE	N/A	metric	指标	metric
ipmi	IPMI	ipmi.quota.temperatur	温度	DOUBLE	N/A	metric	指标	metric
ipmi	IPMI	ipmi.quota.voltage	电压	DOUBLE	N/A	metric	指标	metric

图 12-6　常见的标签标准

（2）提取类数据。这类数据主要是日志数据，为了提高可读性，不能仅定义内容要素来进行存储管理，这对于数据价值的利用是极为不利的，需要丰富的经验及较高的学习成本，所以在日志易系统中，对各类数据进行了标准化解析定义，不同设备、厂商、版本的数据皆具备相关的标准。在整个数据平台中，针对这部分数据不仅存储了原始数据信息，还存储了原始数据对应的解析标准化数据，例如，图 12-7 与图 12-8 中针对防火墙及 Web 中间件的标准化定义。

集合名称	集合中文名称	字段名称	字段中文名称	数据类型	映射规则	源名称	源中文名称	源字段名称
firewall	防火墙	event_name	事件名称	STR	N/A	firewall event	防火墙数据	N/A
firewall	防火墙	src_ip	源IP地址	STR	N/A	firewall event	防火墙数据	N/A
firewall	防火墙	src_port	源端口	NUMBER	N/A	firewall event	防火墙数据	N/A
firewall	防火墙	src_mac	源MAC	STR	N/A	firewall event	防火墙数据	N/A
firewall	防火墙	src_nat	源NAT地址	STR	N/A	firewall event	防火墙数据	N/A
firewall	防火墙	dst_ip	目的IP地址	STR	N/A	firewall event	防火墙数据	N/A
firewall	防火墙	dst_port	目的端口	NUMBER	N/A	firewall event	防火墙数据	N/A
firewall	防火墙	dst_mac	目的MAC	STR	N/A	firewall event	防火墙数据	N/A
firewall	防火墙	dst_nat	目的NAT地址	STR	N/A	firewall event	防火墙数据	N/A
firewall	防火墙	proto	协议	STR	N/A	firewall event	防火墙数据	N/A
firewall	防火墙	action	操作/动作	STR	N/A	firewall event	防火墙数据	N/A
firewall	防火墙	send_byte	发送流量	NUMBER	N/A	firewall event	防火墙数据	N/A
firewall	防火墙	send_packet	发送包数	NUMBER	N/A	firewall event	防火墙数据	N/A
firewall	防火墙	receive_byte	接收流量	NUMBER	N/A	firewall event	防火墙数据	N/A
firewall	防火墙	receive_packet	接收包数	NUMBER	N/A	firewall event	防火墙数据	N/A
firewall	防火墙	geo.city	城市	STR	N/A	firewall event	防火墙数据	N/A
firewall	防火墙	geo.country	国家	STR	N/A	firewall event	防火墙数据	N/A
firewall	防火墙	geo.isp	运营商	STR	N/A	firewall event	防火墙数据	N/A
firewall	防火墙	geo.latitude	纬度	DOUBLE	N/A	firewall event	防火墙数据	N/A
firewall	防火墙	geo.longitude	经度	DOUBLE	N/A	firewall event	防火墙数据	N/A
firewall	防火墙	geo.province	省份	STR	N/A	firewall event	防火墙数据	N/A
firewall	防火墙	memery_status	内存状态	STR	N/A	firewall event	防火墙数据	N/A
firewall	防火墙	cpu_status	CPU状态	STR	N/A	firewall event	防火墙数据	N/A
firewall	防火墙	login_user	登录用户名称	STR	N/A	firewall event	防火墙数据	N/A

图 12-7　针对防火墙的标准化定义

（3）聚合计算类数据。这类数据需要依赖现有数据，通过时间维度、事务维度来进行关联计算，产生新的数据类型，如链路拓扑数据，在业务运行过程中产生的链路数据一般以某次请求为主，在链路应用场景中，更需要关注整体的拓扑架构，所以要以请求事务及时间关系进行聚合计算处理来形成拓扑数据，日志易系统中定义的标准如图 12-9 所示。

集合名称	集合中文名称	字段名称	字段中文名称	数据类型	映射规则	源名称	源中文名称	源字段名称
webmiddleware	WEB中间件	event_name	事件名称	STR	N/A	webmiddleware.ev	WEB中间件请求事	raw_message
webmiddleware	WEB中间件	src_ip	源IP地址	STR	N/A	webmiddleware.ev	WEB中间件请求事	raw_message
webmiddleware	WEB中间件	src_port	源端口	NUMBER	N/A	webmiddleware.ev	WEB中间件请求事	raw_message
webmiddleware	WEB中间件	x-forwarded-fo	真实代理信息	STR	N/A	webmiddleware.ev	WEB中间件请求事	raw_message
webmiddleware	WEB中间件	http_version	HTTP版本	STR	N/A	webmiddleware.ev	WEB中间件请求事	raw_message
webmiddleware	WEB中间件	dst_ip	目的IP地址	STR	N/A	webmiddleware.ev	WEB中间件请求事	raw_message
webmiddleware	WEB中间件	dst_port	目的端口	NUMBER	N/A	webmiddleware.ev	WEB中间件请求事	raw_message
webmiddleware	WEB中间件	uri	请求URL	STR	N/A	webmiddleware.ev	WEB中间件请求事	raw_message
webmiddleware	WEB中间件	method	请求方法	STR	N/A	webmiddleware.ev	WEB中间件请求事	raw_message
webmiddleware	WEB中间件	user_agent	代理/浏览器	STR	N/A	webmiddleware.ev	WEB中间件请求事	raw_message
webmiddleware	WEB中间件	res_len	响应时长	STR	N/A	webmiddleware.ev	WEB中间件请求事	raw_message
webmiddleware	WEB中间件	geo.city	城市	STR	N/A	webmiddleware.ev	WEB中间件请求事	raw_message
webmiddleware	WEB中间件	geo.country	国家	STR	N/A	webmiddleware.ev	WEB中间件请求事	raw_message
webmiddleware	WEB中间件	geo.isp	运营商	STR	N/A	webmiddleware.ev	WEB中间件请求事	raw_message
webmiddleware	WEB中间件	geo.latitude	纬度	DOUBLE	N/A	webmiddleware.ev	WEB中间件请求事	raw_message
webmiddleware	WEB中间件	geo.longitude	经度	DOUBLE	N/A	webmiddleware.ev	WEB中间件请求事	raw_message
webmiddleware	WEB中间件	geo.province	省份	STR	N/A	webmiddleware.ev	WEB中间件请求事	raw_message
webmiddleware	WEB中间件	rule_name	规则名称	STR	N/A	webmiddleware.ev	WEB中间件请求事	raw_message

图 12-8　针对 Web 中间件的标准化定义

集合名称	集合中文名称	字段名称	字段中文名称	数据类型	映射规则	源名称	源中文名称	源字段名称
olly_topo	链路拓扑	timestamp	时间戳	LONG	N/A	tracing	请求链路	tracing
olly_topo	链路拓扑	topo.source	源节点名称	STRING	N/A	tracing	请求链路	tracing
olly_topo	链路拓扑	topo.target	目标节点名称	STRING	N/A	tracing	请求链路	tracing
olly_topo	链路拓扑	topo.business	所属业务	STRING	N/A	tracing	请求链路	tracing
olly_topo	链路拓扑	topo._errors	错误数量	LONG	N/A	tracing	请求链路	tracing
olly_topo	链路拓扑	topo._latency	延迟	LONG	N/A	tracing	请求链路	tracing
olly_topo	链路拓扑	topo._traffic	请求数量	LONG	N/A	tracing	请求链路	tracing
olly_topo	链路拓扑	raw_message	源数据	STRING	N/A	tracing	请求链路	tracing

图 12-9　日志易系统中定义的标准

2．数据质量检验

通过构建数据质量检验模块，实现数据质量自动检查、监控，整个模块包含质量检查规则库、规则执行引擎、数据质量报告、报告推送、数据质量处理流程等功能。模块的核心是规则库，负责根据不同的数据标准库对数据进行校验。在日志易系统中支持两种数据检验功能。

（1）事前检验。数据被采集并处理完成之后，在入库之前对数据进行实时检验，当数据出现异常时对数据进行自动标记，然后进行入库操作。在入库后，通过规则引擎检查带有异常标记的数据，然后通过报告等方式及时通知数据管理员。事前检验的规则完全依赖现有的数据标准库，对数据的基本属性信息进行检验，如数据的类型、数据的缺失等。

（2）事后检验。对于一些关联约束性较强的数据，在事前流式处理的过程中，因为性能、事务关联性等原因，无法做到实时检验，可通过事后检验引擎进行事后检验。在日志易规则引擎中，以定时任务的模式调度检验，对数据进行异步检验，检验完成后形成报告、通知等，同时支持手工调度任务的模式。

12.3.5　数据存储管理

相较于业务数据重视长期保存的特点而言，运维数据最大的特点是海量，数据无标准（主要指源数据），对这些数据做好统一管理，则是数据平台的核心能力。日志易在 2017 年基于 C++语言研发了半结构化存储引擎 Beaver，同时具备对结构化数据的存储与管理能力，该引擎能够在每天数十 TB 数据增量接入的情况下，保证数据的高效利用。

在支撑海量数据的前提下，Beaver 在降低存储成本方面也形成了多种方案。

（1）利用数据近期与远期不同的使用特性，将数据用不同的存储介质进行保存，将远期使用的数据用廉价的存储介质进行保存，降低成本，整个过程不需要人为干预，也不涉及跨网络的数据复制，保证了整个过程的高效、稳定。

每个层级皆可根据企业内部的实际情况，选取不同的存储介质（图 12-10）。

（2）对于历史数据，视监管或者自身管理的需求，一般而言，只需要保留原始数据，标准化形成了大量的要素信息，这部分数据占用的空间非常大，可以根据使用情况，配置相关的裁剪规则，进行自动化裁剪。

（3）对于历史数据，如果不需要实时在线检索，日志易提供了自动归档备份的功能，利用高压缩比的算法将数据进行压缩存储，压缩过程以数据类型进行分离，在需要使用数据时，可根据单一数据类型进行恢复，数据恢复以后，与现有库内数据的使用方式完全一致（图 12-11）。

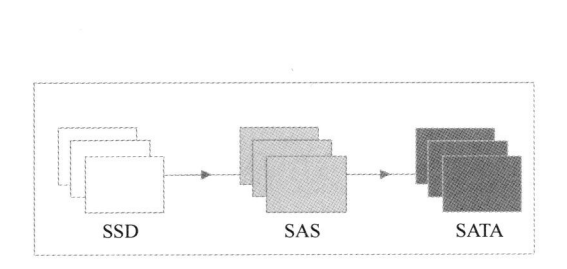

图 12-10　存储介质

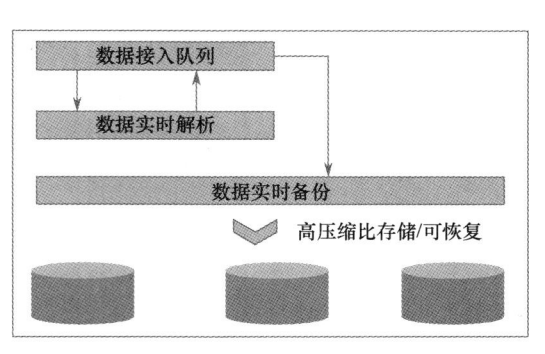

图 12-11　自动归档

对分层存储数据、历史归档数据，日志易提供了完善的生命周期管理机制，可根据不同的数据类型定义数据的保存周期，过期后自动清除（图 12-12）。

图 12-12　日志保存

12.3.6 数据应用与服务

运维数据治理的目标是让运维数据更清晰、更好用，以及发挥更大的价值。可以通过数据质量管控展现出更加清晰的数据，提升监控的有效性。以应用场景为驱动，从 ITOA、AIOPS 等方面构建数据模型，则是为了发挥数据的价值。

1. 批处理建模

对于已经纳入管理的全量运维数据，日志易提供了批处理建模的功能，以低代码的方式，快速构建各种运维数据模型，让用户能够快速洞察数据、探索数据，这是平台建设的重要目标之一。

日志易 SPL 如图 12-13 所示，在运维数据治理模型构建过程中，结合运维人员操作习惯及大数据处理的分析语言是数据建模的利器。

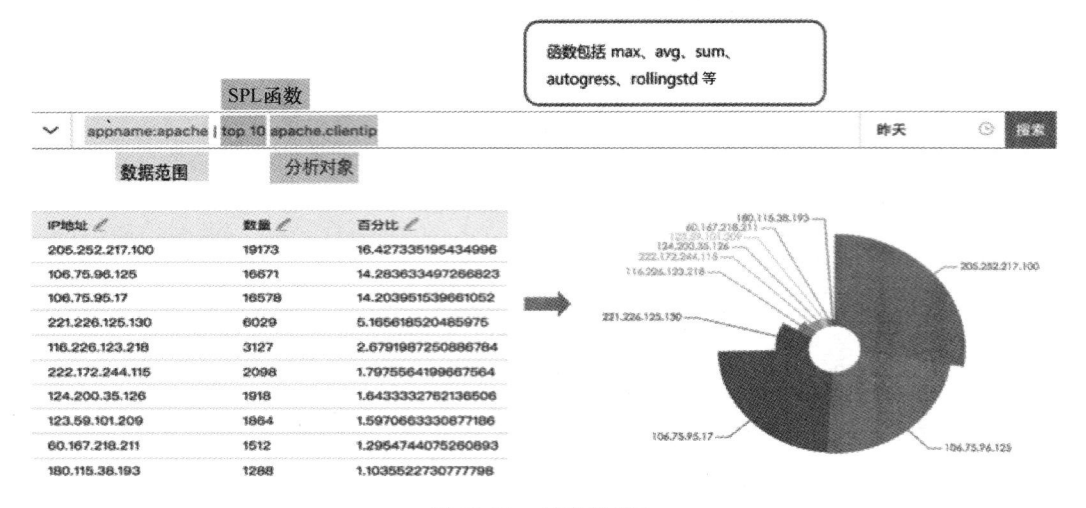

图 12-13　日志易 SPL

标准化的数据模型加上快速高效的分析语言，可以快速形成想要的数据模型，借助可视化能力，可以提升数据的可读性。

2. 流处理建模

依靠批处理模式的数据模型，往往不能应对很多时效性要求非常高的场景，如基于数据的监控告警，如果使用批处理模式，往往有滞后性。在这种需求下，日志易在批处理的基础上构建了流处理框架，利用高性能流处理平台来快速实现时效性要求较高的数据模型。

相较于 SPL 低代码特性，流处理框架提出了更高的要求，完全以所见即所得的方式，让操作人员快速操作数据（图 12-14）。

流处理框架最大的特点是以可视化操作来完成数据的编排，后端采用流处理平台完成数据的处理。在数据处理过程中有详细的监控机制，可以快速查看当前数据的处理情况、数据的流量等。

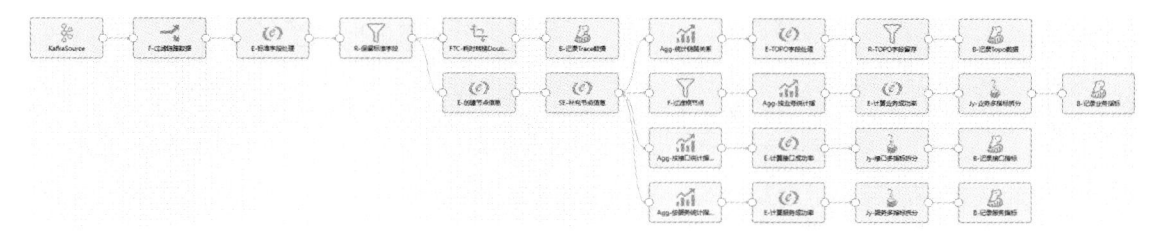

图 12-14　流处理框架

3．数据的发布与订阅

在运维数据治理体系下，日志易平台本身只是运维数据的管理工具，对于一些专业领域的运维场景，则需要专业的工具，在这种情况下，高效地将内部的标准数据及模型数据共享给专业的工具，是平台必须具备的能力。

日志易系统支持两种数据共享模式，分别是主动发布模式与服务模式。

对于主动发布模式，系统集成了各类常见的数据通信中间件协议、第三方存储介质协议等，可以快速将数据传输至其他的消息队列、其他的关系型数据库、其他的大数据组件等。数据的使用方不需要开发即可直接在其工具中使用数据，极大地提高了数据共享的效率。如图 12-15 所示为数据目的地。

图 12-15　数据目的地

对于服务模式，系统提供了标准的 RESTful 接口，数据使用方可根据自身的数据使用场景，调度日志易平台接口获取数据。

第 13 章　智能运维

- 概述
- 异常检测
- 根因分析
- 日志分析
- 告警收敛
- 趋势预测
- 故障预测
- 智能运维对接自动化运维
- 智能运维面临的挑战

13.1 概述

近年来，随着 IT 运维的复杂度不断提高，人工运维和自动化运维已经无法高效、低成本地应对运维场景中的挑战，智能运维逐渐成为一种新的解决方案。实际上，智能运维不仅提高了运维效率，而且引入了很多新的视角，与新的 IT 场景相结合，创造出新的价值。对于 IT 企业来说，智能运维的重要性会越来越明显。所有企业都应该了解智能运维，并从传统的运维手段逐步转向智能运维。

智能运维的英文全称是 Artificial Intelligence for IT Operations，它是大数据、机器学习等技术在运维领域的应用。以往，随着数据量越来越庞大，系统结构越来越复杂，运维团队不得不雇用更多的人来应对。如今，智能运维通过提供访问工具改变了这一点。这些工具可以通过收集和分析数据来做出高级决策和执行自动化操作。智能运维可以被理解为将数据分析融入 IT 运维系统的一系列更精确、复杂的方法的集合。对运维人员而言，智能运维可以协助他们更高效地定位和解决现实中的问题。对智能运维工具开发人员而言，要最大化利用运维数据，挖掘出对解决问题有切实帮助的信息。智能运维工具的开发必须由算法工程师和运维人员共同完成。算法工程师的科研知识储备和运维人员的专业领域知识，都是不可或缺的部分。

智能运维目前仍处于探索阶段。智能运维是随着机器学习的发展而发展的，相关场景大多是大规模、无监督、高精确度的场景，对算法的要求很高。经过近几年的发展，智能运维逐渐细分出几个较为通用的应用场景：异常检测、根因分析、日志分析、告警收敛和趋势预测。其中，异常检测和告警收敛是发展较快的领域；根因分析和趋势预测受限于真实情况的复杂性，发展较慢，仍然在积累经验。本章将从算法的角度介绍这几个通用场景的实现思路。

13.2 异常检测

异常检测是智能运维发展较成熟的场景之一。"异常"可以被定义为不符合常规模式的行为或事件，如异常的网络环境会导致服务器响应变慢，从而导致某个时间点的延迟增大、失败率升高等。在运维系统中，数据大致可分为两种类型，一种是文本类型，另一种是时序指标类型。异常检测关注数值的变化，所以时序指标是它的主要应用载体。时序指标是由监控系统按固定的时间间隔采样的数据，在运维领域中又被称为关键性能指标（Key Performance Indicator，KPI）。异常检测的目的是区分指标的正常模式和异常模式。其难点在于，在许多情况下，即使是专业的运维人员也很难定义什么是正常和异常。对于时序指标，早期的异常检测方式是凭经验设定一个阈值，高于或低于该阈值就被判定为异常。但是，这种方式的弊端很多，具体如下：

（1）凭经验设定的阈值可能不理想。

（2）无法适应指标未来可能发生的模式变动。

（3）监控大批量指标时需要耗费很大的人力成本。

（4）只能监控简单的数值异常，无法检测模式上的异常。

为了解决这些问题，依赖于机器学习算法的异常检测应运而生。对不同种类的指标需要有针对性地设计不同种类的算法。例如，对于有周期的业务指标，设计算法时需要考虑其周期性；对于机器指标，要重点关注其波动模式的变化。不存在一个通用的算法可以应对所有情况，更何况一个高度泛化的算法也是很难训练的。另外，算法依赖数据，规范有效的历史数据也是必不可少的。在真实的运维环境中，有异常标签的时序指标数据十分稀少，所以大部分异常检测算法都是无监督的，这对算法的选择有一些限制。既然难以获得有标签的数据，算法需要的训练数据就要更多更广，并且能够覆盖各种特殊的正常模式和异常模式。总之，无论是使用统计方法还是机器学习算法去实现异常检测，数据的多样性和代表性都是十分重要的。

根据应用场景的不同，异常检测可分为单指标异常检测和多指标异常检测。单指标异常检测关注某个指标的异常，它的输入是一维时序数据。多指标异常检测关注一系列相互关联的指标的异常，它的输入是多维时序数据。

13.2.1 单指标异常检测

在实际的网络业务数据中存在各类监控指标。这些监控指标往往有具体的含义，对运维人员监控整体业务走势、分析人员获取业务反馈有着至关重要的作用。在智能运维技术架构中，指标异常检测是核心技术中重要的一环。通过指标监控的无人化、自动化、智能化，最终可实现智能的指标检测系统，从而大幅降低运维人员的监控压力，同时为分析人员提供更精确的业务反馈信息。

指标按照来源可分为业务指标和系统指标。其中，业务指标指的是实际业务的监测数据，如交易量、成功率、访问次数、业务额等。这些数据由业务本身产生，来源于人的操作。因此，业务指标往往具有周期性，每天会呈现出有规律的高峰和低谷，每周会呈现出工作日和休息日的差异，在年、季度、月的层面上也会有一定的周期性差异。系统指标指的是由支撑业务运行的物理设备产生的监测数据，如CPU利用率、内存使用量、网络成功率、吞吐量、响应时间等。这些数据由机器产生，与人的操作行为关系不大，更多的是受物理环境的影响。因此，系统指标往往不具有很强的周期性，更多的是受到硬件设备的影响。系统指标虽然不直接反映业务状况，但是对于系统故障导致的业务异常可以通过系统指标快速定位。

指标按照自身特征可分为周期性指标和非周期性指标。周期性指标是指数据具有周期性，对这类指标的异常检测主要关注是否出现了违背历史模式的新模式。非周期性指标是指数据不具有周期性，但可能符合某种非周期性模式（例如，CPU 利用率一般会在小于 80%的某个数值附近波动，而网络延时会在信道的物理延时附近波动）。对非周期性指标的异常检测一般关注数据是否打破了既有模式。

对于不同来源、不同特征的数据，如何鉴别其中的"固有模式"以进行异常检测，就是异常检测算法需要解决的问题。

下面简要介绍几种常用的单指标异常检测算法。

1. 三西格玛（3sigma）检测算法

三西格玛检测算法是一种非常经典的异常检测算法，它通过对历史数据计算均值和方差来判断待检测数据是否在合理范围内。

1）优点

（1）简单易用，易于理解，可解释性强。

（2）适合无内在规律可循的数据。

2）缺点

（1）完全不考虑数据本身的时序模式、时间特征、周期性等。

（2）识别逻辑过于简单，约束之外不一定就是异常，很多异常也可能在约束之内。

2. ARIMA 模型

ARIMA（Autoregressive Integrated Moving Average）模型，即差分整合移动平均回归模型，是一种经典统计学模型，它通过计算历史数据的一些统计学特征来预测未来数据。在异常检测领域，它通过待检测数据和预测数据的差距来判断是否存在异常。

ARIMA 模型由以下 3 个部分组成：

AR(p)：AR 是 Autoregressive 的缩写，表示自回归，含义是当前时间点的值等于过去若干个时间点的值的回归。因为不依赖别的解释变量，只依赖自身的历史值，所以称为自回归。若依赖最近的 p 个历史值，则称阶数为 p，记为 AR(p)。

I(d)：I 是 Integrated 的缩写，表示模型对时间序列进行了差分。因为时间序列分析要求平稳性，所以不平稳的序列需要通过一定手段转化为平稳序列，一般采用的手段是差分。d 表示差分的阶数。t 时刻的值减去 t−1 时刻的值，得到新的时间序列，称为 1 阶差分序列；1 阶差分序列的 1 阶差分序列称为 2 阶差分序列，以此类推。另外，还有一种特殊的差分是季节性差分，即一些时间序列呈现出一定的周期 T，用 t 时刻的值减去 t−T 时刻的值得到季节性差分序列。

MA(q)：MA 是 Moving Average 的缩写，表示移动平均，含义是当前时间点的值等于过去若干个时间点的预测误差的回归，预测误差=模型预测值−真实值。若序列依赖最近的 q 个历史预测误差，则称阶数为 q，记为 MA(q)。

1）优点

（1）简单，易实现。

（2）适用于无噪声、模式简单的数据。

2）缺点

（1）调参难度大，每个参数都需要针对具体数据进行适配。

（2）只能用于模式简单的数据，对于模式复杂的数据表现很差。

（3）不考虑时间特征。

（4）对数据波动非常敏感，容易产生误报和漏报。

3．孤立森林算法

孤立森林算法是一种基于决策树森林的集成算法，它是无监督算法。这种算法首先训练若干决策树，再由所有的决策树投票决定是否存在异常。这种通过训练多个弱学习器来实现强学习器的思想称为集成打包思想。

这种算法将样本在空间中的孤立程度作为异常判定标准。在指标异常检测中，所有一维训练数据和测试数据都需要窗口化为高维数据，窗口大小由数据的周期和模式决定。

学习过程：构造多棵分类树，组成森林，每棵树在构造时所用的数据是在总样本中随机抽样得到的。每次在样本空间中随机选择一个维度进行划分，若划分后的子空间中的样本数小于某个阈值则停止划分，否则继续划分，直到达到树的最大深度或无可划分。

估计过程：将新样本输入森林，将新样本所在子空间在每棵树中的深度（划分次数）作为异常指数，深度越大则说明越正常，越小则说明越异常。最后，综合森林中每棵树的结果做出决策。

1）优点

（1）简单，速度快，易训练。

（2）擅长处理与时间不相关的异常，以及异常的偏移程度远大于自身离散程度的简单情况。

（3）对缺漏点不敏感。

2）缺点

（1）不考虑时间特征。

（2）训练数据中的噪声会产生较大影响。

（3）对于细微异常不敏感。

4．滑动平均算法

滑动平均算法是一种基于数值的简单阈值算法，通过比较滑动窗口内平均值的某种关系

（比值、差分等）的历史分布，判断数据是否在合理的范围内波动，是否产生了历史习惯外的波动情况。

原理：通过计算相邻窗口内数据和的商来考量数据变化的程度，基于商值序列的分布来学习相对稳态下的阈值。在 KPI 异常检测中，所有一维训练数据和测试数据都需要窗口化为高维数据，窗口大小由数据的波动程度决定。窗口越小，模型对数据波动越敏感；窗口越大，模型对数据波动越不敏感。

学习过程：对两个相邻窗口内的数据分别求和再相除，得到前后窗口的数值商，进而得到训练数据的商序列。数据波动越剧烈，商就越大，反之则越小。为了对商序列的分布做简单描述，对其求平均值和期望值。此期望值和平均值将作为后续检测所用的阈值。其意义是如果数据的波动程度在历史数据波动程度以内，就认为是正常的。

相比于单纯比较平均值的历史分布，使用前后窗口可以增强算法的稳健性，降低数据中噪声的影响。对于偶发性波动异常，如果单纯比较平均值历史分布，由于偶发异常在窗口内对平均值偏移产生的影响有限，最终可能导致产生漏报。而如果使用前后窗口进行比较，可以放大偶发异常的影响，从而更易于捕捉异常情况。

评估过程：对待预测序列进行窗口化并计算商序列，使用平均值和方差配合灵敏度构造阈值，依据阈值判断是否异常。

1）优点

（1）简单，快速，易训练。

（2）适用于无规律的非周期性数据，能容忍一定的噪声。

2）缺点

（1）不考虑时间特征。

（2）不考虑数据本身的模式异常，仅在历史分布的范围内进行判断。

（3）效果与数据本身的波动程度有关，如果数据本身波动程度很大，那么可能难以捕捉波动类型的异常。

（4）对于细微异常不敏感。

5. 梯度增强回归树算法

梯度增强回归树（GBRT）算法是一种基于增强思想的决策树森林算法，它是有监督算法。在时序数据异常检测中，将数据输入模型，得到数据的异常分数。孤立森林算法通过训练多棵不同的决策树，采用投票的方式决定最终结果，而 GBRT 算法则通过不断地训练新树去优化或改进之前的决策结果，因此被称为增强算法。正因为需要对之前的结果进行修正，所以 GBRT 算法是有监督算法。

对于每个给定窗口内的数据，根据窗口大小计算若干统计学特征和基于时间戳的时间特征。由上述特征共同组成该数据的特征维度，输入决策树森林中。

学习过程：使用 Boost 思想训练决策树森林，除第一棵树外，其余树全部基于之前决策结果的目标函数结果来构造。通过不断从数据的特征维度中选取信息增益最大且降低目标函数的维度和该维度的分界点来构造决策树，直到符合停止条件（如树深度、最小子集划分、最小信息增益等）为止。最终得到一个决策树森林。

评估过程：将数据的特征维度输入决策树森林，从第一棵树开始修正前面的结果，直到最后一棵树输出最终的异常分数。

1）优点

（1）具有较强的学习能力。

（2）通过人为标记或特征工程，可以有针对性地适应某些数据需求。例如，可以加入乱序周期的数据作为反例来训练一个可以识别周期异常的模型。

（3）在多数情况下，效果好于孤立森林算法，但是如果训练数据不理想，可能会出现相反的情况。

2）缺点

（1）因为需要不断地反馈迭代，所以训练时间很长。

（2）对数据要求很高，要求数据必须有标记。

（3）要求数据量比较大。

6．核密度分析

核密度分析（Kernel Density Estimation，KDE）是一种基于历史数据分布的无监督算法。在时序数据异常检测中，将数据输入模型，得到数据的异常分数。

对于给定带宽，以带宽为间隔划分整个数据集，使用每个间隔内的点构造高斯分布，将所有间隔得到的高斯分布线性叠加并归一化，最终得到一个由多个高斯分布组合而成的分布模型。原理上类似于对统计数据绘制直方图，可以将数据在各个数值区间上的分布通过频率计算出来。

学习过程：对每天处于同一时刻的数据点，选取其相邻一定范围内的点构成一个点集，对点集做核密度分析，构造一个核密度模型。对一天中的所有时刻构造一个对应的核密度模型，得到最终的 KDE 模型。根据精度，可以生成数量不同的模型。

评估过程：首先找到待评估数据点所属的时刻，然后使用该时刻对应的核密度模型对数据点进行评估，得出异常分数，最后根据灵敏度阈值判断是否异常。

1）优点

（1）对于周期规律明确的数据具有较好的评估效果，对任意时刻的灵敏度取决于该时刻数据的波动程度。

（2）如果对不同时间模式训练不同的 KDE 模型，可以精准捕获周期模式异常，对证券类数据等具有良好的识别效果。

(3) 模型完全不受少量缺失点的影响。

2) 缺点

(1) 模式简单,需要对每个时刻单独建模,存储空间消耗比较大。

(2) 要求数据量比较大,算法精度和数据量直接挂钩。

7. 编码器

条件变分自编码器(Conditional Variational Autoencoder,CVAE)是对变分自编码器(VAE)的改进,它是一种涉及神经网络的机器学习算法。理解 CVAE 需要从最原始的自编码器(AE)开始:在时序数据异常检测中,将输入数据窗口化,通过编码器映射为维度更低的隐变量,再由解码器进行复原,如果复原出的数据和原始数据接近程度较高,说明输入数据的模式是正常的,反之则是异常的。网络训练过程就是通过输入无异常的数据让网络训练编码器和解码器,使之尽可能地将模式相似的数据都复原出来。

但是,自编码器有很明显的缺陷,即网络复原能力有限,容易陷入过拟合,缺乏对稍微变化的正常数据的适应能力。因此,人们提出了 VAE。VAE 假设隐变量符合高斯分布,由编码器训练出的其实是隐变量的均值和方差,从高斯分布中抽样再输入解码器,这样就能保证输出的一般性和隐变量的连续性。VAE 假设解码器输出的变量也符合高斯分布,即得到均值和协方差矩阵(对角阵)。VAE 可以通过新数据不断地更新自己的网络参数。

变分自编码器可以很好地解决数据模式学习的问题,但其对于数据模式之外的业务模式或更复杂的数据模式缺乏学习能力。因此,人们又提出了条件变分自编码器,通过在隐藏层加入外界条件来使解码器网络对不同复杂模式下的数据有不同的输出结果。

1) 优点

(1) 可以处理绝大多数周期性指标,对于各类模式异常都有良好的适应性。

(2) 可以在一定程度上学习更复杂的业务模式和时间模式。

(3) 就周期性数据的模式识别而言,效果优于大多数其他算法。

2) 缺点

(1) 对数据波动程度比较敏感,如果数据波动程度较大,漏报和误报的情况会增多。

(2) CVAE 是涉及神经网络的机器学习算法,训练速度和检测速度都较慢。

(3) 对训练数据的数据量有一定的要求。

13.2.2 多指标异常检测

在异常检测和根因分析等过程中,考虑多个指标数据,往往可以获得更多有效的信息来定位异常和发现指标之间的潜在关系。

单指标异常检测根据一个单独的指标识别异常模式，或者给出动态阈值。例如，当磁盘存储空间不足时，磁盘压力超过阈值，一个单指标异常检测模型可能会对此产生一个告警，而多指标异常检测会同时对一系列相关的指标进行检测并做出决策。例如，一个多指标异常检测模型会同时检测一台计算机的磁盘压力、内存压力、CPU压力、网络波动等，如果仅仅是磁盘压力过大，而计算机仍然可以正常运行，那么可能不会触发告警。只有当磁盘压力过大和内存压力过大同时发生时，模型才会告警。这只是一个简单的例子，真实情况要复杂得多，哪些指标发生异常的影响更大，哪些异常模式的严重程度更高，仅通过规则是无法给出精确、合理的描述的。多指标异常检测模型借助神经网络或其他机器学习模型，挖掘指标间更深层次的关系，利用这些信息做出更精确的异常告警决策。

多指标异常检测的应用对象通常是一个可以通过多个特征指标描述的实体，如一台服务器、一个集群、一个航天器系统等。实体的每个特征指标都对实体的运行状况做出一部分贡献。当然，每个指标的影响程度是不同的，其中有两类指标是比较重要的。

第一类是对其他指标影响较大的指标，它的变化往往可以导致很多其他指标也发生变化，从而导致整个实体进入异常状态，这类指标一般处于依赖拓扑图的较低层，如计算机空闲内存等基础指标。

第二类是对整个实体的可用性产生较大影响的指标。这类指标发生异常时，可能不会导致其他指标的变化，但会影响整个实体的可用性，或者某些业务逻辑十分关注的时效性等，从而引起较严重的后果。

在进行多指标异常检测时，第一步就是筛选出可以反映实体运行情况的重要指标。要尽可能涵盖上述两类指标，并排除一些不重要的指标，如有信息冗余的指标或业务上并不关注的指标。

从算法的角度来看，在构建多指标异常检测模型时，输入 X 为实体某个时刻的状态，它可以被表示为一个 N 维向量，代表实体的 N 个特征指标。异常检测中常用的两种判定异常的方式是预测和重构。预测是指使用预测值和真实值的误差作为异常评分。重构是指使用真实值的重构值和真实值的误差作为异常评分。在多指标场景下，预测值和重构值通常都是多维向量，那么异常评分的计算需要采取一种策略将多维向量转换为标量评分。当然，这个策略也可以通过学习得到。对于输入而言，一个 N 维向量能够涵盖每个特征指标的信息，但它不能涵盖时序上的信息。指标的本质是一个连续时间序列，大部分能够挖掘到的信息其实是隐含在时序关系里的，多指标异常检测同样需要充分考虑时序信息才能有更好的效果。

提到时序信息，自然就会想到循环神经网络（LSTM），LSTM 的确是一个很典型的解决方案，它可以学习每个特征的历史模式，并基于前一段时间的记忆做出合理的预测。另一个解决方案是，使用滑动窗口扩展每个特征指标的维度，如果窗口的长度是 W，那么模型的输入将从一个 N 维向量变成一个 $N \times W$ 维的矩阵。显然，模型更复杂了。但是，因为引入了时序信息，这种复杂性也是在所难免的。在实际应用中，一个实体的特征指标可能多达 100 个，甚至 1000 个。这样大批量模式的异常很难依靠人类的经验去判断，算法的优势此时就体现出来了。另外，多指标异常的真实数据也极为重要，由于它的高复杂度，开发人员很难模拟出接近真实情况的数据，所以只有依靠经过实践检验的真实数据，才能得到理想的效果。

多指标异常检测其实是单指标异常检测的高维延拓，所以一些简单的单指标异常检测模型也可以在多指标场景中使用。受大环境限制，指标检测缺少高质量的带标签数据，因此大多数单指标异常检测模型都是无监督模型。在单指标异常检测中通常通过滑动窗口的方式来扩展维度，因此结合高维数据和滑动窗口，一些单指标无监督模型同样适用于多指标场景，并能对整体做出更好的描述。同时，多指标模型必然会带来更高的复杂度、更长的训练时间，以及更高的调参难度。

13.3 根因分析

根因分析旨在通过对业务架构或系统架构构建知识图谱，根据合并后的异常来源进行异常定位并给出可能的修复方案，在理想情况下甚至可以实现自主修复。一个精确的系统拓扑层级结构，是根因分析的关键。在人工构建的成本越来越高的情况下，自动构建拓扑图成为根因分析中较为重要的探索方向。考虑到指标数据是运维系统中最常见的具象形式，拓扑结构的自动构建同样可以依赖指标数据的信息。

13.3.1 相关性分析

相关性分析是指标数据另一个较为重要的应用领域。挖掘指标之间的相关性，可以间接了解指标之间的潜在关系，甚至可以协助构建系统的拓扑结构。相关性较高的指标，大概率同属一个集群或一个服务，因此异常模式也会有所关联。可以粗略地认为，当某个指标发生异常时，与其相关性较高的指标更容易发生异常。这个结论对于告警收敛和根因分析有着重要的参考意义。

那么，如何度量相关性呢？最直观的方法就是度量处于同一时间范围内的指标数据的距离，距离越小，则相关性越高。这里的距离函数一般选用欧氏距离。但是，考虑这样一种情况，某个请求的成功率和失败率两个指标在数值上是完全相对的，即变化趋势呈负相关，此时单纯使用欧氏距离度量相关性就变得不是特别合理。实际上，对于大多数相关的指标数据，人们想要挖掘的"相关性"都是线性相关，而不是简单的数值相等。因此，在使用距离函数之前，要将原始数据归一化为均值为 0、方差为 1 的标准数据，从而消除具体数值的影响，只考虑变化趋势的相关程度。统计学中采用皮尔森系数度量相关性，它等同于归一化后的欧氏距离，取值在-1～1。皮尔森系数的绝对值越接近 1，数据越相关；当皮尔森系数等于 0 时，数据完全不相关；当皮尔森系数等于 1 时，数据完全正相关；当皮尔森系数等于-1 时，数据完全负相关。对一组指标两两计算皮尔森系数，最终可以得到一个相关度矩阵。

在实际情况下，两个相关的指标数据之间可能存在延迟，这一重要因素在上述计算中被忽略了。延迟的产生有很多原因，可能是指标所处层级不同而产生的传输延迟，也可能是数据采样产生的延迟，还可能是业务逻辑上的延迟。在大部分业务系统中，这种延迟并不会特别长，而且考虑到时效性，智能运维系统对延迟的容忍程度也是有限的，所以一般会给定一个延迟范围，在考虑延迟的基础上计算相关性。一种方案是改进距离度量方式。DTW（Dynamic Time Warping）是一种不规整时间序列的距离度量算法，这种算法会找到最合适的数据点对应关系（而不是只考虑对应时间点上的数据距离），利用动态规划的思想计算距离。这种算法的缺陷是，它依赖数据间对应关系的不规整，而实际应用中产生的数据在消除延迟后其实大部分是规整的，不符合算法的出发点。因此，更简单直接的方案是，在延迟容忍范围内，先对数据进行相移，再计算皮尔森系数。该算法的优点是符合延迟的特性，缺点是会导致计算时间成倍增长。

试想这样一个场景，一个服务由多层模块串联组成。当底层的数据库模块出现异常时，会导致服务端模块异常，进而导致前端显示异常。假设有 3 个监控项分别监控这 3 个模块的一项关键指标，这些指标由于监控目标和运行环境不同，在正常情况下是不存在线性关系的，它们各自遵循自己的正常模式。当底层模块发生异常时，3 项指标由于数据传输关系，都会进入异常模式；在异常修复后，3 项指标又重回正常模式。很明显，这 3 项指标之间是存在相关关系的。但是，无论它们处于正常模式还是异常模式，使用上述挖掘相关性的算法，都无法找到它们的相关关系。唯一可以表现它们相关性的现象，就是它们各自的异常通常同时发生，也同时消失。由于传输延迟的存在，这种相关性也会容忍一些"不同时"的存在。因此，另一种挖掘相关性的方式，就是利用指标异常发生模式的相关性来表征指标的相关性。在单指标异常检测中，可以利用机器学习算法或统计方法，挖掘每个指标的异常发生模式，再对这种异常发生模式进行距离计算，从而得到指标间的相关性。更有意义的是，考虑到计算相似度最高时的相移大概率等于指标间的延迟，可以借此粗略地推断相关指标间的拓扑关系，甚至绘制整个系统的拓扑关系图，为异常的根因定位提供帮助。

无论使用何种方式计算相关性，最终都会得到一组指标的相关度矩阵（若考虑延迟，还会得到一个延迟矩阵）。它类似于一个带权重图的邻接矩阵，因此依据它可以轻易地构造出一个关系图（若考虑延迟矩阵，则可以构造出有向图）。为了使关系更加简洁、清晰，可以选用一些剪枝策略来去掉不重要的边。对于被监控的系统来说，这是一个不需要先验知识，自动学习到的系统拓扑关系图。在理想情况下，相对于真实的系统拓扑关系图，学习到的系统拓扑关系图能够提供更深刻的描述，或者挖掘出系统设计的优势和缺陷，两者相互结合，能够在根因定位中给出更准确、合理的结果。还可以对这种相关性做进一步的分析。例如，把相关度矩阵转化为距离矩阵，应用聚类算法对多指标进行聚类，得到的结果依然具有很大的分析价值。值得注意的是，虽然拓扑关系图可以提供很多信息，但是拓扑关系图构造的准确性决定了信息的真实性。在实践中，运维人员或开发人员应该更加注重相关性挖掘算法的准确度，它是一切效果的根基所在。

高复杂度一直是多指标相关性挖掘中无法避免的问题。因为指标间两两计算相关性是必不可少的，所以无论采用何种算法都至少是平方级别的复杂度。当指标数量过大时，每增加一个指标都会带来巨大的消耗。因此，需要采取一些策略来优化计算速度。首先，两两计算相关性的模式显然是符合并行计算条件的，因此制定多机、多进程、多线程分布式计算的策略是要考虑的第一个问题。其次，人们通常只关心那些相关性较高的指标对，而不关心相关性较低的指标对。因此，可以选用一些方法先进行复杂度较低的粗略计算，筛掉一些不需要计算的指标对，再从需要计算的指标对中挑选两两相关的概率较高的指标对放在同一个 Batch 里计算。还可以在计算相关性的算法上进行优化，如确定一个阈值，当计算结果大于该阈值时即停止计算，这对最终分析的影响较小。上述方法只是一些简单的建议。总而言之，要明确相关性分析的目的——差异化相关指标与不相关指标。

13.3.2 事件关联关系挖掘

通过事件之间的关系挖掘拓扑结构是根因分析的另一种实现思路。根因分析也称异常溯源，在大量系统节点中，运维人员更关心的是异常事件经常发生的节点。根据事件关系发现的关系结构可能不是完整的结构，但一定是故障诊断中可信度较高的关系结构，前提是异常检测准确可靠。常用的关联关系挖掘算法有 Apriori、FP-growth 等。

关联关系挖掘算法的目的是从一系列事件中挖掘"事件 X 发生时事件 Y 发生的可能性较大"这样的关联规则。算法需要的历史数据集由连续的事件窗口中的项集组成。一个事件窗口是一个时间段，在这个时间段中发生的所有事件被认为是同时发生的，它们组成一个项集。关联规则的强度可以用它的支持度和置信度来度量。支持度是指规则可用于给定数据集的频繁程度，而置信度是指 Y 在包含 X 的事件窗口中出现的频繁程度。基于这两个定义，关联规则挖掘算法可分成以下两个子任务：

（1）寻找频繁项集：发现满足最小支持度阈值的所有项集，这些项集被称为频繁项集。

（2）寻找强规则：从频繁项集中提取满足最小置信度阈值的规则，这些规则被称为强规则。

有很多成熟的算法对挖掘过程做了优化，使其不再是暴力枚举。但是，效果依然依赖事件窗口、最小支持度和最小置信度这 3 个参数的选择。

算法最终挖掘到的强规则，是类似于 $X \rightarrow Y$ 的蕴含表达式。通过这样的关系，理论上可以构造一个具有拓扑层级的结构图，并在异常溯源时依据结构图推测可能的根因节点。

使用循环神经网络挖掘关联关系也是一种思路。在某些故障引起的大量异常事件之间存在着时间相关性，因此可以使用 LSTM 或其他考虑时序因素的神经网络算法建立分析模型。例如，LSTM 将历史数据中的派生事件作为输入，将根源事件作为输出，这样可以学习到同源派生事件的内在特征。当异常发生时，模型可以根据异常事件的特征推荐其根源事件，帮助用户快速定位问题。

13.4 日志分析

日志分析对系统运行过程中，各个组件、模块等单元产生的日志进行分析，旨在通过分析日志文件的内容及其中蕴含的系统信息，挖掘系统运行规律和模式，监测系统运行异常，预测未来可能出现的故障或问题。

系统日志由于其表现形式的特殊性，不同于一般的运维数据。了解系统日志的特点是对日志数据进行认知和分析的先决条件。

文本性：文本性决定了操作日志数据的复杂度。顾名思义，日志文件的内容是由文本组成的，不像指标数据那样由数字组成，所以不能直接用于计算。

模板性：日志数据不是由人类记录而是由机器产生的。日志数据一般是由程序中的打印语句产生的，打印语句又是由代码编写者提前写好的，它是一个有限模式集合，所以产生的日志遵循一定的规律和模式，因此对其进行分析是有章可循的。

一条日志是由两部分组成的：固定部分和参数部分。固定部分是不变的模式信息，参数部分是根据系统的运行状态实时记录的信息。

13.4.1 日志预处理

1．实体识别

分析人员最早拿到的日志数据是日志文档，它所能分割的最小单元是行。在没有先验知识的情况下，每条日志就是一个普通的字符串。需要预先确定一些规则对日志进行拆分，将它映射为一个能表达日志内容的语义序列。这个过程称为实体识别，也称分词。

最基本的分词规则就是以空格切分（这主要针对英文日志，中文日志分词可能需要更多的语言处理知识）。空格分词能涵盖大部分实体识别的情况，但这是远远不够的。例如，英文的标点符号是和每句话的最后一个词的尾部紧密贴合的，空格分词导致标点符号不能被单独分出来；但是，简单地添加标点符号单独拆分的规则，又会导致 IP 地址作为一个整体被拆分成 4 个数字和 3 个英文句点，从而丧失了其作为一个基本语义单元的意义。所以，要完成实体识别，需要预先定义日志中常见的实体正则表达式，如上文中提到的 IP 地址，以及时间戳、JSON、URL 等。实体识别是正确提取日志模式的前提。

2．实体过滤

在完成实体识别后，日志被映射为一个实体向量。然而，其中的一些实体对于学习日志模式可能是没有用的。例如，标点符号和停顿词实际上并没有携带太多日志内容的信息，它们对学习日志模式没有起到关键作用，因此可以选择过滤掉这些冗余信息。这样做有 3 个好处：第一，提高模式识别准确度；第二，降低模式的复杂程度；第三，提高日志模式识别效率。

需要注意的是，过滤需要慎用，在实体过滤严重影响原始日志信息保存完整性的情况下，不建议使用。

13.4.2 日志模式识别

模式识别的目的是把日志数据集中的日志根据相似度进行集合划分，每个子集包含一个日志模式产生的所有日志，根据划分的结果提取每个子集对应的日志模式。其中，日志集合划分用机器学习的术语说就是日志聚类。

在机器学习中，无论是聚类还是分类都涉及一个重要的概念，那就是样本的相似度。不同的数据结构有不同的相似度度量方式，如欧氏距离、角向量等。对于日志数据，由于在预处理中已经被映射为实体序列，所以可以使用一些适用于序列的相似度计算方法，如最小编辑距离、Smith-Waterman 算法等。有了计算两条日志相似度的方法，便可以进行日志聚类。

常用的聚类算法基本都适用于日志聚类，如 K-means、DB-SCAN、EM 算法等。有一种聚类算法在日志聚类中需要特别关注，那就是层次聚类。层次聚类除了能像其他聚类算法一样实现聚类的基本目的，还有一个重要的特征，那就是它保留了日志模式的层次。在每层聚类结果中，层次聚类都保留了不同距离阈值的类的集合，对应日志聚类，就是保留了不同模糊程度的模式集合，越靠近层次聚类树的上层，日志模式越模糊。根据层次聚类结果树，用户可以灵活选择自己想要的日志模式结果。

在理想状态下，也就是聚类精度很高的情况下，日志聚类完成之后，每个类中包含的是一个日志模式对应的所有日志样例。在日志模式未知的情况下，需要通过这些日志样例反推日志模式，即提取所有样例相同的部分作为日志模式的固定部分，将不同的部分抽象为参数部分。其中重要的一步是日志对齐，也就是尽量多地把相同的部分对齐在同一个位置，这个过程可以用的方法和计算相似度的方法高度重合，如 Smith-Waterman 算法。

特别地，需要注意参数部分的识别。不同的参数位置取值分布对应不同的参数类型。如果对应的都是数字，那么可以把该参数定义为数值类型；如果大量样例只对应少数几个取值，如状态码，那么可以把该参数定义为枚举类型。

13.4.3 日志异常检测

经过日志学习，可以获得一个系统内所有的日志模式，以及每个日志模式中的参数细节，称之为训练模型。通过对比实时数据和训练模型，可以检测出以下异常。

1. 模式异常

若一条日志不能和训练模型中的任何一个模式匹配，则称为模式异常。也就是说，在实时日志中出现了一个从未出现过的日志模式。判断日志和模式是否匹配的方法有很多，如在聚类的过程中使用的相似度计算方法。

2. 参数异常

若一条日志可以匹配已有模式，那么下一步要进行的就是参数比对，若一个参数位不能满足已学习到的模型中该参数位的规律，则称为参数异常。

3. 占比异常

若一个模式对应的日志的绝对数量或占全部日志的比例在某个时间段内发生了剧烈变化，则称为占比异常。例如，银行的交易日志在午夜突然大量增加，这和平时的情况是相悖的，系统就要报出占比异常。

13.5　告警收敛

告警收敛是指对异常识别模块识别出的异常进行告警合并，即将相似的异常或可能是同一问题导致的异常等进行合并，整合成更简洁、指向性更强的告警，避免问题大量爆发时对运维人员造成消息轰炸，同时有助于快速找到问题所在。

告警收敛的第一步是告警收集，即将各个来源的告警过滤后放到一个时序告警库中，同时格式化不同的告警。告警的模式可能不同，所以需要设计合适的字段，将告警中大部分有效信息映射到告警系统中，这对后续分析十分重要。

告警收敛的第二步是告警降噪，其目的是移除不合法的告警或不重要的告警。告警的合法性可以简单地根据规则判定。告警的重要性需要综合考虑很多因素，具体如下。

第一，需要考虑一些特殊属性的权重，如"告警等级"这一属性可以直接作为重要性筛选条件。

第二，使用熵权法来定义告警的重要程度。告警中一些不重要的属性往往呈现出高熵的状态，即取值混乱，这类属性的权重应该较小，而低熵的属性权重应该较大，其对重要性的贡献度更高。

第三，需要考虑空间熵、时间熵和拓扑熵。空间熵低的告警是指在任何时候都会频繁发生的告警。时间熵低的告警是指在固定时间点或按固定频率发生的告警。拓扑熵低的告警是指在某个拓扑结构下固定发生的告警。上述告警都是不需要过多关注的告警，在实际生产环境中对解决故障的帮助往往也不大。

告警收敛的第三步是告警聚合，其目的是将多个告警根据某些关系聚合到一起，使运维人员可以批量处理告警。告警聚合有很多不同的聚合思路，如时序关系聚类、关联关系聚类、拓扑关系聚类、文本聚类等，在实践中应根据不同的应用场景进行选择。

1. 时序关系聚类

时序关系聚类是指将发生在同一时间段的告警聚合在一起。然而，如果把所有同时间段的告警都聚合在一起，其聚类结果并无可解释性，处理告警的过程依然很复杂；如果只是聚合同时间段的相同告警，其压缩效果又比较差。所以，依据时间聚合只是告警聚合的一种预处理方式。

2．关联关系聚类

关联关系聚类类似于异常事件的关联分析，关联关系挖掘算法同样适用于告警事件关联规则的挖掘。在挖掘时，使用连续的时间窗口将历史告警划分为项集，在一个窗口内出现次数超过支持度的告警项集被称为频繁项集，可以根据置信度筛选出频繁项集之间的强规则。在实际场景中，具有关联关系的告警可以被看成同源告警，因此能够被归并到一起。

3．拓扑关系聚类

如果系统的拓扑结构是已知的，也可以通过设备之间的拓扑关系来挖掘告警的触发模式，主要有以下应用。

（1）告警抑制：在高优先级告警发生时，抑制低优先级告警。

（2）告警泛化：用告警的超类来代替该告警。

（3）告警特化：用告警的特定子集来代替该告警。

另外，根据拓扑图可以计算每个节点的入度和出度，进而得到节点的重要程度。例如，当连接很多其他设备的核心设备出现故障时，其告警的重要程度就高一些。

4．文本聚类

在实际生产环境中，不是每个告警源的告警系统都非常完善。在多数情况下，一条告警中大部分属性的信息量都很少，没有做聚类的意义，而真实、有效的信息一般仅存储在告警文本中。

因此，在实践中文本聚类是告警收敛的一个关键方式。与一般的文本相比，告警文本具有以下特征，在设计告警文本聚类算法时需要注意。

（1）告警文本一般较短，且比较规范，所以文本的顺序对聚类效果的影响不大，可以选择无序的文本聚类模型。

（2）告警文本的词汇专业性较强，在分词时需要考虑业务系统专业词汇。

（3）告警文本中存在大量有意义的参数文本，而参数在词嵌入时的意义和普通词汇的意义是不同的。因此，在进行文本聚类之前，对每个参数做预处理是一个非常必要的步骤。

以上是常见的几种告警收敛方式，没有提及的方式还有很多。无论采用什么方式做告警收敛，都需要明确的是，告警收敛的目的不仅仅是减少告警的数量，还在于提高告警处理效率，使告警处理过程更加精准、更加流畅。

告警收敛的第四步是优先级推荐。当告警被压缩后，重点是需要对告警模式进行识别，为用户找出重要的告警。如何找到重要的告警，业内有很多不同思路。在有告警重要性标签的条件下，先做特征工程，然后用一些常见的监督学习方法来训练一个模型，从而得到告警的重要性排序。而在无告警重要性标签的条件下，若拓扑已知，则可以使用基于告警熵值的算法，计算得出每个告警的熵值，从而得到告警重要性排序；在拓扑未知的情况下，可以利用专家经验，人为定义告警的优先级。也可以通过统计的方法判断告警是不是高频发生或周期性发生的。一般情况下，高频发生的告警和周期性发生的告警可能是正常的业务运行，而突发的告警则需要重点关注，因此通过告警发生的频数和周期性也可得到告警的重要性排序。

对告警收敛的结果，也可做一些人工标记反馈，不仅可以使算法的输出更加准确，也可以在下次遇到相似场景时，做到快速根因定位，并基于历史解决方案，辅助运维人员快速解决问题。

13.6 趋势预测

智能运维中常见的趋势预测场景有瓶颈预测、故障预测、容量预测等。以容量预测为例，一方面，运维团队如果不能为程序提供足够的计算或存储资源，可能会面临程序崩溃的风险；另一方面，如果过度规划资源，又会造成成本上的浪费。通过容量预测，能够有效地预测资源使用规律，从而为程序实时调整配额，规避风险。

在数据源丰富的情况下，预测问题可以考虑一些被预测数值之外的相关特征，使用常见的机器学习算法。而对于时间序列本身来说，很多基于时间序列的统计方法同样可以挖掘出序列的潜在特征并实现预测，如传统的时序建模方法 ARIMA、Holt-Winter，以及以时序分解为基础的方法等。与机器学习算法相比，这些方法复杂度较低，可解释性较强，但是大部分模型因为遵从平稳性假设，所以无法解决模式迁移的问题。

时序分解法是分析时间序列的典型方法。可以用加性模型或乘性模型将时间序列分解为趋势项、季节项和噪声项 3 个部分。趋势项表示时间序列的整体趋势随时间的变化。通常，由其他影响因素带来的全局增长或下降会在这个部分体现出来。季节项表示时间序列在固定周期上的波动。通常，它与业务的性质有关，如很多面向客户的业务指标都具有以天为周期的固定模式。如果数据不符合常见的周期模式，使用自相关函数或傅立叶级数等方法也可以挖掘出潜在的周期。噪声项是由随机影响因素带来的，根据具体的场景，噪声项可以被假设为符合一定的先验分布。对于一些业务场景，节假日的影响也需要考虑。节假日往往会产生大幅度的模式迁移，这也是很多预测场景必须解决的痛点问题。对于节假日的模式，可以根据历史数据进行特殊建模，并充分考虑可能的影响因素。

总而言之，若想建立一个高精度的预测模型，以下几点是必不可少的。

（1）高质量的历史数据。如果只是基于时间序列本身挖掘特征，那么数据必须是有一定潜在生成过程的、采样均匀的样本。

（2）模型的抗噪能力。数据的生成过程越复杂，无关的外部因素就越多，这些都是数据中噪声的来源。高全局准确度的模型很容易训练，但是否能抵抗随机事件的干扰，是否能自动辨别异常数据，更能体现一个模型的质量。

（3）模型的快速迭代能力。在实际场景中，数据的模式是不断变化的，能够在生产中一直发挥作用的模型必须具有快速适应变化的能力。这一点在工程上和模型设计上都需要考虑。

13.7 故障预测

故障预测是以指标预测为基础的一个常见应用场景。根据海恩法则：每一起严重事故的背后，必然有 29 次轻微事故、300 起未遂先兆及 1000 起事故隐患。许多故障的产生并不是一个突发的偶然事件，而是一个小的异常经过缓慢演变的最终结果。例如在网络故障中，往往有一个从丢包开始到最终网络不可用的过程。如果可以在故障出现前的演变过程中，根据相关指标数据发现先兆，便可以提前发现并诊断故障，避免服务受损，提高系统可用性。

13.7.1 故障预测的方法

故障预测的方法可以归纳为一个通用流程：首先根据某个特定的故障类型，找到与故障相关联的单个或多个指标，再通过算法提取指标特征，并根据特征预测故障。故障预测可以分为直接故障预测和间接故障预测两大类。

1. 直接故障预测

直接故障预测是指在提取指标特征后直接与故障建立联系，一般适用于有故障标注的情况。故障不同于异常，故障的意义更为精确。一般来说，出现的故障都会有所记录，所以有时可以通过特征直接预测故障。大部分有监督的分类算法均可以使用，一般通过神经网络实现，对指标数据提取特征也由神经网络完成，一个神经元代表一个特征。这类方法的优点是泛化性较好，流程也相对简单，不需要太多先验知识。但这类方法一般会遇到正负样本不均衡的问题，且模型往往可解释性较差，无法解释特征的具体含义，以及特征与故障之间的联系。

2. 间接故障预测

间接故障预测是指提取指标特征后对未来的指标值进行预测，再与故障建立联系。预测主要使用传统的时序数据预测算法，预测未来的指标数值，再利用相对简单的异常检测算法，对未来的故障做出预测。相对于直接故障预测，间接故障预测有更强的可解释性，但也依赖更多的先验知识，例如，提取特征时需要根据对故障的运维知识手动选取特征，预测算法的选取、对未来的预测长度也要基于指标的特点。以 Java 内存溢出的故障为例，由于该故障的表现是内存使用率逐渐上升，直至没有足够的内存空间，对应的延迟指标数值会在故障发生时突增，故障发生前并没有明显的变化，因此需要人为选取内存使用率指标，并提取指标的趋势特征。对未来值做出预测后，可以使用简单的阈值在数值或时间维度上判断是否会发生故障。

当前的主流方法是间接故障预测，这是由于故障预测必然需要一部分先验的运维知识。很明显，不是所有的故障都适合预测，只有那些发生前有一个演变过程的故障才能使用预测算法。这一点不同于指标异常检测，指标异常检测的主要原理基础在于概率分布，不太需要利用指标的具体含义、异常的类型等运维知识，即使隐去指标的名称，只根据指标数值也可以得到很好的效果。而故障预测必须事先获取故障类型，以此确定是否应该使用故障预测，例如，外部突发事件导致的故障就明显不可预测。既然应用故障预测的前提是有先验知识，那么就可以不关注泛化性，而选择可解释性和针对性更强的方法。

在实际应用中，使用间接故障预测需要根据实际故障及指标考量以下几个因素。

（1）指标特征的选择：一般来说，指标值可以预测的只有周期特征和趋势特征，而后者常常与故障相关联。所以大多数情况下，选取的特征都是趋势特征。

（2）预测算法的选择：较为通用的预测算法有 ARIMA 和 Holt-Winters。前者认为时序数据的值由噪声部分和非噪声部分组成，它们都是前一段时间窗口相应部分值的线性组合；后者认为时序数据由周期（季节）部分、趋势部分和噪声部分组成，每个部分都可以由前一时刻（周期部分需要前一个周期的相应值）的每个部分递推得到，或者可以理解为时序数据的值是前一段时间窗口值的三次指数平滑。一般来说，ARIMA 更适用于对具有长期趋势的数据做预测，而 Holt-Winters 更适合预测短期趋势；周期性强的数据更适合使用 Holt-Winters 做预测，而周期性弱的数据更适合用 ARIMA。基于这些不同点，需要根据数据和故障的特征来选取合适的算法，甚至有时需要选用特殊性更强的算法。

（3）算法超参数的选择：在选择好算法后，算法的超参数大多可以通过搜索选取最合适的组合，但也可以人为增加一些约束来缩小搜索空间，例如，数据的周期为 1 天且数据 1 小时采集一次，那么在使用 ARIMA 模型时，可不考虑阶数低于 24 的参数（也可使用固定窗口的平滑，窗宽可根据指标特征选定）。

（4）预测的长度：根据故障预测的实际需要和预测算法精准度的衰减程度，设置预测的长度。合理的预测长度可以保证算法的可靠性和易用性，如对于长期演变才会出现的故障，预测长度可以较大，这样算法对短期较大的趋势增长可以有一定的容忍度。这种短期快速增长、长期缓慢增长的特点常见于内存指标。

（5）异常检测的方式：得到预测值后，需要构建一个简单的异常检测方式来预测故障，如预测内存溢出时，会根据预测值是否超过某个阈值来判断；预测内存泄露时，会根据预测值是否会在某个时间范围内达到阈值或预测值的趋势大小是否超过阈值来判断。

13.7.2 故障预测的落地与评估

由以上内容可以看出，故障预测场景的泛化性较差，落地方式一般基于某一类故障，且相对于根据当前值的异常检测，对未来值的故障预测则不可避免地在可解释性和准确率上略显劣势。因此，故障预测目前主要应用于一些特征较为简单、特征与故障的关系较为直观的故障，如网络丢包、内存溢出等。同时，在设计算法时，也应侧重于确保准确率，减少误报。

故障预测算法的评估较为特殊。一般来说，真实的故障并不频繁发生，因此若根据传统的 Precision、Recall、F-score 等方式来评估，最终结果误差较大。如果系统具有故障注入能力，那么可以通过故障注入的方式得到大量故障数据，再计算这三个指标，且需要在计算 F-score 时增加 Precision 的权重。另外，由于从预测值到故障的算法一般都较为简单，算法的可靠性主要依赖从实际值到预测值的预测算法，因此同样可以通过预测的准确率来侧面评估故障预测算法的性能，若算法对未来值的预测较为准确，那么可以认为算法对故障的预测也较为准确。预测的准确率指标主要有：

（1）均方误差——MSE；

（2）均方根误差——RMSE；

（3）平均绝对误差——MAE；

（4）平均绝对误差百分比——MAPE；

（5）中位绝对误差——MDAPE。

13.8 智能运维对接自动化运维

自动化运维包括智能决策、故障自愈等具体场景，主要目的是以自动化操作代替部分人工运维，提升运维效率。

当智能运维模块检测出异常或故障时，后续的运维管理工作需要各种各样的决策来解决问题，常见的决策有扩容、缩容、制定权重、调度、重启等。在这个步骤中，传统人工运维经常遇到以下几个问题。

（1）许多日常的故障都比较简单，需要的后续决策也并不复杂，甚至可能只是简单的重启。然而，在应对这些简单故障时，也需要一定的人工反应时间，且这类故障的反复出现造成了运维人员大量简单而重复的工作负担。对于这类故障，如果系统能够自动完成决策并执行，则可以大大提高效率。

（2）运维人员的决策取决于自己的业务经验和知识。但是，不同业务有各自的特点，不同的运维人员也拥有不同的业务经验。因此，运维人员的经验如何实现有效传承是每一个身处数字化转型过程的企业都会面临的一个重要课题。

（3）当遇到复杂的运维场景时，由于人的认知局限性，有经验的运维人员也有可能遗漏某些"不起眼"的"细枝末节"。如果可以提供充足的细节信息，运维人员就可以做出更准确的决策。

为解决以上问题，自动化运维提供了故障诊断自愈这一解决方案。

故障诊断自愈：根据异常检测、故障预测、根因定位等智能运维相关功能的输出，利用规则或基于机器学习的决策模型，输出相应的诊断和自愈结果。在诊断时，一般会提取故障的特征，在自动判断故障的同时，将这些特征一并提供给运维人员做参考。自愈策略则取决于故障的诊断结果。由于自动化处理的天然风险，一般故障诊断只用于人为选取的部分故障，自愈方式也普遍来源于固定的解决方案。出于稳健性的考量，一般机器学习模型的参与程度不大，主要体现在故障的特征提取方面，且提取的都是可解释性较强的特征（如仅实现特征选择），一般不会直接对故障类型或自愈手段建模。

当前阶段机器学习的参与度不大，主要专注于规则的匹配。

由于自动化运维的应用性较强，故障诊断自愈方案也取决于各自的系统架构，所以不具备较强的通用性。因此，自动化运维的落地需要考虑一些其他场景普遍考虑不到的因素，并且几乎每个过程都需要对具体的场景进行灵活调整，如自动化运维需要考虑权限问题，不同简单故障的自愈手段需要的权限并不一致，导致某些自愈无法进行，为确保一致性，需要将自愈转变为提供故障解决方案，由自动化运维提供故障信息和相应的解决建议，在页面上传递给运维人员。

13.9 智能运维面临的挑战

智能运维在快速发展的同时，也面临很多挑战。在智能运维的典型应用场景中，异常检测是比较易于切入的一个场景，也是业界目前做得较为完善的一个场景。其他场景如根因分析、智能修复、未来预测等，都是不小的课题。仅仅是问题描述这一项就很广泛，也很模糊。在实际项目落地时，建议切分出小需求，逐个攻破，或者从整体流程的角度细化每一步要做什么和期望什么结果，这样才能更好地将智能运维应用于实践之中。

受限于系统的复杂性，缺少有标签的数据是运维环境的普遍现状。因此，多数智能运维算法都是无监督算法。无监督算法的问题之一是缺少评估手段，只能通过大量实践的反馈来衡量算法的效果。这就带来了一个算法选择上的难题，即在有多种算法可以解决同一个问题的情况下，很难评判哪种算法更好。当缺少标准时，就难以进行算法的优化和迭代，这也是智能运维发展面临的一个很大的挑战。

数据的多样性也是智能运维面临的挑战之一。不同的业务场景，不同的机器环境，产生的数据模式可能差别很大。现实中是无法训练出一个极度泛化的模型来应对所有数据的。因此，针对不同的场景，需要设计不同的特化算法。

总之，智能运维所面临的场景需要大量的解决方案相互配合，它不仅是算法技术方面的探索，还是应用流程方面的探索，如何最大化地发挥每种算法的效果或许是一个更大的课题。

第 14 章 可观测性

- 概述
- 实现可观测性的方法
- 可观测性应用场景
- 小结

14.1 概述

14.1.1 可观测性的由来

可观测性的概念起源于工业领域，在该领域中，可观测性被定义为从系统外部输出推断出系统内部健康状态的能力。

随着软件架构的巨大变化（主机模式→C/S 架构→J2EE→SOA→微服务→基于容器的服务→容器编排），开发、迭代、交付的效率得到大幅提升，然而复杂的架构让运维监控和排障变得更加困难。目前，IT 环境十分复杂，仅监控已知问题已经无法解决与日俱增的新问题。这些新问题是"未知数"，相关人员不知道问题出现的原因，也没有标准或图表可供查找，即使是团队的驻地专家也无法预测和解决现代生产软件系统中可能出现的每一种紧急故障。此外，传统运维存在数据孤岛问题，数据缺乏关联，排障过程沟通成本高。

在软件产品和服务领域，可观测性是指在不部署新代码的情况下，能够理解和解释系统可能进入的任何状态的能力。需要部署能够提供可观测性的产品，因为系统的复杂性已经超出了人们能够预测的范围。

简单地说，可观测性就是从应用系统中收集尽可能多的遥测数据，以便调查和解决新的复杂问题，使团队能够主动观测系统，以便在影响用户之前及时解决问题，并保证实验与优化实施的安全性，更好地管控业务风险。可以将可观测性视为系统的一个属性，与功能性、安全性相似。

可观测性正在成为运维行业的新趋势，其在应用发布、混沌工程、全链路压测、自动化测试、站点可靠性工程等领域也有广泛的应用价值。

14.1.2 可观测性与监控

监控和可观测性经常被混淆或互换，因此有必要比较两者的异同，如图 14-1 所示。

监控接收告警，同时告知系统的哪些部分是正常工作的。而可观测性更侧重于系统无法正常工作的原因。

传统的运维可能只带来顶层的"告警"和"概况"，当应用系统发生宕机，运维需要更深层次的错误信息来排错时，则需要收集更多信息并进行关联分析。传统监控普遍只强调问题发生，由于应用服务数据和基础设施数据分别采集和存储，相互隔离，缺乏关联，故障排查过程沟通成本高，导致排障效率低下；可观测性则通过收集"排错""剖析""依赖"等更多运行信息，借助动态分析查明服务状态及关联，最终为运维人员快速展现问题的根因。

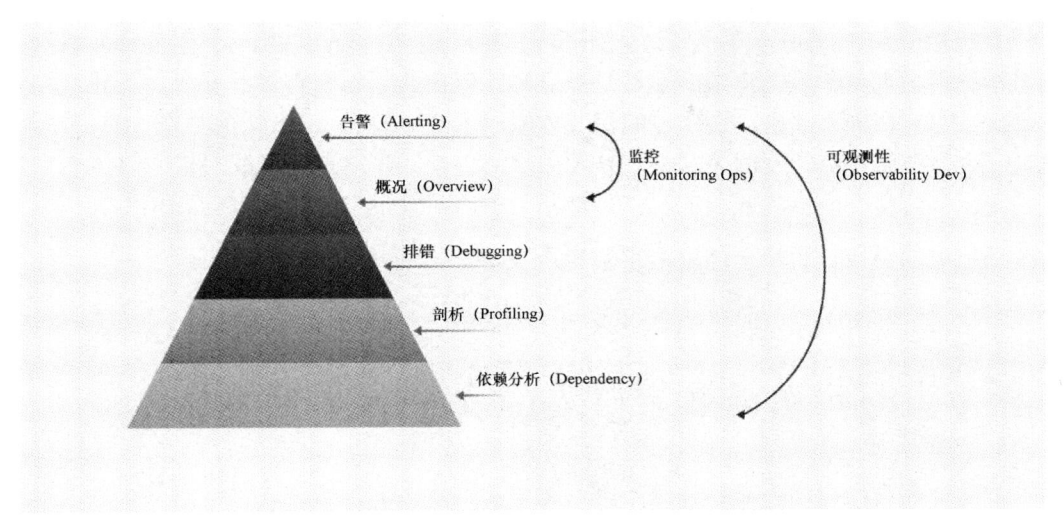

图 14-1　可观测性与监控对比

14.1.3　可观测性的三大支柱

可观测性是由日志、指标和链路追踪三大支柱构建的，即遥测数据可以精简为日志、指标和链路追踪（图 14-2）。

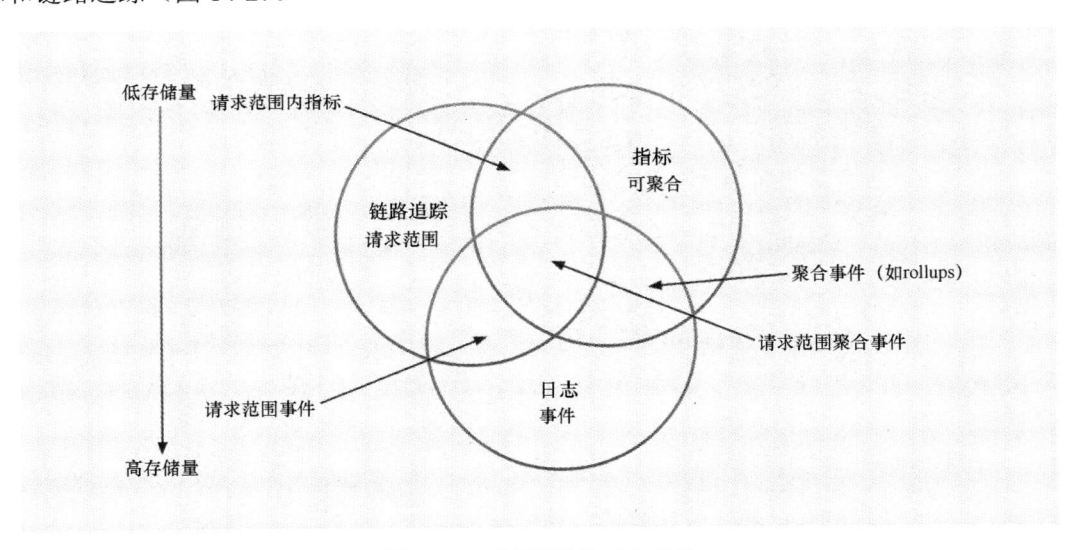

图 14-2　可观测性的三大支柱

（1）日志（Logging）：日志展现的是应用运行所产生的事件或者程序在执行过程中产生的记录，日志可以详细解释系统的运行状态，但是存储和查询日志需要消耗大量资源。

（2）指标（Metric）：指标是一种聚合数据，所需存储空间小，便于观测系统的状态和趋势，但对于问题定位缺乏细节展示。因此，使用多维数据结构能增强指标对于细节的表现力，例如，统计某一个服务的平均耗时、请求量等。

（3）链路追踪（Tracing）：尽管日志记录了各个事件的细节，然而在分布式系统中，日志仍旧存在不足之处。日志记录的事件是孤立的，但在实际的分布式系统中，不同组件中发生的事件往往存在因果关系，链路追踪很好地解决了这一问题，能够通过 SpanID 等标记重新构造出事件的完整链路及因果关系。技术人员可以借助链路追踪了解网格内服务的依赖和调用流程，构建整个网格的服务拓扑，并轻松分析出请求中出现的异常点。

三种形式的组合使用将会产生丰富的观测数据。

14.2 实现可观测性的方法

为了帮助读者更好地理解，首先明确一些概念。

（1）Span：一次请求经过的时间跨度。起始节点没有父 ID，被称为 Root Span。每个 Span 的 ID 和父 ID 用来构建在某一次追踪过程中不同 Span 之间的关系。所有 Span 都挂在一个特定的追踪上，共用一个 TraceID。

（2）Trace：Span 的集合，表示一次完整的追踪，从请求到达服务器开始，直至服务器返回 Response 结束。

（3）业务：从狭义上来说，一个 Trace 为一个业务，一个业务对应多个 Trace。业务来自链路追踪中的业务字段，该字段通常在链路追踪的根节点。例如，Zipkin v2 链路追踪根节点的 name 字段为业务，Jaeger 链路追踪根节点的 operation name 字段为业务。从广义上来说，用户的一个操作为一个业务，如手机银行的额度申请、转账等。

（4）服务：Span 中的 service 字段，服务是接口的提供者。例如，Zipkin v2 链路追踪节点的 localEndpoint/serviceName 字段为服务，Jaeger 链路追踪节点的 process/serviceName 字段为服务。

（5）接口：Span 中的 interface 字段。接口是方法的声明，接口展示 Span 的具体行为。例如，Zipkin v2 链路追踪节点的 name 字段为接口，Jaeger 链路追踪节点的 operation name 字段为接口。

（6）基础设施：系统中涉及的虚拟或实体设备，如 Host、Docker Container、Kubernetes 等。

目前，国内可观测性场景还比较模糊，各厂商实现可观测性的方式有些许差别，在此以观察易为例进行说明。

如图 14-3 所示，观察易是日志易基于自研数据搜索引擎 Beaver 与 SPL 自主研发的可观测性监控平台，从应用性能、基础设施两个维度对应用系统进行分析，接入应用系统的所有遥测数据后，由实施人员协同用户共同梳理业务层面的依赖关系，进而全面精准地实现 IT 可观测性内容的智能可视化。

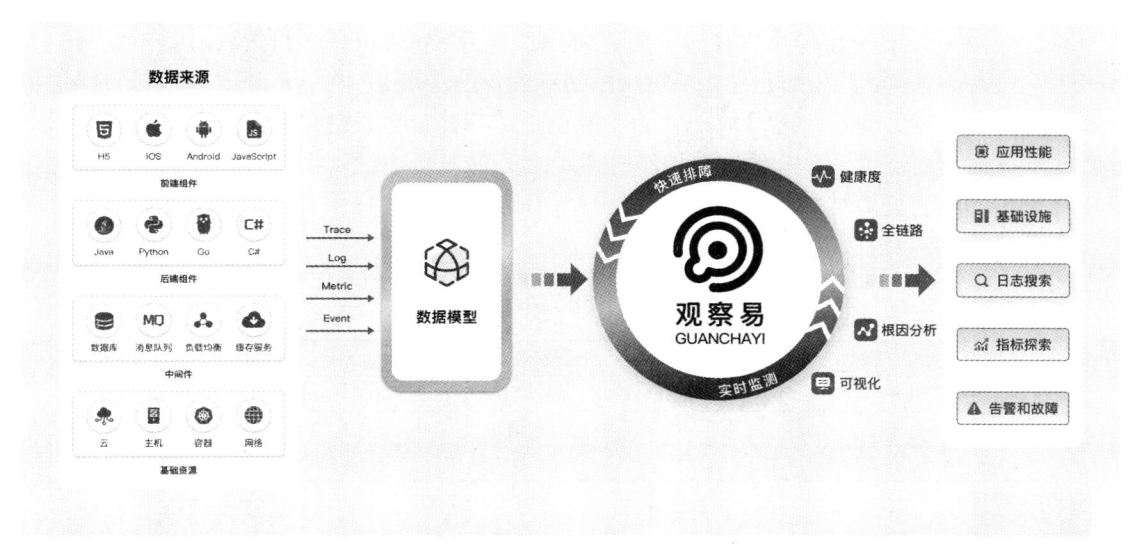

图 14-3 观察易架构图

14.2.1 数据模型

数据模型（Data Model）是数据特征的抽象，它描述了系统的静态特征、动态行为和约束条件，为数据库系统的信息表示与操作提供了一个抽象的框架。

实现可观测性需要考虑数据接入和功能使用。

针对数据接入来说，观察易支持接入全类型日志，以便分析故障原因，接入的链路追踪日志、性能指标需要满足数据模型，满足数据模型的数据接入观察易之后，可直接在页面上使用观察易提供的功能。链路追踪和性能指标，如来自 Zipkin、Jaeger、Prometheus 的数据，经处理后需要使用特定的字段写入指定的索引，以便在观察易页面上使用。

14.2.2 数据来源

实现可观测性需要接入基础资源、中间件、前后端组件生成的日志、指标、链路追踪，这里重点介绍链路数据的生成技术及落地方案。

1. 链路追踪技术概述

链路数据是识别业务故障根因、服务瓶颈分析的重要数据，也是将可观测性从监控的黑盒能力转变为白盒能力的数据基础。在可观测性解决方案落地的过程中，如何基于现有的应用架构生成这一部分数据源，是人们关注的重点。

在企业内部各类应用架构、服务架构构建之初，人们普遍关注业务功能、性能等，然而与运维相关的一些因素并没有被提前规划，给可观测性方案的全面构建带来了一些技术性挑战。如何轻量级、低成本地实现链路数据集成，是企业应用管理者、运维架构人员需要考虑的重点，也是可观测性方案落地过程中至关重要的一个环节。

谷歌从 2008 年开始构建自身的分布式链路追踪系统 Dapper，并在 2010 年发布论文 *Dapper - a Large-Scale Distributed Systems Tracing Infrastructure*。在这篇论文中，作者描述了分布式链路追踪的原理及实现思路，它的出现奠定了各种分布式链路追踪技术发展的基础。而后，在市面上出现了一系列的链路追踪技术，在开源社区也涌现出几个比较优秀的链路追踪开源产品。这些技术与产品基于不同的原理，提供了不同的技术方案，从应用阶段、技术栈等角度可以归纳为三类，见表 14-1。

表 14-1 三类可观测性技术方案

序 号	类 别	应 用 阶 段	技 术 栈	代 表 产 品
1	旁路技术	运行期	字节码注入	Pinpoint、Skywalking
2	代理技术	编译期	代理类	Zipkin
3	自行改造	开发期	无	根据实际情况自定义

第一类是旁路技术，是在应用已经构建且对现有应用不做任何改造的情况下生成的一种链路追踪技术，可以实现方法级别的链路追踪能力。因其脱离了研发人员的投入，使得运维人员通过极低成本就可实现链路追踪，所以得到了部分群体的欢迎，使用该技术的代表产品有 Pinpoint 及 Skywalking，两者从性能、落地性等角度考量，Skywalking 是该技术领域更好的解决方案。

第二类是代理技术，即使用动态代理实现各类请求的拦截。使用该技术的时候，在应用开发编译阶段需要依赖相关的代理包，需要研发人员介入，涉及应用版本变更。针对这种技术，一般只能支持到请求级别的链路追踪，对于本地一些重要的方法链路数据生成，则需要进行定制化开发。若一个应用正处于开发编译阶段，且当前需求仅仅考虑请求级别的追踪，则代理技术是一个非常好的选择。该技术的代表产品为 Zipkin，其目前有一定的受众。

第三类就是自行改造，顾名思义，它是指不使用第三方的任何技术，完全根据自身应用实际情况，在关键节点修改现有的应用代码进行埋点，进而实现链路追踪。该方案适配的技术框架较为广泛，对于一些老旧的单体应用架构皆适用，并且编码可控，属于轻量级。其缺点是会产生较大的研发成本，极有可能涉及服务之间通信协议的变更，在落地过程中，应用之间的协调与同步也非常重要。

2. 链路追踪落地方案

为提高整体方案的可落地性，充分考虑多种应用架构下的情况，在此提出一些有针对性的方案。

首先，集成 Skywalking 插码技术，自动化实现各类已经在生产中正常运行应用的插码工作，并且 Skywalking 本身具备扩展性，也为后续自定义扩展带来了极大的便利。

其次，集成对接第三方插码技术。很多企业在构建应用之初，已经采用了一些编译器链路追踪技术，在这种情况下，可以直接进行对接，以实现一些原生链路追踪技术未实现的功能。

最后，针对自行改造，核心是数据标准，可观测性方案结合开源技术的一些思路及部分企业落地经验，定义了自身的一套技术标准，有一些无法通过旁路技术来实现的链路追踪可以依据这套标准，由应用开发者进行相应的开发来实现链路追踪（图14-4）。

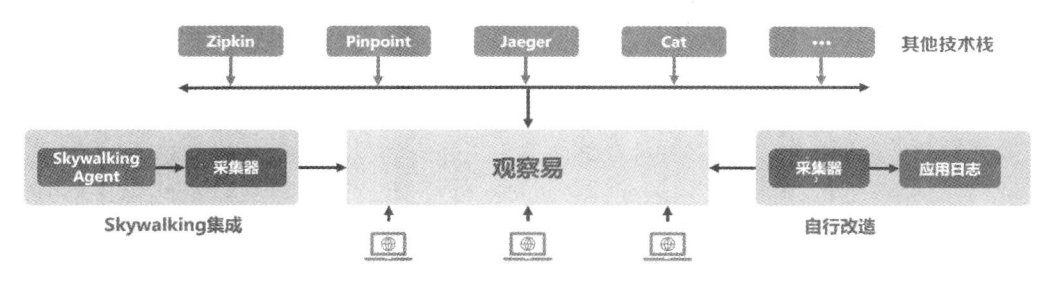

图14-4 可观测性解决方案技术标准

3. 旁路插码技术

1）Skywalking

Skywalking 由国内个人开发者吴晟开发并贡献至开源社区，发布至今得到了众多用户的认可，在几年之内一跃成为 Apache 基金会顶级项目。其面向协议、面向模块化的开发模式，以及不依赖任何第三方大数据技术的能力，给平台的轻量性及扩展性带来了极大的便利。

如图14-5所示，Skywalking 整体架构分为3层，分别是 Agent、后端及 UI。

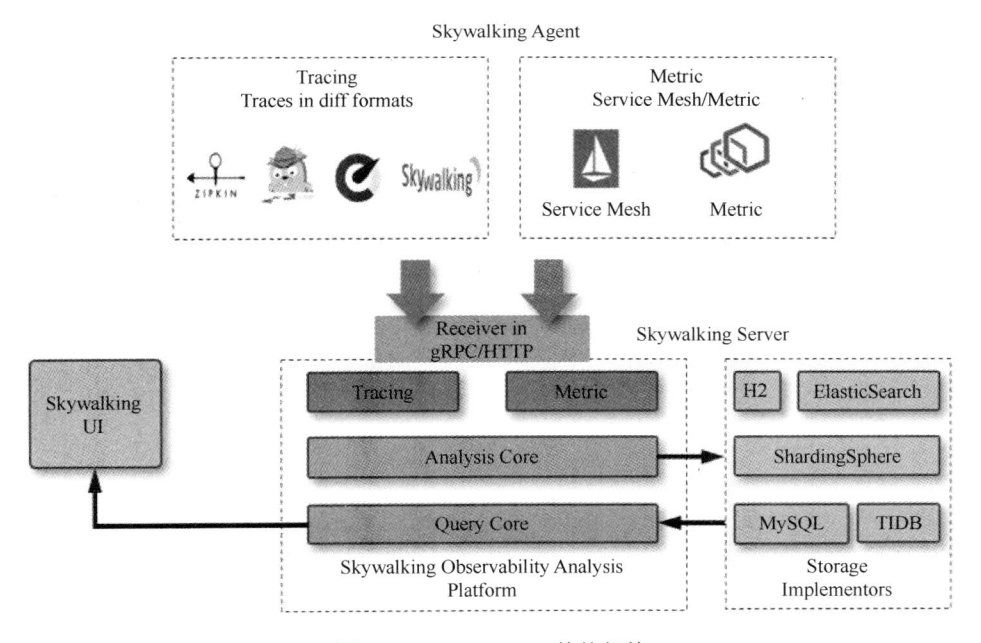

图14-5 Skywalking 整体架构

（1）Agent 主要负责链路数据生成及上报，Agent 采用 ByteBuddy 技术实现动态字节码修改，在字节码修改的过程中，使用类似 AOP 的编程模式，在需要追踪的方法 Before、After 及 Exception 发生的时候，生成链路数据并捕捉异常信息，统一发送至后端。除了链路数据，Agent 还支持其他方面的能力，如 Service Mesh 架构的对接、JVM 虚拟机 Metric 指标的采集等，这些其他方面的能力皆以服务的形式进行体现，以 SPI 的机制来进行管理。链路及服务均提供了相关标准的 API 定义，可由开发人员快速进行定义。

（2）后端主要负责数据接收、计算及存储。在数据接收方面，支持 HTTP、gRPC、Kafka 等集中数据接收方式，可根据实际情况进行选择，同时内部基于环形数组实现了自定义的消息队列，以基于队列的方式来实现数据缓存或者消费；在数据计算方面，后端自行实现流处理框架，以实现链路数据的流式合并、指标数据的窗口化计算等；在数据存储方面，以模块化的方式提供多种支撑能力，支持 H2、ElasticSearch、MySQL 等数据存储，同时提供相关的标准规范进行扩展。

（3）UI 主要提供相关的用户功能，Skywalking 除了提供相关的链路追踪功能，还提供相关 APM 的功能，来实现应用性能分析、剖析等操作。但是从 Skywalking 的功能来讲，对于可观测性整体解决方案，功能略显单一，例如，告警功能不灵活，需要在后端通过配置文件实现，不支持智能化告警；一些自定义的用户行为、业务行为相关的分析，不能通过配置实现，需要进行一定的代码改造，会带来一定的开发成本等。从整体上来讲，Skywalking 还是一款非常优秀的开源的链路追踪或者 APM 系统。

2）Skywalking 与观察易

相对而言，观察易本身已经具备了较强的消息队列、流处理框架及存储架构，所以在观察易的整体方案中，只考虑 Agent 的集成。

观察易实现了与各个版本 Skywalking Agent 的集成工作，可以无缝对接 Skywalking Agent 产生的 Tracing 数据、Metric 数据、Logging 数据、Profiling 数据及其他数据。同时，还为用户提供了一些改造性的服务方案，主要包含以下内容。

（1）针对个性化方法的链路追踪插件的自定义能力，为用户提供一些现有通用版本不支持的关键方法的追踪能力。

（2）针对个性化的数据分析需求，提供自定义能力，例如，为追踪数据追加相关的业务要素，如业务类别、用户属性等信息，方便后续其他业务要素的可观测性的加强。

（3）落地方案的规划服务，对 Skywalking 使用、部署及相关问题的解答提供支持服务，让用户更好地使用插码技术。

4. 观察易与其他技术栈

为了实现可观测性，还需要考虑一些通用的链路追踪技术的接入。若客户已经在应用构建之初使用了其他技术栈，则观察易可直接进行对接，支持一个 IT 系统内多个链路追踪技术栈的存在，以满足不同的需求，见表 14-2。

表 14-2 可对接的技术栈

序号	接 入 服 务	描　　述
1	Zipkin Input	Zipkin 采集数据的接入服务
2	Pinpoint Input	Pinpoint 采集数据的接入服务
3	Jaeger Input	Jaeger 采集数据的接入服务

14.3 可观测性应用场景

14.3.1 运维监控

在"业务为王"时代，DevOps 需要持续监控业务状态，当故障发生时可以快速找到并修复。通过实现可观测性，可以自动发现基础设施，实时采集遥测数据，从业务、服务、基础设施多个维度监控系统。

如图 14-6 所示，可以观测业务平均耗时、请求量、错误数、成功率等。

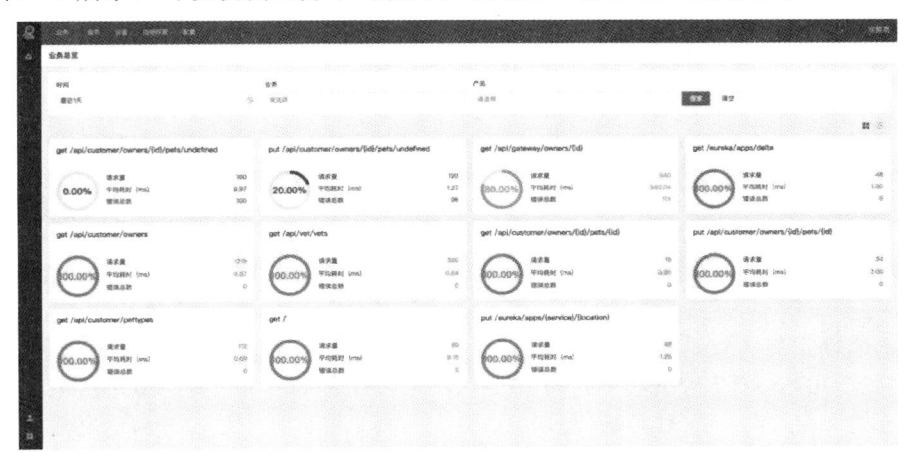

图 14-6 业务总览

如图 14-7 所示，可以观测服务平均耗时、请求量、错误数、成功率等。

图 14-7 服务总览

如图 14-8 所示，可以观测服务实例指标、接口指标、服务状态等。

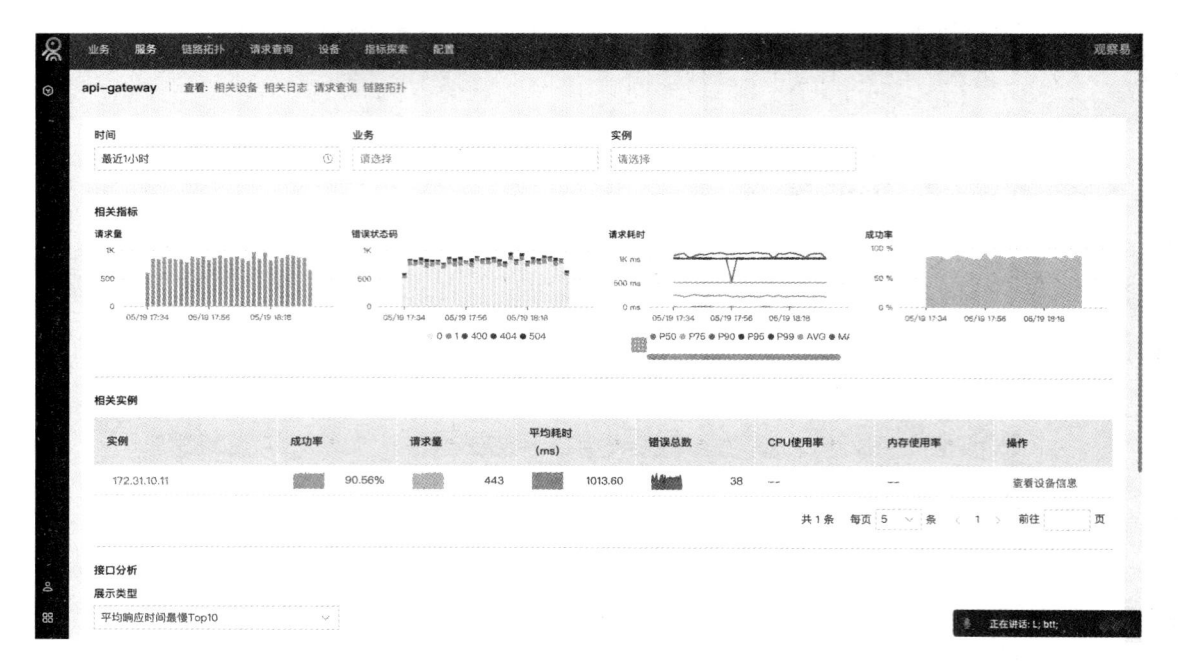

图 14-8　服务详情

在可观测性平台上，使用者能够在任何托管模型中对任何规模的基础设施进行大规模监控，如图 14-9 和图 14-10 所示，在基础设施中集中查看 Hosts、Docker Containers、Kubernetes 集群的状态等。

图 14-9　基础设施相关信息示例图

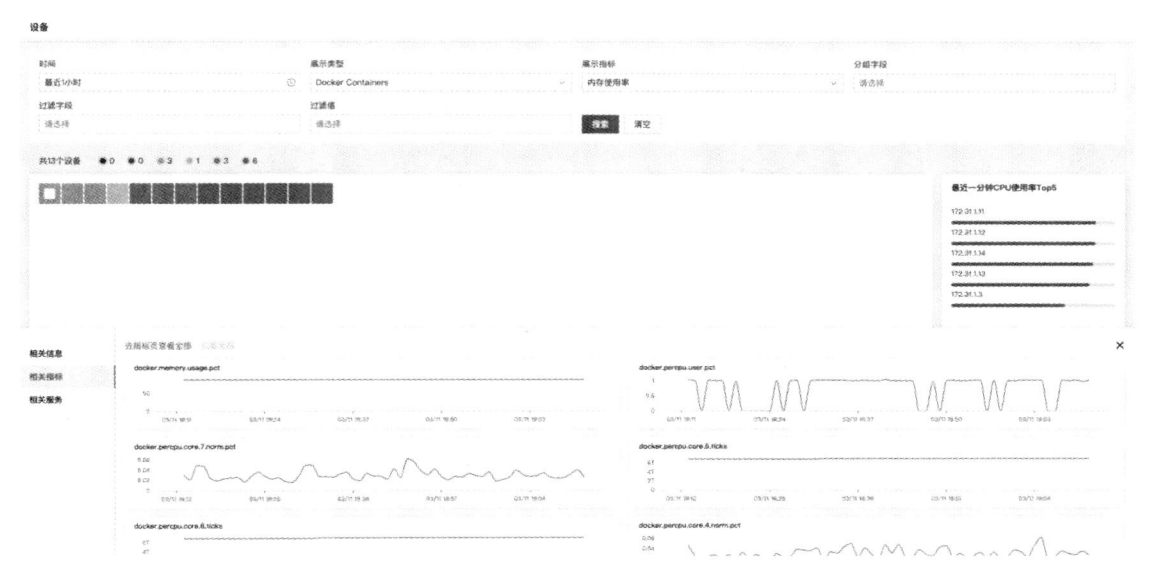

图 14-10　基础设施相关指标示例图

如图 14-11 所示，还可以查看基础设施上运行的服务及状态。

图 14-11　基础设施相关服务及状态示例图

14.3.2　链路追踪

伴随企业 IT 传统架构向分布式微服务架构转型，复杂单体应用被拆分为多个轻量级服务，由于服务间的独立性，一个业务会涉及多个微服务系统。观察易可对接 Trace 日志，实现业务链路追踪，帮助 IT 运维人员更准确、有效地掌握微服务环境下业务的运行状态。

如图 14-12 和图 14-13 所示，可以在链路拓扑页面中查看全局服务调用，查看单个业务的服务调用，查看单个服务及其相关服务的调用。可以在页面右侧查看全局服务、业务、单个服务、单个接口的关键指标趋势图，了解一定时间范围内的运行状态。如图 14-14 所示，单击趋势图上的点，可以查看请求样例。

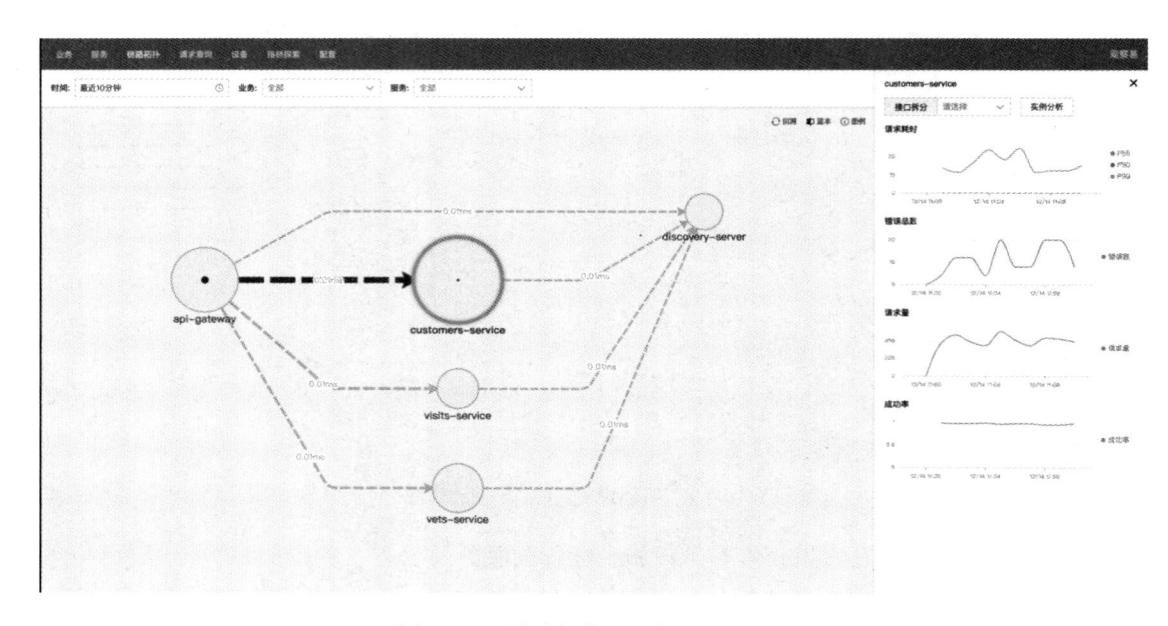

图 14-12　链路拓扑—服务调用示例 1

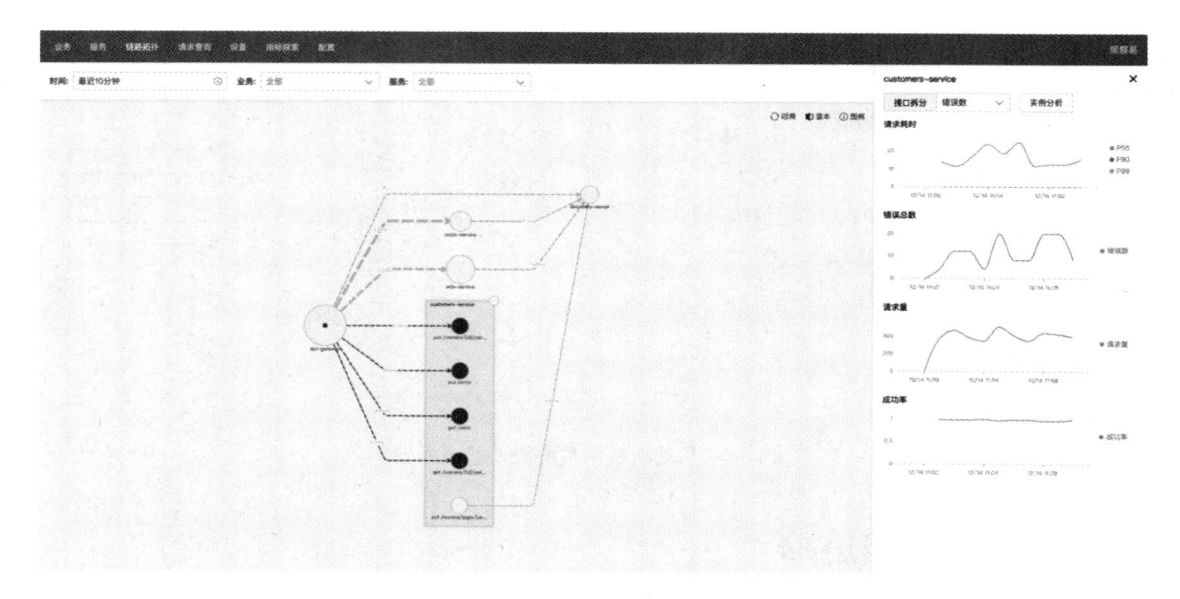

图 14-13　链路拓扑—服务调用示例 2

如图 14-15 所示，可以在单个请求详情中了解更多信息，以便定位故障。

图 14-14　链路拓扑—请求样例

图 14-15　单个请求详情

14.3.3　指标探索

业务、服务、设备关注的是黄金指标，当把黄金指标放在一起进行观测或需要关注黄金指标以外的其他指标时，可以使用指标探索功能对时序数据进行单指标多维度、多指标多维度查询、分析、可视化（图 14-16）。

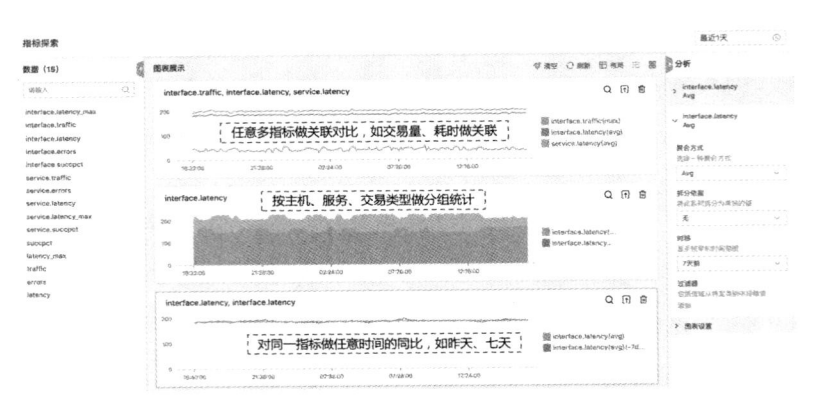

图 14-16　指标探索示例

14.3.4　故障定位

可以结合 AI 与人工的异常检测和预测来实现根因分析、故障排除。针对人为故障，可以通过标准的起点或图表来查找问题，从业务→服务→基础设施的概览追踪到详情，进而结合调用链的 Span 信息或日志信息定位故障原因。此外，还可以通过链路拓扑的业务/服务过滤、接口/实例拆分、蓝本对比来缩小故障范围，定位服务的某个接口或某个 IP 地址，进而通过 Trace 并结合日志确定故障原因。

根据链路追踪数据生成实时拓扑图，如图 14-17 所示。

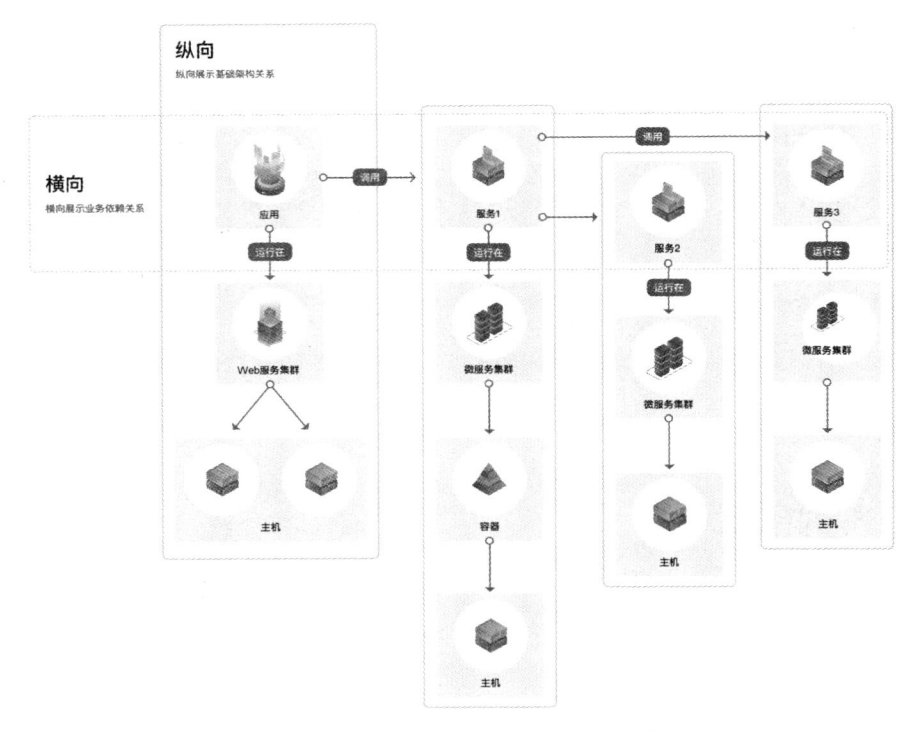

图 14-17　根据链路追踪数据生成实时拓扑图

利用 AI，自动将相同根因产生的告警合并为一个故障，自动分析出故障原因和影响范围，帮助用户快速解决问题。

14.4 小结

近年来，可观测性概念热度骤增，需要采集、处理、存储、分析应用系统所有的遥测数据，实时监测系统健康状态，当故障发生时，能够快速发现、定位、排除故障。

第 15 章　SIEM

- 概述
- 信息安全建设中存在的问题
- 日志分析在 SIEM 中的作用
- 日志分析与安全设备分析的异同
- SIEM 功能架构
- SIEM 适用场景
- 用户行为分析
- 流量分析
- 小结

15.1 概述

安全信息和事件管理（Security Information and Event Management，SIEM）是 IT 安全建设中的核心系统，行之有效的安全防护皆始于此。

组织及企业的安全建设应开端于安全规划蓝图的制定，对标国家法律法规条文及行业或联盟的标准，落实于管理手段和技术手段。在安全技术建设中应首先完成安全设备的部署，这样组织便处于基础的安全防护状态，常见的攻击会被拦截或发现。但是，仅有安全设备还远远不够。例如，黑客通过欺诈电话冒充组织的高层领导从维护人员那里获取高权限账户，就可以在内网为所欲为。这时就必须考虑整体的安全建设，而 SIEM 就是这一阶段的建设内容。

SIEM 的作用体现在以下几方面：

（1）能有效侦测入侵行为。

（2）能及时发现网络中新增的应被防护的设备。

（3）能按重要和紧急程度有效地处理设备和系统漏洞。

（4）能区分和理解网络内部的操作行为。

（5）能有效存储和使用日志。

（6）有完善的报表生成工具。

（7）告警产生后有闭环处理流程。

SIEM 的防护手段可以被简单地描述为发现、处置。日志就是对应"发现"的最重要的基础。操作系统、网络设备、安全设备、数据库、中间件、容器、云平台等都会产生日志，黑客的攻击行为会在这些日志中留下记录。因此，只要分析日志，就能有效地发现黑客攻击行为。

15.2 信息安全建设中存在的问题

1. 安全设备多，日常维护压力大

防火墙、WAF、IPS、NIDS、邮件网关、HIDS 等安全设备数量多且相互孤立，导致安全管理人员日常维护压力很大。

2. 日志量大，告警事件多

安全设备每天都会产生大量日志，其中不乏大量的误报信息，而安全管理人员每天处理

的安全事件有限，可能导致关键的安全信息和告警被大量的无效告警淹没。

3. 安全事件闭环处理进展缓慢或无闭环处理

安全事件对应的资产往往需要单独查询，资产对应的漏洞也无从得知，导致安全管理人员无法快速有效地做出判断，实现对安全事件的处置。

4. 安全现状不可见

面对庞大、复杂的网络和业务系统，企业无从知晓自身的安全状况、安全建设效果、安全风险的变化情况，无法为不同层级的人员，如领导层、管理层和运维人员提供"可见"的报告来说明企业的安全问题和现状。

15.3 日志分析在 SIEM 中的作用

企业建设 SIEM 通常会有如下期望：

（1）快速检索安全事件，以缩短事故响应时间。

（2）降低误报率，尽可能降低人工判断事故的工作比重。

（3）还原攻击者的活动，锁定攻击者。

（4）在组织内部形成有效的安全事件处理流程。

（5）与历史事件或其他异常事件相关联，发现潜在的攻击者和漏洞。

对应上述期望，日志分析有如下作用：

（1）为人工确认安全事件真实性提供检索工具，大幅缩短排查时间。

（2）在预置告警规则的前提下，从安全设备报送的海量告警中精准地发现真实攻击。

（3）在 SIEM 建设初期，预设的告警规则少且不准的情况下，通过回溯还原攻击活动的时序特征，建立分析模型，为锁定攻击者提供支撑。

（4）为安全事件处理提供入口和检索工具。

（5）通过 IP 地址、特征等发现攻击者。

15.4 日志分析与安全设备分析的异同

1. 相同点

（1）从安全设备报送的日志层面来说，分析的基础是相同的。

（2）在同时采用大数据技术的前提下，单类型设备分析的思路是相同的。

（3）在只采集安全日志的前提下，分析的结论是相同的。

2．不同点

（1）日志分析除了采集安全设备日志，还会采集操作系统、数据库、中间件、网络设备、安全设备登录行为日志。

（2）某些安全设备更看重安全管理，几乎不具备分析能力，如VPN、DLP等，这时日志分析就有不可替代的作用。

（3）日志分析更加广泛和全面，如对异构网络中相同类型的设备进行联合分析，从业务连续性或网络可用性的角度发现异常等。

（4）安全设备分析通常只留存那些已穿透的事件，而日志分析可留存那些被拦截或等级较低的事件，在网络环境日新月异的情况下，利用这些信息能捕捉到那些攻击未遂但潜伏的攻击者。

15.5　SIEM 功能架构

SIEM 以日志平台为基础，其功能架构如图 15-1 所示。

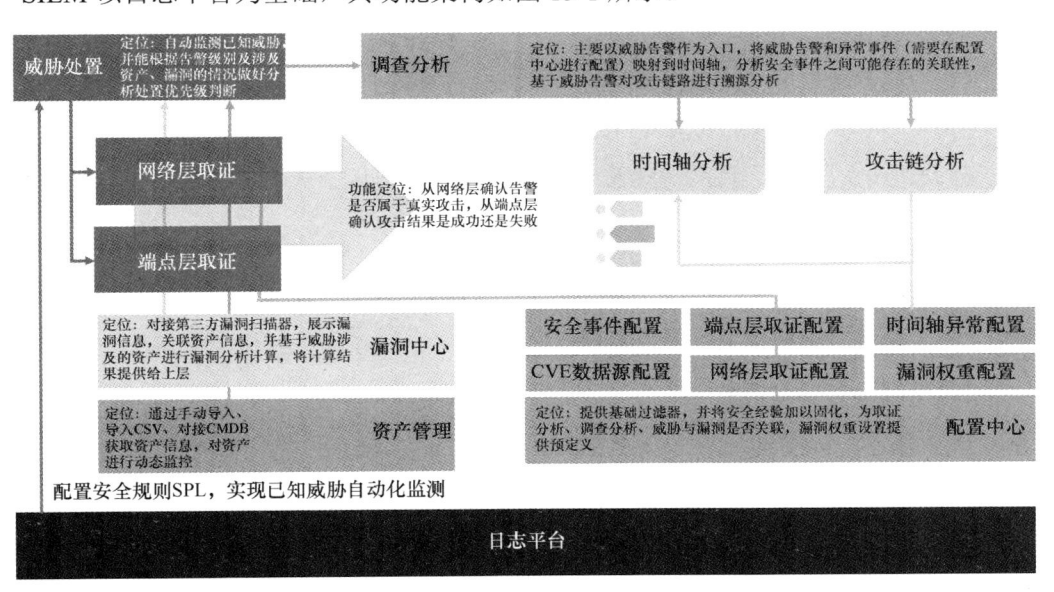

图 15-1　SIEM 功能架构

取证过程分为网络层取证和端点层取证，网络层信息收集用以确认告警是否真实，端点层信息收集用以确认攻击是否成功。

漏洞中心和资产管理为取证提供数据支持。

漏洞中心的定位：对接第三方漏洞扫描器，展示漏洞信息，关联资产信息，并基于威胁涉及的资产进行漏洞分析计算，将计算结果提供给上层。

资产管理的定位：通过各种方式获取资产信息，对资产进行动态监控。

调查分析分为时间轴分析和攻击链分析，主要以威胁告警作为入口，将威胁告警和异常事件映射到时间轴，分析安全事件之间可能存在的关联性，基于威胁告警对攻击链路进行溯源分析。

15.6 SIEM 适用场景

SIEM 不同于常规的安全设备分析。安全设备分析绝大多数是基于历史攻击特征建立黑名单机制。SIEM 侧重于对未知威胁的发现和关联对比，适用于以下场景。

1．网络扫描

网络扫描是指对网络主机发送特定的数据包，根据返回的数据判断系统的端口和服务是否开启，它往往是网络攻击的前序准备。通过统计网络扫描事件，可发现异常。

- 同一个源地址针对多个端口进行扫描。
- 同一个源地址针对不同目的地址的同一个端口进行扫描。
- 多个源地址对同一个目的地址的同一个端口进行扫描。
- 多个源地址对同一个目的地址的多个端口进行扫描。
- 同一个源地址对多个目的地址进行扫描。
- 多个源地址对同一个目的地址进行扫描。
- 源地址针对目的地址进行低频扫描。
- 主机发起高危端口扫描。
- 主机特定端口被大量扫描后发起同一端口的横向扫描。

2．网络攻击

网络攻击是指对计算机及网络进行破坏、揭露、修改，使软件和服务失去功能，或者未经授权访问计算机上的数据。利用关键字分析网络攻击事件，可发现异常。

- 地址欺骗攻击。
- 利用渗透工具进行攻击。
- 疑似恶意软件连接。

- 漏洞扫描。
- 漏洞利用探测。
- FTP 弱口令告警归并。
- SMTP 登录弱口令告警归并。
- 缓冲区溢出攻击告警归并。

3．拒绝服务攻击

攻击者通过对网站发起大量分布式的模拟请求，使网站服务器无法及时对正常的页面访问请求进行处理。可利用关键字发现拒绝服务攻击。

- ICMP DDoS。
- TCP/UDP DDoS。
- CC 攻击。

4．僵尸网络

攻击者控制网络中存在弱点的主机，利用大量被控主机实现分布式攻击。通过防火墙事件分析可发现僵尸网络。

- 防火墙上内网机器短时间内向外部同一个地址或多个地址发起大量连接。
- 防火墙上出现外网机器大量访问连接。

5．遍历行为

攻击者利用网站安全配置的漏洞或特殊字符，实现查看站点服务器上文件的目的，这往往是网络攻击的前序准备。通过统计分析可发现遍历行为。

- 多个源地址对同一个应用系统进行目录遍历。
- 同一个源地址对多个应用系统进行目录遍历。
- 多个源地址对同一个应用系统进行路径遍历。
- 同一个源地址对同一个应用系统进行路径遍历。

6．爬虫事件

攻击者利用自动化程序脚本抓取网站上的关键信息。通过统计分析可发现爬虫事件。

- 同一个源地址对 API 进行大量访问。
- 多个源地址对 API 进行大量访问。

7．Web 攻击

以暴露、修改为目的对网站进行攻击。通过统计分析和关键字分析可发现 Web 攻击。

- 同一个源地址针对应用系统发起多次 SQL 注入攻击尝试。

- 同一个源地址针对应用系统发起多次 XSS 攻击。
- 同一个源地址针对应用系统发起多次漏洞利用攻击。
- 同一个源地址针对应用系统发起多次命令执行攻击。
- 同一个源地址针对应用系统发起多次缓冲区溢出攻击。
- 应用系统遭受 Web 攻击后外连 C2 服务器。
- 信息泄露。
- 框架漏洞利用。
- 非管理员地址试图登录 Web 后台。
- 管理后台暴力破解。

8．木马后门

将木马后门植入服务器，以便后续攻击利用。通过统计和关键字可以发现木马后门。

- Webshell 上传或写入。
- 同一个源地址发起多次 Webshell 连接。

9．状态码返回异常

访问者对网站发起请求后，网站会对访问者的请求做出回应，状态码在 400 以上为客户端异常，状态码在 500 以上为服务器异常。通过统计发现页面异常。

- 在 Web 系统遭受攻击后，返回的状态码为 200。
- 同一个源地址访问应用，出现高频 40X 页面告警。
- 同一个源地址访问应用，出现高频 50X 页面告警。

10．User-agent 异常

User-agent 会标识访问者使用的操作系统及版本、CPU 类型、浏览器及版本等。网站为防止爬虫程序，会限制一些 User-agent 的访问，攻击者通过修改 User-agent 实现绕过。通过统计可发现 User-agent 异常。

- 短时间内同一个源地址使用多个不同 User-agent 进行访问。
- 出现新的 User-agent 对网站进行访问。

11．多向量攻击

多向量攻击是指多种类型的攻击。通过统计可发现多向量攻击。

- 同一个源地址对同一个应用系统发起不同的攻击。
- 同一个源地址对多个应用系统发起同一类攻击。
- 同一个源地址对多个应用系统发起不同的攻击。

- 国外地址对应用系统发起不同的攻击。

12．暴力破解

暴力破解是试图通过顺序枚举找到密码的攻击手段。通过统计可发现暴力破解。

- 同一/多个源地址针对特定/多个账户进行 SSH 暴力破解。
- 同一/多个源地址针对特定/多个账户进行 SSH 暴力破解后成功登录账户。
- 同一/多个源地址针对特定/多个账户进行 RDP 暴力破解。
- 同一/多个源地址针对特定/多个账户进行 RDP 暴力破解后成功登录账户。
- 同一/多个源地址针对特定/多个账户进行 FTP 暴力破解。
- 同一/多个源地址针对特定/多个账户进行 FTP 暴力破解后成功登录账户。
- 同一/多个源地址针对特定/多个邮件账户进行暴力破解。
- 同一/多个源地址针对特定/多个邮件账户进行暴力破解后成功登录账户。
- 同一/多个源地址针对特定/多个数据库账户进行暴力破解。
- 同一/多个源地址针对特定/多个数据库账户进行暴力破解后成功登录账户。
- AD 账户暴力破解。
- AD 账户暴力破解成功。

13．账户敏感操作

敏感操作是指破坏机密性、完整性、可用性的操作行为。通过关键字可发现账户敏感操作。

- 删除账户。
- 批量删除账户。
- 锁定账户。
- 批量锁定账户。
- 账户权限变更。
- 新增账户。
- 修改账户密码。
- 用户账户首次登录。
- 新增管理员账户。
- 账户异常创建与删除（短时间内创建账户后又删除账户）。

14．病毒木马

通过关键字和统计可发现病毒木马。

- 感染病毒的主机异常外连。
- 同一个病毒大量爆发。
- 同一个主机感染多种病毒。
- 同一个主机反复感染病毒。
- 病毒未清除成功。
- 病毒敏感端口通信被大量阻断。

15．Windows 主机安全

通过对比、关键字和统计可发现异常情况。

- 出现新的进程。
- 同一个源地址大量访问内部资源。
- 同一个源地址大量访问公网的多个目标地址。
- 内外网异常通信。
- 疑似木马端口联机行为。
- 创建文件。
- 创建计划任务。
- 删除账户。
- 批量删除账户。
- 锁定账户。
- 批量锁定账户。
- 账户权限变更。
- 新增账户。
- 修改账户密码。
- 用户账户首次登录。
- 新增管理员账户。
- 账户异常创建与删除（短时间内创建账户后又删除账户）。

16．Linux 主机安全

通过关键字和统计可发现异常情况。

- 同一个源地址大量访问内部资源。
- 同一个源地址大量访问公网的多个目标地址。

- 内外网异常通信。
- Linux 主机 Syslog 进程异常退出。
- Linux 主机日志被清除。
- 删除账户。
- 批量删除账户。
- 锁定账户。
- 批量锁定账户。
- 账户权限变更。
- 新增账户。
- 修改账户密码。
- 用户账户首次登录。
- 新增管理员账户。
- 服务器敏感命令操作。
- 账户异常创建与删除（短时间内创建账户后又删除账户）。

17．网络设备安全

网络设备安全通常与登录账户和访问策略有关。通过关键字和统计可发现网络设备异常情况。

- 网络设备管理员用户多次登录失败。
- 交换机路由器接口 Up/Down。
- 配置变更。
- 网络设备性能异常。

18．邮件安全

邮件安全通常和钓鱼邮件及邮件网关的机密性、可用性有关。通过关键字和统计可发现邮件异常情况。

- 同一个邮件地址短时间内大量发送邮件。
- 大量发送同一个主题的邮件。
- 收到大量垃圾邮件。
- 收到/发送的邮件主题异常。
- 收到/发送的邮件附件异常。
- 邮件发送时间异常。

- 收到大量钓鱼邮件。

19．VPN 安全

通过统计可发现 VPN 登录行为和操作中的异常。

- 同一个源地址针对特定 VPN 账户多次尝试登录失败。
- 同一个源地址针对特定 VPN 账户多次尝试登录后成功。
- 同一个源地址针对多个 VPN 账户尝试登录后，其中一个或多个账户登录成功。
- 短时间内在多地登录，疑似账户被盗用。
- VPN 用户登录核心系统大量下载文件。
- VPN 账户从国外地址登录成功。

20．AD 域控安全

通过关键字可发现 AD 域控的异常。

- AD 域控管理账户异常。
- Kerberos 认证异常。
- NTLM 认证异常。

21．DNS 安全

通过对比、关键字和统计可以发现 DNS 异常。

- DNS 请求域名异常（长度异常）。
- DNS 请求域名异常（数量异常）。
- 发现新的内部 DNS 服务器。

22．数据泄露

数据泄露是指企业的客户信息、财务信息、核心技术专利等被攻击者窃取。通过关键字和统计可发现数据泄露问题。

- 敏感文件操作。
- 通过 U 盘大量复制文件。
- 单一来源邮件账户发送至外部邮箱的邮件附件过大。
- 单一来源邮件账户发送至外部邮箱的邮件数量异常。
- 发送邮件至竞争对手的邮箱。

23．数据破坏

数据破坏往往与打击竞争对手、勒索金钱、员工误操作有关。通过统计可以发现数据破坏问题。

- 批量删除数据。
- 批量重命名文件。

24．终端审计

终端是指企业内部员工办公使用的设备。通过对比、关键字、关联分析可以发现终端方面的问题。

- 非授权软件和进程运行监控。
- 长时间未使用账户又重新活动。
- 终端硬件配置变更。
- 下班离开办公室未关闭计算机。
- 同一个 U 盘在多台计算机上使用。
- 用户访问敏感文件路径。
- 终端使用未注册的 U 盘。
- 终端使用禁用外设。
- 同一个 U 盘在不同终端上多次使用。
- 终端出入站异常。
- 终端硬件信息大量变更。

25．用户行为审计

这里的用户行为是指 IT 方面的员工日常操作。通过对比、关键字、关联分析可发现异常的用户行为。

- 同一个用户多次访问不同的违规网站。
- 同一个用户大量解密文件。
- 同一个用户大量重命名加密文件。
- 非合法用户进行大量落地解密操作。
- 用户大量打印文件。
- 绕过堡垒机。
- 同一个账户在不同设备上登录。
- 多个账户在同一个设备上登录。
- 通过多种渠道（U 盘、IM、邮件）外发敏感文件。

26．操作审计

操作审计可发现员工的违规行为。通过白名单、黑名单对比可发现操作中的高风险指令。

27. 跨设备关联

跨设备关联是指那些在单一设备上执行后威胁程度一般,但在多种设备上执行后威胁程度大增的操作。通过关联分析可发现跨设备异常。

- 在发现端口扫描的同时,防火墙建立连接告警。
- 远程利用漏洞,成功创建账户。
- FTP 账户被暴力破解后,批量下载文件。
- 通过 U 盘传播病毒。
- 内网主机感染恶意程序后,连接 C2 并下载可疑程序。
- 在服务器遭受外网攻击后,主动对外发起恶意连接。
- 服务器遭受缓冲区溢出攻击后,创建新账户。
- 同一个地址在不同设备上出现告警事件。

15.7 用户行为分析

用户行为分析(UBA)应围绕安全事件的基本属性开展,安全事件的基本属性如图 15-2 所示。

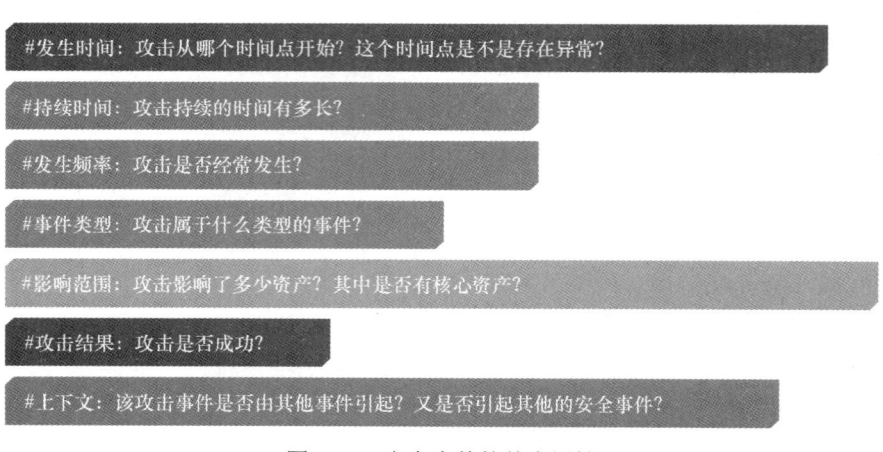

- #发生时间:攻击从哪个时间点开始?这个时间点是不是存在异常?
- #持续时间:攻击持续的时间有多长?
- #发生频率:攻击是否经常发生?
- #事件类型:攻击属于什么类型的事件?
- #影响范围:攻击影响了多少资产?其中是否有核心资产?
- #攻击结果:攻击是否成功?
- #上下文:该攻击事件是否由其他事件引起?又是否引起其他的安全事件?

图 15-2 安全事件的基本属性

UBA 的侧重点主要包括如下内容:

- 账户失陷检测。
- 主机失陷检测。
- 数据泄露检测。

- 内部用户滥用。
- 提供事件调查的上下文。

UBA 前置工作包括如下内容：

- 收集必要的基础数据，如邮箱信息、登录日志、人员信息、组织信息等。
- 收集必要的实施资料，如安全域拓扑图、组织结构权限表、上网行为管理办法、新员工入职守则、内网系统操作规程、代维人员管理规程、机密文件定义办法等。
- 完成数据安全及数据敏感性的分类分级工作、所有操作行为定位到人的信息关联补全工作。
- 收集涉及的数据源系统信息，如防火墙、堡垒机、OA、CMDB、操作系统、VPN、WAF、IDS、DLP、AC 等。
- 建立系统相关的关键列表，如防火墙策略变更历史记录、VPN 登录记录、交换机及路由器登录记录、敏感文件所在设备目录等。
- 建立人员相关的关键列表，如在职员工名单、离职员工名单、驻场或机房代维人员名单等。

UBA 的分析对象如下：

- 合作伙伴。
- 不满的雇员。
- 分心的雇员。
- 未培训的雇员。
- 恐怖分子。
- 内部窃贼。
- 竞争对手。
- 非理性雇员。
- 激进分子。
- 犯罪集团。

UBA 适用场景如下：

- 意外泄露。
- 间谍活动。
- 伺机偷窃。
- 误用滥用。

- 产品篡改。
- 恶性事件。
- 金融欺诈。
- 物理偷窃。
- 蓄意破坏。

下面举例说明 UBA 的应用。

1．异常账户

异常账户是指可能对企业造成威胁的 IT 系统账户。可通过定义异常、关联 OA 系统分析异常账户。

- 分析操作系统登录日志，判断是否为异常账户登录。
- 分析 OA 管理员账户操作日志，判断离职人员账户是否被删除。
- 对比 OA 账户状态和离职人员账户信息，识别出离职人员账户未被删除的信息。

2．业务相关

业务相关是指获取的文本内容含有商业信息的安全事件。通过统计、关联分析可以发现业务数据大量导出和共用账户的问题。

3．暴力破解

- SSH 的 OS 账户暴力破解。
- FTP 的 OS 账户暴力破解。
- RDP 的 OS 账户暴力破解。
- 数据库的 OS 账户暴力破解。
- 邮件服务的 OS 账户暴力破解。
- Web 后台账户暴力破解。

4．登录异常

登录异常往往意味着账户被窃取或被冒用。可以通过关键字和统计发现登录异常。

（1）工作时段外长时间在线。

（2）同一个账户多 IP 地址同时在线。

（3）（公网环境）同一个账户多地登录。

（4）长期未登录的账户突然登录。

（5）VPN 异常。

- VPN 同一个账户异地登录。

- VPN 不合理地点登录。
- VPN 暴力破解。
- VPN 账户工作时段外长时间在线。

5．敏感操作

敏感操作是指破坏机密性、完整性、可用性的操作。通过关键字和统计可发现敏感操作。

（1）堡垒机异常。

- 超时不退出。
- 高权限账户切换。
- 绕过堡垒机。
- 明文登录。
- 账户公用。
- 登录异常。
- 执行高风险指令。

（2）切换高权限账户后执行敏感指令。

（3）删除系统日志。

（4）切换高权限账户后搜索文件。

6．数据窃取

数据窃取通常指企业员工将企业的商业机密信息发送到企业外部的行为。通过关键字、关联分析及 FTP、DLP、邮箱、门禁的日志数据分析可发现数据窃取行为。

（1）SSH 下载大量文件。

（2）挂载 U 盘后复制文件。

（3）非管理员地址试图登录 Web 后台账户。

（4）FTP。

- 暴力破解 FTP 账户后窃取数据。
- 暴力破解 FTP 账户后篡改数据。
- FTP 下载大量文件。

（5）DLP。

- 敏感文件下载。
- 将敏感文件 U 盘复制。

- 敏感文件跨权限传播。
- 敏感文件操作。
- 通过 U 盘大量复制文件。
- 单一来源邮件账户发送至外部邮箱的邮件附件过大。
- 单一来源邮件账户发送至外部邮箱的邮件数量异常。
- 发送邮件至竞争对手的邮箱。

（6）邮箱。

- 同一个账户异地登录。
- 不合理地点登录。
- 暴力破解。
- 钓鱼邮件。
- 传播木马。
- 窃取个人信息。
- 金融诈骗。
- 同一个邮件地址短时间内大量发送邮件。
- 大量发送同一个主题的邮件。
- 收到大量垃圾邮件。
- 收到/发送的邮件主题异常。
- 收到/发送的邮件附件过大。
- 邮件发送时间异常。
- 收到大量钓鱼邮件。

（7）门禁。

- 非工作时段短时间内进出多次。
- 同一个门禁卡在多个敏感物理位置上打卡失败。
- 访客只有进入记录，没有离开记录。

7. 重大隐患分析

- 多条审计规则同时命中某个账户，意味着某个员工的违规行为极有可能造成重大隐患。
- 多条审计规则同时命中某个 IP 地址，意味着某个主机存在重大隐患。

- 多条审计规则同时命中某个数据管理员，意味着该数据管理员失职。
- 多条审计规则同时命中某个网络管理员，意味着该网络管理员失职。

8. 违规行为追溯

（1）单用户违规行为追溯。

- 按时间段查看单用户违规行为。
- 按动作查看反复发生的违规行为。
- 按影响位置查看单用户违规行为频发的网络区域。
- 按影响位置查看单用户违规行为频发的数据权限。

（2）多用户违规行为追溯。

- 查看多用户相同违规行为。
- 查看同一个网络环境中的多用户相同违规行为。
- 查看同一个时段的多用户相同违规行为。
- 查看同一个数据管理员管理范围内的违规行为。
- 查看同一个网络管理员管理范围内的违规行为。

9. 工单和堡垒机关联分析

（1）变更管理。

- 新系统上线是否执行了漏洞扫描。
- 是否及时反馈变更结果。
- 变更须按照审批通过的时间窗口实施。

（2）事件管理。

这里的事件管理是指发现工作流程中的漏洞并进行监控管理。

- 事件登记：监控告警是否及时创建事件单。
- 事件反馈：事件单是否按照要求的时间点及时反馈。
- 事件分派：事件单创建后是否及时分派。
- 事件处置：触发监控告警后是否及时登录系统处理事件。

（3）用户管理。

- 堡垒机中是否存在非法用户。
- 是否存在未接入堡垒机的设备。
- 是否有使用时间超过 8 小时的高权限用户。

- 低权限用户是否使用了高权限指令。
- 是否存在长期授权的高权限用户。
- 堡垒机中使用高权限用户或特权用户身份登录是否经过审批。
- 应急令牌在使用后是否及时补单。
- 是否存在未接入堡垒机的用户。
- 特殊用户申请信息（包括时间、涉及的系统等）与事件单信息及堡垒机实际使用情况是否一致。
- 事件处理时间与堡垒机登录时间是否一致。
- 非变更区是否使用高权限用户身份登录。

15.8 流量分析

15.8.1 流量协议介绍

随着企业信息化程度不断提高，IT 的规模在不断增大，各种应用系统在不断增多，企业单位的安全团队在安全防御体系及安全运营体系上面临着新的挑战，主要体现在以下几个方面。

（1）检测方式有局限性。现有的检测产品，如 IDS、IPS、WAF 都是基于攻击特征匹配技术实现检测的，特征库更新周期较长，无法满足当前快速发展的需求。

（2）检测时间不全面。传统检测产品都是面向攻击的，对于已攻陷的情况无法进行检测。

（3）溯源困难。传统检测产品仅保留告警的流量数据，溯源需要更多的流量上下文，溯源分析很难开展。

基于日志易网络流量分析系统，用户可以及时掌握重要信息系统相关网络安全威胁及风险，及时检测漏洞、病毒木马、网络攻击情况，及时发现网络安全事件线索，及时预警重大网络安全威胁，快速处置影响业务应用的安全威胁事件，保障重要信息系统的网络安全。利用强大的大数据分析能力，快速检测各类重点事件，如 APT 攻击事件、Botnet 事件、恶意样本传播、WebShell、隐蔽隧道等高危安全事件。平台从资产角度出发，结合攻击链模型向用户展示失陷主机，帮助用户从海量告警事件中快速定位需要关注和处理的资产，提供原始流量取证，用于回溯分析。

如图 15-3 所示，日志易网络流量分析系统利用流量探针对原始流量进行采集和监控，对流量信息进行深度还原、存储、查询和分析，基于丰富的安全规则库并关联威胁情报，检测网络环境中的安全威胁。

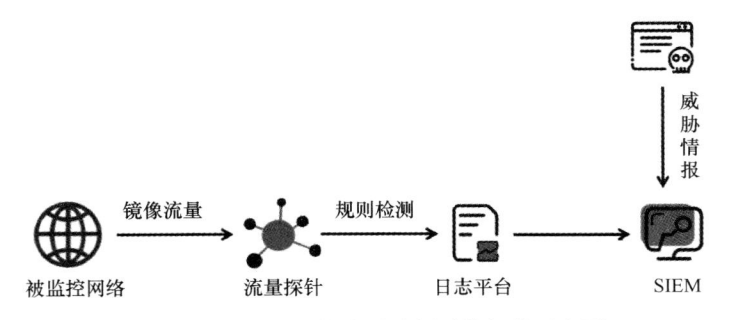

图 15-3　日志易网络流量分析系统架构示意图

NTA 的优势在于流量采集和流量分析能力，网络流量中的每一字节、每一个会话都记录了网络访问行为，拥有网络流量中的五元组（源地址、源端口、目的地址、目的端口、协议）。其主要功能在于发现和分析，通过对网络流量的深入检测和分析，发现、还原所有异常访问会话，让攻击者的攻击行为无所遁形。

目前，NTA 支持的协议有 HTTP、HTTP/2、SSL、TLS、SMB、DCERPC、SMTP、FTP、SSH、DNS、Modbus（默认不开启）、ENIP/CIP（默认不开启）、DNP3（默认不开启）、NFS、NTP、DHCP、TFTP、KRB5、IKEv2、SIP、SNMP、RDP、RFB、MQTT。

NTA 输出的日志事件类型有 Alert、Anomaly、HTTP、DNS、TLS、Fileinfo、Drop、SMTP、DNP3、FTP、RDP、NFS、SMB、TFTP、IKEv2、DCERPC、KRB5、SNMP、RFB、SIP、DHCP、SSH、MQTT、HTTP/2、Stats、Flow、NetFlow、Metadata。

15.8.2　流量分析功能

平台基于大数据分析技术，采集原始流量，实现应用层流量还原、流量特征分析，通过 NTA_Threat-Hunting 仪表盘发现异常流量，并结合威胁情报实现安全场景分析及高级安全威胁分析，提供了安全态势、威胁处置、调查分析、资产管理、漏洞管理、配置中心、规则管理、任务管理、情报管理等功能模块。

从投递恶意软件到破坏环境，再到引入其他工具、数据泄露，所有这些活动都会在网络上留下痕迹，通过 NTA_Threat-Hunting 的警报、文件识别和协议解析等功能，在安全事件发生之前、期间和之后，启用流量上下追踪，更快速、准确地解决安全事件。

15.8.3　从 WebLogic RCE 漏洞到挖矿

1. NTA_Threat-Hunting 仪表盘

首先查看 NTA_Threat-Hunting 仪表盘（图 15-4），发现下午 3 点这个时刻的流量不太正常。

查看应用层的协议、TLS 端口、TLS 版本都无异常，但是在 DNS 解析的域名处发现矿池（图 15-5）。

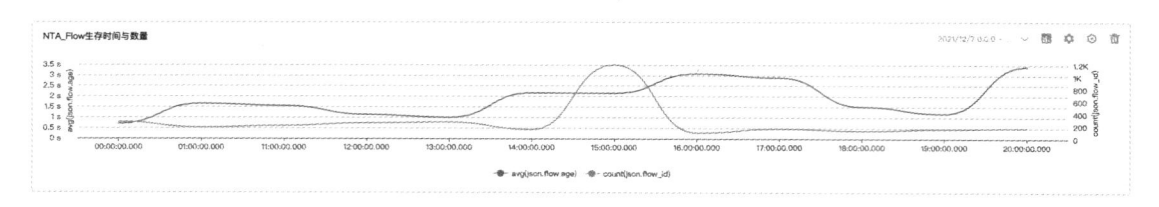

图 15-4　NTA_Threat-Hunting 仪表盘

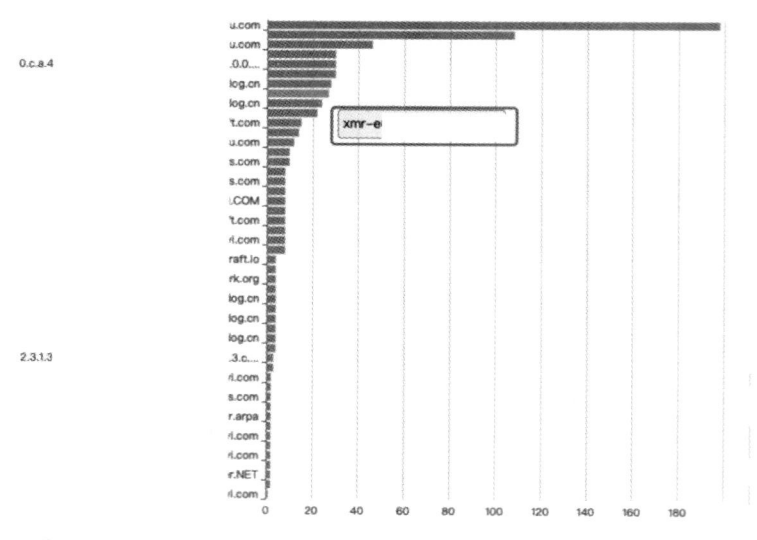

图 15-5　DNS 解析域名示例图

接着查看 TLS 指纹 ja3 和 ja3s 的哈希值、服务器名称指示扩展名，发现访问了**.com 网站，这是一个搜索网站。

如图 15-6 所示，查看疑似 C2 服务器的列表，有一处传输字节数过大，初步判断可能是从 spring**.org 网站上下载安装包。

图 15-6　疑似 C2 服务器列表 1

如图 15-7 所示，发现可疑 IP 地址 194.***.***.21，传输字节数过大，均传输给 IP 地址 192.***.***.249。

进一步查看源/目的 IP 地址，过滤出该 IP 地址触发的各种 NTA 规则告警表（图 15-8），可以看到先前数据传输异常的两个 IP 地址都触发了相应的 NTA 告警。

NTA_HTTP疑似C2的源IP

http.length	http.hostname	src_ip	cnt
5	192	192.	6
5	192	192.	3
1045180	194.　.21	192.　249	4
485	192	192.	2
485	192	192.	2
1043728	194　.21	192　249	3
1042276	194　.21	192.　249	3
11170	192	192.	2
1046632	194　.21	192.　249	1
435	192	192.	1

共 27 条　10 条/页　1 2 3

图 15-7　疑似 C2 服务器列表 2

NTA_ALERT-BySrcIP

src_ip	alert.signature	num
192.　.249	WebLogic 越权访问成功 (CVE-2020-14882) Detected Suspicious [malicious-website]	2
192	WebLogic 越权访问 (CVE-2020-14882) WebLogic 未授权远程命令执行 (CVE-2020-14883)	2
192	Detected Suspicious [malicious-website]	1
194.　'.21	疑似恶意URL下载木马程序 WebLogic 未授权远程命令执行 (CVE-2020-14883)-执行恶意xml文件	2

NTA_ALERT-ByDstIP

dst_ip	alert.signature	num
192.　.249	WebLogic 未授权远程命令执行 (CVE-2020-14883) WebLogic 越权访问 (CVE-2020-14882) 疑似恶意URL下载木马程序 WebLogic 未授权远程命令执行 (CVE-2020-14883)-执行恶意xml文件	4
192.	WebLogic 越权访问成功 (CVE-2020-14882)	1
192.	Detected Suspicious [malicious-website]	1
223	Detected Suspicious [malicious-website]	1

图 15-8　过滤后的 NTA 规则告警表

- WebLogic 越权访问（CVE-2020-14882）。
- Detected Suspicious [malicious-website]。
- 疑似恶意 URL 下载木马程序。
- WebLogic 未授权远程命令执行（CVE-2020-14883）。

2. SIEM 安全大数据分析平台

结合 SIEM 安全大数据分析平台，查看威胁处置界面的告警。CVE-2020-14882 表示允许未授权的用户绕过管理控制台的权限验证访问后台，CVE-2020-14883 表示允许后台任意用户通过 HTTP 执行任意命令。初步判断攻击者的攻击思路如下。

（1）尝试能否进行未授权访问。

（2）利用 CVE-2020-14883 组成利用链。

（3）通过一个 GET 请求在远程 WebLogic 服务器上以未授权的任意用户身份执行命令。

可以看到未授权访问成功，如图 15-9 所示。

图 15-9　未授权访问成功

如图 15-10 所示，查看"WebLogic 未授权远程命令执行（CVE-2020-14883）"这条告警，选择"流量分析"。

图 15-10　流量分析

流量威胁信息中包括基础的流量威胁告警信息和不同协议告警的专属字段。可以确认 192.***.***.249 是被攻击的机器，192.***.***.4 是攻击的机器。

HTTP 请求与响应：与该告警相关联的 HTTP 会话如图 15-11 所示，并有对应的十六进制形式。

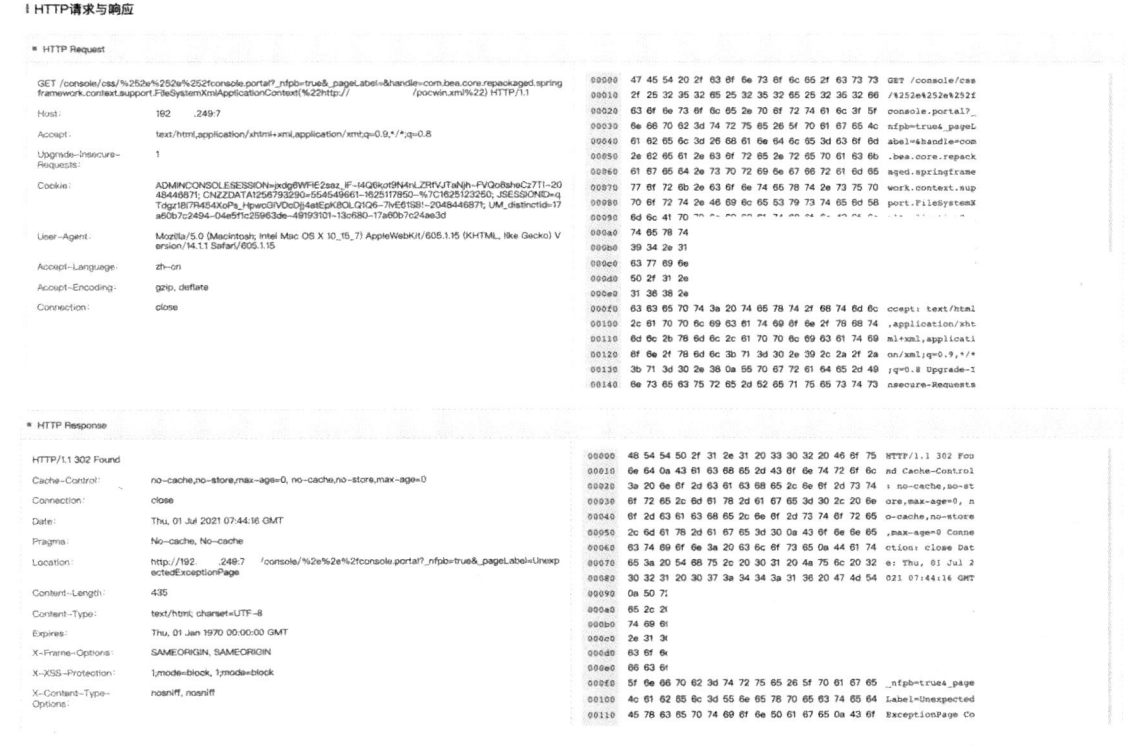

图 15-11 关联的 HTTP 会话

Payload：攻击的 Payload 如图 15-12 所示，攻击者构造了 URL 请求，利用 FileSystemXmlApplicationContext 类来执行攻击，执行一个名为 pocwin.xml 的文件。

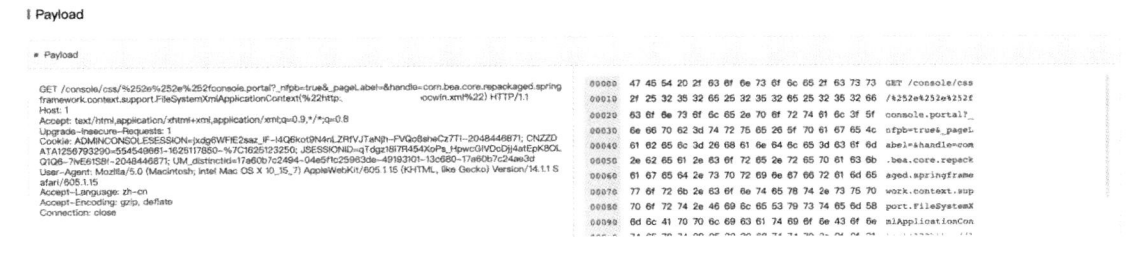

图 15-12 攻击的 Payload

会话追踪：如图 15-13 所示，展示与该告警同一个流的事件。

可能关联的告警集合如图 15-14 所示，基于过往告警数据，结合该告警相关的 IP 地址、用户等实体，分析可能与该告警相关的其他威胁，并展示相关的威胁集合。

从"WebLogic 未授权远程命令执行（CVE-2020-14883）"告警的 Payload 中分析得知，执行的是 pocwin.xml 文件，单击"WebLogic 未授权远程命令执行(CVE-2020-14883)-执行恶意 xml 文件"可直接跳转到该条告警的威胁详情页面。

可以看到 pocwin.xml 文件中的 Payload 将在被攻击机器中执行 powershell 命令，下载

ldr.ps1 并执行，下载的 IP 地址是 194.***.***.21，前面通过 NTA_Threat-Hunting 仪表盘发现该 IP 地址有多次大量传输文件的行为，结合以往的经验，可判断该 IP 地址还有传输其他文件的可疑行为（图 15-15）。

图 15-13　会话追踪

图 15-14　可能关联的告警集合

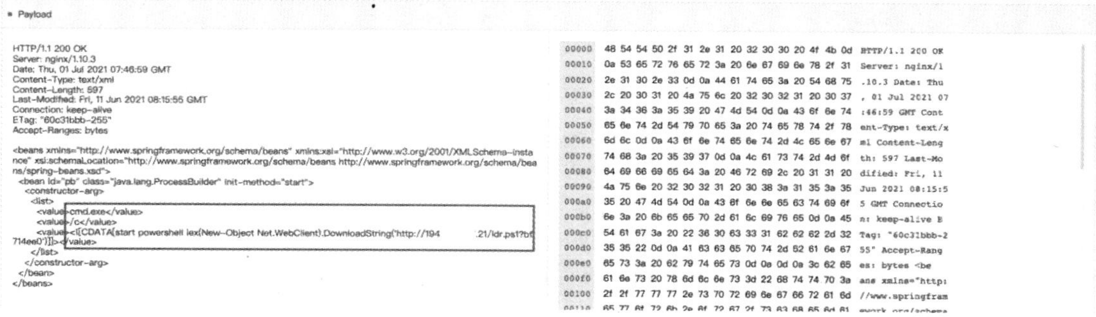

图 15-15　攻击的 Payload

如图 15-16 所示，查看"会话追踪"，确认被攻击机器（192.***.***.241）不止从该 IP 地址（194.***.***.21）下载了 ldr.ps1 文件，后续还下载了 sys.exe 文件。

图 15-16　会话追踪

单击"可能关联的告警集合"→"Detected Suspicious [malicious-website]"，跳转到该条告警的威胁详情页面，有一条 DNS 解析的告警，解析的域名正是通过 NTA_Threat-Hunting 仪表盘发现的矿池（图 15-17）。

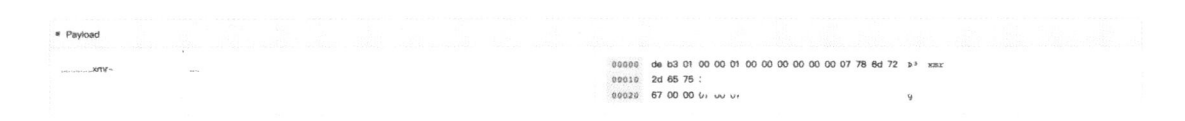

图 15-17　发现矿池

sys.exe 是 Windows 系统的执行文件，通过资产查询可以知道被攻击的机器（192.***.***.249）使用 Windows 10。

查看日志分析：

- 是否创建异常进程。
- 防火墙是否被关闭。
- 注册表是否被修改。

发现 cmd.exe 进程被创建了，如图 15-18 所示。

初步判断可能是修改了注册表中对应的值，关闭了防火墙，如图 15-19 所示。

监测到 ldr.ps1 文件创建了定时任务和注册表事件，如图 15-20 所示。

3．总结

梳理整个攻击过程，还原攻击链路，如图 15-21 所示。

图 15-18 异常进程

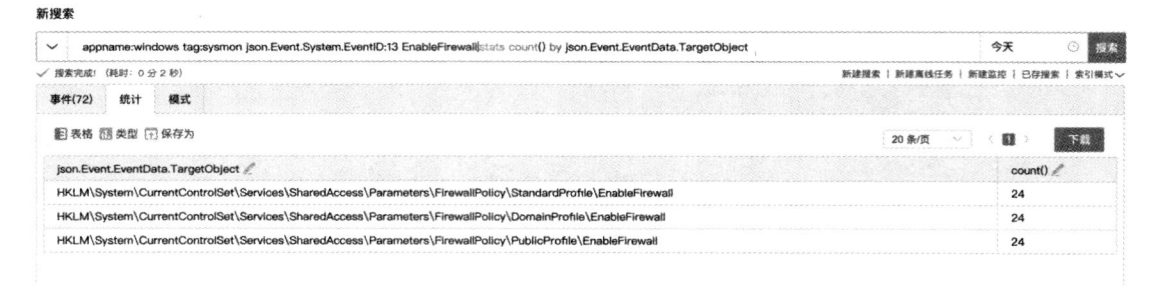

图 15-19 查询防火墙

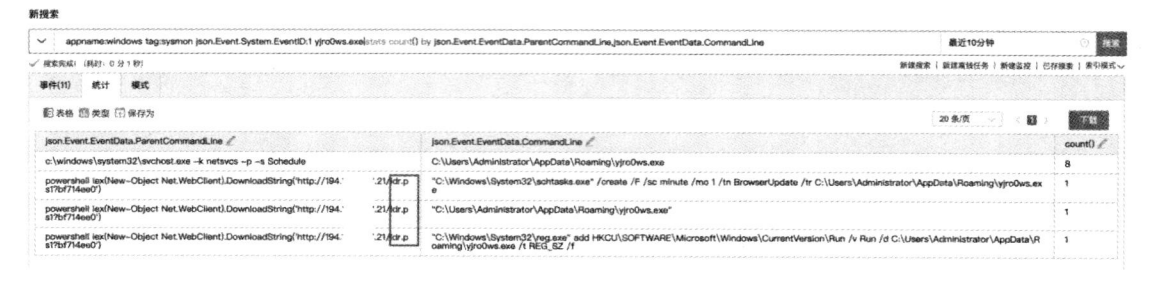

图 15-20 监测数据

所以 sys.exe 就是矿工，通过日志易 SOAR 结合情报可以对攻击 IP 地址、下载地址实施封禁（图 15-22）。

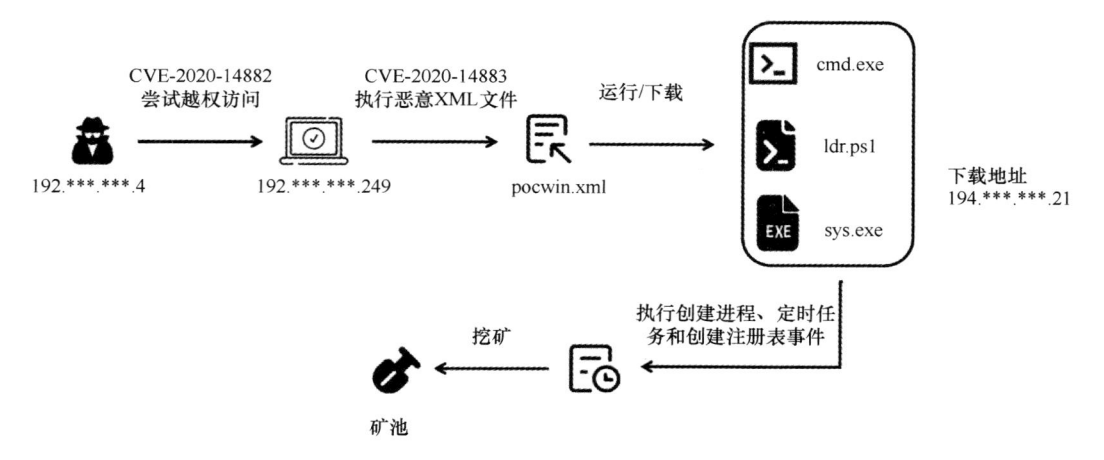

图 15-21　还原攻击链路

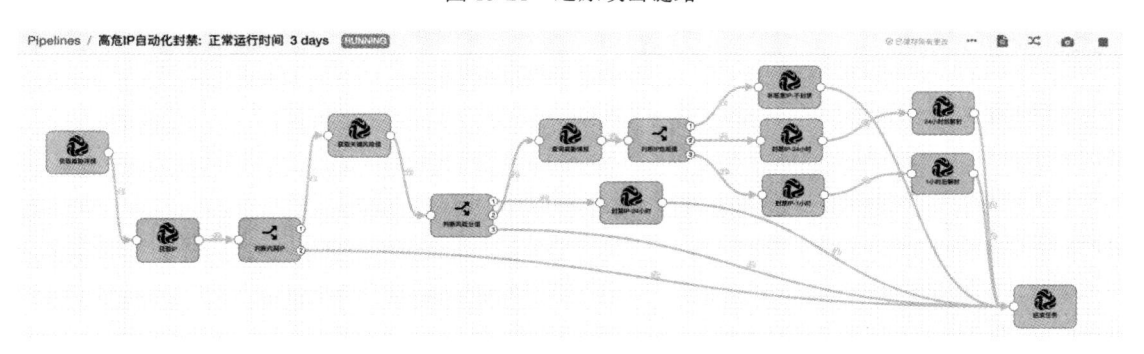

图 15-22　实施封禁

15.9　小结

本章从 SIEM 的产生背景出发，探究了当前企业信息安全建设中存在的问题。

SIEM 中包含各种模块，如日志分析、资产管理、威胁情报、漏洞管理、流量分析等，本章仅对日志分析进行了介绍，读者如果对其他模块感兴趣，可自行查阅相关资料。

第 16 章　UEBA

- 深入理解用户行为
- 行为分析模型
- 应用场景
- 小结

16.1 深入理解用户行为

16.1.1 背景介绍

起初，用户行为分析被广泛应用于电商领域，根据用户的年龄、性别、浏览记录、收藏、点击等行为特征构建用户画像，再根据用户画像针对性推荐商品，达到精准营销的目的。当下，短视频快速发展，各大短视频平台也会根据用户信息、浏览记录及喜爱的视频等进行视频推荐。在信息安全领域，UEBA 被应用于信息泄露、合规等场景，基于用户行为数据通过基线建模、对比、关联分析等方式从用户维度发现问题，旨在发现更多的内网安全威胁。不同于传统安全设备从网络、流量等方面分析外部威胁事件，UEBA 更关注用户与实体的行为，从另一视角发现问题，对企业内部威胁的分析更有优势。

Gartner 在 2014 年率先提出了用户行为分析（User Behavior Analytics，UBA）的概念，旨在应对日益增长的内部威胁。而后实体（Entity）这个概念又被引入了 UBA 技术，并逐步演进成 UEBA（User and Entity Behavior Analytics），其中，E 更多是指用户关联的 IT 资产或设备，包括服务器、终端、数据库等，主要以用户和实体为对象，结合规则及机器学习模型，对用户行为进行分析和异常检测，尽可能快速感知企业内部用户的可疑非法行为。

对企业整体安全态势来说，UEBA 基于规则并结合机器学习算法，提升规则以外的异常分析能力，弥补企业针对内部恶意用户行为的识别和管控，防止攻击者在突破网络边界后藏身于内部，继续摸查高价值目标。具有合法凭证的攻击者与常规用户极为相似，不同点可能是行为方式不一样。内部人员熟悉系统且会遵循使用习惯，如访问方式、操作习惯等，且操作及访问的资源与工作内容高度相关。但是，攻击者在不了解系统情况或寻找更高价值数据时，往往会多次试探，访问的系统也会不一样，异于正常的行为。另外，内部泄密及违规操作者，其行为也会异于历史操作数据或者同组成员同类行为的基线。因此，对异常行为进行检测，能够有效找出网络中的"潜伏者"。UEBA 主要场景分类如图 16-1 所示。

1	用户登录凭证窃取/滥用	5	数据窃取检测
2	特权账户窃取	6	横向移动检测
3	内部资源访问滥用	7	核心资产监控
4	服务账户滥用		

图 16-1 UEBA 主要场景分类

16.1.2 数据源

在 UEBA 中，数据质量非常重要，丰富的数据源及高质量的数据是成功实现 UEBA 的重要条件之一。从邮件、终端安全管理、DLP（Data Leakage Prevention，数据泄露防护）等各类包含用户数据的系统接入数据后，需要进行数据清洗并统一用户唯一标识，为后续的分析及检测做准备。UEBA 中常见数据源及关键字段见表 16-1～表 16-9。

1．邮件系统

表 16-1　邮件系统

数 据 源	关 键 字 段
邮件审计日志	发件人、收件人、抄送人、主题、附件名称、附件大小等

可根据附件大小检测数据外泄场景，将附件名称与安全终端管理进行关联分析来检测恶意邮件，根据附件名称查找外发敏感信息，根据频率及收件人特征等检测群发钓鱼邮件等用户异常行为。

2．终端安全管理系统

表 16-2　终端安全管理系统

数 据 源	关 键 字 段
外设使用	用户、外设类型、文件名称、操作类型等
打印审计	用户、文件名称、文件大小、文件页数等
文件审计	用户、文件名称、操作类型（打开/上传/复制/删除/创建/移动/重命名等）等
登录认证	用户、动作（登录/登出）、状态（成功/失败）等
进程审计	用户、进程、操作类型等
病毒分析	用户、文件名称、病毒类型等

可根据外设使用、打印审计、文件审计检测数据泄露场景，根据登录认证发现账号失陷，根据进程审计和病毒分析发现可疑进程，可关联邮件、认证日志等分析病毒及木马的传播及扩散情况。

3．DLP

表 16-3　DLP

数 据 源	关 键 字 段
告警日志	用户、告警（文件外发、打印通道等）、告警详情（文件名称、文件大小等）等

可根据告警日志进行聚合或者关联其他设备降低误报，更准确地发现可疑用户。

4．打卡系统

表 16-4　打卡系统

数 据 源	关 键 字 段
打卡日志	用户、打卡时间、打卡位置等

可将用户打卡日志与 VPN、堡垒机等进行关联分析，发现账号失陷或者账号共用等场景。

5．堡垒机

表 16-5　堡垒机

数 据 源	关 键 字 段
登录日志	用户、登录源地址、登录状态（成功/失败）等
命令操作	用户、命令、状态（成功/失败）等

登录日志可用于分析用户异常登录、高风险命令、账号共用等场景。

6．VPN

表 16-6　VPN

数 据 源	关 键 字 段
登录日志	用户、登录源地址、登录状态（成功/失败）等
访问日志	用户、访问 IP 地址等

登录日志可用于发现账号失陷、账号共用等场景。

7．上网行为管理系统

表 16-7　上网行为管理系统

数 据 源	关 键 字 段
上网行为管理系统日志	用户、操作（网页浏览、即时通信、上传、下载等行为）、文件名/URL/软件等

通过上网行为管理系统日志，分析大量访问招聘网站及外发简历、U 盘大量复制和大量打印、网盘或邮件外传文档等，从访问网站及即时通信软件分析员工怠工情况。

8．AD

表 16-8　AD

数 据 源	关 键 字 段
登录日志	用户、登录源地址、登录状态（成功/失败）等

登录日志可用于分析暴力破解、账号共用、堡垒机绕过等场景。

9．数据库

表 16-9　数据库

数 据 源	关 键 字 段
数据库审计	用户、命令等

数据库审计可用于分析数据泄露场景，或者在数据库高危操作后审计并发现恶意用户。

16.1.3 标签画像

分析不是一成不变的，已有的检测方式和分析模型并不一定适用于所有情况，用户的行为习惯及岗位职责可能会导致一定的误报，标签画像有助于深入理解用户个人信息及行为习惯，刻画用户正常行为基线，由这些基线形成用户的画像信息，触发告警时可结合画像信息分析异常。

UEBA 标签可分为静态标签和动态标签。静态标签是指用户的基本身份信息，如账号、部门、岗位、权限等，需要定期维护和更新。动态标签是指在静态标签基础上，基于**数据统计**、规则匹配等，从用户行为出发形成一系列特征，如活跃时间、常登录城市等。利用统计模型和算法模型对历史数据和正在发生的数据进行标签化计算，提升安全决策人员对大**数据**信息中的海量数据进行概括和简化的能力，如图 16-2 所示。

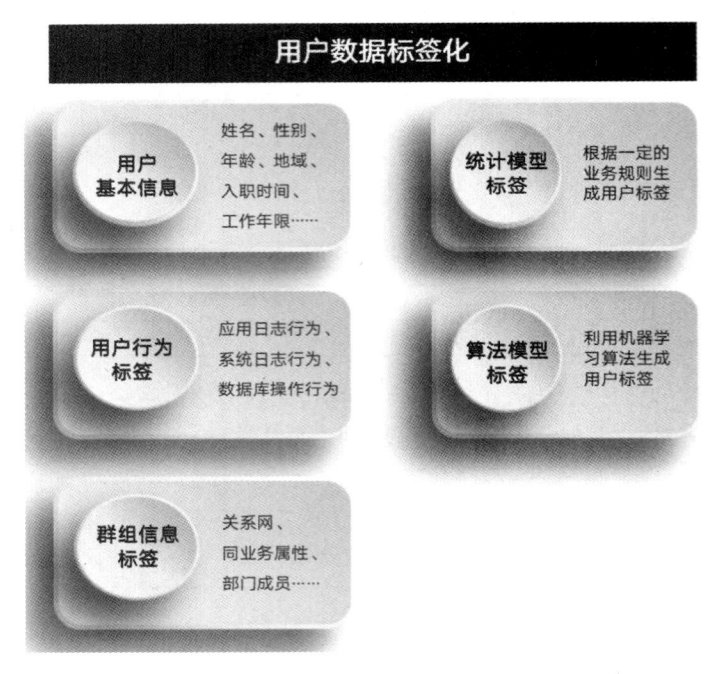

图 16-2 用户数据标签化

1. 群体划分

根据标签信息，通过聚类将具有相同特性的用户划分到不同群体中，然后基于划分的群体配置基线，从不同维度检测异常行为。相对于根据部门划分群组，根据标签信息划分群组有利于减少因岗位职责、权限、个人行为习惯等因素产生的误报。

2. 规则配置

在配置规则时可适当根据标签信息进行过滤，如个别用户长期以来每天复制文件次数均相对较高，经分析确认无异常，可手动为其添加标签并在配置相关规则时将其过滤。另外，动态生成的标签结果可以被规则引用，用户行为数据会因工作时间、工作地点、岗位调换等原因产生动态变化，如非常用地点登录、频繁访问非常用系统等规则会被引用到动态标签结果中。

3. 告警分析

当触发告警时，安全分析人员结合标签信息能更好地理解用户异常行为，进一步确认是异常或误报，如除 HR 部门外的人员频繁访问招聘网站会被视为有离职倾向，但如果该人员为部门领导人且最近部门在招聘人员，则此告警很可能是误报。

日志易 UEBA 标签画像如图 16-3 所示。

图 16-3　日志易 UEBA 标签画像

16.2　行为分析模型

16.2.1　分析方法

1. 基线对比分析

1）历史基线对比

用户长时间数据通常相对平稳，对比用户过去的行为可从单用户角度发现用户行为习惯突变的异常情况，可能为账号失陷、数据泄露等特殊情况触发的基线告警。将用户近半个月或者一个月内养成的用户行为习惯作为基线,如偏离历史基线较大,则视为异常。例如,统计用户过去一个月系统登录次数并作为基线,根据最高值或实际情况保留一定上升幅度作为临界点,超过临界点则视为异常。

2)同组成员基线对比

可根据部门、岗位、标签、区域等划分同组成员,也可通过机器学习聚类进行划分。同组成员的行为较为相似,提取共用特征作为基线,如偏离同组成员基线较大,则视为异常。例如,同组成员每天复制文件大小在 500MB 以内,若成员 A 在一天内复制了 20GB 文件,大大偏离同组成员基线,很可能是在大量复制内部数据,存在数据泄露的风险。

2. 高频分析(图 16-4)

通过行为基线分析,将用户某类行为或多类行为与其历史过往基线进行对比,从而发现偏离程度较大的行为。例如,从 AD 登录数据中发现用户 A 某天登录次数与平日有较大偏离,则可能存在异常。

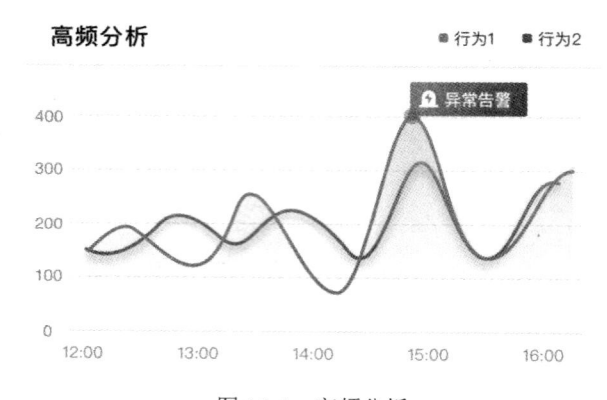

图 16-4 高频分析

3. 罕见行为分析(图 16-5)

正常办公行为往往存在一定的重复性,如果出现一些罕见的行为,则可能存在异常。例如,服务器上执行了罕见的命令(如 "rm –rf /*"),或者将邮件发送至不常见的收件人。

图 16-5 罕见行为分析

4. 个群行为分析（图16-6）

同部门的人群往往行为较为一致，通过将个人行为与群体行为进行对比，从中发现个人异常行为，如部门的文档复制基线、接入外设频率等。

5. 自动化行为发现（图16-7）

规律性行为也可能是异常行为，包括定时执行的行为，如通过脚本方式定时、批量发送邮件等潜在泄密行为。

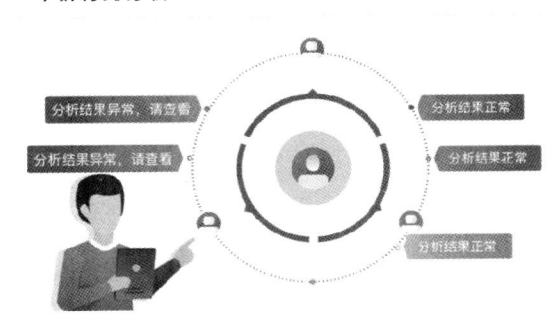

图 16-6　个群行为分析

图 16-7　自动化行为发现

16.2.2　机器学习模型

传统静态规则的检测方法配置特定阈值可能会导致很多误报或未知风险无法检测的情况，机器学习模型在一定程度上可以弥补这部分不足，能够适应用户行为的动态变化且不需要频繁改动已经配置的规则。机器学习分为有监督学习和无监督学习，两者的主要区别为是否有训练样本用于训练。有监督学习一般先训练样本数据获取模型，再利用模型对其他数据进行分类；而无监督学习没有训练样本数据，直接对所有数据进行分类。在网络安全中，异常样本少之又少，每年能发现的异常数据也不多，所以UEBA中通常采用的是无监督学习，通过聚类、预测等方式进行异常检测。常用的算法介绍如下。

1. K-Means

K-Means是基于欧氏距离的无监督聚类算法，两者之前的距离越近则相似度越大，因实现简单且聚类效果不错而被广泛应用。K-Means须配置簇的数量，即n_clusters，如果进行分类，可以根据特征及群组设置簇的个数。在进行异常检测时，n_clusters可配置为2，一个簇视为正常，另一个簇视为异常。对于实际检测场景，须过滤仅少量数据的簇才视为异常的场景。

应用场景：系统访问数量异常。

场景描述：用户登录数量、系统访问数量异常高，很可能是攻击者在尝试爆破或者扫描；直接配置阈值的传统检测方式易导致较多误报，机器学习函数可以动态检测与其他用户差异较大的可疑用户。

对应操作：

（1）将数据分成两类。

（2）对两个簇进行统计，过滤簇内数据少于三个的簇。

（3）通过 SPL 的 join 运算找到对应用户。

对应的 SPL 语句如下：

```
appname:ueba tag:access |stats count() as cnt by ueba.user|fit KMeans n_clusters=2 from cnt|join type=inner cluster[[appname:ueba tag:access |stats count() as cnt by ueba.user |fit KMeans n_clusters=2 from cnt|stats count() as cnt2 by cluster|where cnt2<3]]
```

SPL 查询如图 16-8 所示。

图 16-8　SPL 查询

如图 16-9 所示，rizhiyi 用户与其他用户的差异较大，被视为异常。

图 16-9　异常用户

2．BIRCH

BIRCH（Balanced Iterative Reducing and Clustering Using Hierarchies，综合层次聚类）算法利用层次方法的平衡迭代规约和聚类。BIRCH 算法就是通过聚类特征（Clustering Feature，CF）形成一个聚类特征树，运行速度快，适用于数据量大、类别多的场景。

应用场景：USB 复制数据量异常。

场景描述：USB 复制数据量异常，很可能存在数据泄露的行为。直接配置阈值的传统检测方式易导致较多误报，机器学习函数可以动态检测与其他用户差异较大的可疑用户。

对应操作：

(1) 将数据分成两类。

(2) 对两个簇进行统计，过滤簇内数据少于三个的簇。

(3) 通过 SPL 的 join 运算找到对应用户。

对应的 SPL 语句如下：

> appname:ueba tag:copy |stats count() as cnt by ueba.user|fit Birch n_clusters=2 from cnt|join type=inner cluster[[appname:ueba tag:copy |stats count() as cnt by ueba.user|fit Birch n_clusters=2 from cnt|stats count() as cnt2 by cluster|where cnt2<3]]

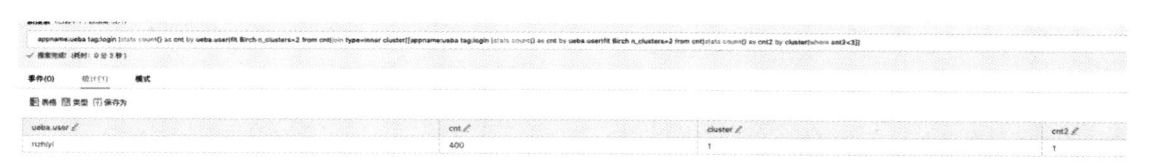

SPL 查询如图 16-10 所示。

图 16-10　SPL 查询

3．DBSCAN

DBSCAN（Density-Based Spatial Clustering of Applications with Noise）算法是一种基于密度划分距离的算法，簇的个数由算法自动确定，能够把具有足够高密度的区域划分为簇，且可在噪声的空间数据库中发现任意形状的聚类。

应用场景：异常时间点登录。

场景描述：用户办公登录系统的时间点相对集中，通常为上班时间，传统的分析方法"一刀切"，将下班时间登录的行为判定为异常，通常存在很多误报，如未考虑加班的情况。一般情况下，加班会出现连续行为，或者几位同事可能同时加班。相对而言，在凌晨等异常时间点偶然登录一次的行为，很可能是攻击者入侵，可能是定时外联 C2 或者登录传输数据等。所以，可以检测相邻时间段内无用户登录且该时间段内只有该用户登录的可疑用户。

对应操作：

(1) 先检测相邻时间段内没有用户登录的可疑登录行为。

(2) 再过滤该时间段内仅单个用户登录的可疑用户。

对应的 SPL 语句如下：

> appname:ueba tag:login ueba.result:"User login succeeded"|eval hour=formatdate (timestamp, "HH")|stats count() as cnt by hour,ueba.user|fields hour,ueba.user|mvcombine sep=";" ueba.user|fit DBSCAN eps=2,min_samples=2 from hour|where cluster<0|eval ueba. user=split(ueba.user, ";")|where len(ueba.user)<2

SPL 查询如图 16-11 所示。

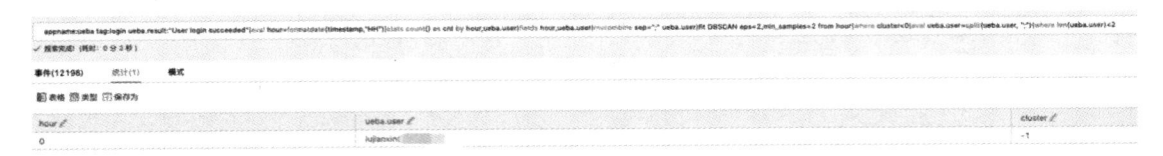

图 16-11　SPL 查询

4. ARIMA

ARIMA 模型（Auto-Regressive Integrated Moving Average Model，自回归移动平均模型）通过寻找历史数据之间的自相关性，来预测未来（假设未来将重复历史的走势），模型要求序列必须是平稳的。

应用场景：账号复制数据量异常。

场景描述：账号在凌晨外发或者 U 盘复制 1GB/小时数据，与账号在中午 12 点复制 1GB/小时数据的意义是不一样的。在正常情况下，更倾向于认为中午 12 点出现此类行为是工作需要，相反，凌晨出现此类行为则可能是内部人员窃取数据。ARIMA 模型可以对多周期、多变点、趋势变化的复杂因素环境下的时间序列进行检测。

对应操作：

（1）统计用户过去 7 天每小时复制的数据量，通过 SPL 的 outputlookup 函数将用户数据写入 burn.csv 作为训练数据。

（2）利用上一步中的训练数据，通过 arima_burn 脚本执行 ARIMA 时序预测算法返回预测值。

（3）统计前一个小时的复制数据量，判断当前数据量大于预测值 50%（百分比可通过脚本调整）则认为异常。

对应的 SPL 语句如下：

```
starttime="-7d/d" endtime="-h/h" (appname:anti_virus OR appname:burn)|eval file_size =tolong(copy.file_size)/1024/1024|eval user=copy.user|bucket timestamp span=1h as _time|stats sum(file_size) by user,_time|outputlookup burn.csv|dedup user|fields user|lookup2 arima_burn|join type=inner user[[starttime="-h/h" endtime="now/h" (appname:anti_virus OR appname:burn)|eval file_size=tolong(copy.file_size)/1024/1024|eval user=copy.user|bucket timestamp span=1h as _time|stats sum(file_size) as now_cnt by user,_time]]|where now_cnt >tonumber(upper_cnt)
```

SPL 查询如图 16-12 所示。

图 16-12　SPL 查询

16.3 应用场景

16.3.1 数据泄露

泄密其实很容易。据统计，每 400 封邮件中就有 1 封包含敏感信息，每 50 份通过网络传输的文件中就有 1 份包含敏感数据，每 2 个 U 盘中就有 1 个包含敏感信息。内部员工恶意攻击和窃取敏感数据是典型的数据泄露场景，由于内部员工具备企业数据资产合法的访问权限，且通常了解企业敏感数据的存放位置，因此通过传统的安全审计手段无法有效检测该类行为。UEBA 可以通过对数据防泄露系统、邮件、U 盘、终端管理、打印机等日志进行关联分析，发现可疑下载及外发文件等异常操作。具体实现如下。

1. 高频行为分析

数据来源：DLP 日志、邮件日志、主机操作日志。

场景实现：恶意攻击和内部员工恶意窃取敏感数据是典型的数据泄露场景，如异常时间打印大量文件、外发敏感文件、U 盘复制代码文件等。

2. 个群对比分析

数据来源：DLP 日志、邮件日志、VPN 日志、主机操作日志。

场景实现：类似蚂蚁搬家的方式，一般为有离职倾向的员工在较长周期中多次少量复制核心数据，通过聚类等方式难以发现其中的基线异常，因此目前主要通过个群对比来发现异常，即与其同部门的基线相比较。

16.3.2 离职分析

很多员工在即将离职时会访问招聘网站寻求机会，在本地制作或保存简历文件并上传或外发给招聘人员时，也会将公司的一些资料或者自己的工作成果保存到私人 U 盘或网盘等。离职分析实现场景如下。

数据来源：终端安全管理日志、上网行为日志等。

场景实现：企业可以进一步关注具有离职倾向的员工是否有窃取数据或恶意删除数据等行为，主要包括大量访问招聘网站、外发简历、大量复制和大量打印、网盘或邮件外传文档等可疑行为。

16.3.3 合规分析

在企业日常运营过程中，高权限账户滥用、本地保存密码文件、门禁卡共用、未使用规定机器执行操作等未按照企业规定进行的操作行为非常普遍,且很难被发现。于是,内部员工往往抱有侥幸心理,在日常工作中依旧执行违规的高风险操作,而这些高风险操作随时可能影响业务的正常运行。UEBA 可以帮助企业针对门禁、终端管理、邮件、审计等日志进行深度分析,对特定行为进行监控,及时发现违规操作。合规分析具体实现如下。

数据来源:堡垒机日志、VPN 日志、主机操作日志、审计日志。

场景实现:服务器上用户的违规操作,如批量上传和下载、执行敏感指令、清除日志等;终端上的异常动作,如发起内网扫描、异常的 DNS 查询请求、大流量的文件传输等。

16.3.4 失陷账户

如图 16-13 所示,通常情况下,攻击者在外网绕过边界防护进入内网后,会快速横向移动,从而获取更有价值的信息,如域管理员、财务数据、知识产权或其他敏感数据。传统的单点防御设备缺乏网络内部异常行为分析,无法关联多源数据,难以检测出绕过边界防御设备后发生在内部的横向移动攻击。但是,攻击者在不了解系统情况而又希望寻找到更高价值的数据时,往往会多次试探,访问的系统也会不一样,进而可能触发异于基线的异常行为。例如,销售部门的实习生频繁访问财务系统、代码系统、域控等与本职工作无关且包含敏感信息的系统,很可能是账号、密码泄露或者账号失陷。攻击者在不清楚环境的情况下,会多次探测、寻找有核心数据信息的系统。MITRE ATT&CK 框架账户相关技术如图 16-14 所示。

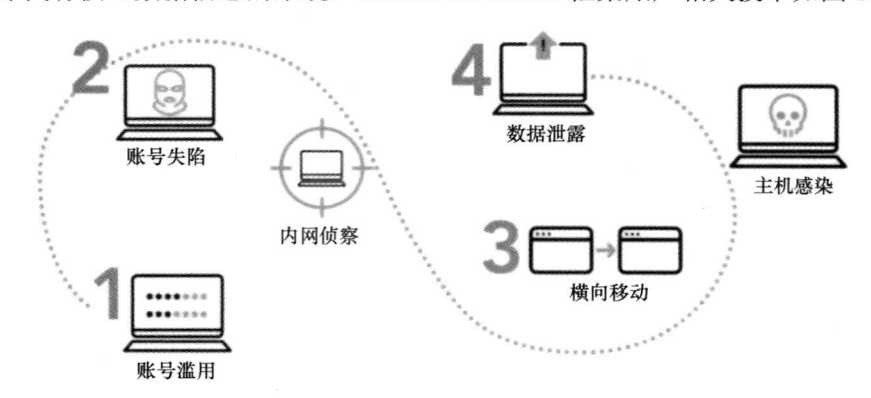

图 16-13 失陷账户

1. 罕见行为分析、个群对比分析

数据来源:堡垒机日志、VPN 日志、运维操作日志。

场景实现:对比账户的活动是否存在异常行为,例如,异常的登录时间、地点、设备,访问以前未访问过的信息系统或数据资产,频繁登录和退出,等等,并对比分析账户的活动是否偏离个人行为画像和部门行为画像,综合判断账户风险情况,帮助安全团队及时发现账号失陷。

2. 基线对比分析

数据来源:网络流量采集、端点采集、堡垒机日志、主机操作日志。

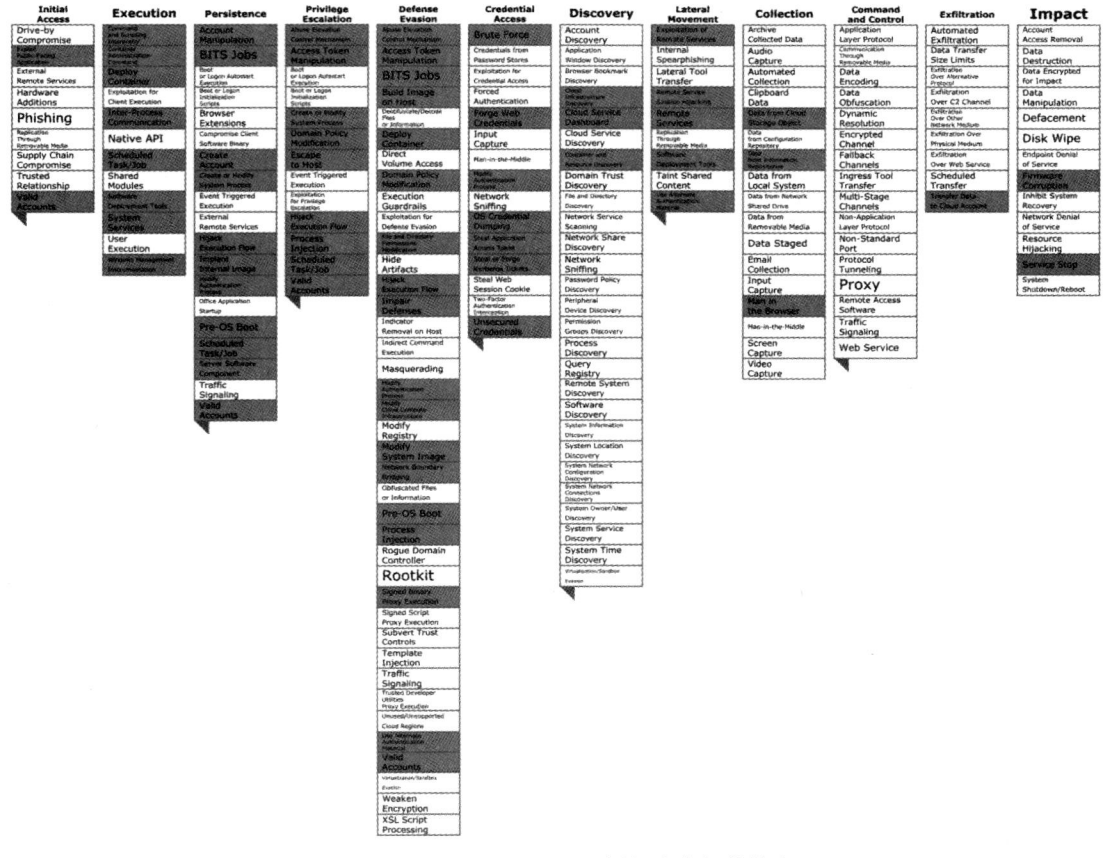

图 16-14 MITRE ATT&CK 框架账户相关技术

场景实现：根据企业内网主机或服务器的活动规律，如账户登录、流量大小、文件传输、主动外联等构建动态行为基线。利用基线发现异常情况，检测失陷主机，并结合资产信息，定位到具体的时间段和主机信息，辅助企业及时发现失陷主机并进行溯源处理。

其他场景见表 16-10。

表 16-10 其他场景

序 号	名 称
1	堡垒机绕过
2	频繁访问招聘网站和友商网站
3	执行高危命令后又执行清除命令
4	发送请假邮件但发现 AD 登录记录
5	已申请离职员工最近 7 天下载文件超过 20 份
6	搜索、下载数据库、代码文件并外发
7	最近 14 天内有超过 10 天下班后下载文件超过 20 份
8	执行命令失败后又执行脚本文件（绕过命令监控）
9	重要系统的数据库存在来自非授权 IP 地址、非授权账户的访问记录
10	暴力破解重要服务器密码，并登录成功，复制、访问了超过 10 份代码或敏感文档

注意：阈值根据实际情况调整。

以上告警触发后可在日志易 UEBA 用户与实体行为分析平台查看详情并分析处置，如图 16-15 所示。

> ☐	账户复制数据量异常	202108-30026	2021-08-09 15:57:51	rizhiyi
> ☐	多个账户同时登录同一台机器	202108-30027	2021-08-09 15:57:51	rizhiyi
> ☐	票证传递攻击	202108-30025	2021-08-09 15:56:17	rizhiyi
> ☐	频繁访问多个不曾访问过的系统	202108-30024	2021-08-09 15:55:14	rizhiyi
> ☐	异地登录	202108-30022	2021-08-09 07:45:00	rizhiyi
> ☐	哈希传递攻击	202108-30023	2021-08-08 23:54:08	rizhiyi
> ☐	用户有登录会话但尚未进入办公楼，且没有VPN访问权限	202108-30021	2021-08-08 22:54:03	rizhiyi

图 16-15　告警

个人风险视图如图 16-16 所示。

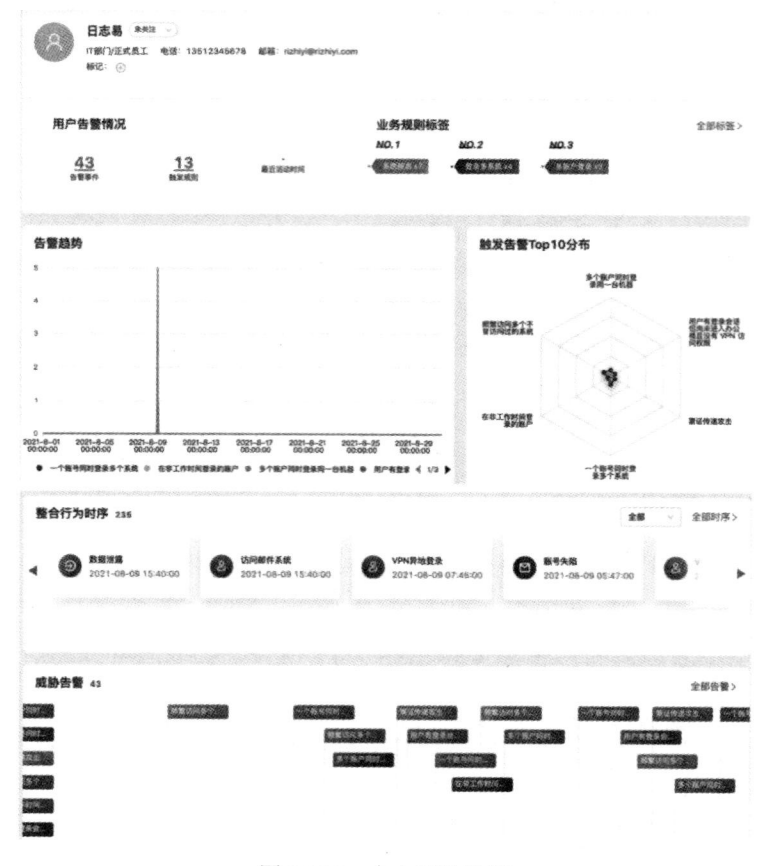

图 16-16　个人风险视图

16.4 小结

用户实体行为分析可以从用户角度发现失陷账户与恶意内部用户的异常行为，本章主要从数据源、标签画像、分析模型、应用场景等对用户实体行为分析进行了详细介绍。

第 17 章　安全编排、自动化与响应

- SOAR 简介
- SOAR 架构与功能
- SOAR 与 SIEM 的关系
- 应用场景
- 小结

自动化技术将成为提高安全人员响应效率、打破攻防不对称的有力手段。

随着网络空间安全态势的发展，安全人员每天都需要面临来自不同维度的海量告警（如主机安全、网络攻击等），以及重复对某类告警进行响应（如对高风险行为进行封禁、阻断等），在此过程中耗费了大量人力资源，也使得安全人员疲于应付，安全人员的日常工作状态往往是应对那些未成功的、数量较多的、常见的威胁，而难以有较多时间投入对异常事件的调查分析，以及挖掘潜在可疑风险。应该说，这些潜在的风险才是企业所面临的主要威胁。

当前，企业面临的挑战将逐步从安全防御体系建设进一步转化为海量告警与安全事件的分析与处置等安全运营问题。在安全运营阶段，企业在上层安全治理中更需要侧重于相关的安全运营指标，如平均响应时间（MTTD）。通过自动化技术，即通过安全编排、自动化与响应（Security Orchestration Automation and Response，SOAR）实现对安全事件自动化处置。

通过给不同安全事件制定相应的自动化响应流程，并接收不同告警源的信息，实现对安全事件的自动化响应，提高企业安全运营能力。下面将进一步介绍 SOAR 的功能。

17.1　SOAR 简介

SOAR 的概念最初是由 Gartner 提出的，而且初始的定义与当前有所区别。2015 年，SOAR 被定义为安全运营、分析与报告（Security Operations, Analytics and Reporting），直到 2017 年其才被重新定义成安全编排、自动化与响应。

SOAR 是使企业能够收集与处理由安全运营团队监控信息的技术。例如，来自 SIEM 和其他安全技术（如安全设备或其他第三方系统）的告警帮助定义、确定安全事件的优先级，并根据不同的安全事件驱动标准化的事件响应流程进行处置。同时，SOAR 以工作流（也就是"剧本"）的格式定义事件分析和响应程序。

SOAR 常规的产品技术路线：针对不同类型的安全事件，根据定义的剧本，实现自动化响应。这种技术路线实现层级和理念也非常明确，更接近一种决策思路，所以要实现 SOAR 的能力，也就是要具备可视化流程编排（快速定义剧本）、组件化（应用管理）和任务管理能力。

从大多数产品的架构来看，第一层级是剧本（Playbook），其中包含了流程的决策步骤（如过滤、判断、格式化及人工审核等基础能力）和应用组件（如某类安全设备的某个接口、自定义的 API 接口）；第二层级是应用，即集合了某个产品的所有接口，可在剧本中调用；第三层级是动作（Action），即对应具体接口，如情报查询接口、IP 查询接口；第四层级为资产，例如，企业中部署了 10 个防火墙，这就是 10 个资产，在编排剧本的时候，需要定义和哪个资产进行联动；第五层级为用户，系统在对资产进行联动的时候，需要安全设备上一个有相应响应权限的账户进行联动。联动过程中一般会有两类动作，一类是"读"的动作，另一类是"写"的动作。"读"的动作就是通过接口从安全设备或其他第三方系统中获取信息，"写"的动作就是通过接口往安全设备或其他第三方系统添加、更新、删除策略。例如，把某个 IP

地址写到防火墙的黑名单中，以此来实现对恶意 IP 地址的阻断，通过用户来实现权限控制。

总的来说，SOAR 实现的能力如下。

（1）第三方设备/系统接口对接能力：通过内置基础组件与应用组件，以及开发 Python 脚本等方式，形成与第三方设备/系统对接的组件，定义好输入参数与输出字段，便于上下游组件的联合调用，最终作为安全事件的自动化响应流程剧本。

（2）剧本编排能力：基于上述不同的剧本组件，可针对不同的安全事件，通过剧本组件，以可视化的方式将不同组件串联起来，形成标准化流程，并针对某类事件通过预先定义的剧本实现自动化响应。

（3）调查分析及任务管理能力：可自动形成响应任务，并在不同任务详情中，针对每个安全事件的处置过程进行记录，将中间不同组件的执行内容作为输出进行展示。针对不同的任务流程可以细化为不同的子任务，并分配给不同的责任人，同时提供安全事件调查的能力，并可多人协同处置。

17.2 SOAR 架构与功能

17.2.1 技术架构

为了实现对不同安全事件的响应处置，SOAR 一般从自身的 SIEM/SOC 获取告警（安全事件），也可以对接其他第三方告警，并通过预定义好的剧本，联动企业环境中不同的资产（具体的安全设备或 IT 系统），对安全事件进行自动化响应，例如，日志易 SOAR 架构如图 17-1 所示。

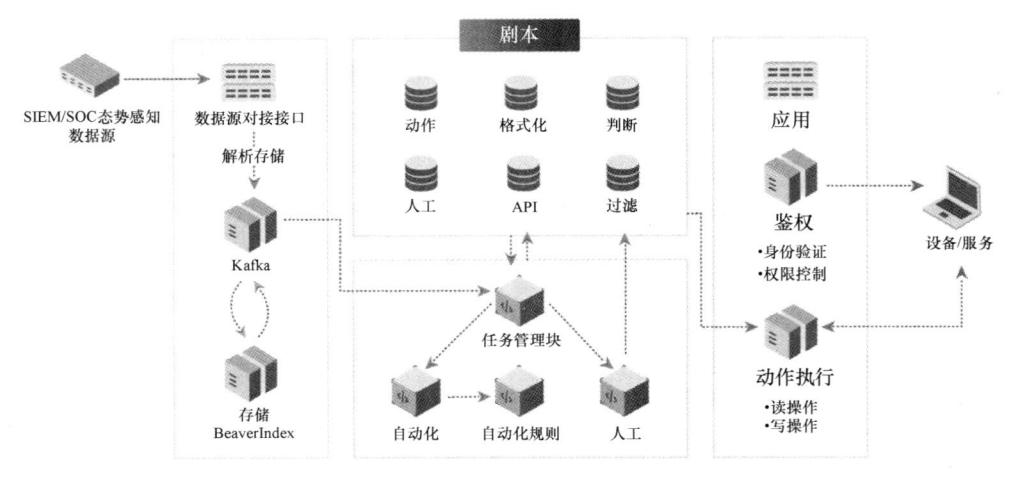

图 17-1　日志易 SOAR 架构

17.2.2　剧本与组件的定义

剧本，即响应流程，由多个不同的组件编排而成。获取安全事件信息，并调用对应的响应流程，将最终的结果输出到任务管理中进行展示。

组件，包含在剧本中，是最小的逻辑单元，主要分为基础组件与应用组件。基础组件指的是常见的处置逻辑，如判断、过滤、格式化等；应用组件指的是联动特定的安全设备或 IT 系统所形成的组件。

17.2.3　剧本与组件的使用

在 SOAR 中，剧本编排进一步对 SIEM 产生的告警按照特定流程进行响应，主要结合用户实际环境，实现对不同类型的安全事件的自动响应，包括各类安全设备/系统 API 对接、流程编排、安全事件类型识别、执行结果记录等功能。

例如，日志易 SOAR 可以在编写 SPL 规则/Flink 规则时，通过设置指定的 tag 字段/标签定义作为安全事件类型识别字段，与 SOAR 模块中的剧本的标签对应，如果剧本标签与告警标签一致，则该剧本将告警的信息作为输入进行自动响应。

进入剧本编排功能，可以查看目前已有的剧本列表，如图 17-2 所示。

图 17-2　剧本列表

此后，通过新建剧本的方式，构建一个新的响应流程，如图 17-3 所示。

图 17-3　新建剧本

新建剧本后，便可利用可视化编排的方式，通过不同的组件组成响应流程逻辑，快速构建符合企业需要的剧本，如图 17-4 所示。

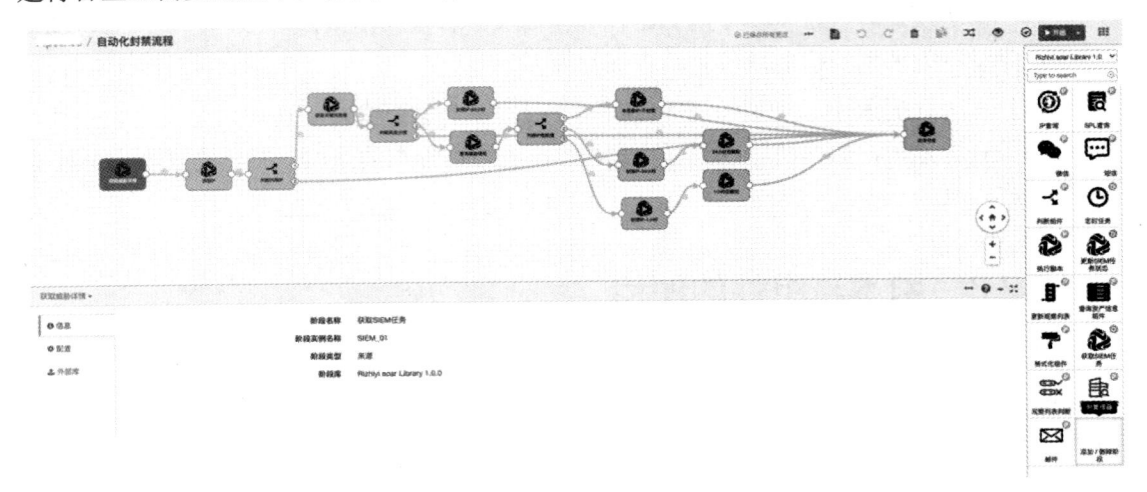

图 17-4　剧本编排

在编排过程中，将封装好的组件拖曳到剧本编排区域，即可对对应的组件进行配置。例如，"获取威胁详情"组件，其主要作用是获取来自 SIEM/SOC/态势感知等设备的告警，可以对"更新间隔"等参数进行配置，获取对应的告警信息并进行处理，如图 17-5 所示。

图 17-5　"获取威胁详情"组件的配置

"获取威胁详情"组件可以看成一个起始组件，那剧本中执行的逻辑组件，如前文提到的基础组件或应用组件，又如何进行配置呢？

例如，"获取 IP"组件是一个自定义组件。其通过编写对应脚本来获取上游组件（"获取威胁详情"组件）输出的结果。在本例中，主要获取告警相关的源地址信息，如图 17-6 所示。

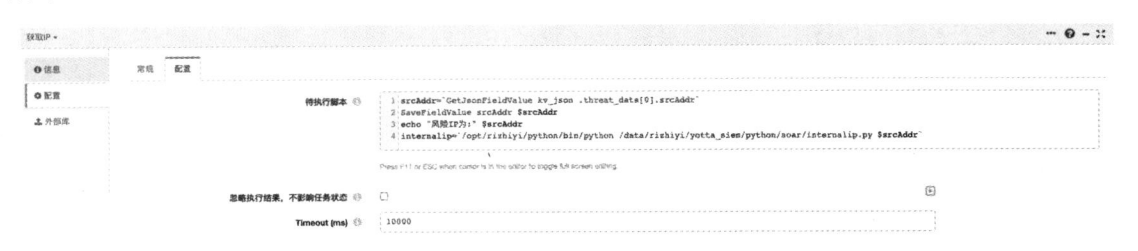

图 17-6　"获取 IP"组件的脚本

执行脚本：

```
srcAddr='GetJsonFieldValue kv_json .threat_data[0].srcAddr'
SaveFieldValue srcAddr $srcAddr
echo "风险 IP 为:" $srcAddr
internalip='/opt/rizhiyi/python/bin/python /data/rizhiyi/yotta_siem/python/soar/internalip.py $srcAddr'
```

"判断内网 IP"组件是一个基础组件，主要功能为过滤，在接下来的流程中，其只针对外网 IP 地址进行响应，如告警源地址为内网地址，则结束流程，如图 17-7 所示。

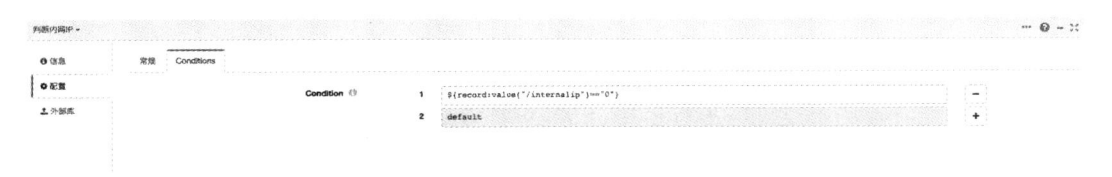

图 17-7 "判断内网 IP"组件

"查询威胁情报"组件为应用组件，主要功能为对接国内某威胁情报厂商的情报平台，其对接逻辑封装在组件中，只需要填写对应的参数，即可实现情报查询，如图 17-8 所示。

图 17-8 "查询威胁情报"组件

通过上述组件就可以完成对应响应逻辑的编排，形成一个剧本，经过测试、验证后，便可用于企业的实际安全事件响应活动。

17.3 SOAR 与 SIEM 的关系

基于项目实践，一般来说，自动化响应实现的前提是确保告警的准确度，也就是说，SIEM 的威胁检测模型要能够输出精准的分析，然后将这些告警交给 SOAR 去处理。如果告警的误报率很高、噪声很大，在这种情况下自动化响应是没有意义的，反而会影响业务。所以，SIEM 是实施 SOAR 的前提。

针对安全事件的处置响应一般分为人工响应与自动化响应。在目前的安全运营活动中，SOAR 一般进行自动化响应操作。安全事件自动化响应过程是怎样的？当平台检测到边界区域一个 Web 类的攻击事件（如某个简单场景：某个源地址发起多次 SQL 注入或某个源地址发起多种不同类型的攻击）后，能够自动地针对这一攻击事件中的源地址进行情报查询判断，并智能地根据情报查询结果，判断该攻击 IP 地址是否已经被标记为恶意标签；如果它被标记为恶意标签，并且已经在平台封禁列表中，系统则结束响应流程；如果不在平台封禁列表中，则进一步判断该 IP 地址是第一次出现还是此前出现了多次，并根据它出现的频率智能化、自动化地联动边界安全设备实现不同时长的封禁，这是一个常见的自动化响应过程。

一般情况下，在进入自动化响应阶段的前期，也需要人工响应的验证，判断某类安全事件是否可以采用固化的自动化响应流程，同时需要企业各个部门（如安全部门、业务相关部门、网络相关部门）之间进行评审，对流程无异议后，便可形成自动化响应流程。所以，以现实环境来看，很难达到对所有的安全事件都进行自动化响应。自动化响应是人工响应的衍生产物，人工响应始终具有重要意义。

人工响应主要是指通过人工来针对一些不在自动化安全知识库（或者说不存在对应的剧本）中的安全事件或者可疑线索进行响应处置。人工响应也包括分析工作，因为这是一个在不同安全场景下，分析各种问题并做出决策的过程。人工响应往往也会在 SIEM 上实现，如手动封禁某 IP 地址、手工发送工单等，但这不意味着 SOAR 不能进行人工介入与响应。

例如，在日志易 SOAR 中，看到针对某个威胁执行剧本后，会建立一个具体的任务，可以在"任务列表"中看到，如图 17-9 所示。

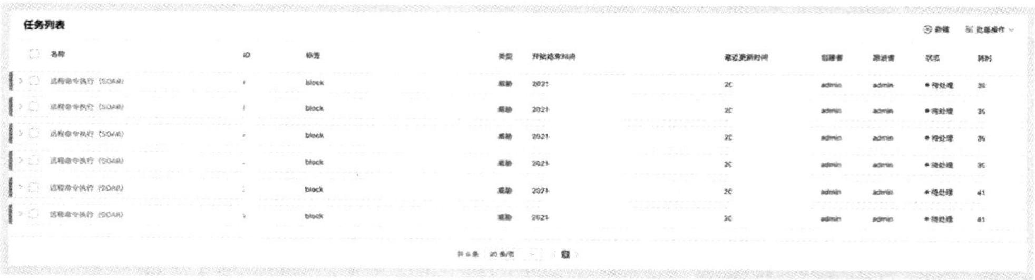

图 17-9　任务列表

进入对应的任务详情，可以看到该威胁在自动化响应之后的执行结果，如图 17-10 所示。

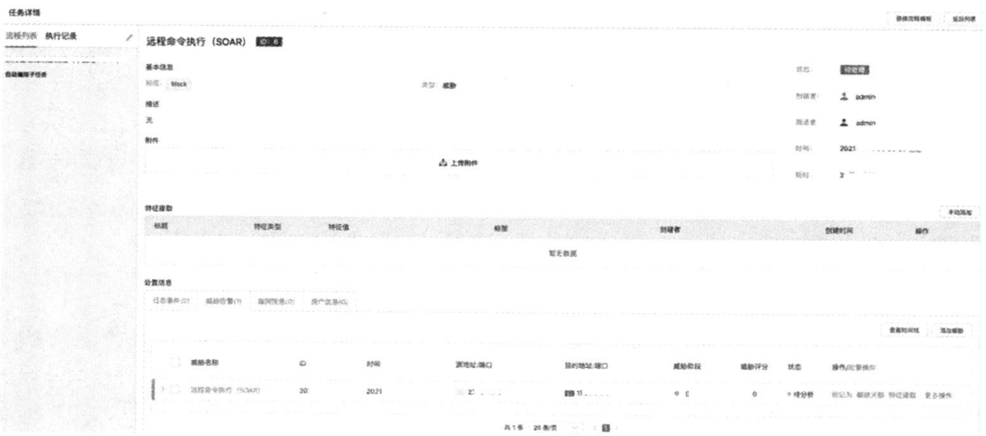

图 17-10　任务详情

在任务详情中，可以手动添加具体的剧本并执行，如图 17-11 所示。

图 17-11　手动执行剧本

17.3.1　SOAR 与 SIEM 关联使用

SOAR 可以与 SIEM 联动，一般的实现方式是：通过标签或指定剧本的方式，对 SIEM 输出告警进行标记，与 SOAR 中的特定剧本（一个或多个）进行联动。

例如，日志易 SOAR 与日志易 SIEM 配合，形成整体解决方案，其关系如图 17-12 所示。

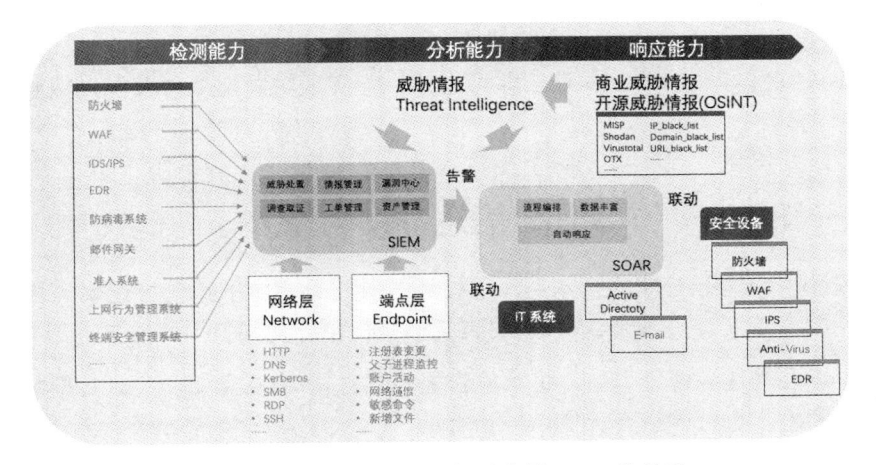

图 17-12　日志易 SOAR 与日志易 SIEM 的关系

在日志易 SOAR 与日志易 SIEM 关联过程中，可以进行如下配置。

首先，在日志易 SIEM 中创建一个安全威胁检测规则，此处以 Flink 规则为例，如图 17-13 所示。

图 17-13　Flink 规则

其次，可以在规则中指定关联一个或多个剧本，如图 17-14 所示。

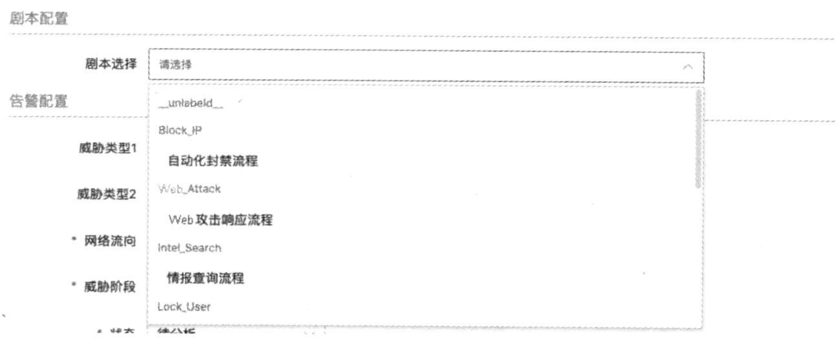

图 17-14　关联剧本

最后，完成规则参数配置，保存后即可生效。可实现触发某个告警时，按照规则中关联的剧本来执行。

17.3.2　SOAR 与 SIEM 信息同步

在某个威胁告警执行对应的剧本后，往往还需要将剧本中的组件（逻辑）逐个执行，并可以在执行完剧本后，查看各个组件的执行结果，如图 17-15 所示。

同时，可以在"任务管理"中，将其他告警根据分析/响应需要，关联到指定任务中，进一步指定对应的剧本进行响应，如图 17-16 所示。

图 17-15　组件执行结果

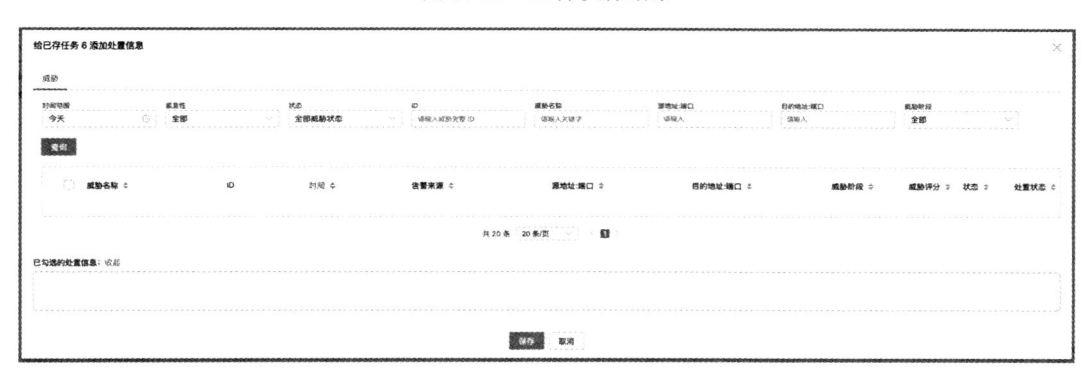

图 17-16　将其他告警关联到指定任务中

可将漏洞信息与资产信息补充到日志易 SOAR 对应的任务详情中，如图 17-17 和图 17-18 所示。

图 17-17　选择漏洞信息

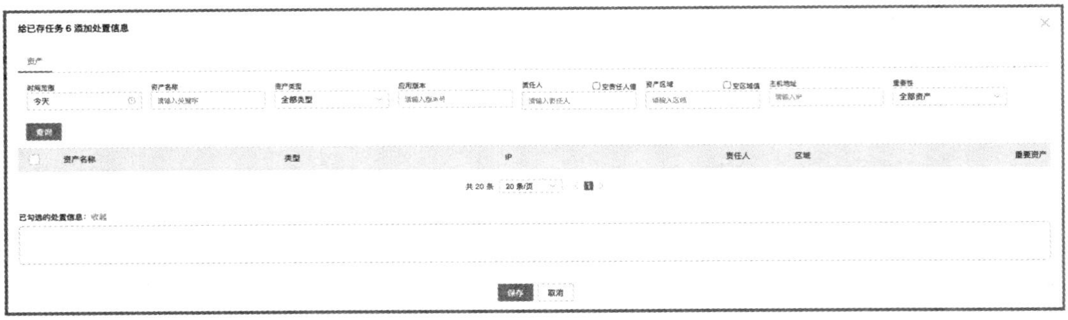

图 17-18　选择资产信息

在日志易 SIEM 中，可将具体告警所触发的剧本执行后的任务处置状态和告警处置状态同步过来，如图 17-19 和图 17-20 所示。

图 17-19　任务处置状态

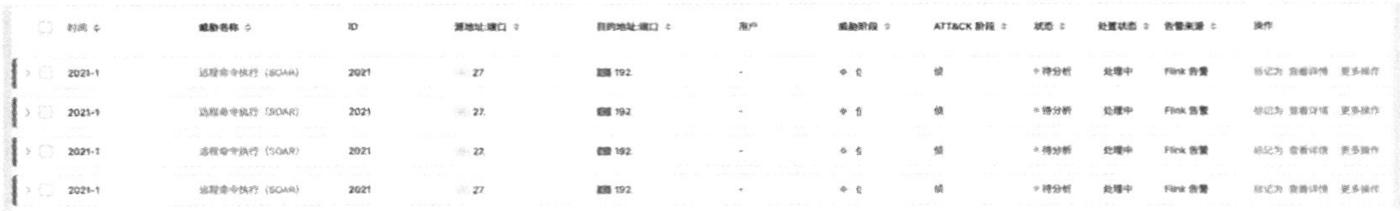

图 17-20　告警处置状态

17.4　应用场景

17.4.1　自动化封禁场景

自动化封禁剧本流程如图 17-21 所示。

该场景的逻辑如下。

（1）获取来自 SIEM 的威胁告警信息。

（2）获取告警的源地址。

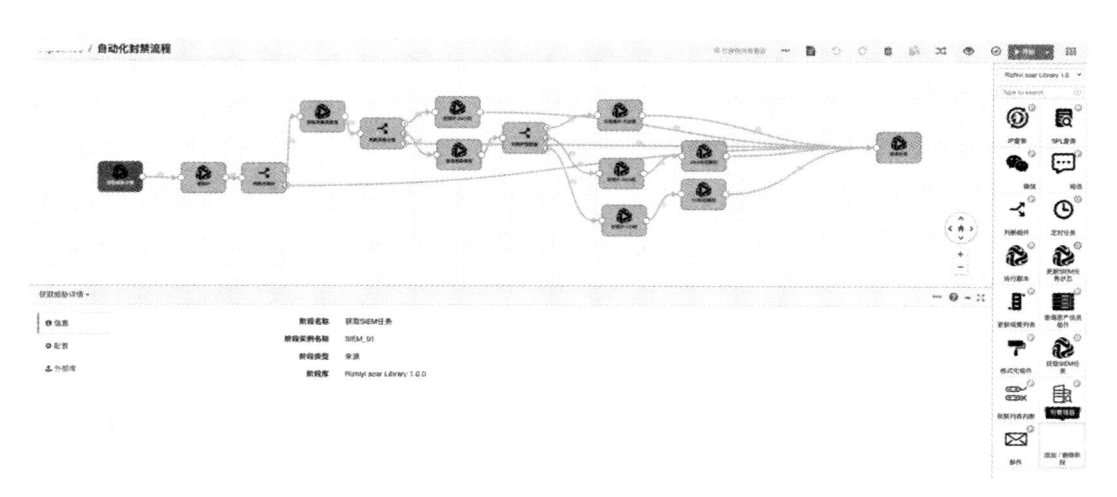

图 17-21　自动化封禁剧本流程

（3）判断是否属于内网地址。

（4）获取该恶意 IP 地址的风险值（SIEM 的规则模型计算出的结果）。

（5）判断风险值。

① 如风险值大于或等于 0，则进入下游组件"查询威胁情报"。

② 如告警分类为"失陷破坏"（也可以定义其他类型），则联动安全设备，封禁该 IP 地址 24 小时，并结束流程。

③ 如风险值为其他情况，则结束流程。

（6）在上述流程中，进入"查询威胁情报"组件后，查询该 IP 地址对应的标签。

① 属于恶意标签的，如 C2、傀儡机等，则封禁 24 小时。

② 属于私有地址的，不进行封禁，但结束流程。

③ 属于其他标签的，如 IDC 等，则封禁 1 小时。

（7）在执行封禁之后，根据封禁情况，设定解封时间。

① 1 小时后解封。

② 24 小时后解封。

17.4.2　DNS 网络取证分析场景

发现 DNS 异常行为后，通过关联日志平台，收集 HTTP、TLS、Fileinfo、告警流量信息进行验证，并进行资产查询，判断威胁系数，对观察列表"疑似受攻击 IP"进行更新，最后发送邮件通知用户相关的分析结果。该流程较为复杂，简单流程如下：

SIEM 获取 DNS 告警信息→获取 DNS 相关响应信息→查询 HTTP 流量→查询 TLS 流量→

查询 Fileinfo 流量→查询告警流量→查询资产信息→判断是否受到攻击→观察列表判断→更新观察列表→格式化相关信息（定义邮件正文格式与内容）→发送邮件。

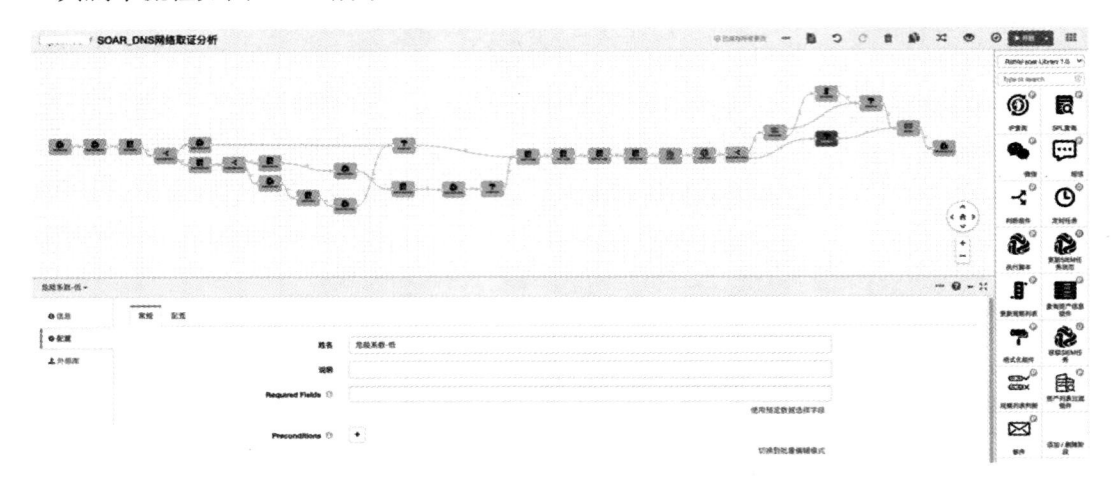

其剧本流程如图 17-22 所示。

图 17-22　DNS 网络取证分析剧本流程

对应 SIEM 中触发了 DNS 异常告警时，执行以下逻辑。

（1）获取 SIEM 中的 DNS 告警信息。

（2）获取 DNS 相关响应信息：根据从"获取 DNS 告警信息"组件获取的时间范围、srcAddr、dnsquery_id，通过"SPL 查询"组件查询 DNS 响应信息，查询结果存储在 dnsquery_answer 字段中。

（3）查询 DNS 响应：根据从"获取 DNS 告警信息"组件获取的 dnsquery_id 查询 DNS 响应。

① 有 DNS 响应，且 DNS 解析成功。

② 有 DNS 响应，但 DNS 解析失败。

③ 无 DNS 响应。

（4）属于情况①，则提取响应字段。

（5）属于情况②或③，根据"获取 DNS 告警信息"组件获取的 dnsquery_id 不一定有响应或者解析成功，所以通过获取的 dnsquery_rrname 和"SPL 查询"组件查找是否有解析成功的，若解析成功则输出 json.dns.id。

（6）查询威胁告警中源地址与目的地址所产生的 HTTP 流量，通过"SPL 查询"组件进行 SPL 查询，根据获取的时间范围、srcAddr 查询 HTTP 流量，输出 timestamp、connect_ip、http_hostname、http_url、http_method、http_refer、http_user_agent、desc 等字段，存储在 HTTP 字段中。

（7）查询威胁告警中源地址与目的地址所产生的 TLS 流量，通过"SPL 查询"组件，根据获取的时间范围、srcAddr，查询 TLS 流量，输出 connect_ip、tls_subject、tls_version、tls_issuerdn、tls_ja3.hash、tls_ja3.string、tls_ja3s.hash、tls_ja3s.string 等字段，存储在 TLS 字段中。

（8）查询威胁告警中源地址与目的地址所产生的文件传输流量，通过"SPL 查询"组件，根据获取的时间范围、srcAddr，查询 Fileinfo 流量，输出 connect_ip、fileinfo_filename、fileinfo_type、fileinfo_sha256、fileinfo_size、desc 等字段，存储在 Fileinfo 字段中。

（9）查询威胁告警中源地址与目的地址 NTA 等流量设备所产生的告警信息，通过"SPL 查询"组件，根据获取的时间范围、srcAddr，查询告警流量，输出 connect_ip、alert_signature、alert_severity、app_proto、alert_category、alert_signature.id、src_addr、dst_addr 等字段，存储在 Alert 字段中。

（10）查询资产信息：将源地址作为主机地址，通过"资产查询"组件查询资产信息。

（11）查询威胁情报：将该主机请求的域名解析，通过"威胁情报查询"组件查询某国内情报平台，获取该域名的情报信息。

（12）判断是否受到攻击。

① 判断条件为"威胁情报查询"组件返回结果为"critical"，若从流量设备中发现告警，且 HTTP/TLS/文件传输三种流量中存在任何一种，则认为存在攻击行为。

观察列表判断：下一次将该源地址与 SIEM 中的观察列表"疑似受攻击 IP"进行比对。

- 若该主机 IP 地址不在观察列表"疑似受攻击 IP"中，则将该 IP 地址写入观察列表，并将威胁系数设置为高。
- 若该主机 IP 地址在观察列表"疑似受攻击 IP"中，则将威胁系数设置为高。

② 如不满足上述条件，则将威胁系数设置为低。

（13）发送邮件：将上述组件输出的内容进行格式化，并放置于邮件正文中，发送邮件通知用户。

17.5 小结

SOAR 为企业安全运营活动中的自动化响应带来了先进的技术，可有效提高安全运营活动中的响应效率，但也依赖 SIEM 等产品输出告警的准确性，所以在实施活动中，依然需要注意 SIEM 等产品与 SOAR 之间的协作与角色定位。

第 18 章 行业解决方案

- 概述
- 银行行业解决方案
- 证券行业解决方案
- 保险行业解决方案
- 基金行业解决方案
- 电力行业解决方案
- 石油行业解决方案
- 运营商行业解决方案
- 广电行业解决方案
- 汽车行业解决方案
- 小结

18.1 概述

本章主要介绍行业解决方案相关内容，基于当前行业背景、行业挑战、整体建设思路、项目整体收益等内容进行论述。

18.2 银行行业解决方案

18.2.1 行业背景

随着"互联网+"的持续深入，银行和金融服务行业面临着技术革新带来的众多机遇和挑战，系统每天产生以 TB 计的交易、支付、渠道等各种日志数据，原 IT 运维的效率无法匹配现有的生产规模，运维模式需要变革。银行机构需要制定全新的处理策略，提升运维能力，应对迅速增长的海量数据。

将智能运维的新技术与数据管理结合起来，势必要考虑银行日志分析面临的一些共性问题。这些问题可能是其他行业很少遇到的。例如，出于安全和权限考虑，很多业务系统是相互独立的，跨业务系统的日志记录分散孤立，流水号、订单号无法相互关联，很难实现关联分析。这样在把控整个业务系统健康度，从整体视角优化各业务系统时会很不利。

银行业务结构复杂，数据体量大，不同的业务系统产生的数据格式不同；同时，银行数据管理还要兼顾安全性、实时性。这些都对数据管理系统的性能要求较高，使得银行数据管理面临较大挑战。

18.2.2 行业当前挑战

长期的业务发展为银行积累了大量的日志数据，大致可分为交易日志、运维和操作日志、应用日志、系统日志及网络日志，其中既有结构化的，也有非结构化的，涵盖业务数据及 IT 运维数据等。传统的数据分析手段往往很难兼顾各类数据的处理，无法从整体视角监控业务健康度并进行优化，当前行业挑战主要体现在如下几个方面。

（1）服务器数量多，日志数据量大，数据管理耗时耗力。

由于银行整体业务系统众多，复杂度高，承载量大，业务日志量大，大部分业务系统逐步向集群模式部署转变，逐台登录服务器查看日志、定位故障效率低，影响故障定位时效性和准确性，且部分应用系统开发和维护脱离，已经不适合使用传统模式查看及分析日志。

（2）日志数据分散在各系统、设备、应用端，存储结构复杂，未进行统一收集、留存。

金融企业每日可产生 TB 级的日志数据，数据量极其庞大。此外，各个交易系统结构多样，产生的日志格式不规范，存储复杂且分散，缺乏统一收集和管理日志的平台。

（3）日志不规范，缺少统一标准。

银行行业网络中的节点数据多，数据种类多，业务系统多样，日志内容千差万别，缺乏统一标准。

（4）日志利用率低，未进行有效实时日志分析。

当前，很多金融企业对日志数据的利用较为单一，没有更深层次的挖掘和分析。很多时候，面对海量日志数据，金融企业内部系统无法做到实时分析数据，并且由于金融系统的特殊性，在排障时存在授权、登录、查询、分析等一系列步骤，分析维度不能灵活变动，不仅耗时，也无法规避人为失误和无效分析。

（5）微服务架构模式下未进行业务关联、链路追踪等更深层的挖掘分析。

随着微服务、容器等新型架构技术的流行，分布式系统环境的调用链追踪问题也变得越加复杂。每一笔交易都对应海量日志，人工无法快速准确地判断故障点，对于单笔交易是否存在风险，无参考基准，无法判断，同时在各个系统之间，无法判断请求方或应答方是否按照约定执行了正确逻辑。

（6）告警风暴（导致有效告警被忽略）。

业务多维监控困难，各系统有各自的监控告警，每天告警成千上万，运维人员无法针对所有的告警进行快速判断，因此很可能将有用的告警淹没在告警洪潮中。

18.2.3　整体建设思路

整体建设的基本思路是建立一个业务日志实时的集中搜索、监控、分析平台，对分布在不同环境中的应用日志进行集中管理，实现统一管理、分权限操作和分析，提高日志查询、故障定位和问题处理的效率。

系统架构如图 18-1 所示。

实现功能如下。

1. 日志统一采集、集中管理，高性能，可扩展

为企业建立统一日志管理平台，将分散的日志统一采集，整个系统由多个模块构成，用户可以根据自身服务器资源、数据量、系统稳定性等因素自定义各个模块的节点组成，同时支持物理机和虚拟机混合部署，保证数据安全性。

2. 业务日志关联分析，分钟级故障定位

针对银行关键业务系统，通过将日志中交易的请求与响应关联，分析出交易量、交易耗

时、交易成功率、交易码分类等黄金指标，基于指标能够掌握业务实时运行状态，针对特殊失败码能够进行失败事件数阈值告警，对交易成功率低的时段进行告警。对业务交易的实时把控，解决了客户无法及时了解应用运营情况的问题，有效减少了因业务故障被用户投诉的场景，提高了用户的满意度。业务指标如图 18-2 所示。

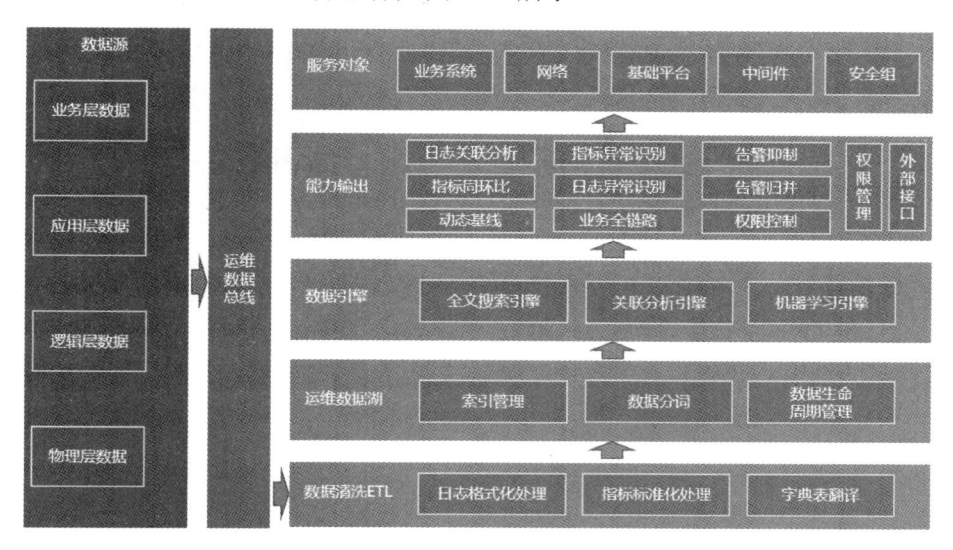

图 18-1 系统架构

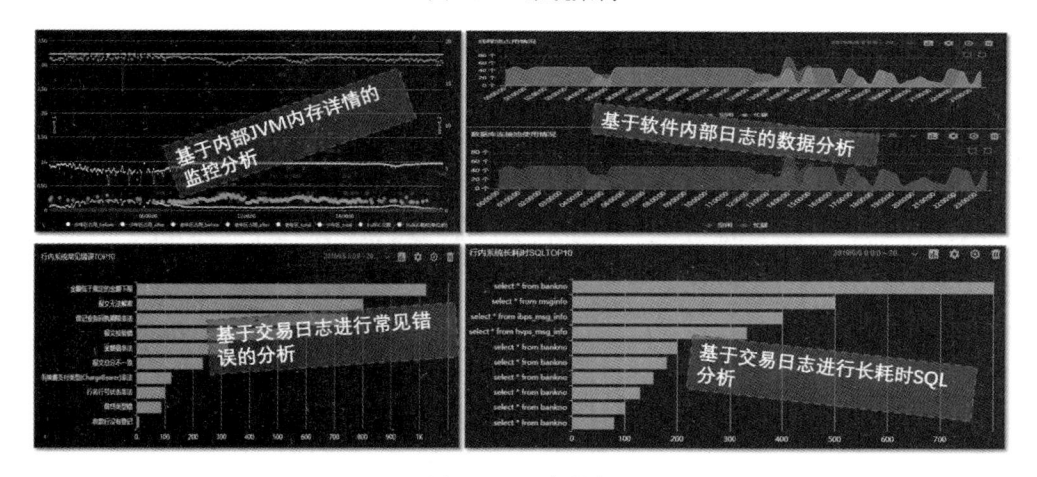

图 18-2 业务指标

3. 提供行业日志管理规范

建立标准化的日志分析管理规范，不仅会使企业日志分析有法可依，而且对保证 IT 服务稳定、安全、可靠，业务系统稳健、高效都有不可小觑的作用。

日志系统规范化包括日志记录规范化、日志采集规范化、日志存储规范化，需要基于工单系统实现。工单系统涵盖了日志分析体系的各个环节。

日志管理规范化，即明确角色职责，加强交易状态跟踪，明确问题根源，分析应用性能，满足安全管控、审计的需求，如图 18-3 所示。

图 18-3　日志管理规范化

4．实现系统动态及问题的闭环，深度实现 IT 的可观察性

观察易提供业务、服务、接口、设备等多维度分析，加强日志、链路、指标的关联，缩短发现问题、解决问题的时间。

运维人员可以使用观察易的指标探索功能对时序数据进行单指标多维度（平均值、最大值、最小值等）或多指标多维度查询、分析并实现可视化。

同时可对接 trace 日志，实现业务链路追踪，通过观察易的拓扑图、历史回溯和指标趋势图了解业务详情，快速定位故障，链路视图如图 18-4 所示。

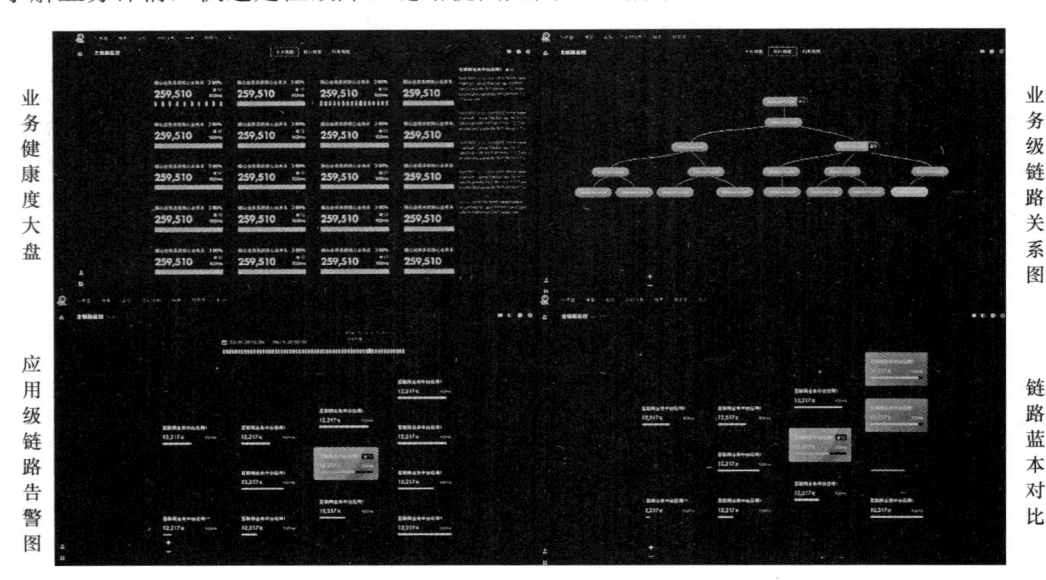

图 18-4　链路视图

观察易从业务、服务、接口、设备维度对应用系统进行监控和整体状态分析，实现更全面的系统可观察性。指标视图如图 18-5 所示。

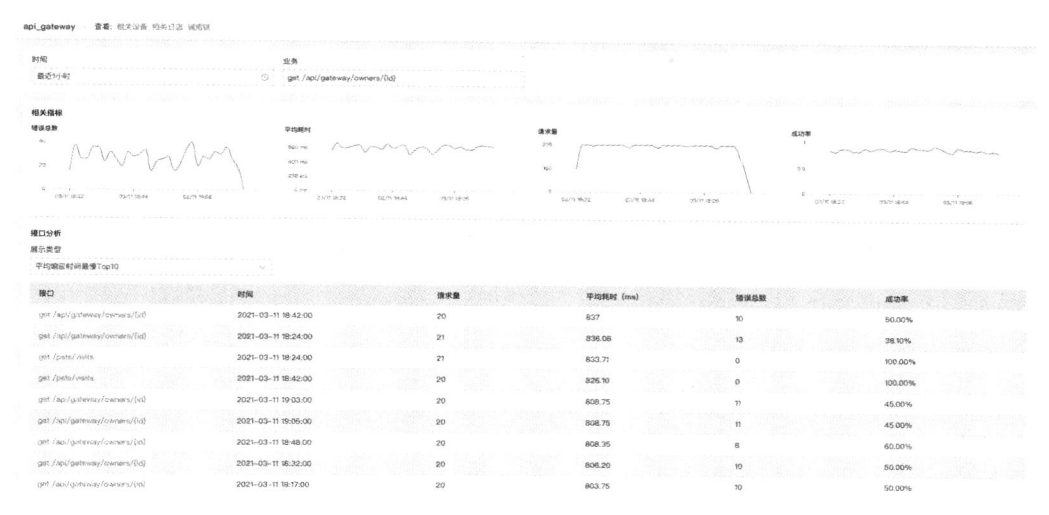

图 18-5　指标视图

观察易能够提供标准的起点或图表来帮助运维人员查找问题，分别从业务、服务、接口、设备的概览到详情，进而结合调用链的 span 信息或其他日志信息定位故障原因。

5．智能化去重降噪，解决告警风暴

告警规则如图 18-6 所示。

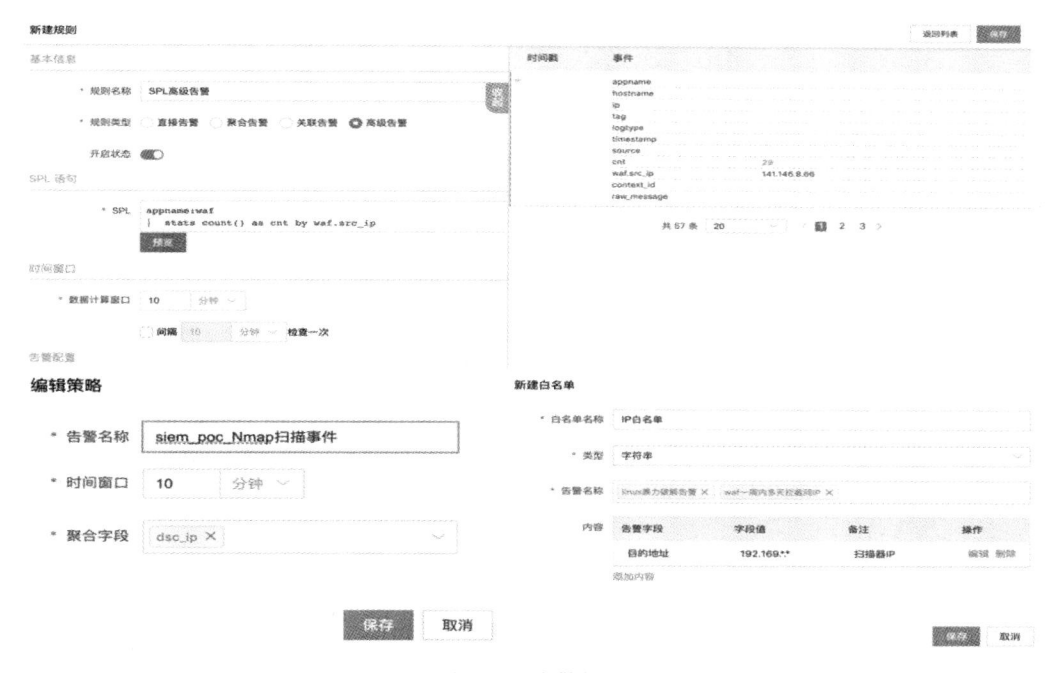

图 18-6　告警规则

18.2.4 项目整体收益

（1）建立日志集中归档平台，实现全量系统日志、业务日志及重要系统应用日志的集中管理，满足监管部门对日志审计的要求。

（2）基于日志的监控和告警、日志的快速检索和定位，能有效提高故障排查分析效率，主动预防运维故障，提高自动化运维能力、监控能力、应急处理能力。

（3）业务拓扑自动跟踪，自动生成交易链路拓扑，自动识别异常交易路径，为变更管理提供影响范围的评估。

（4）建立标准化的日志分析管理规范，为用户日志改造提供日志改造规范说明并提供指导服务。

（5）建立基于机器学习能力的智能化告警机制，能够根据历史、知识及机器模型进行自我学习和改进，提升告警的诊断能力，增强告警的精确性。

（6）积累各 IT 资源运行相关数据，通过对这些数据的统计分析、关联等来提高故障预测的能力。

18.3　证券行业解决方案

18.3.1　行业背景

在信息化建设大力发展的背景下，证券 IT 系统越来越庞大，应用系统越来越多，它们之间的耦合关系也越来越复杂，随之带来的运行维护的成本也越来越高。为了及时发现证券系统存在的安全隐患，深入分析信息系统可能面临的安全威胁和隐患，有针对性地开展网络安全防护工作，建立日志审计及安全分析系统进行统一的日志收集、展现、分析及归档，实现日志的统一管理，提升运维基础能力与效率，已成为证券行业的迫切需求。

18.3.2　行业当前挑战

随着证券行业新项目不断上线及业务系统持续增加，存在的问题和潜在的风险与日俱增，具体内容如下。

（1）操作人员逐台登录服务器查看日志、定位故障时效率低，在登录服务器时需要审批，影响故障定位时效性和准确性。

（2）整体业务系统众多，复杂度高，承载量大，业务日志已经越来越难以定位问题，且部分应用系统开发和维护脱离，已经不适合使用传统模式查看及分析日志。

（3）随着业务量的增加，给执行、监控和管理均带来极大的挑战，操作人员误操作的次数逐渐增加。

（4）缺乏查询和报表展现，难以支持审计、统计分析、业务性能调优等更高管理需求。

（5）从业务发展角度出发，证券业务发展越来越关注业务可用性和业务连续性，对 IT 的要求越来越高；从 IT 管理内部发展角度出发，基础的运行告警已经不能满足目前越来越复杂的业务场景。传统运维监控系统围绕专业指标进行管理，各种 IT 组件产生专业事件后，很难通过事件及产生事件的软硬件本身了解其对业务产生了多大影响，无法知道同一时段内产生的各种专业事件相互之间的关系，无法从大量告警中找到真正有用的告警，更无法将大量的系统运行历史数据利用起来，系统运维变成了被动救火式运维，使运维工程师疲于应付。

18.3.3 整体建设思路

通过项目建设，建立一个业务日志实时的集中搜索、监控、分析平台，对分布在不同环境中的应用日志进行集中操作和管理，实现统一管理、分权限操作和分析，提高日志查询、故障定位和问题处理的效率。

产品架构如图 18-7 所示。

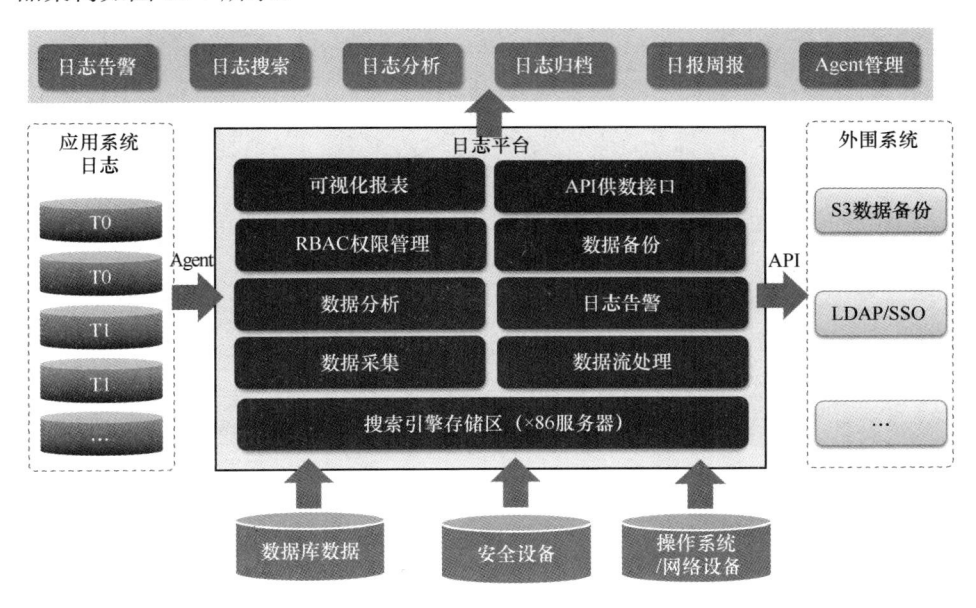

图 18-7　产品架构

1. 日志统一收集管理

提供灵活、强大的日志收集方式，能够从各种日志来源收集日志，包括结构化和非结构化日志数据，且要求实时采集，在集中的存储系统中统一管理，需要采用非关系型数据库存储日志，支持对原始日志和分析归并后的日志的访问权限。可以自定义日志的保存周期，存储周期内的数据要求不可变更，对数据只能通过系统提供的正常接口访问；存储周期外的数据要求具备自动清除功能；支持历史数据的备份。

2. 基于日志的监控和告警

通过对日志的分析和处理，可以发现设备的异常现象、信息运行的异常趋势等；可以及时发现异常的服务器或应用并及时处理；能够根据故障原因和场景特征设置故障告警规则，告警分析包含单设备的日志关联分析，也包含跨设备的日志关联分析。可以通过邮件、短信、微信和管理界面告警，并支持与集中监控平台进行告警信息对接。

3. 日志的快速检索和定位

实现日志的全文检索、短语查询、字段过滤、逻辑运算搜索、数值范围搜索、通配符搜索、简单正则表达式搜索等功能，从而实现故障的快速定位。支持搜索保存功能，当搜索到有价值的数据时，用户可以选择保存，以便后续直接使用。

错误定位视图如图 18-8 所示。

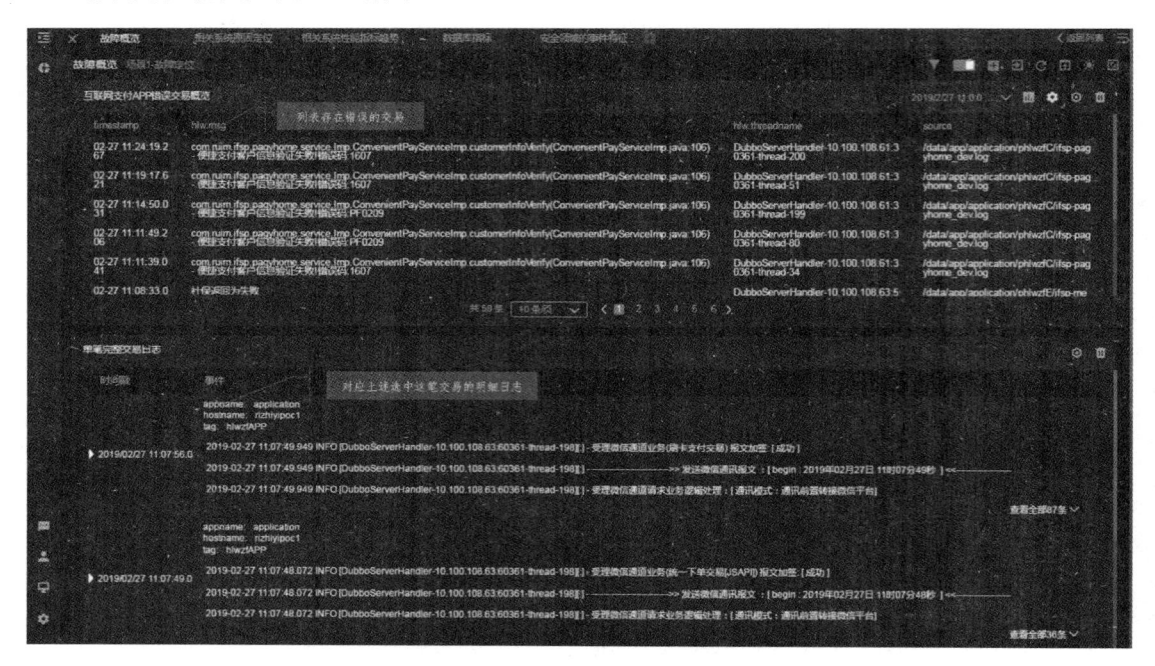

图 18-8 错误定位视图

4. 基于日志的场景分析

（1）通过对网络设备、服务器及应用系统的日志进行大数据分析，实时发现性能瓶颈、潜在风险点，进行故障排查。

（2）通过服务器日志分析端口扫描非法入侵行为，利用防火墙、网络设备、服务器日志实现跟踪、分析和定位。

（3）通过对业务系统账号操作日志的分析，对人员行为进行审计；对操作系统、网络设备、数据库等的高危操作进行合规审计；对绕行登录进行分析统计；对账号的同时登录、异地登录行为进行分析、统计、预警。

安全审计视图如图 18-9 所示。

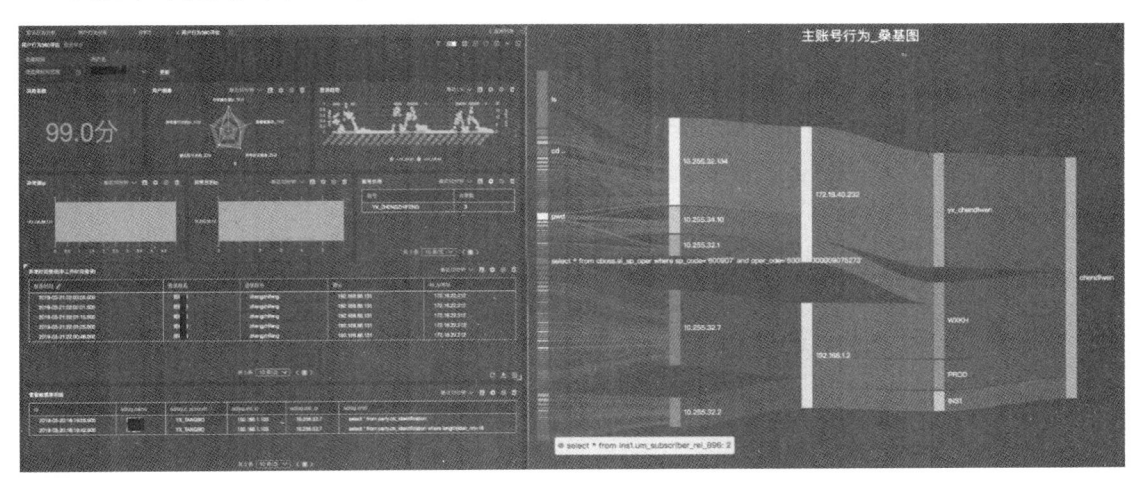

图 18-9　安全审计视图

（4）通过收集业务系统日志实现业务指标（如实时交易笔数、实时交易成功率、实时交易耗时、接口调用成功率等）实时统计分析。

错误定位视图如图 18-10 所示。

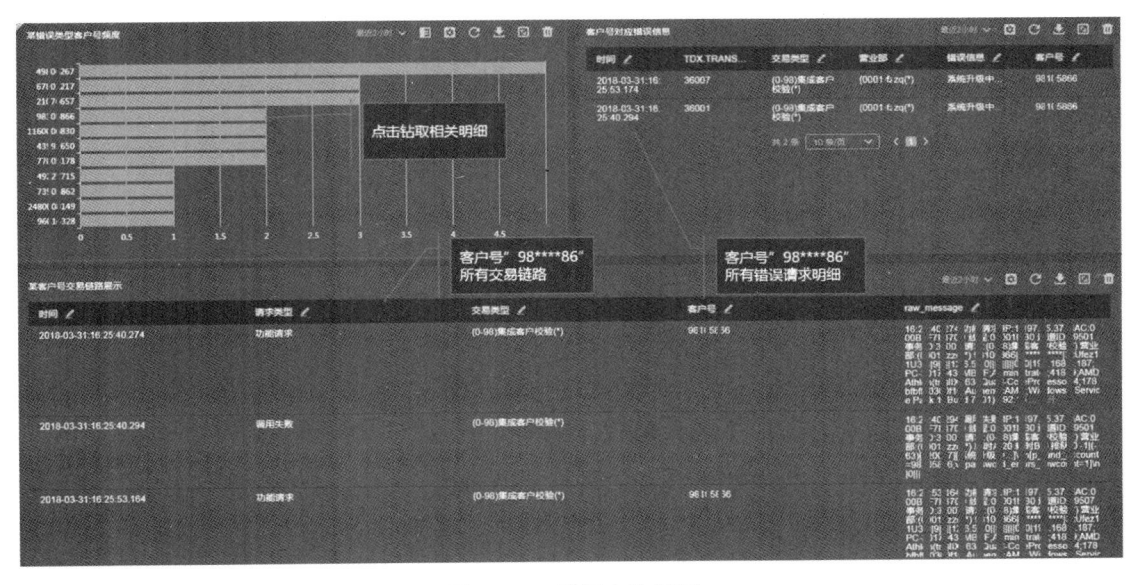

图 18-10　错误定位视图

18.3.4　项目整体收益

（1）建立日志集中归档平台，实现全量系统日志、业务日志及重要系统应用日志的集中管理，满足监管部门对日志审计的要求。

（2）基于日志的监控和告警、日志的快速检索和定位，能有效提高故障排查分析效率，主动预防运维故障，提高自动化运维能力、监控能力、应急处理能力。

（3）通过对网络设备、安全设备日志进行大数据分析，对操作系统、网络设备、数据库等的高危操作进行合规审计等，及时发现异常并预警。

（4）借助数据分析和机器学习技术，通过智能化手段辅助基于运维数据的运营分析，改善客户体验，实现智慧运营。

18.4 保险行业解决方案

18.4.1 行业背景

当今企业与组织在 IT 信息安全领域面临比以往更为复杂的局面，既有来自企业和组织外部的入侵和攻击，也有来自企业和组织内部的违规与泄露。另外，随着互联网保险业务不断地深化与发展，需要挖掘、分析海量实时日志，从基础的网站流量监测与运营，逐步递进到对个体的行为建模，从而更清晰地了解用户的需求，同时协助 IT 运维人员尽快定位故障，排除安全隐患，梳理保险业务流程，统计业务量，预测用户行为趋势等。

为了应对新的挑战，企业先后部署防病毒、防火墙等设备，这些系统仅仅防堵来自某个方面的安全威胁，形成一个个安全孤岛，彼此信息割裂，运维人员面对每天产生的大量安全日志和事件，难以发现真正的安全隐患。

18.4.2 行业当前挑战

目前，保险行业运维监控现状及面临的挑战大致如下。

（1）各业务系统和技术平台基本实现了日志的记录和存储，但在业界标准和合规安全要求方面尚有不足。

（2）日志存储分散：日志分散于各系统，且同一系统的日志分散于各服务器或各日志源，没有集中存储。

（3）日志记录格式不规范：未制定统一的日志记录规范，记录字段各异，存储形式多样化。

（4）缺少日志分析功能：对于日志的分析主要靠系统管理员人工完成，缺少对事件的初步过滤，各系统事件相对独立，每个系统都是孤岛，缺少将各事件进行关联分析的基础。

（5）缺乏查询和报表展现，难以支持审计、统计分析、业务性能调优等管理需求。

（6）基于 Java 的应用实例抛错太多，使用常规手段很难捕获并告警，无法从错误信息中分辨对安全生产的危害程度。

（7）大多数应用运行在多实例集群模式下，无法掌控实例间的错误及风险分布，错误的定位和排查耗时太长。

18.4.3 整体建设思路

为进一步提高 IT 系统的统一化运维能力，更好地满足保监会监管要求，参考同行业日志管理经验，利用大数据和机器学习等先进技术，通过收集多维异构数据源（主机设备、网络设备、安全设备、中间件、数据库、应用系统等的日志信息），形成多源异构日志数据采集、分析、展示、告警一体化的日志分析平台，提升系统维护水平和服务响应质量。

统一日志分析平台架构如图 18-11 所示。

图 18-11 统一日志分析平台架构

项目整体建设思路如下。

1. 日志统一收集管理

提供灵活强大的日志收集方式，能够从各种日志来源收集日志，包括结构化和非结构化日志数据，以及数据库内的数据，要求实时采集，并存储在一个集中的存储系统中统一管理，采用非关系型数据库存储日志，支持对原始日志和分析归并后的日志进行加密存储和限制访问权限。可以自定义日志的保存周期，存储周期内的数据要求不可变更、删除。对数据的访问只能通过系统提供的正常接口访问。存储周期外的数据要求具备自动清除功能，清除后的日志数据具备还原功能。

通过部署采集代理，实现关键点的数据采集；通过部署日志采集代理转发，接收全部日志并转发到服务器。

常见日志采集手段分为如下几种。

安装采集代理方式：如采集操作系统日志、中间件日志、业务交易日志等可读的非二进制文件。

Syslog 转发：如网络设备、安全设备、负载设备、存储等，可以直接配置 Syslog 转发到日志平台。

数据库的 JDBC/ODBC 协议：直接连接数据库，实现对数据库表日志的采集。

2．日志的快速检索和定位

实现类似 Google 的搜索功能，包括日志的全文检索、短语查询、字段过滤、逻辑运算搜索、数值范围搜索、通配符搜索、简单正则表达式搜索等功能。

支持对结构化后的日志数据进行高级搜索，必须支持搜索脚本语言，通过函数等快速实现常见查询统计要求，具体如下：

（1）对日志字段或统计结果进行计算，并将表达式值赋予新字段；

（2）将连续的值分别放入按区间分割的桶中，用于计算数据变化趋势及数组分组变化；

（3）类似 SQL 的连接，将不同类型日志按照指定关联字段组合查询；

（4）提供各种统计函数，并可选择按字段分组统计；

（5）按指定的字段对结果进行排序；

（6）使用表达式对结果进行过滤；

（7）将结果分组形成交易日志组合；

（8）对字段进行数量和百分比统计；

（9）支持搜索保存功能，当搜索到有价值的数据时，用户可以选择保存搜索，以便后续直接使用。

3．基于日志的监控和告警

通过对日志的分析和处理，可以发现设备的异常现象、运维的异常行为等；可以及时发现异常的服务器并及时处理；能够根据故障原因和场景特征设置故障告警规则，告警分析包含单设备的日志关联分析，也包含跨设备的日志关联分析。可以通过邮件、短信和管理界面告警，并支持与集中监控平台进行告警信息对接。

告警配置如图 18-12 所示。

4．基于日志的场景分析

通过对网络设备、服务器及应用系统的日志进行大数据分析，实时发现性能瓶颈、潜在风险点，进行端到端的服务监控和故障排查运维。

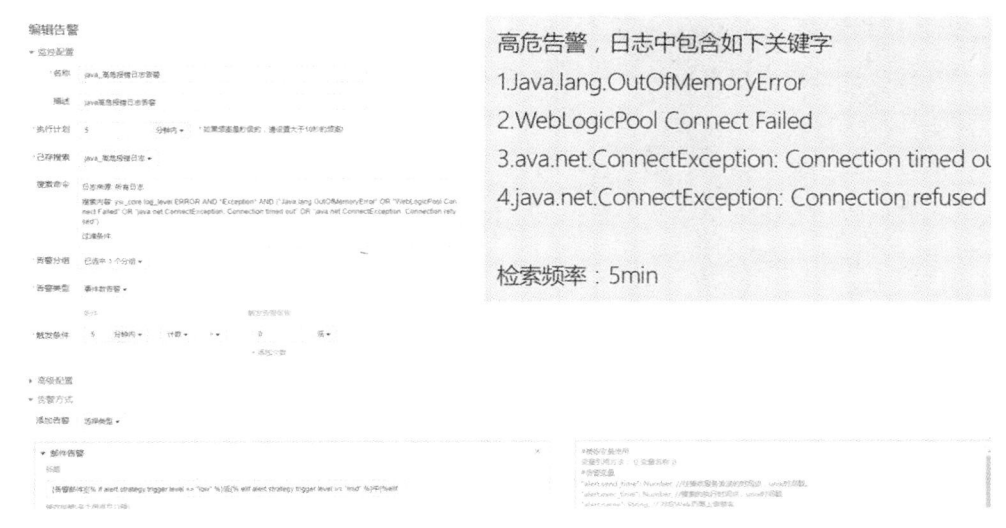

图 18-12　告警配置

通过服务器日志分析端口扫描非法入侵行为，利用防火墙、网络设备、服务器日志实现跟踪、分析和定位。

通过分析人员系统账号、操作日志，对人员行为进行审计；对操作系统、网络设备、数据库等的高危操作进行合规审计；对绕行登录进行分析统计；对账号的同时登录、异地登录行为进行分析、统计、预警。

实现业务指标（如实时交易笔数、实时交易成功率、实时交易耗时、接口调用成功率等）实时统计分析。

业务统计分析如图 18-13 所示。

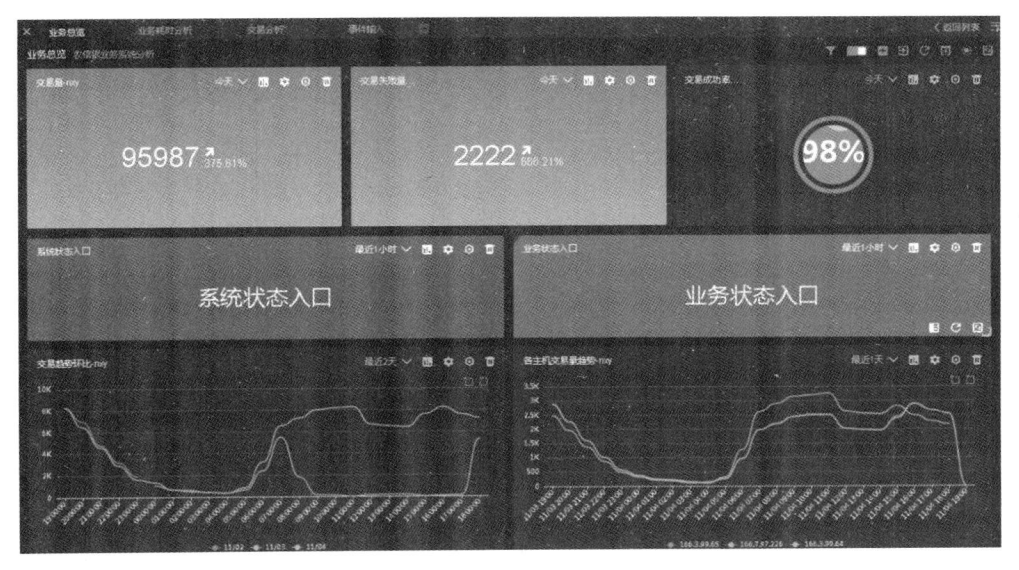

图 18-13　业务统计分析

5. 角色权限管理

日志管理分析平台支持多用户角色管理和用户组设定。采用 RBAC（基于角色的访问控制）式的权限管理设计，通过用户组、角色权限设定实现资源和信息访问控制。

角色的划分基于两个维度，一个是数据，另一个是功能。数据维度决定了该角色可以查看哪些日志数据，功能维度决定了该角色可以操作哪些功能。

角色未赋予相关功能权限，不能看见和操作相应的功能；用户组未赋予相关数据权限，组中用户不可查询和统计对应数据；可通过权限控制数据脱敏显示。

18.4.4 项目整体收益

（1）输入日志规范，结合项目案例情况形成统一日志打印输出规范。

（2）满足保监会和《网络安全法》审计要求，协助客户实现设备日志输出核查。

（3）利用交易日志特性，结合日志产品功能，辅助管理员实现交易状态快速定位，实现跨系统交易关联查询。

（4）利用数据分析功能实现业务数据分析互补，为运营分析提供数据支撑。

（5）利用日志平台可实时查询、分析，快速抓取日志中的异常信息。

18.5 基金行业解决方案

18.5.1 行业背景

宏观金融环境的优化和资本市场基础性制度的不断完善，为基金行业发展提供了良好的制度背景。随着我国资本市场改革发展工作不断向纵深推进，股权分置改革顺利完成，证券公司综合治理、清理大股东资金占用和上市公司违规担保等基础性制度建设顺利推进，市场的深层次矛盾和结构性问题逐步得到了解决。这些基础性制度建设工作的落实，为基金行业的发展提供了良好的制度保障和环境基础。

当前，对支撑基金行业发展的基金业务系统（电商、直销、零钱、TA 系统、柜台、支付、投研等）的重要性及实时性的要求日益增加，尤其是业务系统云化之后，传统的 ITOM 手段已经无法满足业务系统运维管理的需求，不少行业领头羊纷纷进入 ITOA 领域，利用大数据技术，提高和保障业务系统的可用性，并进一步挖掘运维数据的价值。

作为 ITOA 重要数据之一的机器数据，贯穿于整个基金业务系统的各个处理环节，对业务系统各环节机器数据的分析，可以协助运维人员尽快定位故障，实时发现业务系统异常告警，同时可以统计业务量、业务时延、业务成功率等指标。

18.5.2 行业当前挑战

在互联网时代，各种各样的行为都会以"日志"的形式记录下来，这些日志数据包括用户的基本信息、网络浏览行为、交易行为、社交行为等。在基金行业，面对每天交易所产生的海量数据，以及各种服务器、防火墙所产生的日志，如何在大体量数据中挖掘有效信息并加以利用是一个难题。

1．日志分散难以管理

日志产生于不同的业务部门、分布在不同的服务器上，若无人重视则随时可能被覆盖和删除，缺乏日志管理机制。只有将这些分散的日志数据收集起来，才能相互对照，发现问题所在。以投资银行为例，传统模式下，交易部门和研究部门的数据是相互独立的，甚至数据的存储格式都不同，由此形成一个个信息孤岛，造成不同系统之间关联分析困难、事故原因分析困难。

2．缺乏海量日志处理能力

数据体量大所带来的问题不仅仅是存储，更多的是庞大的数据无法使用。作为成熟的金融行业，随着网上支付、手机银行、互联网金融等新一代业务的出现，每天产生的各种业务数据、网络设备数据及防火墙数据等将轻松突破 TB 级别，传统的数据库及系统架构已经无法支撑如此庞大的数据量，传统方法处理效率低、时延长，企业被完全淹没在一片数据汪洋之中。

3．日志格式复杂，难以解读

就日志数据来说，最容易处理的是企业内部的传统数据——结构化数据。然而，随着信息技术的飞速发展，日志数据的范围已经扩大到企业的各个层面，服务器、各种网络设备及五花八门的应用软件产生了多种多样的数据格式。这些数据的可读性很差，对于普通人来说无异于乱码，即便是专业的技术人员，也很难一眼看懂。

4．使用成本高昂

电子货币与交易信息传输系统一旦出现账户盗用、虚假信息等现象，既影响国家金融与个人经济利益，又涉及交易隐私的安全性，同时还增加金融风险的传导与扩散危险。面对海量日志带来的运维难题，无论是购买国外最先进的产品还是聘请专业的技术团队，对企业来说都是一笔不小的开支，需要花费大量的人力物力。

18.5.3 整体建设思路

作为国内海量日志分析企业，优特捷信息技术有限公司一直致力于开发一款易用、灵活而强大的日志管理工具，以高品质的产品为金融行业用户信息化建设搭建高可靠性平台，竭力探寻金融行业对数据更深层次的需求，帮助企业降低业务流程和应用系统的开发和运维成本，实现准实时处理海量日志，从而满足大数据时代的风险管控需求。

1．统一采集，集中管理

建立企业级统一日志管理平台，将分散的日志统一采集，整个系统由多个模块构成，用户可以根据自身服务器资源、数据量、系统稳定性等因素自定义各个模块，同时支持物理机和虚拟机混合部署，保证数据安全性，如图 18-14 所示。

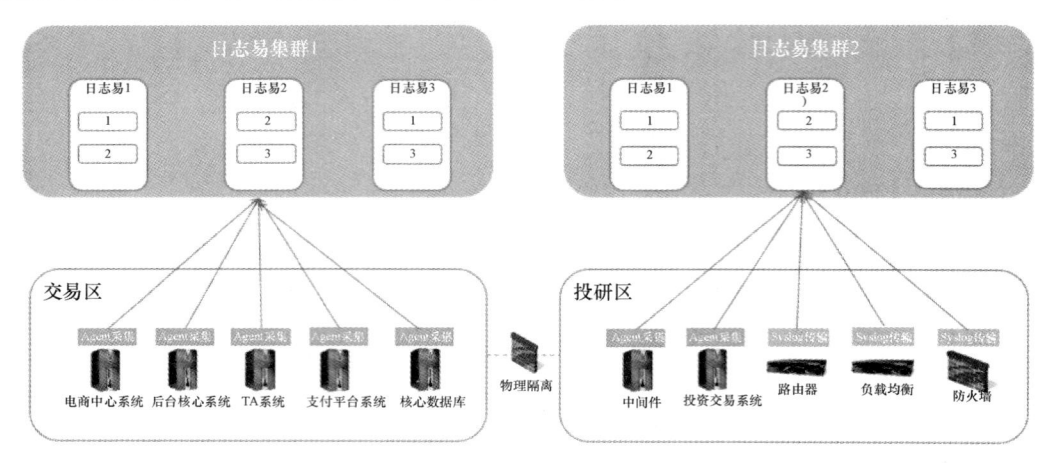

图 18-14　集群部署视图

2. 日志解析，生成格式化日志

提供常见日志格式的自动解析，将非格式化日志转化为格式化日志（图 18-15）。同时，为用户提供提取字段功能，用户可使用鼠标选择日志内容，系统将自动生成正则表达式，帮助用户将日志中的有效信息划分为一个个字段，方便查看和检索。

```
hostname:              172-    -45
appname:               jz
tag:                   jz
logtype:
agent_send_timestamp:  1463472787000
jz.MSG:                账回清算完成
jz.MakeResultSetHead:  COLCOUNT=32, COLNAMES=refecapserialno,oraclemsg,fundcode,sharetype,businesscode,attachdata,currencyt
                       ype,applicationamount,applicationvol,busitime,ecapserialno,ecno,taecno,ecacctfund,ecaccttrans,ecfinanceno,t
                       aaccountid,distributorcode,branchcode,transactionaccountid,busidate,transactiondate,appsheetserialno,confir
                       medamount,confirmedvol,subtradeno,returncode,returnmsg,acceptdate,accepttime,afterfundvol,transactioncf
                       mdate
jz.Runtime:            15.7
jz.acceptdate:         20160402
jz.accepttime:         115500
jz.afterfundvol:       0.00
jz.applicationamount:  0.00
jz.applicationvol:     2.01
jz.appsheetserialno:   20620160402000028515458
jz.branchcode:         6667
jz.busidate:           20160402
jz.businesscode:       98
jz.busitime:           115500
jz.confirmedamount:    2.01
jz.confirmedvol:       2.01
```

图 18-15　格式化日志

在数据接入存储之后，根据搜索、统计需求，可以提取临时字段，并以这些临时字段进行后续统计分析。这解决了数据预先处理的性能损耗、冗余字段的磁盘占用、提取规则变动时的重建处理等诸多常见问题。

3. 敏感信息过滤

针对基金行业涉及的敏感信息，提供灵活的脱敏处理，用户可以将日志信息中的敏感信息在集中采集时进行替换。

4. 日志准实时检索，快速定位目标日志

系统日志处理速度达到 100TB/天。系统支持全文索引，用户无须掌握复杂的查询语句，可以像使用搜索引擎一样查询日志，实现字段过滤、时间范围选择和简单查询。系统采用分布式数据处理技术，可达到秒级延时。

5. 关联分析，探寻日志真相

模块化、服务化的业务系统需要进行跨主机、跨网络的事务追踪和故障定位。系统支持搜索处理语言（Search Processing Language，SPL），提供 stats、eval、where 等 20 多条管道指令，max、min、avg、sum、dc、es、hg、pct、pct_ranks 等 20 多个统计函数，if-else、case 等逻辑计算。系统提供 transaction 搜索和可自定义的关联事务查询界面，让用户快速、直观地定位复杂网络和业务架构下的异常事务。日志关联分析如图 18-16 所示。

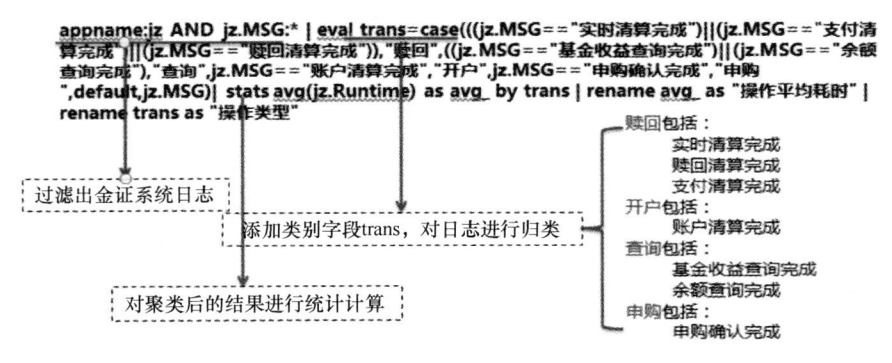

图 18-16 日志关联分析

6. 建立强大的告警体系——防患于未然

系统具备强大的日志告警功能，改变过去只能事后追查的被动运维方式。用户可以通过统计分析，对日志分析结果进行告警，例如，分时段交易监控告警功能，当交易量低于阈值时实时告警，运维人员将及时发现异常，第一时间进行处理，如图 18-17 所示。

图 18-17 日志告警

18.5.4 项目整体收益

当前，大数据智能运维帮助传统运维进入新阶段，极大地提高了金融行业运维工作的效率，降低了运维工作的难度，改变了过去人工为主、依赖经验的运维模式。尤其在新兴的互联网金融领域，大数据智能运维更是发挥了重要的作用。

1．极大提高运维效率

传统运维技术需要大量人工操作，通常排查一个问题需要花费一个有经验的运维技术人员数小时的时间，而依靠大数据日志分析运维技术，可以实现实时检索，定制化告警达到秒级延时。

2．贯穿整个核心交易系统，实现可视化

大数据日志分析技术改变了传统的数据使用模式，基于多个维度统计用户的访问习惯，如用户的终端类型、访问时间、地理区域及运营商接入情况，可以将互联网、金融机构、线下零售与社交、运营商等多维数据源相结合，对用户行为进行全方位画像，覆盖的范围广，并可将数据可视化，让企业更了解用户，有助于实现精准营销。

3．合规审计

利用大数据日志分析技术进行合规审计，可帮助企业灵活应对上级主管部门的合规性要求，将合规性管理工作由无序变为有序，适时呈现企业的合规状态。

4．防止内外部的威胁

采用大数据日志搜索分析技术，数据具有高安全性；用户行为的每条日志都会被记录；在磁盘损坏、宕机的情况下，可自动修复数据。

18.6 电力行业解决方案

18.6.1 行业背景

随着电网信息化建设多年的发展，在 IT 监控运维领域形成了一套完整的监控体系，全面覆盖应用系统、数据库、中间件、服务器、存储、网络和动力环境等领域，同时会产生海量的运行日志、监控性能数据和告警信息。管理者希望能实时发现和防御每天的安全入侵和渗透攻击，是否能在系统出现问题或隐患的时候，及时从日志分析中看出端倪？是否能快速定位故障，及时恢复业务？健全的日志记录和分析系统是业务系统正常运营优化及安全事故响应的基础，而"日志分析管理"在企业价值提升的过程中无疑扮演着一个极为关键的角色。

要对日志进行精细化管理。业务系统一旦出现故障，会产生海量的告警信息和故障信息日志，由于每个业务应用都分布在多台服务器上，业务交易链会涉及多类设备、网络、服务器节点，工作人员面对数量如此巨大的实时信息，如果仍然依靠人工或传统 IT 运维方式则很难准确定位故障，也不能根据告警信息进行故障溯源。

18.6.2 行业当前挑战

智能日志分析平台旨在为用户提供一个智能运维中心，提供一个配置简单、功能强大、容易使用的日志管理工具，通过对日志进行集中采集和准实时索引，提供搜索、分析、可视化和监控告警等功能，帮助企业进行线上业务实时监控、业务异常原因定位、业务日志数据统计分析及安全与合规审计，解决传统日志分析领域遭遇的困境。当前电力行业面临的挑战如下。

1．设备及系统数量庞大

电力行业设备类型较多，多元化网络错综复杂，服务器数量庞大，地域覆盖广泛，涉及省、市、县多级接入。

2．日志不规范

电力行业网络中的节点数据多，数据种类繁杂，业务系统多样，日志缺乏统一规范。

3．业务监控困难

网管监控系统有时很难监控业务的问题，难以从海量日志数据中快速定位故障，企业相关部门运维能力无序发展，直接经济效益不明显，导致企业发展受到很大制约。

4．国家合规需求

由于电力是我国能源行业的重要基础，为了保障电力系统安全、稳定运行，我国相继出台了《网络安全法》《全国电力二次系统安全防护总体方案》《电力监控系统安全防护总体方案》，对电力行业的日志集中管理、安全审计进行了详细规定和要求。

18.6.3 整体建设思路

结合企业实时数据分析的需要，有效降低IT运维成本，提高运维效率，进一步完善业务系统安全性，挖掘现有数据价值，提供更多、更全面的技术支持手段，简化运维工作，提高运维工作效率，从而持续改善信息部门的运维管理和信息服务水平。

整体建设思路如下。

1．日志集中管理，满足合规需求

系统支持对常见操作系统、应用系统、数据库、网络设备、安全设备等的日志进行统一采集、集中管理，满足电力企业复杂的日志管理需求。此外，可对安全设备日志进行集中存储和分析，满足日志留存至少6个月的合规要求。

2．智能日志中心，实时告警

系统可配置交换机常用关键字及不同设备的告警策略，并实现多种人工智能算法，智能分析日志数据，自动发现系统中的高危事件，及时通过短信、邮件、电话的方式通知相关负责人，避免发生严重故障，提高运维人员工作效率。日志告警配置如图18-18所示。

图 18-18 日志告警配置

3. 多维度关联分析，协助溯源排障

系统可基于历史基线对比实时掌握同比数据分析情况，对业务运行情况进行不同维度的分析，并对多设备的运维数据进行实时对比分析，依托实时统计的多维度报表、图表，更准确地做出故障点判断，协助运维人员进行故障追溯分析和定责。多维指标关联分析如图 18-19 所示。

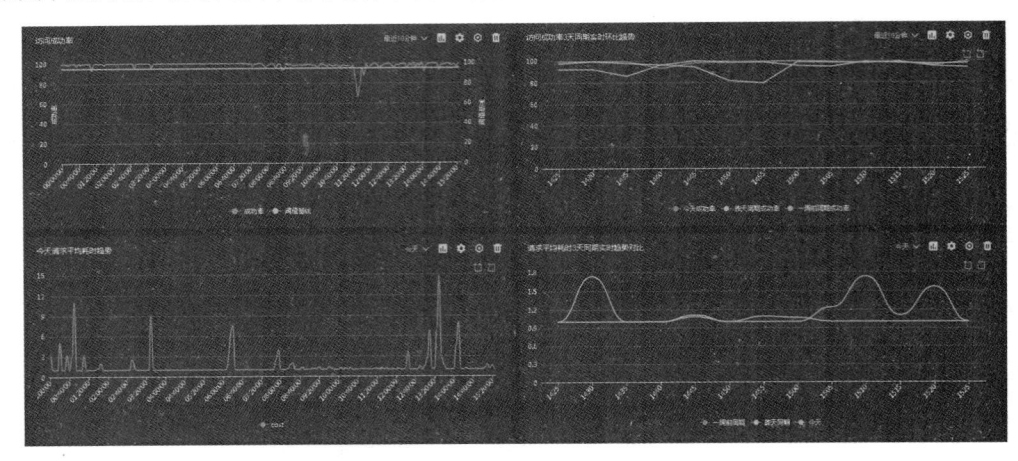

图 18-19 多维指标关联分析

4. 细粒度权限管理，保护企业敏感信息

可提供基于角色的权限管理，对日志进行分组，赋予使用者不同的权限。通过权限管理功能，可将不同系统和设备日志授权给指定人员，避免交叉操作导致敏感信息泄露，让日志管理工作更清晰、易操作。

5. 用户行为审计，保障企业信息安全

在日常运维工作中，可以将电力企业员工实时发生的行为与基准行为进行比对，实时发现异常行为，帮助企业定位内部恶意事件，寻找不同业务轨迹上的异常行为，进而分析企业内部违规行为，在发出预警的同时挖掘潜在威胁，让企业面对信息安全隐患时可以变被动为主动。用户行为审计如图 18-20 所示。

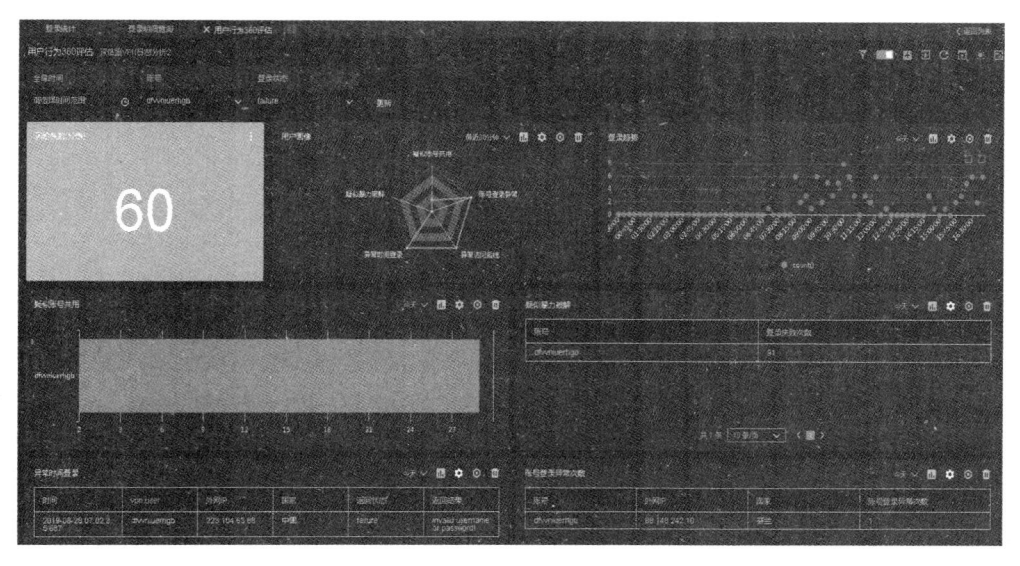

图 18-20　用户行为审计

6．定时统计，报表呈现

系统提供的仪表盘功能可帮助电力企业运维人员灵活查看不同设备的整体运行情况，通过定时任务，统计一天、一周、一月、一季度，甚至一年的业务数据运维情况。报表展示如图 18-21 所示。

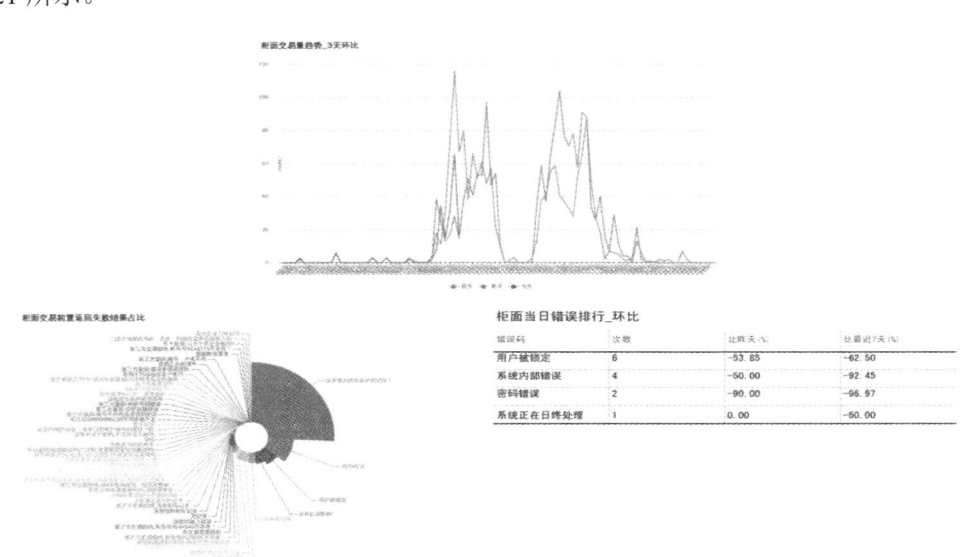

图 18-21　报表展示

18.6.4 项目整体收益

1. 满足合规审计,提高网络安全水平

通过采集网络设备、服务器等各种类型的日志并进行日志解析,不但可以实时监控并对关键字进行告警,还可帮助电力企业完成相关网络安全法规中对日志审计的合规要求,提高用户网络安全水平。

2. 溯源排障

通过对日志数据进行深度分析,运维部门可以更清晰地掌控系统当前的运行状况,灵活调整运维策略,及时对系统进行故障排查和优化。

3. 安全审计

通过用户行为审计帮助企业从海量日志和安全事件中迅速发现威胁,在事件发生时第一时间告警,并采用机器学习算法识别安全隐患,协助运维人员预警潜在危险。

4. 智能预测

依托系统实现运维自动化、智能化,并根据业务逻辑对日志数据进行关联分析,自动分析业务流转环节异常,最终达到基于海量日志数据挖掘实现运维相关故障定位分析。

18.7 石油行业解决方案

18.7.1 行业背景

随着分布式技术、流处理技术及大数据分析技术的发展,传统日志系统面临数据分散、收集困难、日志类型多、无法识别多种日志格式、日志量大、数据处理效率低等问题,目前行业内逐步引入日志分析平台,以满足各类日志管理及分析的业务需求。

日志数据是运维数据的重要组成部分,记录了系统的运行情况、用户访问行为、应用异常信息等。当前,日志数据是监管检查、运维分析的主要依据。外部监管、稽核等对信息系统的日志管理、合规检查审计也提出了明确的要求,要进一步实现日志自动化、集中化和规范化管理。

《网络安全法》规定:"采取监测、记录网络运行状态、网络安全事件的技术措施,并按照规定留存相关的网络日志不少于 6 个月;采取数据分类、重要数据备份和加密等措施"。

以上法律法规对日志的集中收集、留存时间、事后调阅和追溯等都提出了明确要求,整个网络环境中硬件的日志量巨大且分散,人工的方式和简单的工具无法应对法规所要求的具体工作,亟须建设统一的日志管理平台。

18.7.2 行业当前挑战

随着石油行业新项目不断上线及业务系统持续增加,存在的问题和潜在的风险与日俱增,具体内容如下。

1. 缺乏高效的日志数据管理手段

传统的运维工具已经具备了日志的集中收集和存储功能,但日志分析、故障查询、异常发现等能力需要提升。

2. 故障发现迟滞

故障由客户或业务人员提交、投诉后才进行相关问题的分析排障,传统的运维工具或平台已无法满足对故障发现实时性的要求。

3. 业务实时监控不足

业务组件内部接口或任务处理的执行状态、耗时及结果等相关业务状态监测的实时性不足。

4. 关联分析能力薄弱

随着业务的不断发展,设备及业务之间的交互关系越来越紧密,当业务出现问题或故障时,往往需要关联多个设备或多个业务系统进行故障排查,传统运维工具缺乏对故障的关联分析手段和方法。

5. 告警能力弱,事件处理闭环不到位

平台通过内置安全规则触发安全事件,部分安全事件上报处置组,大量安全事件无任何处理。

6. 敏感信息未脱敏

日常运维过程中,往往需要通过账号、身份证号、手机号等信息定位用户交易,完全不打印用户信息的日志在运维排障时严重影响可读性。因此许多企业在安全性方面做了妥协,导致了个人敏感信息泄露事件的发生。

18.7.3 整体建设思路

结合企业实时数据分析的需要,有效降低 IT 运维成本,提高运维效率,进一步完善业务系统安全性,挖掘现有数据价值,提供更多、更全面的技术支持手段,简化运维工作,提高运维工作效率,从而持续改善信息部门的运维管理和信息服务水平。

系统架构如图 18-22 所示。

1. 海量数据集中管理,提供日志安全审计功能

石油行业信息化在长年累月的发展演进中,采用的服务器、安全设备类型越来越多。同时,集群规模的不断扩大、各部门数据的多级接入,加大了数据管理的难度。

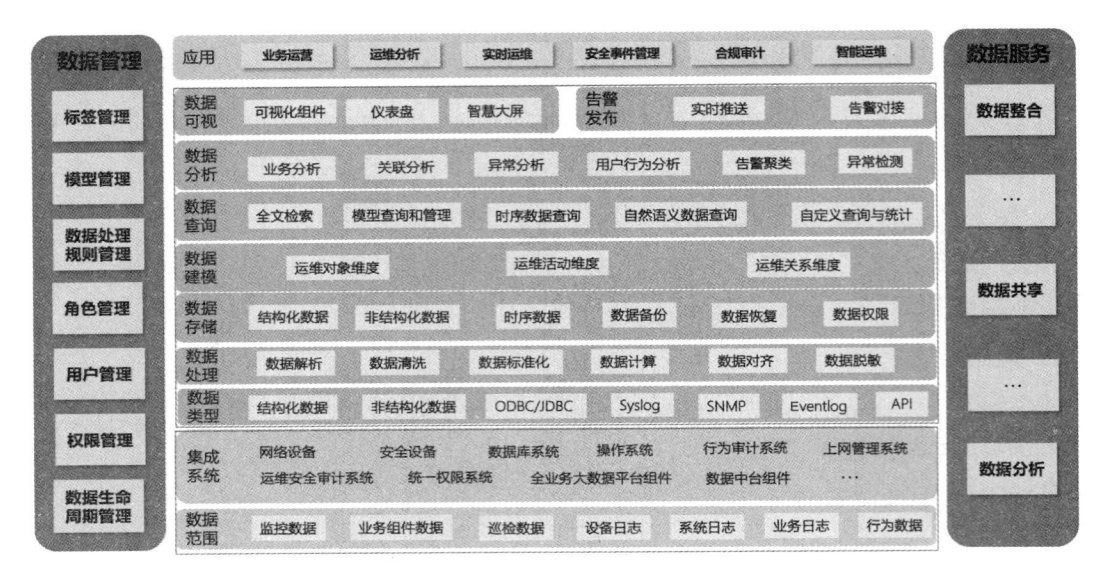

图 18-22　系统架构

根据用户的数据接入需求调研结果，将需要进行集中管理、安全审计的海量日志数据接入系统。对网络设备、安全设备日志进行集中收集和存储，可以满足国家等级保护要求；通过强大的自研日志搜索分析引擎及 SPL，可以对海量安全设备日志进行关联分析，有效实现攻击溯源分析，加强网络安全管理。

设备列表如图 18-23 所示。

图 18-23　设备列表

2. 深度数据综合分析

不仅要实现复杂情况下的日志集中管理，还要将获取的日志数据的深度价值挖掘出来，例如，有的时候单从运维监控中往往难以发现问题。面对这种问题，系统不仅能够按时间、数量、趋势、占比等信息进行统计分析及图表展示，还能根据用户运维综合管理及业务数据分析需求,每天对常见任务结果进行统计分析,定时产生数据报表。在深度分析方面,系统还可通过历史基线对比,实时掌握同比数据分析情况,更精细地分析不同维度的业务运行状态。

数据综合展示如图 18-24 所示。

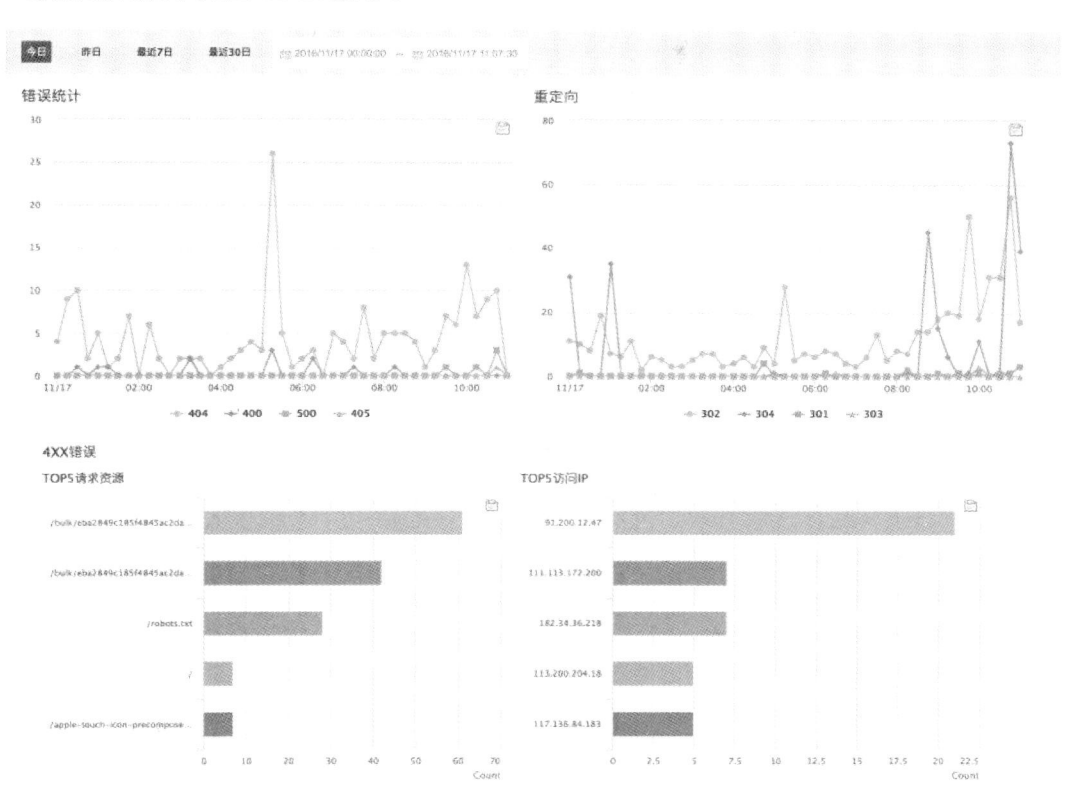

图 18-24　数据综合展示

3. 提供数据脱敏功能,支持日志全生命周期管理

提供数据脱敏功能,保证日志处理后及再次下载后的结果也是脱敏的。支持日志全生命周期管理,支持配置不同种类日志的生命周期,支持索引备份,支持界面化日志恢复,支持全文检索。脱敏视图如图 18-25 所示。

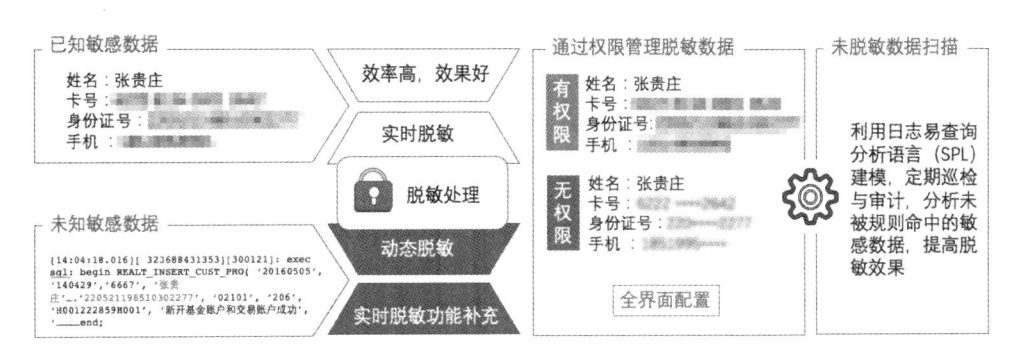

图 18-25　脱敏视图

4．提供安全溯源，实现告警事件闭环

通过对安全设备日志进行分析，可有效实现安全攻击溯源分析，加强网络安全管理，提高网络安全等级。同时，基于 SOAR 与工单平台，自动对威胁事件进行封堵，完成事件闭环。

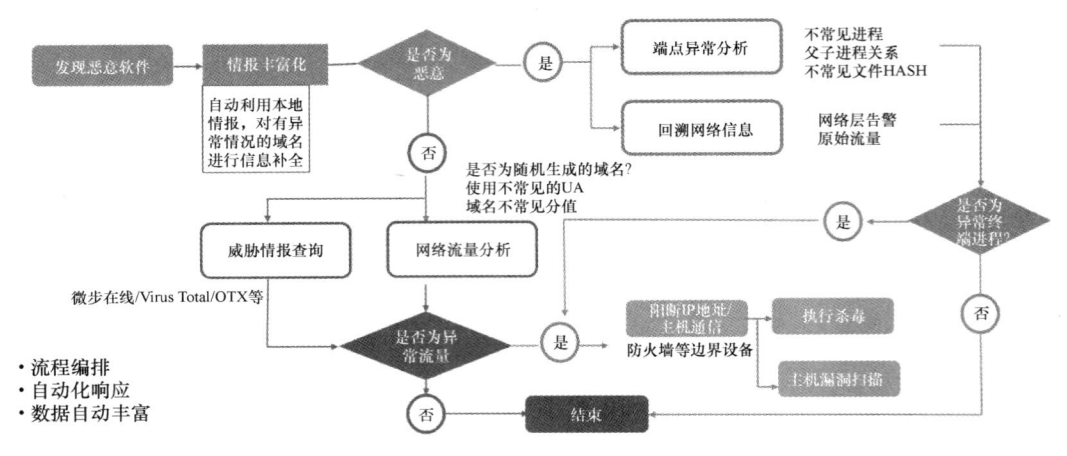

自动化编排如图 18-26 所示。

图 18-26　自动化编排

5．自动输出日常安全日报、周报、月报，提高安全运维人员工作效率

仪表盘功能可帮助石油企业运维人员灵活查看不同设备的整体运行情况，通过定时任务统计一天、一周、一月、一季度，甚至一年的业务数据运维情况。

巡检报表如图 18-27 所示。

图 18-27　巡检报表

18.7.4　项目整体收益

（1）日志存储满足监管要求。运用大数据技术将系统、应用、设备等的日志数据统一采集、异机存放，提供完整的数据备份及管理方案。

（2）增强告警处理能力。智能日志中心不仅集成了强大的告警模块，同时提供了与第三方告警平台的集成接口。通过智能日志中心的分析和告警转发，实现了运维和应用事件告警的统一管理。

（3）降低运维风险，提高排障效率。以往出现运维问题，可能需要操作人员登录生产服务器查找问题日志，现在日志存储与生产环境分离，基于智能日志中心提供的搜索界面，可以轻松查找问题日志，避免对生产环境的不当操作，降低了运维操作风险。

（4）业务实时监控。利用系统数据分析功能实现业务数据分析及问题定位，分析业务组件内部接口或任务处理的执行状态、耗时及结果，避免故障感知延迟。

18.8　运营商行业解决方案

18.8.1　行业背景

运营商业务运维管理系统经过多年建设，在客户感知端到端管理、基于大数据的运营分析、云环境下虚拟资源的管控等方面的能力不断加强，对日常运维工作效率及管理水平的提升作出了重要贡献。但随着新技术的不断引入、新架构的不断调整、互联网思维的不断冲击，传统的运维思路极大制约着系统的发展，尤其在"大而全"的系统如何平衡"小而精"的快速能力提供方面，与互联网公司还存在着很大的差距。

与此同时，每天各个业务渠道产生 TB 级别的业务运维日志，往往被运维人员忽略，加上日志工具的缺乏，业务日志数据的价值没有利用起来。因此，对各渠道、各环节、各路径的业务日志分析，是传统业务运维管理系统走向"智能运营，统一管控"目标的重要手段，是满足业务支撑系统开放、敏捷、智能化要求的重要保障。

在数据为王的时代，谁能掌握更全面的数据，谁便可得出更准确的预测，从而规避运维风险，辅助运营决策，使企业向更优的方向发展。由此，蕴藏在海量日志数据中的价值，会随着大数据分析水平的提升而逐步增加。

18.8.2　行业当前挑战

随着运营商行业新项目不断上线及业务系统持续增加，存在的问题和潜在的风险与日俱增，行业当前挑战如下。

1. 缺乏有效监控手段

系统出现故障时，维护人员对故障发生在哪个环节不清楚，需要手工到各台主机上查看大量的日志，运维成本大、效率低。

业务系统日志记录分散，并且记录不完整，出现故障时，有可能找不到对应的日志，因此有些故障很难定位。

2. 缺乏海量非结构化数据实时处理手段

CDN、DPI、网络设备日志、信令数据、话单数据往往结构复杂、数据量大，缺乏能快速适配非结构化日志的手段，同时缺乏在秒级时间内返回几十 TB 甚至几百 TB 数据量下的关联分析结果的手段。

3. 缺乏单笔业务办理路径回溯

当某用户无法办理某一业务或办理某一业务失败后，无法还原该笔业务办理路径，不利于解决用户投诉、用户分歧等相关问题。

4. 缺乏及时有效的关联提醒

当业务系统出现问题，导致相关业务办理异常时，运维人员不能及时了解系统的异常情况，往往在用户投诉后才知道业务办理出现了问题，比较被动。

18.8.3 整体建设思路

运营商为了解决上述难题，不断升级完善其日志平台，但其日志平台无法满足当前的日志分析需求，只能满足基础运维。针对运营商日志分析面临的问题，日志数据实时搜索分析引擎可提供实时灵活的全文检索，解决运营商目前面对的常见问题。

1. 业务端到端日志分析

典型场景：用户进行手机话费充值，已扣款成功，却没有显示到账。当前运营商面对的问题是：业务所涉及的完整日志由多台机器产生，并没有存储在一台机器上，工作人员只能依靠人工慢慢查找，效率低下。如果日志能统一存储、做到实时监控，就能快速定位故障原因。

1) 快速定位失败环节

一项充值订单要经过十几个模块的处理，通过日志数据采集模块，可以在一分钟内把所有订单链路的数据串联起来。客服通过一个简单的搜索界面，输入手机号，就能在几秒钟内得到结果，清晰地呈现充值失败的原因，此时客服只需要把手机号及工单信息派送给出现故障的相关厂家即可。充值实时查询如图 18-28 所示，故障定位查询如图 18-29 所示。

图 18-28　充值实时查询

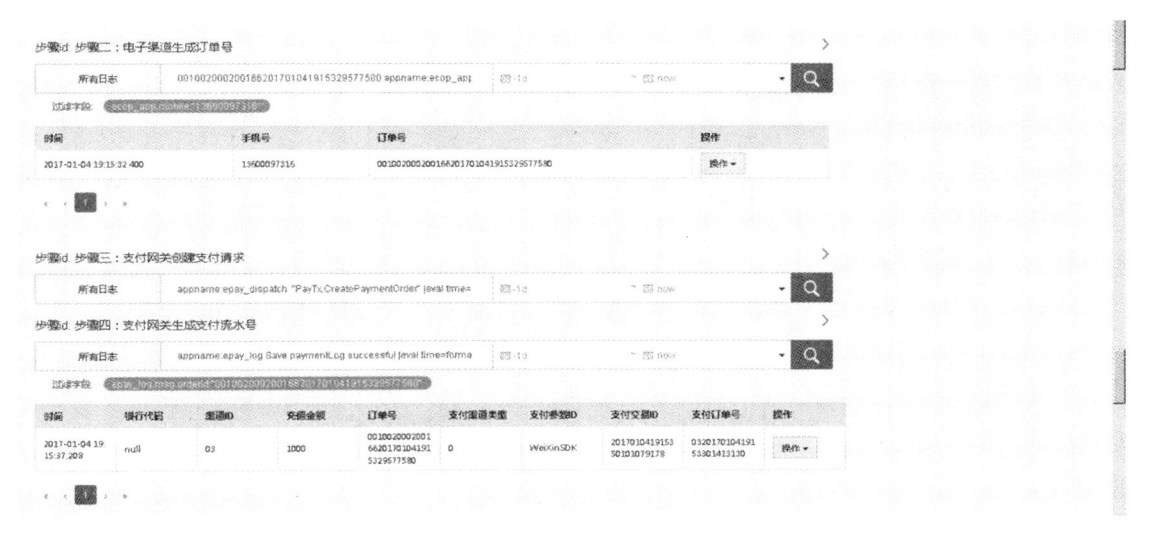

图 18-29　故障定位查询

2）宏观掌控业务状态

通过局方视图，可以实时监控充值业务关键环节的业务量、成功率，使局方掌握业务系统的健康情况。

电子渠道充值各环节实时交易量统计如图 18-30 所示。

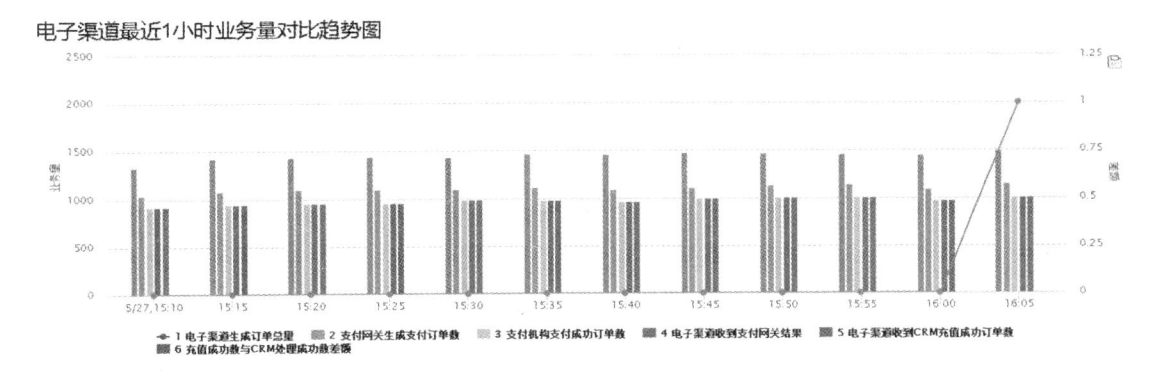

图 18-30　电子渠道充值各环节实时交易量统计

2．网络维护设备监控

伴随海量数据的产生，网络故障也呈现出多样性，运营商面临着从散乱告警到精确告警的转变。监控网络维护设备时，用户通常会收到很多敏感操作告警及闪断告警，其中很多并没有意义。要做到精确告警，往往需要告警事件同时满足多个规则，这就需要进行多环节日志数据的串联。

平台提供的 SPL 将日志进行串联分析得到告警。SPL 类似 SQL，支持管道符命令，使多项操作可以顺序执行，实现复杂关联运算，专门用于处理非结构化数据。用户可使用 SPL 灵活高效地完成告警条件的设置，实时筛选出符合规则的事件并发送告警信息。

告警配置如图 18-31 所示。

图 18-31 告警配置

3．CDN 数据实时分析

CDN 服务商了解网络状态时，通常需要进行多维度的数据统计，如响应成功的请求、按照节点统计命中/不命中比例、TS 下发速率及带宽峰值等。然而，所需分析的数据体量巨大，一天可能达到几十 TB，用常规方法很难满足实时统计的需求。但系统可以做到海量数据的准实时检索，能在几秒钟内返回结果。同时，用户可以指定时间段进行分析，并建立自定义仪表盘方便查看结果。CDN 数据展示如图 18-32 所示。

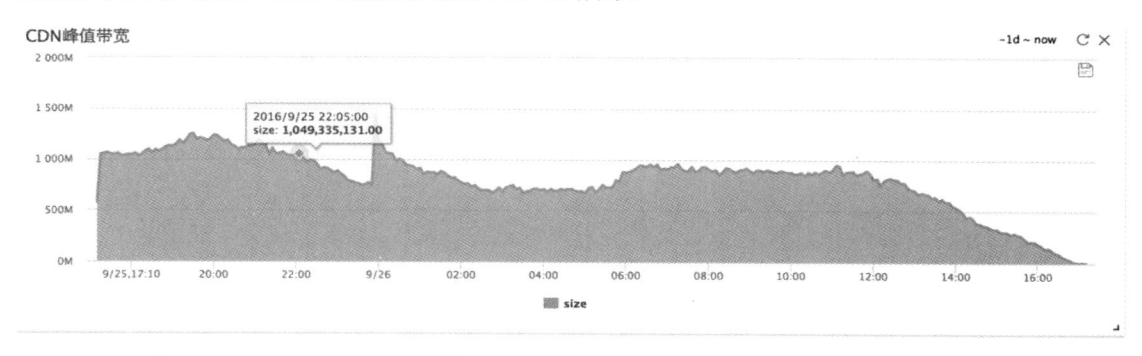

图 18-32 CDN 数据展示

4．家庭宽带数据关联查询

传统做法需要先将数据存入数据库，然后通过 SQL 实现查询。这种方式在业务繁忙时，极大地增加了数据库压力。如何更快速、更有效地解决用户家庭宽带延迟问题？可以通过分析通信数据中记录的日志信息发现问题根源。根据家庭宽带账号就可以实时计算通用码率，判断视频通话质量、网页通信质量等，提供统一界面将这些信息集中展示，帮助用户快速定位究竟哪一个环节有问题。用户通过 SPL，即可关联查询出所有与该账号相关的实时性能数据，实时计算出相关家庭宽带指标数据。宽带数据关联查询如图 18-33 所示。

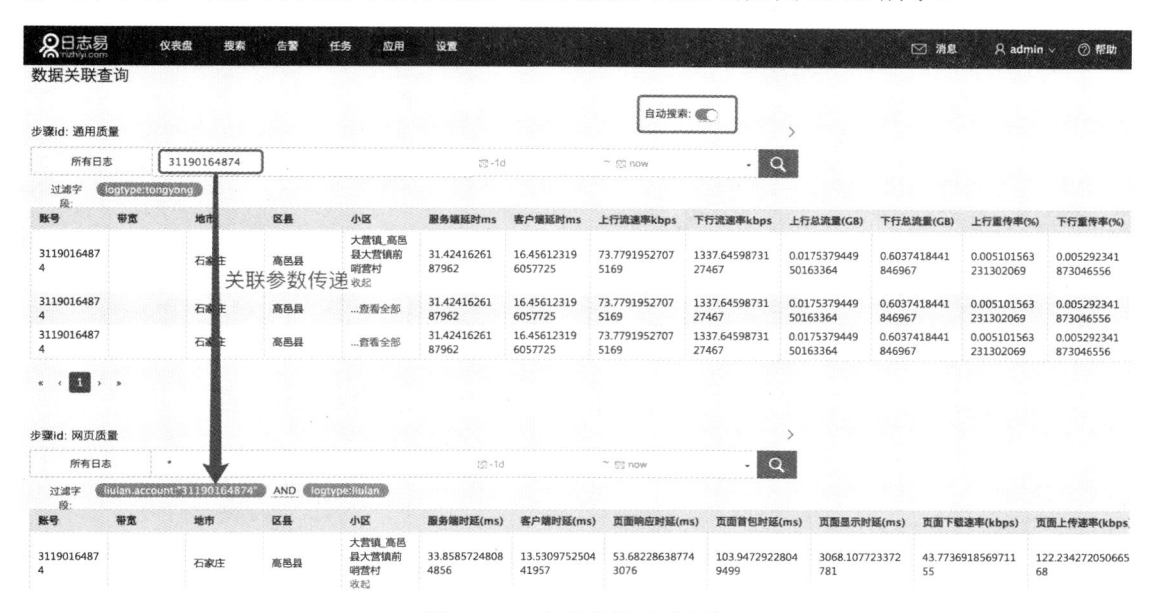

图 18-33　宽带数据关联查询

5．智能运维

以企业级 AIOps 白皮书为指导，围绕智能运维创造价值，从质量保障、效率提升、成本管理三大方向完成九类对象的智能运维落地。

1）质量保障：指标异常检测

基于历史数据判断指标的类型（周期型、周期突变型、离散型），并自动选择对应的算法和基础参数，以适配不同的资源和指标。

智能运维流程图如图 18-34 所示。

2）质量保障：日志异常检测

传统日志检测主要基于固定关键字匹配的方式，存在以下问题：

（1）关键字的梳理依赖运维人员的经验，覆盖面较窄。

（2）日志分析需要大量研发和运维人员参与，问题处理效率与质量较低，且无法适应生产日志数量快速增长、格式日渐复杂的趋势。

引入日志异常检测算法（层集聚类、VAE）训练出日志模型，自动识别日志中的异常信息，提升故障发现和定位效率。

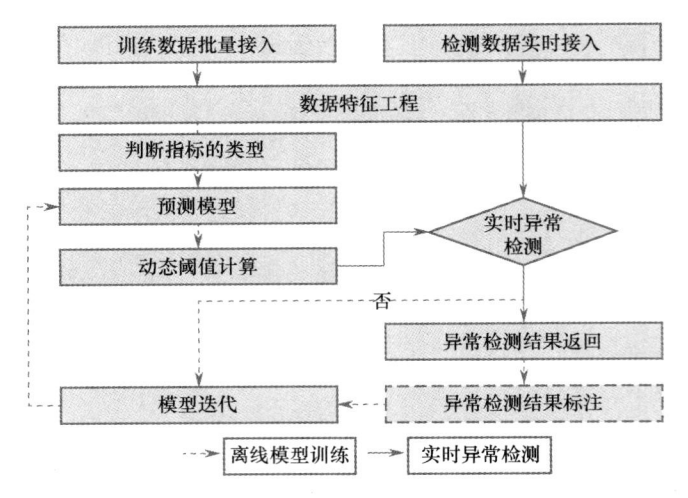

图 18-34　智能运维流程图

特征工程：采集日志数据，对日志进行自动分词，补全日志属性。

模型训练：利用层级聚类技术训练出日志模式库、日志参数库。

实时检测：根据模型对日志进行异常模式检测、异常参数检测，快速检测服务调用异常波动等。

日志异常检测如图 18-35、图 18-36 所示。

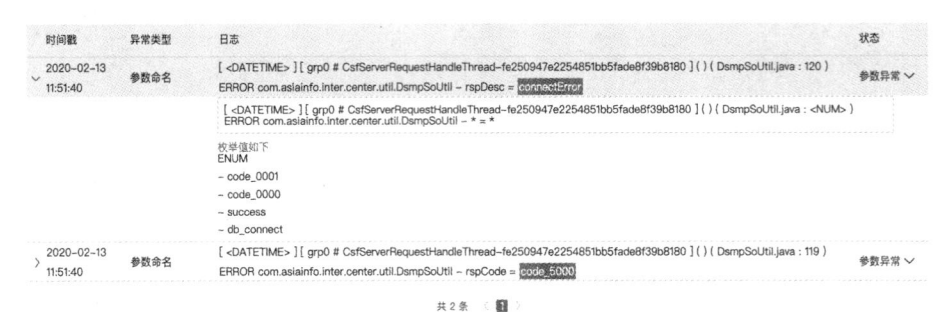

图 18-35　日志异常检测 1

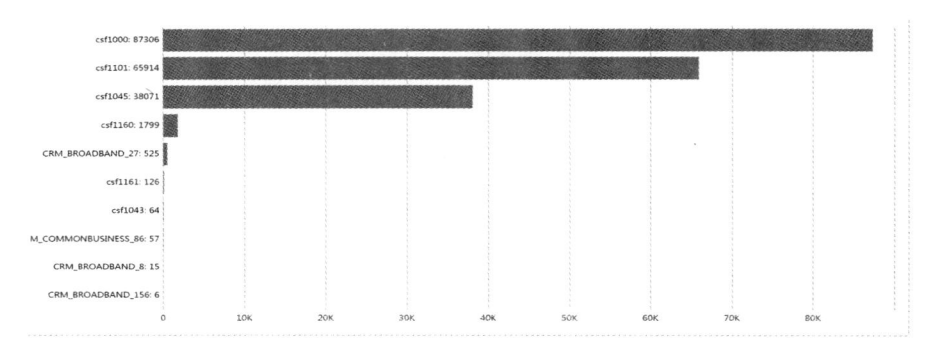

图 18-36　日志异常检测 2

3）质量保障：集群负载异常检测

当前应用部署均以分布式集群为主，传统方式无法对集群内应用进程负载情况进行有效监控，可能导致两类隐患：

（1）由于集群负载分发不均衡，导致某个进程负荷过重，引起业务异常。

（2）某个渠道业务量急剧增长，导致集群整体负荷过重，引发集群灾难。

为此，需要建立动态检测技术，对集群整体负载指标进行多维度异常检测。

特征工程：接入应用日志，从日志中提炼集群进程请求量指标，清洗降噪。

模型训练：通过 CVAE、KDE 等算法自动训练出性能指标的异常检测模型。

实时检测：实时采集集群请求量指标，根据历史周期性变化趋势，实时进行异常检测。

可视化展示：提供前台展示界面，直观展示变化趋势。

集群负载异常检测如图 18-37、图 18-38 所示。

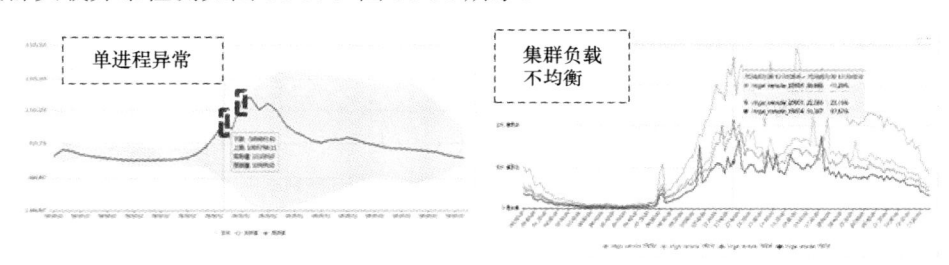

图 18-37　集群负载异常检测 1

图 18-38　集群负载异常检测 2

4）质量保障：数据库异常 SQL 检测

传统数据库 SQL 异常检测只能通过人工梳理，对固定范围的 SQL 进行固定阈值监控，存在两大问题：

（1）固定阈值设定会导致监控准确率偏低。

（2）业务执行 SQL 数量庞大、语义多变，难以人工梳理，监控覆盖面有限。

特征工程：从日志、数据库中提取 SQL 语句和请求耗时，进行格式转化和清洗降噪，对同类型 SQL 进行聚合，打上标签。

模型训练：引入 KDE、IF 算法，对同类 SQL 耗时自动选择最佳算法进行模型训练。

实时异常检测：对实时提取的 SQL 请求量、耗时根据历史变化趋势进行异常检测，针对偏离历史规律的值发送告警。

数据库异常 SQL 检测如图 18-39、图 18-40 所示。

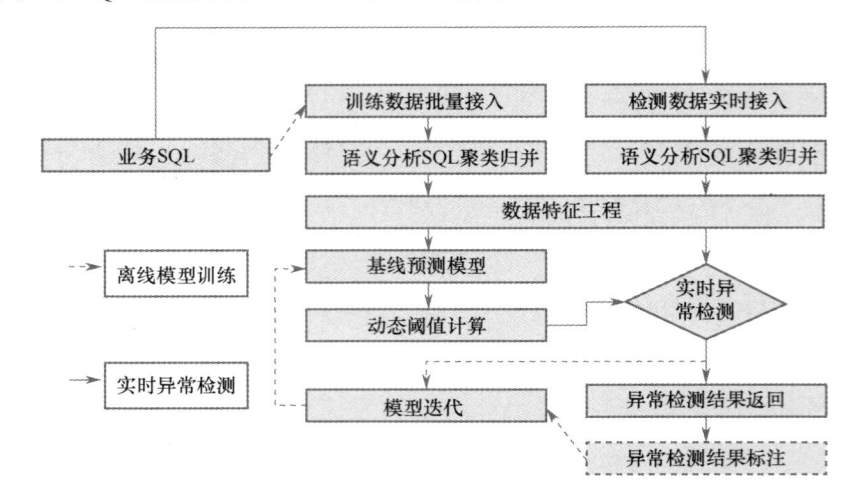

图 18-39　数据库异常 SQL 检测 1

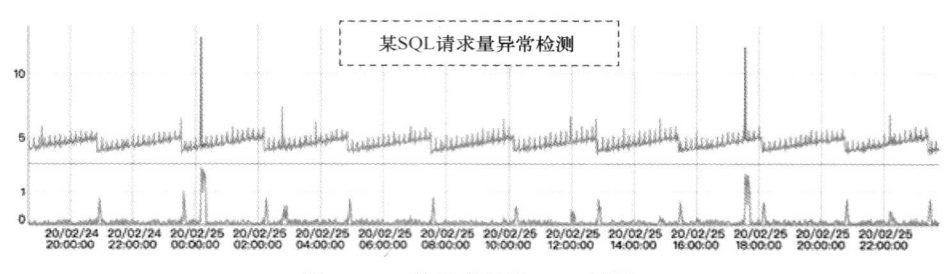

图 18-40　数据库异常 SQL 检测 2

5）质量保障：进程健康度检测

传统方式主要对进程存活状态、进程数进行监控，缺乏检测进程线程数、内存使用率等指标的有效机制，难以真实反映进程的健康度，往往导致生产系统进程问题定位时间很长。

因此，需要进一步提炼进程核心指标，引入 CVAE、KDE、IF 算法，有效识别进程指标偏离历史趋势故障问题和进程指标突变问题。

特征工程：从日志和指标中提炼进程线程数、数据源使用率、内存使用率、异常服务等指标，并进行范式化处理，补全指标属性。

模型训练：根据历史指标特征自动选择 CVAE、KDE、IF 算法中最合适的算法和参数训练指标模型。

实时检测：实时采集进程指标及日志，并对提炼出的进程指标与模型预测的置信区间进行对比。

可视化展示：构建可直观展示的健康度评估模型。

进程健康度检测如图 18-41、图 18-42 所示。

图 18-41　进程健康度检测 1

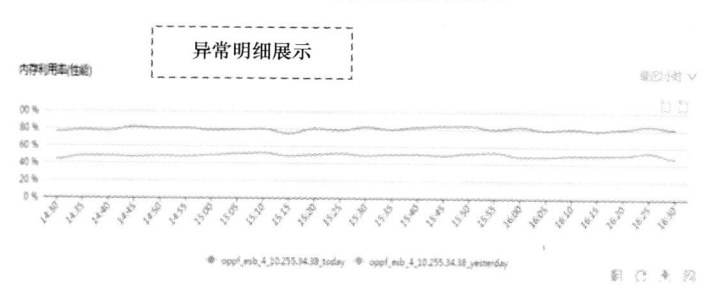

图 18-42　进程健康度检测 2

6）成本管理：网络资源优化

随着 IT 技术的不断发展，网络系统架构越来越复杂。当前网络资源分析监控手段以简单趋势分析为主，缺乏预测分析手段，且由于网络指标众多而难以分析网络瓶颈。

资源分析手段比较单一：当前资源分析手段以简单趋势分析为主。

人工梳理瓶颈所需工作量大：网络资源指标较多，涉及流量、带宽、丢包、时延、CPU 等指标，每种指标的分析手段不一样，人工分析工作量大。

事件驱动优化：发生系统故障后才被动地开展相关优化，客户体验极差。

网络资源优化如图 18-43 所示。

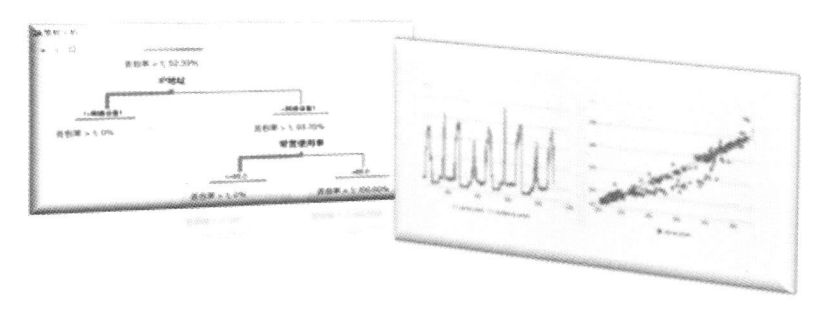

图 18-43　网络资源优化

18.8.4 项目整体收益

（1）日志集中管控，减少对生产机器的操作风险，提升故障定位效率。

（2）固化查询场景，使运维人员故障定位流程化、规范化、审计化。

（3）实现业务日志端到端业务串联和实时业务指标统计（日志有相应流水号和指标，无须进行其他改造，由平台适配日志格式）。

（4）网络设备、安全设备、操作系统、Web 中间件，甚至是虚拟化平台，都有可能成为故障原因发起点，日志平台采集范围扩展到全业务路径。

（5）日志告警可以作为日常物理资源、逻辑资源的告警补充，因为任何业务故障在日志中都有体现，还可以通过日志告警解决僵死进程、程序升级异常等普通监控难以解决的问题。

（6）日志不仅可以用于运维人员进行故障定位，还可以用于局方进行应用运营分析，只要有日志输出，就能实现各种分析场景。

（7）通过日志检测，无须事前梳理日志格式和人工转化日志格式，预计可降低运维人员 80%的日志处理工作量。

（8）通过集群负载异常检测，自动对进程负荷异常进行预警，针对负荷异常的进程，能自动显示业务渠道、业务类型分布，直观掌握异常原因，直观呈现业务集群负载情况，指导负载策略调优。

（9）通过数据库异常 SQL 检测，获取性能指标的动态阈值基线，阈值配置工作量预计可降低 50%，性能指标告警准确率可提升 70%，SQL 异常检测覆盖面为 100%，实时预警 SQL 请求量、耗时异常指标，协助业务快速定位。

（10）通过进程健康度检测，完善进程检测机制，全面评估进程健康度，实时检测各指标情况，快速发现并预警异常波动，直观展现进程健康情况，对于异常进程，实现一键关联找到异常指标，协助运维人员快速分析问题原因。

（11）通过网络资源优化，快速分析网络性能瓶颈，定位关键网络设备及主要问题指标，预测指标未来变化态势，辅助网络设备优化。

18.9 广电行业解决方案

18.9.1 行业背景

随着近年来媒体融合的深化发展，互联网新媒体 App、云计算、大数据、4K 超清等各项业务持续深化建设与运营，广电行业相应业务领域的关系日益复杂，各种数字化、网络化、信息化系统的对象越来越多，业务高度软件化、互联网化、网络化、微服务化，系统模块众多。例如，广电行业电视生产网系统每天产生的运行日志数据有上千万条，纯靠人工方式极难统计分析，运维复杂度、难度持续提升，对系统的运维管理水平提出更高的要求，传统的运维理念和方法已难以确保系统安全稳定运行。

18.9.2　行业当前挑战

当前广电行业技术运维面临的主要问题如下。

（1）法规要求落实不到位：企业对日志管理重视程度不足，采用单机日志产品，其审计功能单一、性能差、自监控能力弱，存在单点故障风险。遇到安全事件若不能及时发现与回溯，将会进一步扩大损失。

（2）存在数据泄露风险：日志中存在大量个人隐私数据，其隐患往往被忽略。

（3）日常巡检与审计工作量大，效率不高：上千个巡检指标由人工检查，大量工作导致纸质巡检流于形式。

（4）监控指标精细化程度不足：对于业务系统健康度缺少评估依据，缺少定量运维数据支撑，存在重建设、轻运维的情况。

（5）数据分析工具落后：每天有上亿条日志记录、上百种日志格式，且新型日志可能不断产生。

（6）运维经验分散，难以沉淀：故障定位与日志分析高度依赖人力与经验，外包运维占比大、流动性强，导致运维经验很难沉淀，运维人才梯队培养难。

18.9.3　整体建设思路

建立一个智能化日志分析平台，提升运维的自动化、智能化水平，基于日志大数据处理技术，对系统每天产生的上千万条日志数据进行事件告警和智能分析，对系统中存在的风险进行实时预警，及时发现与处理问题。

智能化日志分析平台建设思路如图 18-44 所示。

1. 等级保护与安全合规

Agent 功能强大，能够采集各种类型、格式、存储路径的日志文件，第一时间将日志上传到服务器，避免过期被删，实现统一收集并管理审计日志记录，自定义长期留存周期和秒级检索，完全满足法律法规要求。

同时，系统服务端能够根据正则表达式提取日志字段，配置脱敏规则，实现日志数据格式化，方便数据理解和分析。支持多种数据源接入，内含 200 多种分析资源包，覆盖用户各类安全设备、网络设备、操作系统、数据库日志分析场景，辅助用户快速定位安全事件或异常行为。

合规审计展示如图 18-45 所示。

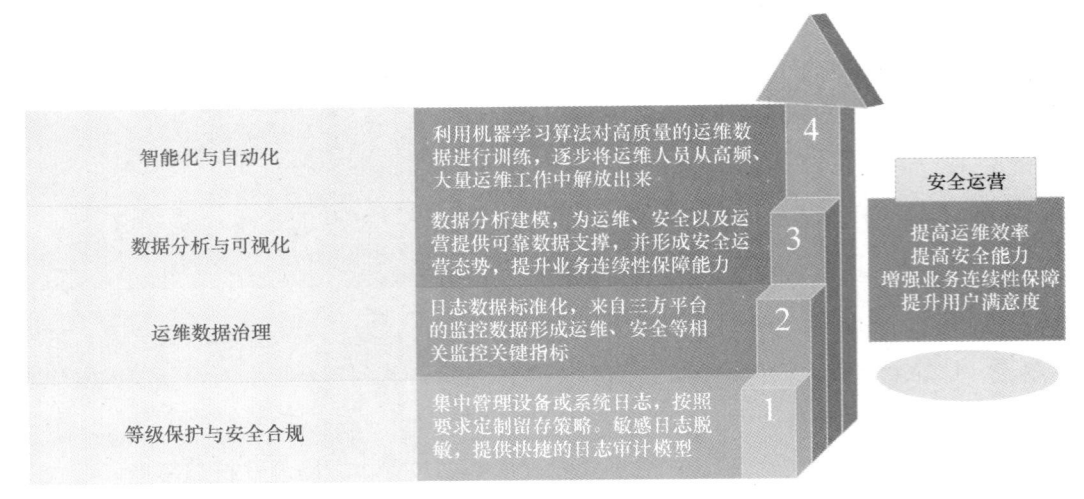

图 18-44 智能化日志分析平台建设思路

图 18-45 合规审计展示

2．运维数据治理

各行业数字化转型加速，大数据技术应用场景越来越广泛，相关平台工具的增多导致数据存储的地址也在增多；安全及运维设备增多，相关数据逐渐散落存储在庞杂的系统各处。

数据种类繁多，包括日志、资产信息、漏洞信息、情报信息、配置信息等，通常存储在不同的介质中。

（1）不同的数据来源提供不同的读取方式，需要采用不同的客户端或编写特定的程序。

（2）不同的数据目的仓库提供不同的写入方式，也需要采用不同的客户端或编写特定的程序。

（3）数据来源和目的仓库的数据结构不同，需要采用不同的转换软件或程序。

由此，随着数据网络中数据源、数据使用目的等因素的不断复杂化，数据治理变得更加错综复杂。

数据治理架构如图 18-46 所示。

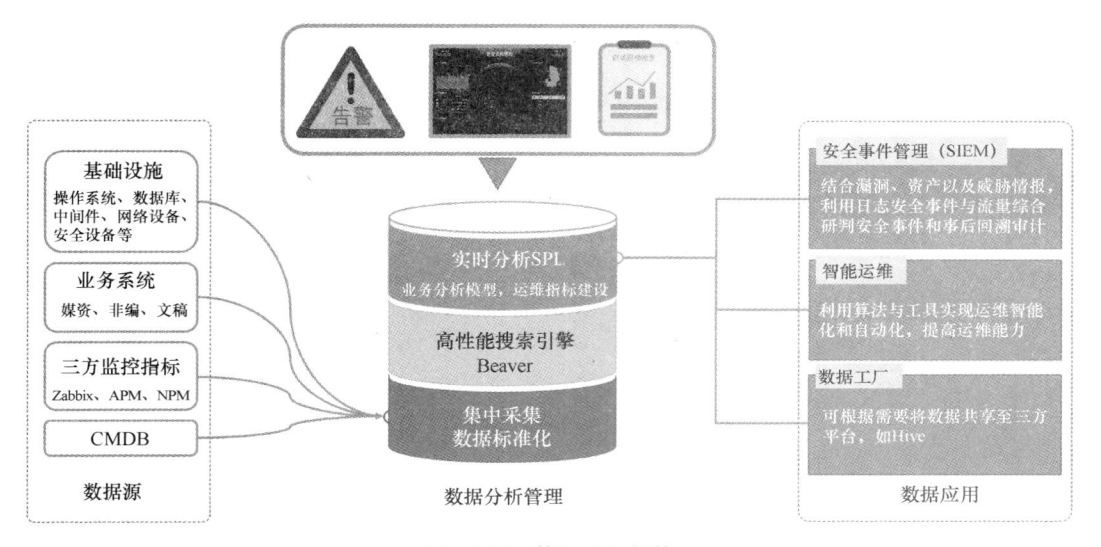

图 18-46　数据治理架构

针对各类关键业务实例数据，基于 SRE 黄金指标建立多维度分析能力，并按物理层（网络设备/服务器/负载均衡）、逻辑层（中间件/数据库）、应用层（南北向/东西向接口）、业务层建立分层监控模型。

SRE 黄金指标体系如图 18-47 所示。

数据类型	延迟	流量	错误	饱和度
网络设备	平均时延	带宽使用率/流量	丢包率、网口状态	CPU、内存使用率
数据库	SQL慢查询	并发连接数	ORA错误类型	CPU、内存使用率
中间件	请求耗时	并发连接数	Exception类型	CPU、内存使用率
应用层指标	接口请求耗时	接口请求量	错误返回码类型	CPU、内存使用率
业务层指标	业务办理耗时	业务办理笔数	业务成功率	用户量

图 18-47　SRE 黄金指标体系

3. 数据分析与可视化

以新闻内容采编发为主的各大系统，每天产生的运行日志有上亿条，采用人工方式极难分析统计，运维复杂度、难度持续提升。

建设日志大数据分析系统，梳理总结风险问题的观察指标，如错误量、错误趋势、错误明细等，可通过平台的仪表盘功能保存，随时调取查看。同时，平台提供了丰富的可视化统计图表，可设置统计条件及发送规则，自动定时完成日报、周报等，进行实时风险预警，做到问题隐患早发现早处理，提升自动化、智能化水平。

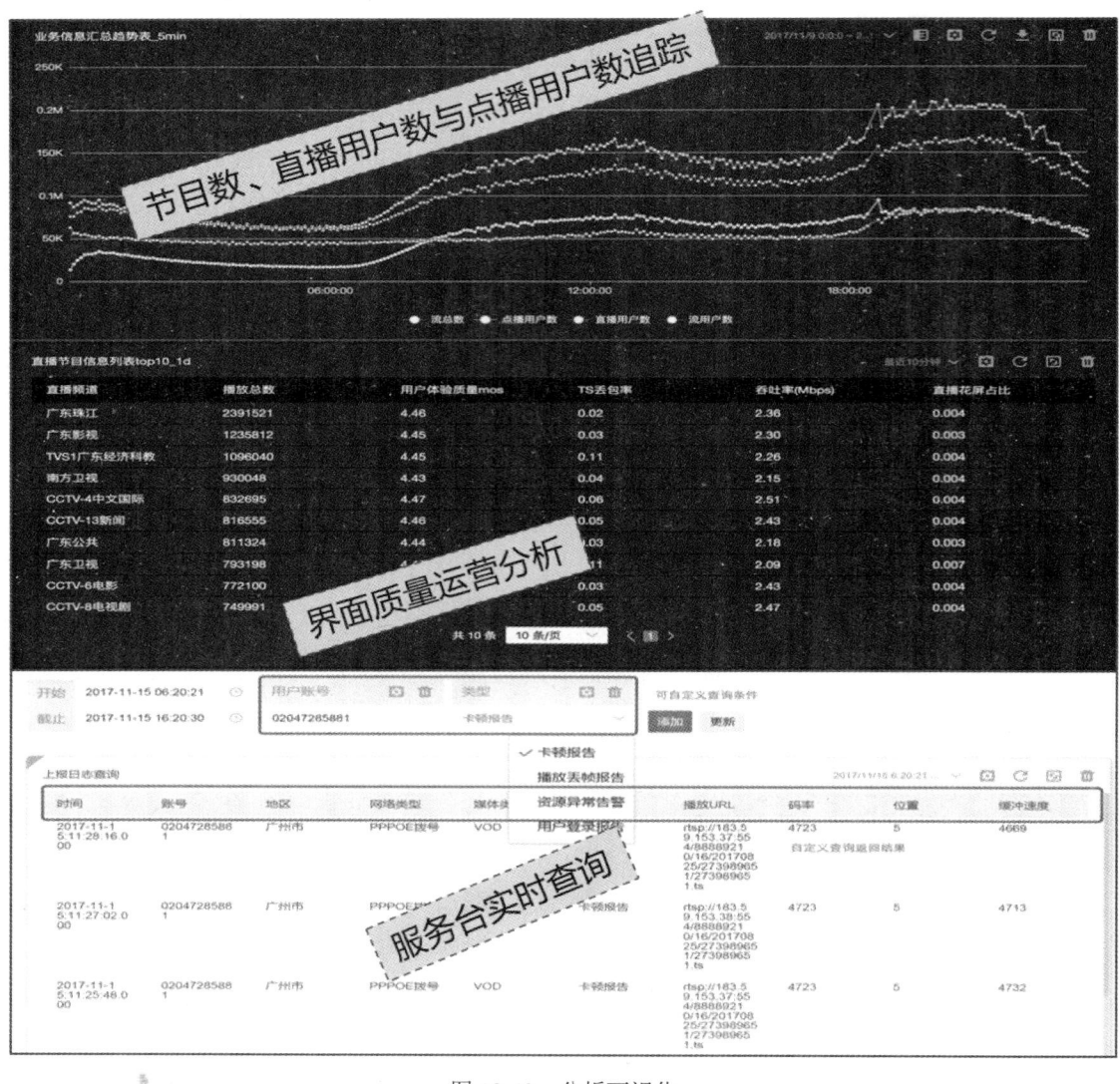

分析可视化如图 18-48 所示。

图 18-48　分析可视化

4．智能化与自动化

传统固定阈值的设定依赖经验，和实际情况可能存在较大的偏差，一旦设置不合理，就会出现大量的漏报误报（如应用请求量、请求耗时、SQL 查询耗时、负载均衡延迟等周期性指标，当前手段难以考虑上下班、月初、月末等情况，容易造成业务繁忙时误报，业务空闲时漏报）。系统提供多种算法，如 VAE、IsolationAverage、MovingAverage、CVAE 和 KDE 等，有效适应周期性、离散性、周期突变性等各类型指标，并自动为每一种业务指标选择最优机器学习算法，无须人工干预，自动识别指标异常，让运维转向智能化。

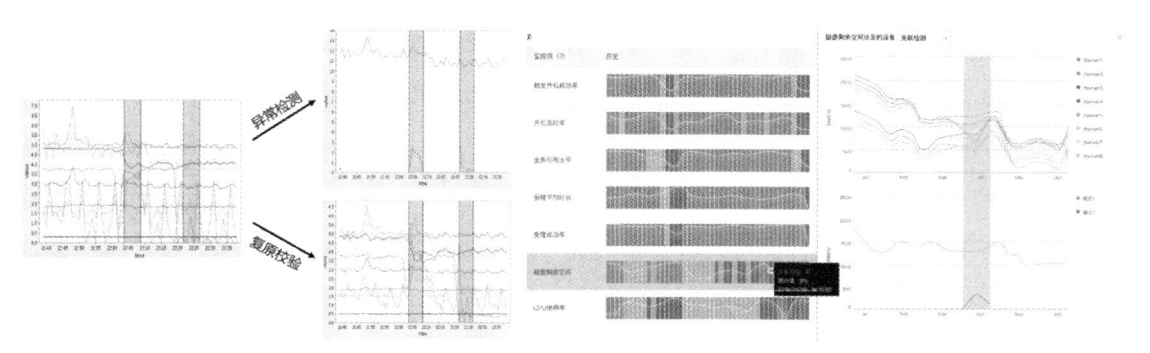

异常检测如图 18-49 所示。

图 18-49　异常检测

18.9.4　项目整体收益

（1）建立日志集中归档平台，实现全量系统日志、业务日志及重要系统应用日志的集中管理，满足监管部门对日志审计的要求。

（2）日志的监控、告警、快速检索和定位能有效提高故障排查分析效率，主动预防运维故障，提高自动化运维能力、监控能力、应急处理能力。

（3）利用算法与工具实现运维智能化和自动化，构建运维体系，建设运维健康度相关指标。

（4）实现各类异构数据的采集、处理及调度，帮助用户建立指标标准化体系，不同类型的数据对接到数据工厂之后，将被转换为标准化的字段名称，帮助用户实现异构数据指标的统一标准化治理。

（5）构建智能算法服务，建立指标异常检测、多维指标定位、调用链根因定位、日志异常检测、异常机器定位、批量超时异常检测等多个智能运维算法，提前预见生产潜在隐患，提升生产故障快速定位能力。

（6）通过智能化手段辅助基于运维数据的运营分析，改善客户体验，实现智慧运营。

18.10 汽车行业解决方案

18.10.1 行业背景

随着全球产业格局变革，汽车行业正走向以智能制造为主攻方向、工业化与信息化深度融合的全新产业模式。如何利用互联网思维推动"中国制造 2025"得到了人们的密切关注。在工业信息化的浪潮下，汽车行业进入了数字化转型的新时期。

5G、车联网及企业数字化转型推动车企信息技术突飞猛进。与此同时，信息系统越来越庞大，车企在合规、数据安全、安全事件管理、自动化运维方面都存在薄弱环节。

从 2020 年 IBM 数据泄露成本报告（图 18-50）来看，企业需要外防攻击、内防泄露。其中，内部数据泄露情况尤为严重，汽车在研发、生产及制造过程中的蓝图规划、图纸、自动化作业、供应链信息、合同及客户信息都是企业的重要资产。企业虽然做了层层防护，但总有人以身犯险。在数万人的企业中发现异常行为对安全运营人员来说是巨大的挑战。

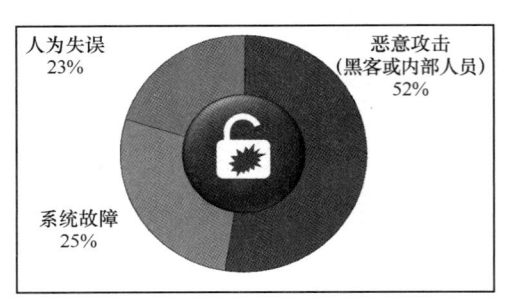

图 18-50 2020 年 IBM 数据泄露成本报告

2018 年 3 月黑客为挖矿入侵特斯拉，4 月荷兰研究员利用 Wi-Fi 入侵大众和奥迪。同年 7 月，加拿大汽车供应商 Level one 采用 rsync 传输数据，未加密，未做访问控制，其管理漏洞被黑客利用，导致数百家车企核心数据泄露。

因此，企业希望借助先进、灵活的手段降低数据泄露风险，并减少人工干预，提高安全自动化响应能力。

18.10.2 行业当前挑战

（1）车企不但要满足国内《网络安全法》《数据安全法》等的要求，若产品出口，还需要满足国外的 GDPR 或联邦数据保护法的相关要求。

（2）独立安全产品功能存在局限性，基于固定规则，分析能力弱。

（3）用户信息及行为信息数据分散，内部安全数据打通存在问题。

（4）企业设备体量大，每日产生的数据有数十 TB，巡检审计、安全事件管理与响应完全依靠人工，自动化程度较低。

（5）敏感数据防护不足，故意与非故意外发行为较难被发现，没有综合分析判断依据。

（6）安全规则僵化，容易被绕过。企业缺乏安全态势动态分析手段，而且安全事件回溯较难。

（7）每天产生大量告警，误报率较高，没有有效手段提升告警质量。

（8）企业难以通过一己之力建设安全运营管理中心。

18.10.3 整体建设思路

智能安全事件管理平台整体建设过程分为四个阶段，以提升企业的安全事件管理能力、用户异常行为等威胁事件的发现能力。

第一阶段：设定总体目标，如图18-51所示。

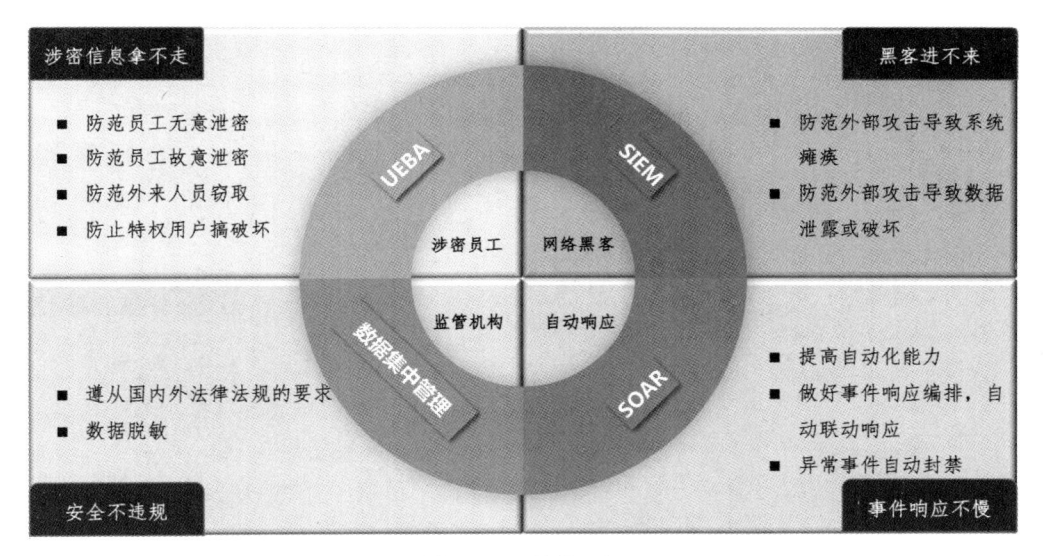

图18-51 总体目标

第二阶段：数据融合与治理，将分散的数据（如员工基础信息数据、权限、安全设备、资产、漏洞、中间件、主机数据库等）进行整合，并统一接入、管理。根据需要进行数据标准化和数据关联。

多元数据治理如图18-52所示。

综合权限管理如图18-53所示。

过去，企业员工信息分散在不同设备中，甚至还有使用Excel管理数据的方式，员工权限变更或越权行为很难被发现。通过平台进行数据治理后，安全人员能够很快找到权限变动或有异常行为的员工。

人员或权限变动一键查询如图18-54所示。

图 18-52 多元数据治理

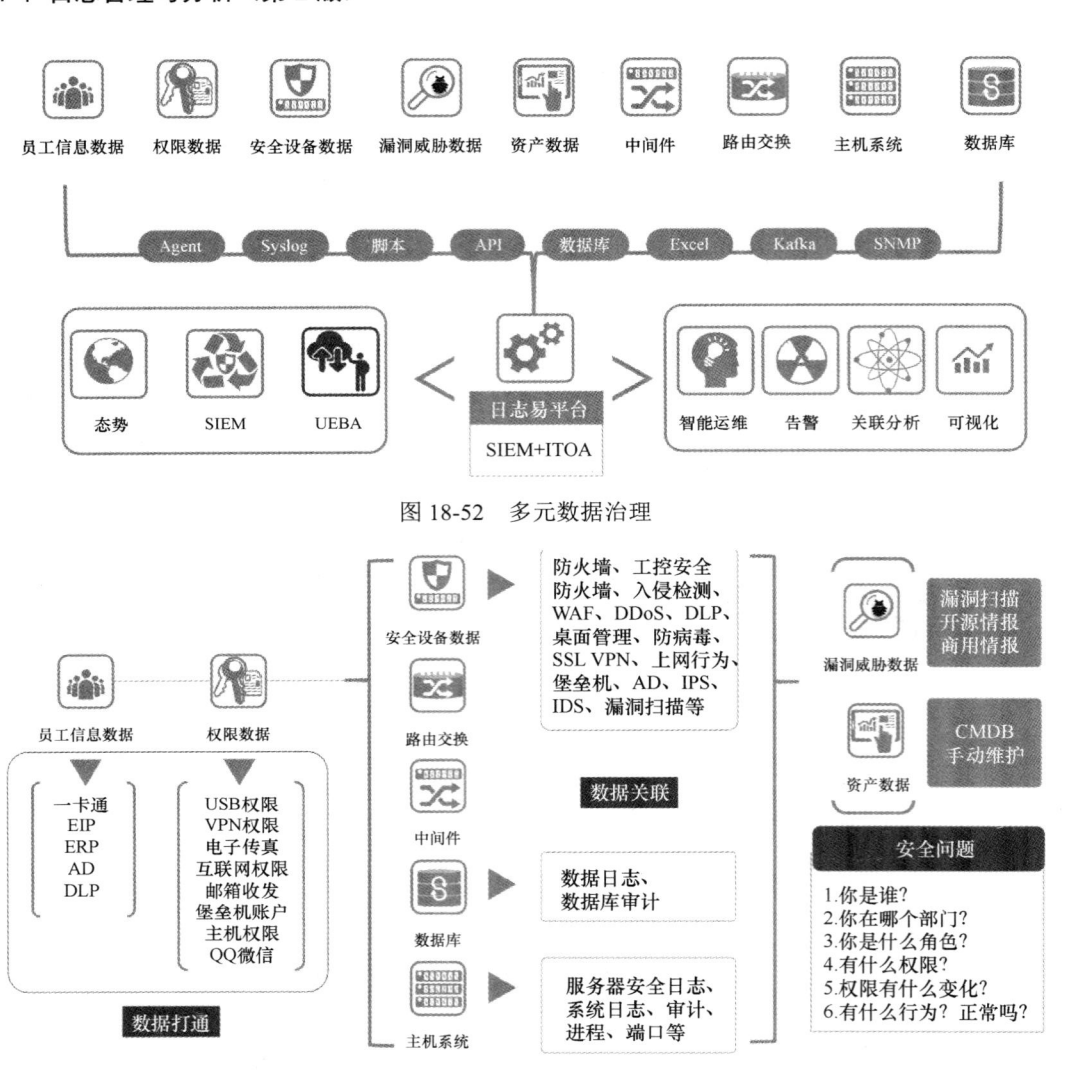

图 18-53 综合权限管理

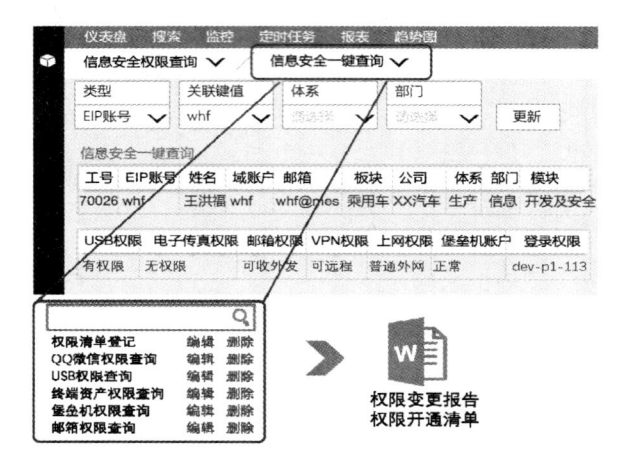

图 18-54 人员或权限变动一键查询

第三阶段：利用低代码建模特性实现员工异常行为分析，弥补上网行为管理、数据防泄露产品在分析方面的不足。

（1）员工离职倾向分析（图 18-55）。

以前企业很难发现核心员工的离职倾向，员工提出离职后，企业希望时刻掌握员工是否有越界行为。在员工离职后，安全部门需要快速了解该员工所有账号、权限等信息并停用。

应用系统后，将用户基本信息、权限、DLP 及上网行为数据进行统一管理，并将该员工日常行为、习惯、资源访问情况与历史数据或同部门员工行为进行深度分析与比对，特别是针对复制及敏感数据外发进行重点审计。

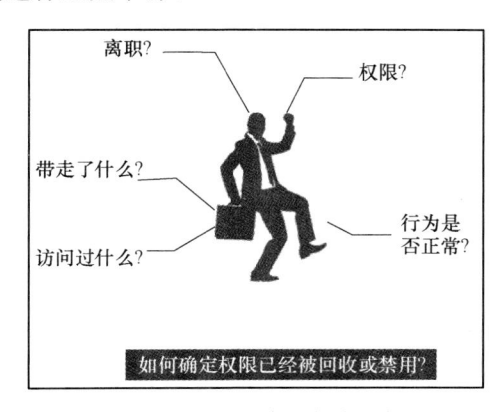

图 18-55　员工离职倾向分析

（2）关键信息拿不走，严格审计违规外发情况。

以前员工在外发敏感数据时需要进行备案，未备案外发需要被审计，整个审计过程采用人工校对，但是每天存在大量的外发行为，导致审计效率非常低。

低代码 SPL 建模方式可以帮助安全人员实现数据的自动比对，监控异常时间访问，超大文件、敏感文件的外发等情况，从而提高安全事件的捕捉能力和响应效率。同时，增加评分机制，让预警更准确。规则如下：

① 计算当日即时通信通道发送文件数量，以及最近 30 天同部门处罚人数、最近 30 天外发文件数、平均值（最近 30 天复制文件/最近 30 天同部门处罚人数）、增长率［(当日复制文件数−平均数) / 30 天均值×100%］。

② 检测增长率为 0%的事件。

（3）异常行为事件精确告警。

系统中存有完整的用户信息数据及行为数据。通过告警功能的编排可以实现客户要求的精确告警功能，直达问题根源。同时，利用报表功能可以直接生成分析报告，避免二次整理的工作，大大提高了工作效率。

告警详情分析如图 18-56 所示。

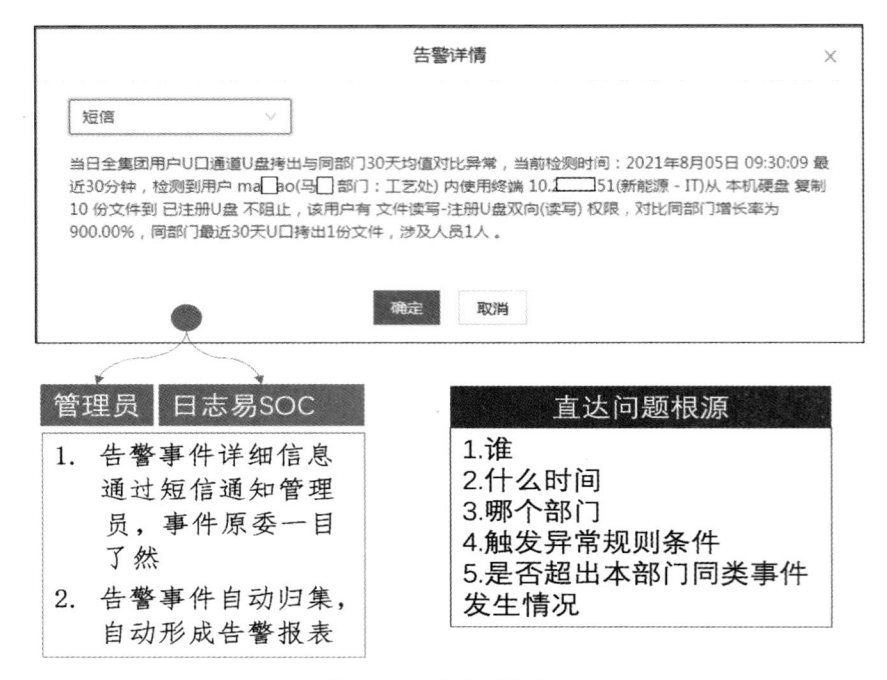

图 18-56　告警详情分析

第四阶段：安全运维自动化，建立基础监控与巡检指标，可以通过统一仪表盘、大屏、报告及告警反馈监控效果。SIEM 支持常规安全事件的自动研判与联动自动封禁，提高了自动化响应能力。

18.10.4　项目整体收益

1．等保合规

满足等保与网络安全法要求，满足工业控制防护指南要求，满足数据脱敏要求。

2．运维能力提升

为用户覆盖更多的检测目标，帮助用户快速判断故障原因，提供更多便捷的工具，辅助用户保障业务连续性，降低人工干预频率。

3．内防泄露

系统分析能力和数据融合能力可以很好地将用户信息、权限、行为进行融合、关联分析，有效防止未经备案的外发行为。

4．外防黑客入侵

传统安全产品基于固化规则，无法适应动态变化的安全事件分析。下一代安全产品需要充分体现对抗性，结合人员经验及动态分析能力促进企业安全建设。系统动态建模分析是真正意义上的能力放大器。

5. 海量告警收敛

针对告警风暴进行告警压缩与收敛、告警精准定位，提高告警事件响应能力。

18.11　小结

日志管理是系统功能很重要的一部分，它可以记录系统产生的所有事件，并按照某种规范表达出来，可以根据这些信息调整系统。完整的日志在系统维护中占据极其重要的地位，不可忽略其重要性。

通过日志可充分挖掘数据中的信息，分析现有运维人员工作模式，以工具化的方式构建敏捷运维方案，提升日常的工作效率，为不同的数据需求方提供数据模型。

参考文献

[1] Anton A Chuvakin Kevin，J Schmidt Christopher Phillips. 日志管理与分析权威技术指南 [M]. 姚军，简于涵，刘晖，等译. 北京：机械工业出版社，2014.

[2] 鸟哥. 鸟哥的 Linux 私房菜（基础学习篇）[M]. 4 版. 北京：人民邮电出版社，2018.

[3] 周乾. 关系型数据库的特殊应用[J]. 大东方，2016, 000(005): 208.

[4] 李开宇. 传感器原理[M]. 北京：科学出版社，2007.

[5] Hadoop 官方文档. Hadoop 分布式文件系统：架构和设计[EB/OL].（2019-08-23）[2020-06-30]. [7] 刘立卿. 搜索引擎：信息检索实践[J]. 计算机教育，2010, 118(10):65.

[6] 陈为，沈则潜，陶煜波. 数据可视化[M]. 北京：电子工业出版社，2013.

[7] 路易三十六. 如何选择合适的图表类型和使用场景[EB/OL].（2018-11-08）[2020-07-30]. [11] 极客猴. 图表类型，你选对了吗[EB/OL].（2019-01-09）[2020-07-30].

反侵权盗版声明

电子工业出版社依法对本作品享有专有出版权。任何未经权利人书面许可，复制、销售或通过信息网络传播本作品的行为；歪曲、篡改、剽窃本作品的行为，均违反《中华人民共和国著作权法》，其行为人应承担相应的民事责任和行政责任，构成犯罪的，将被依法追究刑事责任。

为了维护市场秩序，保护权利人的合法权益，我社将依法查处和打击侵权盗版的单位和个人。欢迎社会各界人士积极举报侵权盗版行为，本社将奖励举报有功人员，并保证举报人的信息不被泄露。

举报电话：（010）88254396；（010）88258888
传　　真：（010）88254397
E-mail：　dbqq@phei.com.cn
通信地址：北京市万寿路 173 信箱
　　　　　电子工业出版社总编办公室
邮　　编：100036

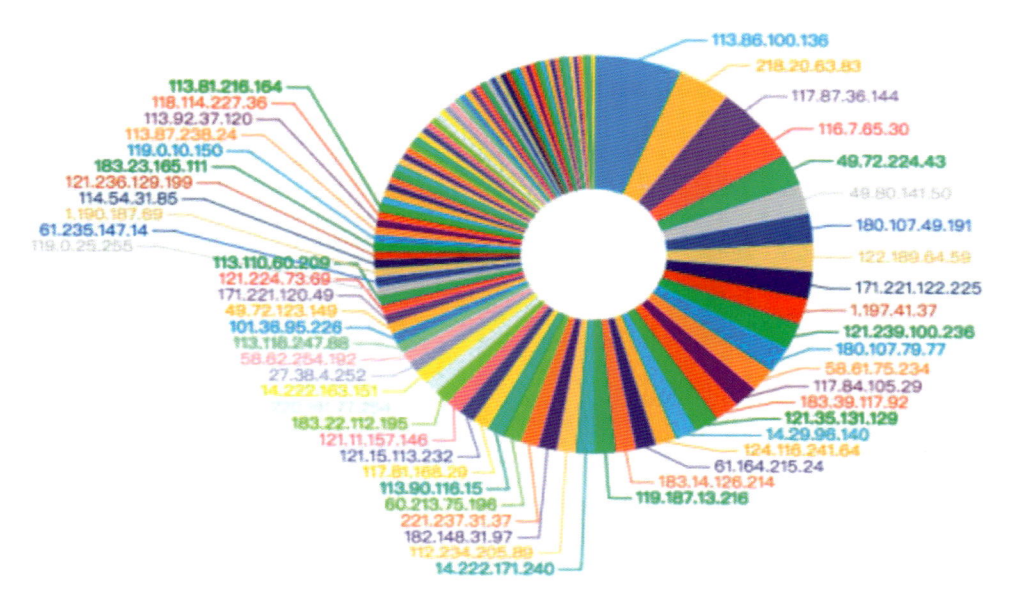

图 10-9　饼状图示例

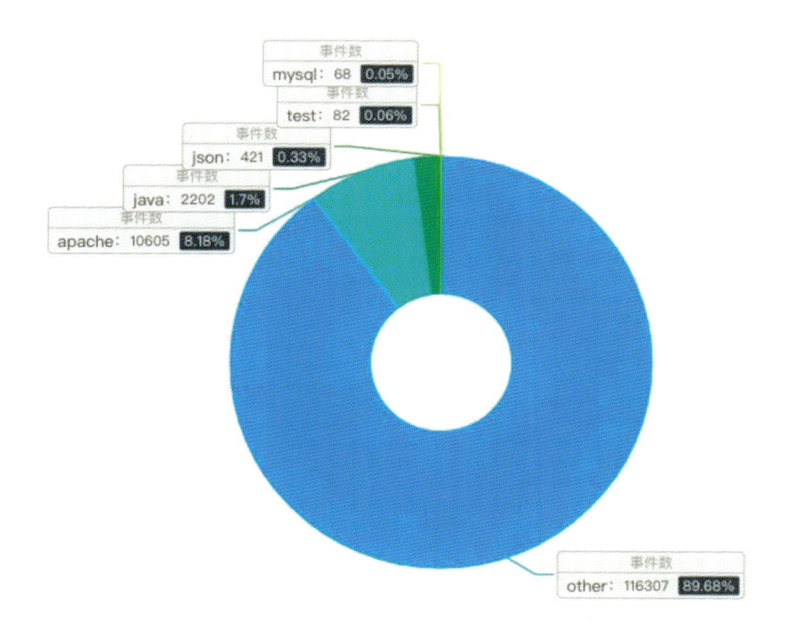

图 10-11　在饼状图中设置标签

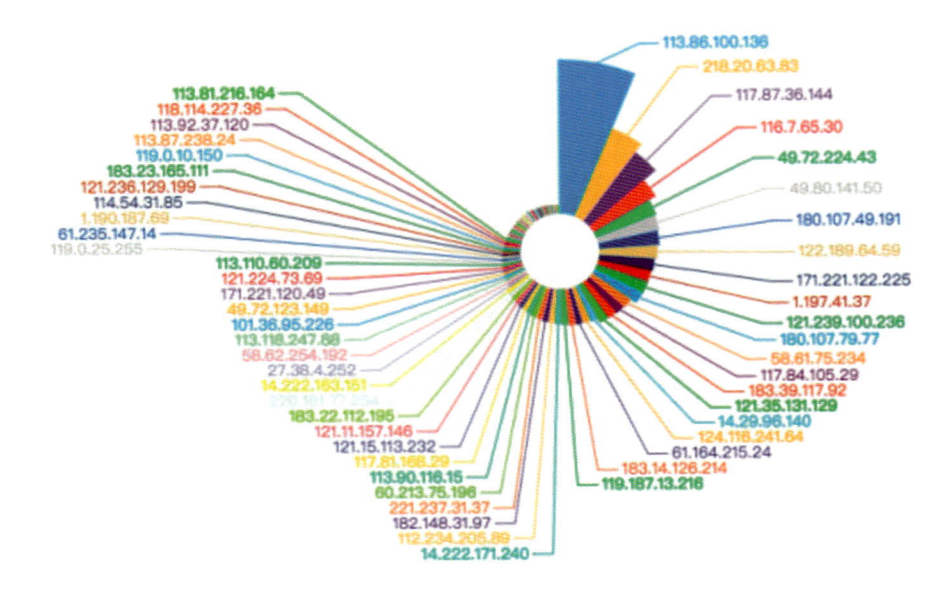

图 10-12　玫瑰图示例

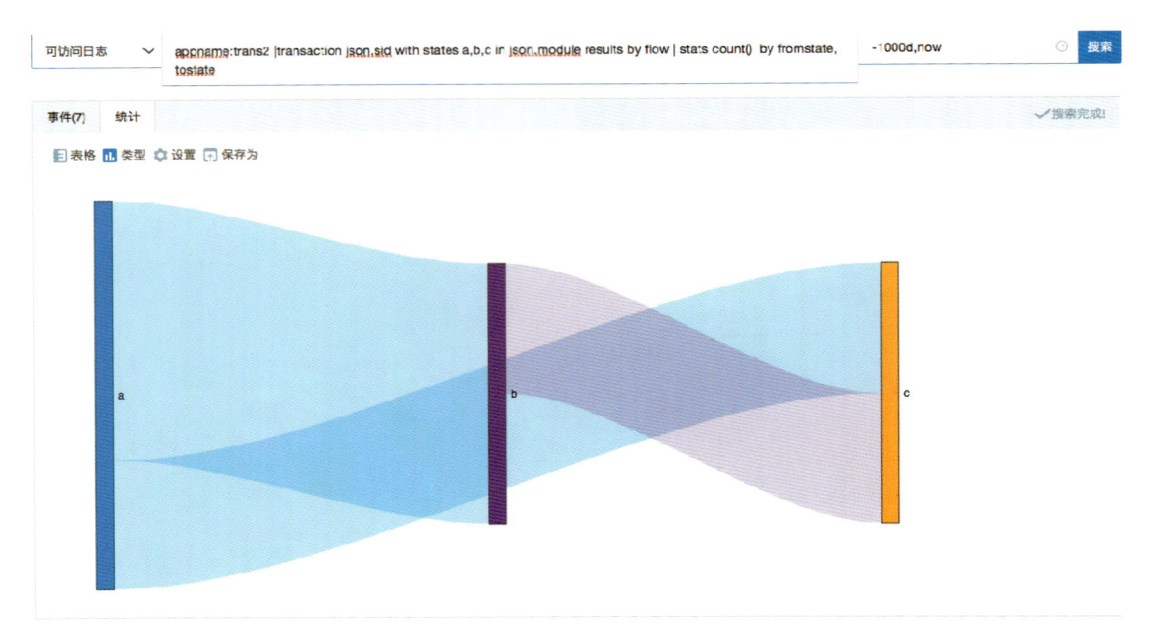

图 10-18　将日志处理结果转化为桑基图

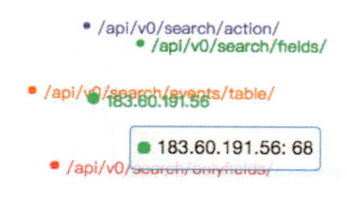

图 10-19　力图示例

图 10-30　漏斗图示例

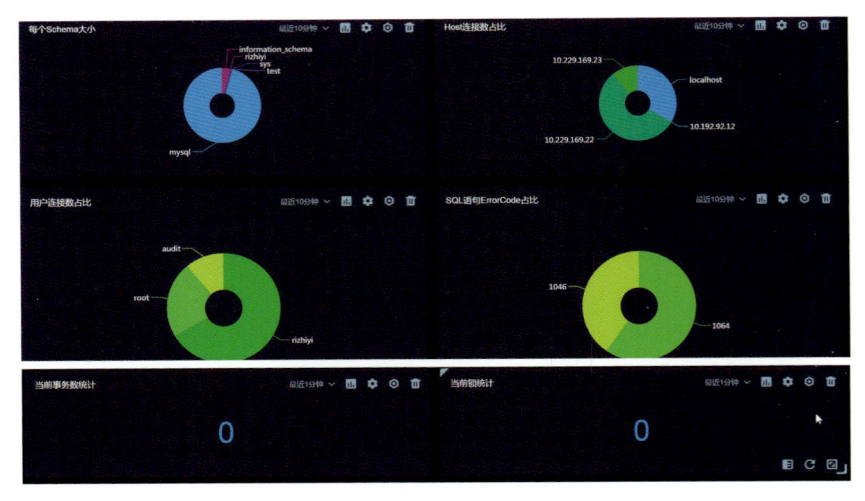

图 10-35　MySQL 资源监控标签页

图 10-40　成功率标签页

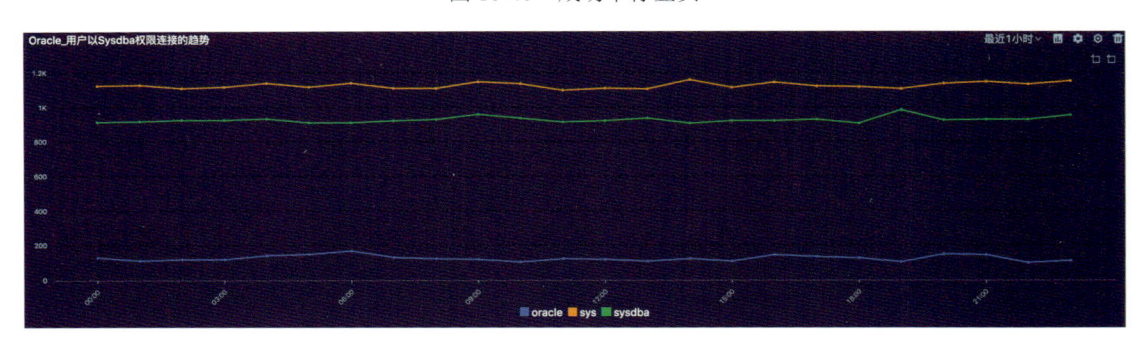

图 11-3　Oracle 数据库的用户连接趋势

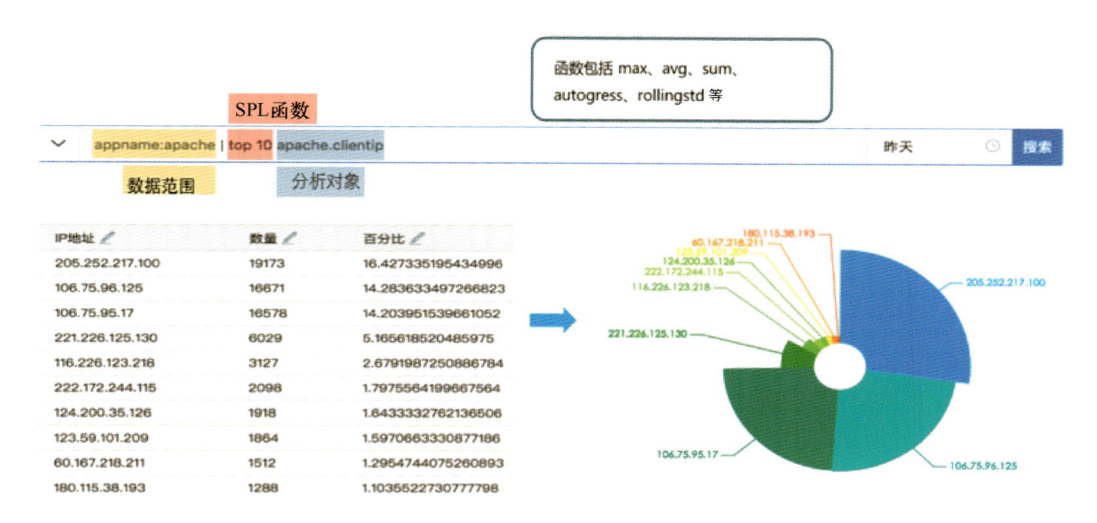

图 12-13　日志易 SPL

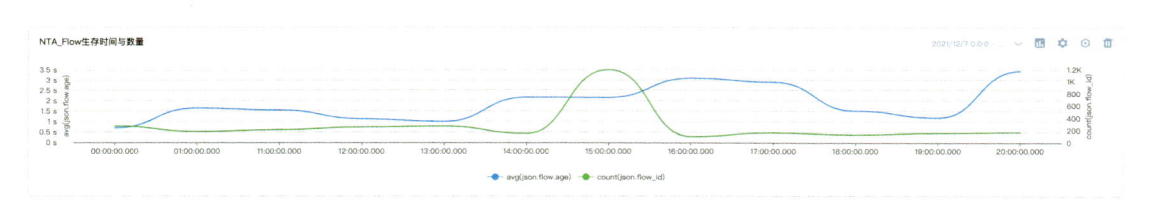

图 15-4　NTA_Threat-Hunting 仪表盘

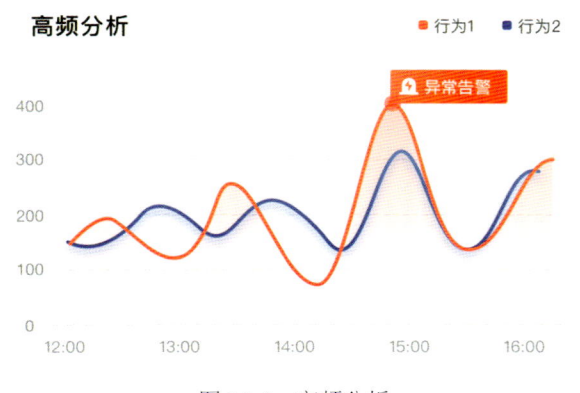

图 16-4　高频分析

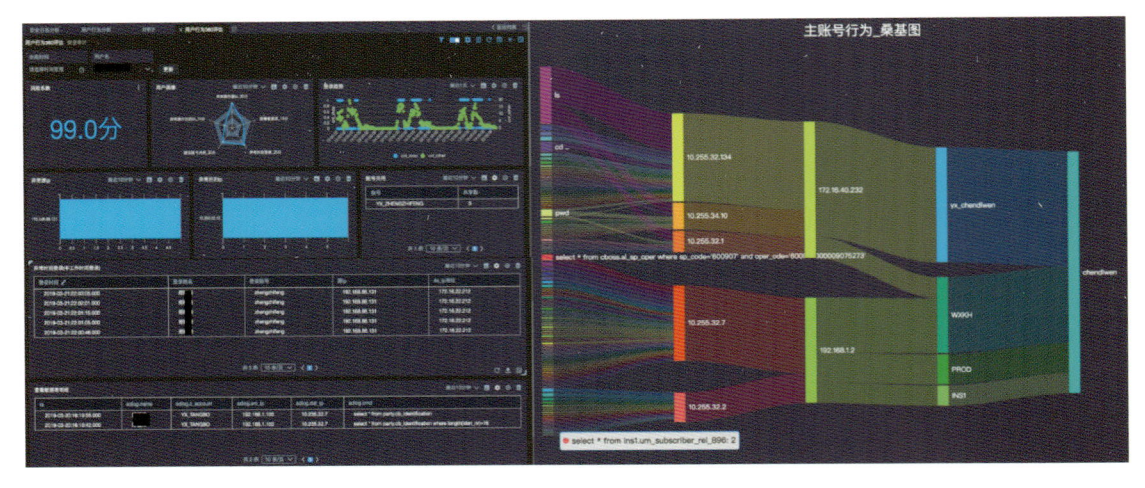

图 18-9 安全审计视图

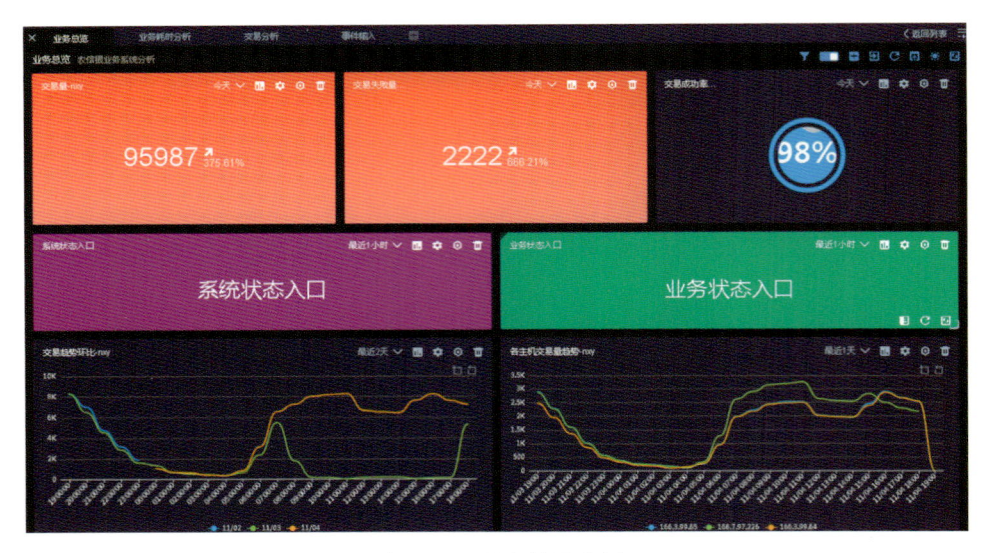

图 18-13 业务统计分析

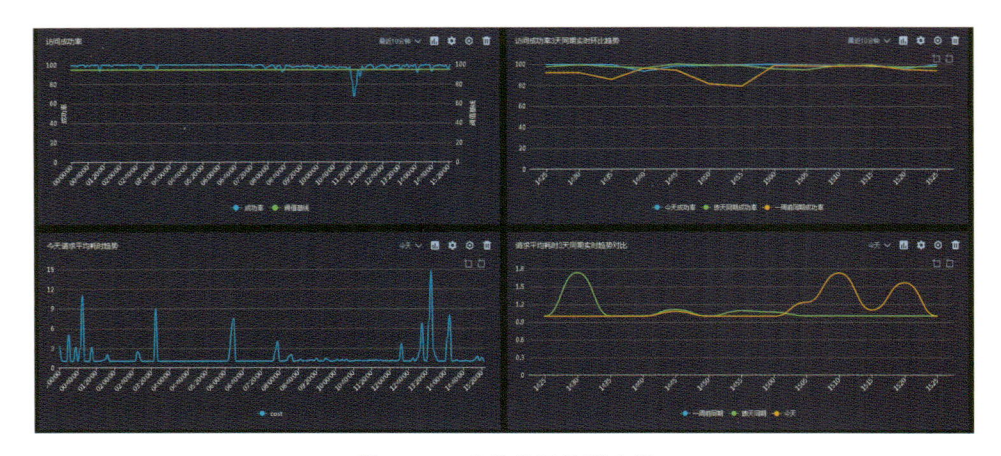

图 18-19 多维指标关联分析

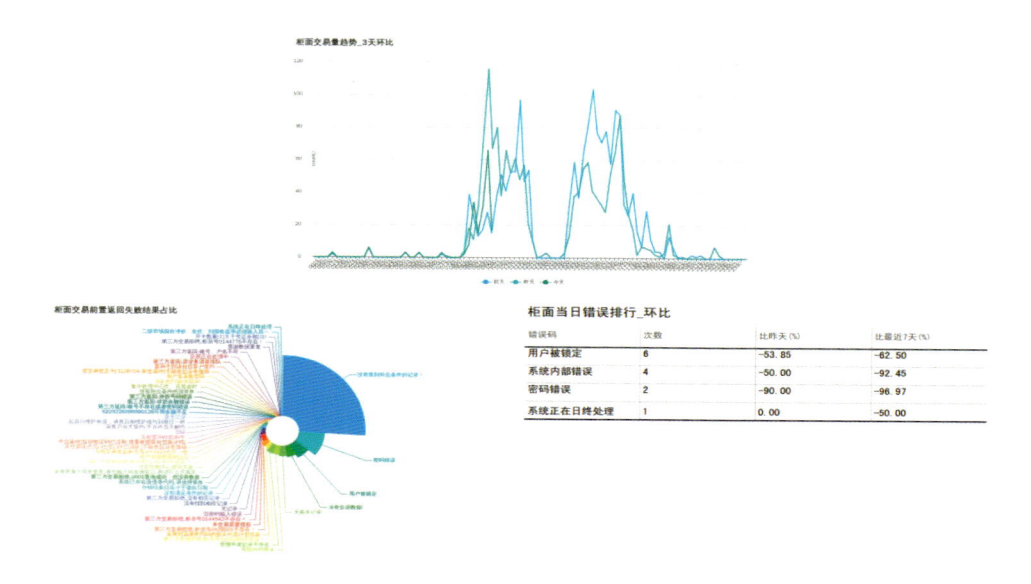

图 18-21 报表展示

图 18-24 数据综合展示

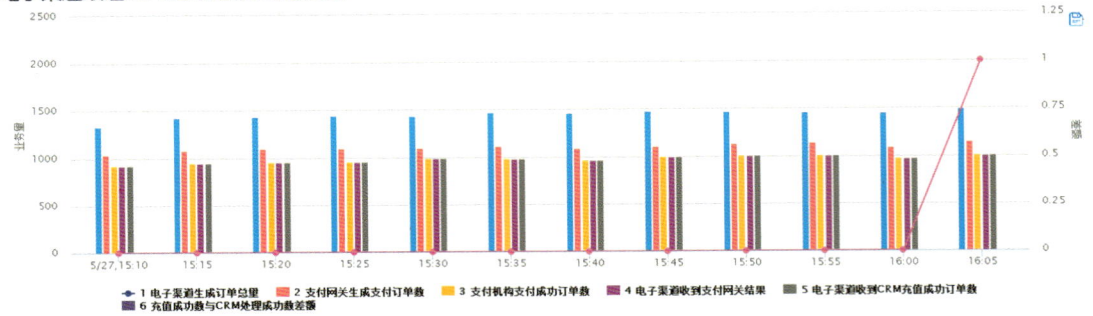

图 18-30　电子渠道充值各环节实时交易量统计

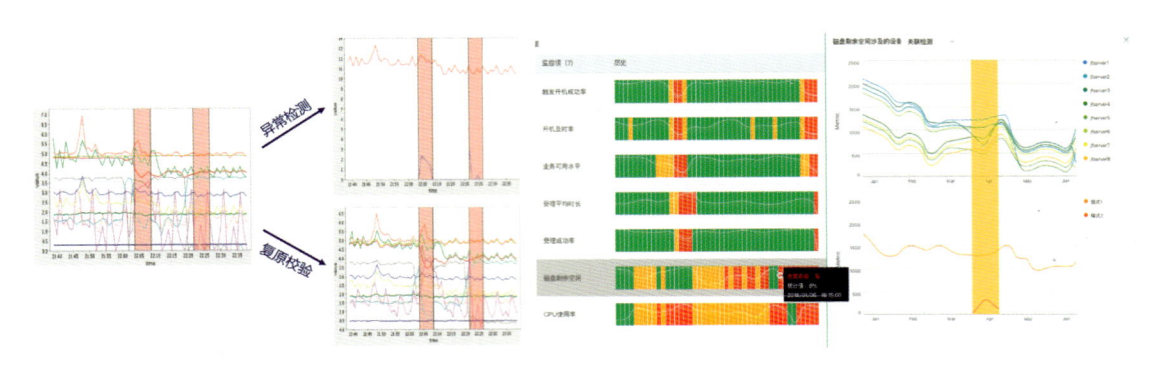

图 18-49　异常检测